Coleção
REPERCUSSÕES DO **v. 17**
NOVO
CPC

REPERCUSSÕES DO CPC NO CONTROLE CONCENTRADO DE CONSTITUCIONALIDADE

Coleção
REPERCUSSÕES DO
v. 17

NOVO
CPC

Coordenador geral
FREDIE DIDIER JR.

REPERCUSSÕES DO CPC NO CONTROLE CONCENTRADO DE CONSTITUCIONALIDADE

Coordenadores
DIRLEY DA CUNHA JR.
MARCELO NOVELINO
MARCOS YOUJI MINAMI

2019

www.editorajuspodivm.com.br

www.editorajuspodivm.com.br

Rua Território Rio Branco, 87 – Pituba – CEP: 41830-530 – Salvador – Bahia
Tel: (71) 3045.9051
• Contato: https://www.editorajuspodivm.com.br/sac

Diagramação: Luiz Fernando Romeu *(lfnando_38@hotmail.com)*

Copyright: Edições *Jus*PODIVM

Conselho Editorial: Eduardo Viana Portela Neves, Dirley da Cunha Jr., Leonardo de Medeiros Garcia, Fredie Didier Jr., José Henrique Mouta, José Marcelo Vigliar, Marcos Ehrhardt Júnior, Nestor Távora, Robério Nunes Filho, Roberval Rocha Ferreira Filho, Rodolfo Pamplona Filho, Rodrigo Reis Mazzei e Rogério Sanches Cunha.

Diagramação: Luiz Fernando Romeu *(lfnando_38@hotmail.com)*

Capa: Rene Bueno e Daniela Jardim *(www.buenojardim.com.br)*

ISBN: 978-85-442-2634-6

Todos os direitos desta edição reservados à Edições *Jus*PODIVM.

É terminantemente proibida a reprodução total ou parcial desta obra, por qualquer meio ou processo, sem a expressa autorização do autor e da Edições *Jus*PODIVM. A violação dos direitos autorais caracteriza crime descrito na legislação em vigor, sem prejuízo das sanções civis cabíveis.

APRESENTAÇÃO

O controle concentrado possui uma repercussão que não é comum nos demais tipos de processos jurisdicionais e isso provoca reações das mais diversas. Uma mesma decisão provoca aplausos de uns e críticas de outros. O Supremo Tribunal Federal, nesse contexto, ora é visto como guardião responsável da Constituição, ora como usurpador de competência constitucional de outras instâncias de poder. Mas essas decisões não interferem apenas na vida das pessoas como um todo. Por vezes, a própria forma de se conduzir um processo também sofre alterações. O que esta coletânea pretende analisar é se o contrário também é possível: a forma de se conduzir processos em controle concentrado teria sido de alguma maneira alterada a partir da vigência do atual Código de Processo Civil?

Para responder à pergunta acima, vários aspectos relacionando o atual CPC com o controle concentrado foram analisados minuciosamente em textos que levaram em consideração desde temas mais tradicionais, como *amicus curiae*, precedentes, modulação de efeitos, contraditório e motivação, até assuntos ainda pouco debatidos na perspectiva aqui apresentada: o papel do relator, controle concentrado e execução, o novo regime de coisa julgada, inclusive sobre questões prejudiciais e possíveis repercussões nas decisões do STF etc. Ações já existentes, como a reclamação, bem como novidades trazidas pelo atual CPC, como o Incidente de Resolução de Demandas Repetitivas, também foram objeto de análise sob o viés do controle concentrado. Houve até um diálogo com outras áreas, como o Direito Tributário.

Uma das coisas que o leitor deve perceber é que, por vezes, os controles concentrado e difuso dialogam e até se confundem. Embora não tenha sido nosso objetivo elucidar essa diferença aqui, há um texto tratando do controle difuso no contexto do CPC para que o leitor possa compará-lo com os demais e concluir alguma coisa sobre as diferenças desses tipos de controle no que diz respeito ao CPC.

O que o leitor tem nas mãos, enfim, é uma coletânea que contribui para a pesquisa jurídica nacional não por apresentar temas conhecidos, mas por direcioná-los a um assunto que, embora muito debatido, talvez seja pouco compreendido, principalmente no contexto do processo civil brasileiro. Aliás, levar em consideração a realidade brasileira foi uma grande preocupação desde o início, quando se procurou colaboradores para esta obra. Há escritos de responsáveis pesquisadores de várias escolas jurídicas e de todas as regiões do Brasil. Muitas são as ideias aqui apresentadas. Se, mais do que respostas, essas ideias provocarem um sério debate sobre o Direito Constitucional e o Processo Civil, nosso objetivo, afinal, terá sido alcançado.

Os coordenadores

Sobre os coordenadores e autores

COORDENADORES E AUTORES

DIRLEY DA CUNHA JÚNIOR

Pós-Doutor em Direito Constitucional pela Universidade de Lisboa/Portugal. Doutor em Direito Constitucional pela PUC-SP. Mestre em Direito Econômico pela UFBA. Professor Associado da Universidade Federal da Bahia (UFBA) onde leciona Direito Constitucional nos Cursos de Graduação, Mestrado e Doutorado. Professor Titular da Universidade Católica do Salvador (UCSAL), onde leciona Direito Constitucional, Direitos Fundamentais e Efetividade dos Direitos Sociais nos Cursos de Graduação, Mestrado e Doutorado. Professor Adjunto e Coordenador do Núcleo de Direito do Estado e da Pós-Graduação em Direito Público da Faculdade Baiana de Direito. Conferencista e autor de diversas obras jurídicas. Juiz Federal da Seção Judiciária da Bahia. Ex-Procurador da República (1995-1999). Ex-Promotor de Justiça do Estado da Bahia (1992-1995).

MARCOS YOUJI MINAMI

Doutor (UFBA). Mestre (UFBA). Especialista (UNISUL). Bacharel em Direito (UFC). Professor da Universidade Regional do Cariri (URCA-CE) e da Faculdade Paraíso do Ceará. Técnico Judiciário do TRE-CE. Membro da Associação Norte e Nordeste de Professores de Processo (ANNEP) e do Instituto Brasileiro de Direito Processual (IBDP). Endereço eletrônico: youji_@hotmail.com

AUTORES

ANA PAULA DE BARCELLOS

Professora Titular de Direito Constitucional da UERJ. Mestre e Doutora pela UERJ. Pós-doutora pela Universidade de Harvard.

BIANCA MENDES PEREIRA RICHTER

Mestre e Doutoranda – Processo Civil – Universidade de São Paulo. Pesquisadora Visitante – Coimbra – 2012. Professora de Prática Civil – Universidade Presbiteriana Mackenzie. Professora de Processo Civil – Direito São Bernardo. Professora Orientadora – Pós-Graduação lato sensu – Processo Civil - Damásio Ibmec. Advogada. Contato: bianca.richter@gmail.com

BRIGIDA ROLDI PASSAMANI

Mestranda em Direito Processual pela Universidade Federal do Espírito Santo (UFES), área de concentração Justiça, Processo e Constituição. Pós-graduanda em Direito Público pela Pontifícia Universidade Católica de Minas Gerais (PUCMG). Membra-pesquisadora do Grupo de Pesquisa "Fundamentos do Processo Civil Contemporâneo" (FPCC), vinculado ao Laboratório de Processo e Constituição (LAPROCON). Endereço eletrônico: brigidapassamani@gmail.com

DAVI MENDES

Mestrando em Direito Civil pela Faculdade de Direito do Largo de São Francisco da Universidade de São Paulo (USP). Bacharel em Direito, magna cum laude, pela Faculdade de Direito da Universidade Federal do Ceará (UFC). Advogado. E-mail: davi@chcadvocacia.adv.br

EDUARDO TALAMINI

Livre-docente (USP). Doutor e Mestre (USP). Professor de direito processual civil, processo constitucional e arbitragem (UFPR). Advogado em Curitiba, São Paulo e Brasília.

ENEIDA DESIREE SALGADO

Professora de Direito Constitucional e Eleitoral na Faculdade de Direito da UFPR. Mestre e Doutora em Direito do Estado pela UFPR, com estágio de pós-doutoramento em Direito pela UNAM. Pesquisadora líder do NINC – Núcleo de Investigações Constitucionais.

FERNANDA GOMES E SOUZA BORGES

Professora de Direito Processual Civil da Universidade Federal de Lavras/MG (UFLA). Mestre e Doutora em Direito Processual pela PUC/Minas. Bolsista FAPEMIG durante todo o curso de doutoramento. Membro da Associação Brasileira de Direito Processual (ABDPro). Membro do Instituto Brasileiro de Direito Processual

(IBDP). Coordenadora do Grupo de Estudos e Pesquisa em Processo Constitucional da Universidade Federal de Lavras/MG (GEPPROC/UFLA). E-mail: fernandagomes@dir.ufla.br

FILIPE RAMOS OLIVEIRA

Mestrando em Direito Processual pela UFES. Assessor Jurídico da Presidência do TJES.

GABRIEL DE CARVALHO PINTO

Pós-Graduado em Direito Civil e em Processo Civil pela Faculdade Baiana de Direito. Advogado. E-mail: gabriel@carvalhoemartins.com

GEOVANY CARDOSO JEVEAUX

Doutor em Direito pela Universidade Gama Filho (UGF/RJ). Mestre em Direito pela Pontifícia Universidade Católica do Rio de Janeiro (PUC/RJ). Professor Adjunto da Faculdade de Direito - Graduação e Programa de Pós-Graduação Stricto Sensu Mestrado – da Universidade Federal do Espírito Santo (UFES). Juiz do Trabalho no Tribunal Regional do Trabalho da 17ª Região. E-mail: geovany.jeveaux@hotmail.com

HERMES ZANETI JÚNIOR

Pós-Doutor em Direito pela Università degli Studi di Torino. Doutor em Direito pela Universidade Federal do Rio Grande do Sul. Doutor em Direito pela Università degli Studi di Roma Tre. Mestre em Direito pela Universidade Federal do Rio Grande do Sul, Graduado em Ciências Jurídicas e Sociais pela Universidade do Vale do Rio dos Sinos. Professor da Graduação e Pós-Graduação (Mestrado) da Universidade Federal do Espírito Santo (UFES). Promotor de Justiça no Estado do Espírito Santo. E-mail: hermeszanetijr@gmail.com

JOÃO PAULO LORDELO G. TAVARES

Doutorando em Direito pela UFBA. Mestre em Direito pela UFBA e pela Universidade de Sevilha. Membro da Associação Brasileira de Direito Processual (ABDPRO). Coordenador pedagógico e professor da Escola Superior do Ministério Público da União (ESMPU). Procurador da República em auxílio à Procuradoria-Geral Eleitoral. Endereço eletrônico: joaolordelo@gmail.com.

JOÃO VICTOR ARCHEGAS

Acadêmico de 5º ano do curso de Direito da UFPR. Pesquisador bolsista do CNPq. Membro do NINC

– Núcleo de Investigações Constitucionais. Aluno selecionado para o Columbia Summer Program in American Law 2018, na Universiteit Leiden.

JULIANA MENDES DE OLIVEIRA WAGNER

Técnica Judiciária. Mestranda em Direito Humanos pela Universidade Federal de Rondônia – UNIR. Especialista em Processo Civil pela Uninter/FAP. Formada em Direito pela Faculdade de Rondônia – FARO.

LARA DOURADO MAPURUNGA PEREIRA

Mestranda em Direito pela Universidade Federal do Ceará (UFC). Bacharela em Direito, *magna cum laude*, pela Universidade Federal do Ceará. Membro do Grupo de Estudos em Direito Processual Civil (GEDPC-UFC). Advogada. E-mail: laradouradopereira@gmail.com

LIANNE MACEDO SOARES

Graduada em Direito pela Universidade Estadual de Santa Cruz (2001), Especialização em Direito Processual Civil pela Escola preparatória para carreira jurídica Juspodivm (2004). Mestranda do Programa de Mestrado em Ensino da UESB (2017). Palestrante. Professora para Graduação, Pós-Graduação e Concursos públicos. Em Vitória da Conquista é Associada do Escritório de Advocacia Rocha & Rocha Advogados – atuando no campo do Direito do Trabalho/Civil/Consumidor e Tribunal do Júri. Professora da Rede FTC dos colegiados de Direito e Administração. Coordenadora Pedagógica da Pós-Graduação em Direito Processual Civil - FTC. Tem experiência na área de Direito com ênfase em Direito Processual civil e Plenário do Júri, atuando principalmente nos seguintes temas: processo e advocacia criminal.

LUIZ CARLOS DE ASSIS JUNIOR

Doutorando em jurisdição constitucional e direitos fundamentais no PPGD-UFBA. Mestrado em Direito pelo PPGD-UFBA; Especialização em direito processual civil pelo JusPodivm em parceria com a Faculdade Baiana de Direito. Professor do Curso de Direito da Faculdade do Sul da Bahia (FASB). Professor da Escola Superior da Defensoria Pública da Bahia (ESDEP). Defensor Público do Estado da Bahia; e-mail: luizcassisjunior@gmail.com

MARCELO ABELHA RODRIGUES

Mestre e Doutor pela PUC-SP. Professor do Mestrado e Graduação da UFES. Advogado e Consultor Jurídico.

MARCELO SIG'NORINI PRADO DE ALMEIDA

Mestrando em Direito Econômico, Financeiro e Tributário pela Universidade de São Paulo (USP); Pós-Graduado lato sensu em Direito Tributário pelo Instituto Brasileiro de Estudos Tributários – IBET/SP; Pós-Graduado lato sensu em Direito Empresarial e Tributário pela UNIRP; Professor do curso de Pós-Graduação em Direito Tributário do IBET/SP; Professor de Graduação na Universidade Paulista (UNIP) e do Centro Universitário de Rio Preto (UNIRP); Subcoordenador da Comissão de Direito Tributário da 22ª Subseção da Ordem dos Advogados do Brasil; Associado ao Instituto Brasileiro de Direito Tributário (IBDT). Advogado.

MURILO TEIXEIRA AVELINO

Bacharel e Mestre em Direito pela Universidade Federal de Pernambuco, onde foi professor da graduação em Direito. Especialista em Direito Constitucional. Membro da Associação Norte e Nordeste de Professores de Processo (ANNEP). Professor da ESA/PE. Procurador da Fazenda Nacional.

RAVI PEIXOTO

Doutorando em direito processual pela UERJ. Mestre em Direito pela UFPE. Membro da Associação Norte e Nordeste de Professores de Processo (ANNEP), do Centro de Estudos Avançados de Processo (CEAPRO), da Associação Brasileira de Direito Processual (ABDPRO) e do Instituto Brasileiro de Direito Processual (IBDP). Procurador do Município de Recife. Advogado. Endereço eletrônico: ravipeixoto@gmail.com

VINICIUS SILVA LEMOS

Advogado. Doutorando em Processo Civil pela UNICAP/PE. Mestre em Sociologia e Direito pela UFF/RJ. Especialista em Processo Civil pela Faculdade de Rondônia – FARO. Professor de Processo Civil da FARO e na UNIRON. Coordenador da Pós-Graduação em Processo Civil da Uninter/FAP. Vice-Presidente do Instituto de Direito Processual de Rondônia – IDPR. Membro da Associação Norte-Nordeste de Professores de Processo – ANNEP. Membro do Instituto Brasileiro de Direito Processual – IBDP. Membro do Centro de Estudos Avançados em Processo – CEAPRO. Membro da Academia Brasileira de Direito Processual Civil – ABDPC. Membro da Associação Brasileira de Direito Processual – ABDPRO. Membro do Instituto Brasileiro de Direito Processual – IBDP.

TRÍCIA NAVARRO XAVIER CABRAL

Pós-doutoranda em Direito Processual pela Universidade de São Paulo (USP). Doutora em Direito Processual pela Universidade Estadual do Rio de Janeiro (UERJ). Mestre em Direito Processual Civil pela Universidade Federal do Espírito Santo (UFES), área de concentração Justiça, Processo e Constituição. Pós-graduada pela Faculdade Autônoma de Direito – FADISP. Juíza do Tribunal de Justiça do Estado do Espírito Santo. Membro do Instituto Brasileiro de Processo Civil – IBDP. Endereço eletrônico: tricianavarro@hotmail.com

Sumário

CAPÍTULO 1 ▶ O controle concentrado e abstrato de constitucionalidade e os princípios da não surpresa e do contraditório substancial e da motivação específica **19**
Ana Paula de Barcellos

I. INTRODUÇÃO: O PROBLEMA DO CONTRADITÓRIO E DA MOTIVAÇÃO NOS PROCESSOS DE CONTROLE CONCENTRADO DE CONSTITUCIONALIDADE 19

II. CONTRADITÓRIO E MOTIVAÇÃO PARA ALÉM DA NATUREZA OBJETIVA DOS PROCESSOS DE CONTROLE CONCENTRADO E ABSTRATO DE CONSTITUCIONALIDADE 24

III. PRINCÍPIOS REPUBLICANO E DEMOCRÁTICO: CONTRADITÓRIO E MOTIVAÇÃO NOS PROCESSOS DE CONTROLE CONCENTRADO E ABSTRATO DE CONSTITUCIONALIDADE 28

IV. CONCLUSÃO 32

CAPÍTULO 2 ▶ Do cabimento da reclamação em relação à origem da decisão no Supremo Tribunal Federal e a sucessão de decisões no tempo em relação à mesma matéria: uma análise da posição do STF no caso da constitucionalidade do artigo 71, §1º, da Lei n. 8.666 de 1993 ..... **33**
Bianca Mendes Pereira Richte

1. INTRODUÇÃO 33
2. RECLAMAÇÃO: ASPECTOS GERAIS 34
    2.1. CONCEITO E FINALIDADE 36
    2.2. HIPÓTESES DE CABIMENTO DE ACORDO COM O CÓDIGO DE PROCESSO CIVIL 38
3. RECLAMAÇÃO E O CONTROLE DE CONSTITUCIONALIDADE OBJETIVO 40
4. RECLAMAÇÃO E PRECEDENTES 42
    4.1 RECURSO EXTRAORDINÁRIO COM REPERCUSSÃO GERAL RECONHECIDA E RECLAMAÇÃO 45
    4.2. DA NECESSIDADE DE ESGOTAMENTO DAS VIAS ORDINÁRIAS 47
5. ANÁLISE DE CASO: ADC 16 E RE 760.931 50
    5.1. AÇÃO DECLARATÓRIA DE CONSTITUCIONALIDADE N. 16 E A QUESTÃO DO *OBTER DICTUM* 52
    5.2. SUPERVENIÊNCIA DE PRECEDENTE, SEUS EFEITOS E O PAPEL DO SUPREMO TRIBUNAL FEDERAL 54
6. CONCLUSÕES 57
REFERÊNCIAS 58
REFERÊNCIAS ELETRÔNICAS 62

CAPÍTULO 3 ▶ O controle concentrado de constitucionalidade e o precedente normativo no CPC/15 .... **63**
Trícia Navarro Xavier Cabral e Brigida Roldi Passamani

1. INTRODUÇÃO 63
2. EVOLUÇÃO CONSTITUCIONAL DOS MODELOS DE CONTROLE E A SUPERAÇÃO DO PARADOXO METODOLÓGICO NO CPC/15 64

SUMÁRIO

2.1. BREVES APONTAMENTOS ACERCA DO ESCORÇO HISTÓRICO DO CONTROLE DE CONSTITUCIONALIDADE NO ORDENAMENTO JURÍDICO BRASILEIRO 64

2.2. A CONSTITUIÇÃO DE 1988 E A SUPERAÇÃO DO "PARADOXO METODOLÓGICO" DO DIREITO PROCESSUAL 67

3. A CONCILIAÇÃO DAS TÉCNICAS PROCESSUAIS: A EFICÁCIA DA DECISÃO NO CONTROLE DE CONSTITUCIONALIDADE CONCENTRADO E A VINCULAÇÃO DO PRECEDENTE 70

4. CONSIDERAÇÕES FINAIS 75

5. REFERÊNCIAS BIBLIOGRÁFICAS 75

CAPÍTULO 4 ▶ O precedente vincula, mas qual é o seu conteúdo? Análise do princípio da colegialidade na formação dos precedentes no controle concentrado de constitucionalidade à luz da ADI 4.983/CE   77
Lara Dourado Mapurunga Pereira e Davi Mendes

1. INTRODUÇÃO 77

2. O PRECEDENTE NO NOVO SISTEMA PROCESSUAL BRASILEIRO 79

3. O PRINCÍPIO DA COLEGIALIDADE NA ORDEM JURÍDICA BRASILEIRA 84

4. O JULGAMENTO DA ADI 4983/CE: ANÁLISE DA(S) DECISÃO(ÕES) 88

5. O PRECEDENTE FORMADO NO JULGAMENTO DA ADI 4983/CE 95

6. CONSIDERAÇÕES FINAIS 98

7. REFERÊNCIAS BIBLIOGRÁFICAS 99

CAPÍTULO 5 ▶ Reflexões sobre a intervenção de terceiros no processo de controle concentrado de constitucionalidade – a intervenção do particular, do colegitimado e do "amicus curiae" na ADI, ADC e ADPF   103
Dirley da Cunha Júnior

1. INTRODUÇÃO 103

2. A INTERVENÇÃO DO PARTICULAR 104

3. A INTERVENÇÃO DO COLEGITIMADO 106

4. A INTERVENÇÃO DO *AMICUS CURIAE* 109

5. A INTERVENÇÃO DO *AMICUS CURIAE* NO CPC/2015 115

6. CONCLUSÃO 116

7. REFERÊNCIAS BIBLIOGRÁFICAS 117

CAPÍTULO 6 ▶ Os pronunciamentos do STF sobre questões constitucionais e sua repercussão sobre a coisa julgada (impugnação ao cumprimento do título executivo inconstitucional e a regra especial sobre prazo de ação rescisória)   119
Eduardo Talamini

1. INTRODUÇÃO 119

2. SENTIDO E FINALIDADE DA NORMA 120

SUMÁRIO

3.	IMPUGNAÇÃO COM CARÁTER RESCISÓRIO	121
4.	A ORIGEM, NO DIREITO COMPARADO	121
5.	CONSTITUCIONALIDADE DA REGRA	122
6.	HIPÓTESE DE INCIDÊNCIA	123
	6.1. PRONUNCIAMENTO DO PLENÁRIO DO STF	123
	6.2. ENFRENTAMENTO DIRETO E RELEVANTE DA QUESTÃO (*RATIO DECIDENDI*) PELO PLENÁRIO	123
	6.3. DECISÃO REVESTIDA DE EFICÁCIA VINCULANTE *ERGA OMNES*	124
	6.4. DECISÃO DE CONSTITUCIONALIDADE, INCONSTITUCIONALIDADE OU DE INTERPRETAÇÃO CONFORME	126
	6.5. DECISÃO ANTERIOR À FORMAÇÃO DO TÍTULO EXECUTIVO JUDICIAL	126
7.	MODULAÇÃO DE EFEITOS	126
8.	DESCONSTITUIÇÃO DO *DECISUM* ANTERIOR E NOVO JULGAMENTO	128
9.	IMPRESCINDIBILIDADE DA IMPUGNAÇÃO AO CUMPRIMENTO	129
10.	INAPLICABILIDADE ÀS DECISÕES DECLARATÓRIAS E CONSTITUTIVAS	130
11.	LIMITES DE APLICABILIDADE DA AÇÃO RESCISÓRIA PREVISTA NOS ARTS. 525, § 12, E 535, § 5º	130
12.	DIREITO INTERTEMPORAL	132
13.	REFERÊNCIAS BIBLIOGRÁFICAS	133

CAPÍTULO 7 ▶ O processo decisório no Supremo Tribunal Federal e o papel do ministro relator: notas a partir da aplicação do novo Código de Processo Civil no controle abstrato de constitucionalidade ... 137
Eneida Desiree Salgado e João Victor Archegas

1.	O NOVO CÓDIGO DE PROCESSO CIVIL E O PAPEL DO RELATOR NOS TRIBUNAIS	137
2.	UMA VISÃO CRÍTICA DO PROCESSO DECISÓRIO NO STF	140
3.	O NOVO CÓDIGO DE PROCESSO CIVIL COMO POSSÍVEL VETOR DE TRANSFORMAÇÃO DO PAPEL DO RELATOR NO SUPREMO TRIBUNAL FEDERAL	145
4.	O ENVIO PARA CONCILIAÇÃO NO CONTROLE DE CONSTITUCIONALIDADE ABSTRATO: A ESTRATÉGIA DA NÃO DECISÃO SOBRE O AUXÍLIO MORADIA	153
5.	REFERÊNCIAS BIBLIOGRÁFICAS	156

CAPÍTULO 8 ▶ O efeito vinculante das decisões do Supremo Tribunal Federal em controle concentrado de constitucionalidade: uma análise a partir da teoria da transcendência dos fundamentos determinantes ... 159
Fernanda Gomes e Souza Borges

1.	INTRODUÇÃO	159
2.	CONTROLE CONCENTRADO DE CONSTITUCIONALIDADE	160
3.	EFEITO VINCULANTE DAS DECISÕES DO SUPREMO TRIBUNAL FEDERAL	164
4.	TEORIA DA TRANSCENDÊNCIA DOS FUNDAMENTOS DETERMINANTES	165
5.	CONSIDERAÇÕES FINAIS	174
6.	REFERÊNCIAS BIBLIOGRÁFICAS	174

13

SUMÁRIO

CAPÍTULO 9 ▶ Notas sobre o incidente de resolução de demandas repetitivas e o sistema brasileiro de controle de constitucionalidade **177**
Marcelo Abelha Rodrigues e Filipe Ramos Oliveira

1.	INTRODUÇÃO	177
2.	NOTAS INTRODUTÓRIAS SOBRE O CONTROLE DE CONSTITUCIONALIDADE E O IRDR	178
3.	O PROBLEMA: IRDR INSTAURADO A PARTIR DE MÚLTIPLOS PROCESSOS EM QUE A QUESTÃO DE DIREITO SEJA A INCONSTITUCIONALIDADE DE UM ATO NORMATIVO	182
	3.1. PANORAMA DO PROBLEMA	182
	3.2. IRDR E O INCIDENTE DE ARGUIÇÃO DE INCONSTITUCIONALIDADE	184
	3.3. O IRDR, SUA EFICÁCIA VINCULANTE E O SISTEMA MISTO DE CONTROLE DE CONSTITUCIONALIDADE..	185
4.	CONCLUSÕES	192
5.	REFERÊNCIAS BIBLIOGRÁFICAS	193

Capítulo 10 ▶ Uma nítida predileção legislativa: a eficácia rescindente e deseficacizante da decisão proferida pelo Supremo Tribunal Federal em controle concentrado de constitucionalidade **197**
Gabriel de Carvalho Pinto

1.	APRESENTAÇÃO	197
2.	O CONTROLE DE CONSTITUCIONALIDADE	198
	2.1. MODELOS DE CONTROLE DE CONSTITUCIONALIDADE	200
3.	O CONTROLE CONCENTRADO DE CONSTITUCIONALIDADE E O MICROSSISTEMA DE PRECEDENTES JUDICIAIS VINCULANTES	202
	3.1. A EFICÁCIA DOS PRECEDENTES JUDICIAIS	205
4.	A PREDILEÇÃO DO LEGISLADOR PELA DECISÃO DO CONTROLE DE CONCENTRADO DE CONSTITUCIONALIDADE COMO PRECEDENTE	208
5.	CONCLUSÃO	210
6.	BIBLIOGRAFIA	211

Capítulo 11 ▶ Controle difuso no novo CPC **215**
Geovany Cardoso Jeveaux e Hermes Zaneti Júnior

1.	INTRODUÇÃO	215
2.	RAZOABILIDADE V. PROPORCIONALIDADE	218
3.	CONTROLE DE CONVENCIONALIDADE	224
4.	ABSTRATIVIZAÇÃO DO CONTROLE DIFUSO V. INEXIGIBILIDADE DE TÍTULO JUDICIAL	226
5.	CONCLUSÃO	240
6.	REFERÊNCIAS	241

Capítulo 12 ▶ Questão prejudicial, coisa julgada e transcendência dos motivos determinantes nas ações de controle concentrado de constitucionalidade **243**
Marcos Youji Minami, Ravi Peixoto e João Paulo Lordelo G. Tavares

1.	INTRODUÇÃO	243
2.	DAS QUESTÕES PREJUDICIAIS	244

Sumário

2.1.	QUESTÕES PRINCIPAIS E INCIDENTES	244
2.2.	DAS QUESTÕES PRELIMINARES E PREJUDICIAIS	245
3.	DA COISA JULGADA	246
4.	COISA JULGADA DAS QUESTÕES PREJUDICIAIS INCIDENTAIS	247
5.	DAS FORMAS DE ANÁLISE DA QUESTÃO CONSTITUCIONAL PELO SUPREMO TRIBUNAL FEDERAL	250
6.	DA (IN)ADAPTABILIDADE DO REGIME DA COISA JULGADA DA QUESTÃO PREJUDICIAL AO CONTROLE CONCENTRADO-ABSTRATO DE CONSTITUCIONALIDADE	254
7.	DAS DIFERENÇAS ENTRE A TRANSCENDÊNCIA DOS MOTIVOS DETERMINANTES E A COISA JULGADA ESPECIAL	259
8.	CONCLUSÕES	264
9.	REFERÊNCIAS	265

Capítulo 13 ▶ A declaração de inconstitucionalidade, a modulação de efeitos e a coisa julgada inconstitucional positivada pelo CPC/2015 269
Juliana Mendes de Oliveira Wagner e Vinicius Silva Lemos

1.	INTRODUÇÃO	269
2.	O CONTROLE DE CONSTITUCIONALIDADE	269
2.1.	AS ESPÉCIES DE AÇÕES	271
2.2.	DA PROPOSITURA AO JULGAMENTO	275
2.3.	OS REFLEXOS DO JULGAMENTO PELA INCONSTITUCIONALIDADE	276
3.	A COISA JULGADA INCONSTITUCIONAL	277
3.1.	A RELAÇÃO DA DECLARAÇÃO DE INCONSTITUCIONALIDADE COM AS DECISÕES DE MÉRITO JÁ PROFERIDAS	279
4.	A MODULAÇÃO DE EFEITOS NO CONTROLE DE CONSTITUCIONALIDADE E O IMPACTO NA COISA JULGADA INCONSTITUCIONAL	282
4.1.	A SEGURANÇA JURÍDICA COMO BASE SISTÊMICA	284
4.2.	A POSSIBILIDADE DE MODULAÇÃO DOS EFEITOS: O CARÁTER PROSPECTIVO	285
4.3.	O IMPACTO DA MODULAÇÃO DOS EFEITOS NA COISA JULGADA INCONSTITUCIONAL	286
5.	CONCLUSÃO	287
6.	REFERÊNCIAS BIBLIOGRÁFICAS	288

Capítulo 14 ▶ O Novo Código de Processo Civil e a aproximação do controle concreto ao controle abstrato de constitucionalidade 289
Lianne Macedo Soares

1.	INTRODUÇÃO	289
2.	BREVE HISTÓRICO DO CONTROLE DE CONSTITUCIONALIDADE BRASILEIRO	290
3.	MECANISMOS DE APROXIMAÇÃO DOS DOIS MODELOS DE CONTROLE ANTERIORES AO NOVO CÓDIGO DE PROCESSO CIVIL	291
3.1.	PODERES MONOCRÁTICOS DO RELATOR	291
3.2.	DISPENSA DE REEXAME NECESSÁRIO	291

Sumário

3.3. SÚMULA IMPEDITIVA DE RECURSOS	292
3.4. REPERCUSSÃO GERAL	292
3.5. SISTEMÁTICA DE JULGAMENTO DE RECURSOS REPETITIVOS	293
3.6. SÚMULA VINCULANTE	293
4. INOVAÇÕES DO CÓDIGO DE PROCESSO CIVIL DE 2015	294
5. CONCLUSÃO	297
6. REFERÊNCIAS	298

Capítulo 15 ▶ A superação de decisão declaratória de constitucionalidade pelo Supremo Tribunal Federal por meio da reclamação constitucional.. 301
Luiz Carlos de Assis Junior

1. INTRODUÇÃO	301
2. O CONTROLE CONCENTRADO DE CONSTITUCIONALIDADE E A DECISÃO DECLARATÓRIA DE CONSTITUCIONA-LIDADE	302
3. A RECLAMAÇÃO CONSTITUCIONAL: ORIGEM E CABIMENTO	307
4. A RECLAMAÇÃO COMO INSTRUMENTO DE REVISÃO DA DECISÃO DECLARATÓRIA DE CONSTITUCIONALIDADE EM CONTROLE CONCENTRADO	311
4.1. CLÁUSULA *REBUS SIC STANTIBUS* NA DECISÃO DECLARATÓRIA DE CONSTITUCIONALIDADE	311
4.2. O JULGAMENTO DA RECLAMAÇÃO 4374/PE	312
4.3. A RECLAMAÇÃO COMO MEIO DE REVISÃO DA DECISAO DECLARATÓRIA DE CONSTITUCIONALIDADE EM CONTROLE CONCENTRADO DE CONSTITUCIONALIDADE	315
5. CONCLUSÕES	322
6. REFERÊNCIAS	323

Capítulo 16 ▶ Repercussões do CPC na cooperação do *amicus curiae* no processo de controle concentrado de constitucionalidade em matérias tributárias.. 325
Marcelo Signorini Prado de Almeida

1. INTRODUÇÃO	325
2. CONTROLE CONCENTRADO DE CONSTITUCIONALIDADE NAS RELAÇÕES TRIBUTÁRIAS	326
2.1. CONTROLE CONCENTRADO E REPERCUSSÕES NO CÓDIGO DE PROCESSO CIVIL	326
2.2. CÓDIGO DE PROCESSO CIVIL E A TEORIA DA FORÇA NORMATIVA DA CONSTITUIÇÃO NO CONTROLE DE CONSTITUCIONALIDADE DAS NORMAS	328
3. DECISÕES JUDICIAIS DE CONTROLE DE CONSTITUCIONALIDADE E LIMITES DE INTERFERÊNCIA DOS ARGU-MENTOS CONSEQUENCIALISTAS NAS LIDES TRIBUTÁRIAS	330
4. PRINCÍPIO DA COOPERAÇÃO: IMPORTÂNCIA DOS TERCEIROS INTERESSADOS E *AMICUS CURIAE*	331
4.1. O DEVER DE COLABORAÇÃO	331
4.2. A FIGURA DO *AMICUS CURIAE*: FISCAL E COLABORADOR NO CONTROLE CONCENTRADO	333
5. POSSIBILIDADE DA COLABORAÇÃO E ATUAÇÃO DE TERCEIROS EM PROCESSOS TRIBUTÁRIOS: ANÁLISE DAS ADI 5881, ADI 5886 E ADI 5890	336
6. CONCLUSÃO	339
7. BIBLIOGRAFIA	340

Capítulo 17 ▶ O que significa "decisão do Supremo Tribunal Federal em controle concentrado de constitucionalidade"? **343**
Murilo Teixeira Avelino

1. DIGRESSÕES INTRODUTÓRIAS.. 343

    1.1. *RATIO DECIDENDI*.. 345

    1.2. *STARE DECISIS*.. 347

2. PRIMEIRA PARTE DO PROBLEMA – EFICÁCIA VINCULANTE DA FUNDAMENTAÇÃO EM ADI......................... 348

3. SEGUNDA PARTE DO PROBLEMA – INADMISSIBILIDADE DO MANEJO DE RECLAMAÇÃO POR DESRESPEITO À RATIO DECIDENDI DAS AÇÕES DE CONTROLE CONCENTRADO 351

4. ALGUMAS NOTAS SOBRE O SISTEMA DE PRECEDENTES CONSAGRADO NO CPC.......................... 352

5. (IN)CONCLUSÕES – O QUE SIGNIFICA "DECISÃO DO SUPREMO TRIBUNAL FEDERAL EM CONTROLE CONCENTRADO DE CONSTITUCIONALIDADE"?.. 355

6. UMA PROPOSTA DE INTERPRETAÇÃO 358

7. REFERÊNCIAS 362

CAPÍTULO 1

O controle concentrado e abstrato de constitucionalidade e os princípios da não surpresa e do contraditório substancial e da motivação específica

Ana Paula de Barcellos

SUMÁRIO: I. INTRODUÇÃO: O PROBLEMA DO CONTRADITÓRIO E DA MOTIVAÇÃO NOS PROCESSOS DE CONTROLE CONCENTRADO DE CONSTITUCIONALIDADE; II. CONTRADITÓRIO E MOTIVAÇÃO PARA ALÉM DA NATUREZA OBJETIVA DOS PROCESSOS DE CONTROLE CONCENTRADO E ABSTRATO DE CONSTITUCIONALIDADE; III. PRINCÍPIOS REPUBLICANO E DEMOCRÁTICO: CONTRADITÓRIO E MOTIVAÇÃO NOS PROCESSOS DE CONTROLE CONCENTRADO E ABSTRATO DE CONSTITUCIONALIDADE; IV. CONCLUSÃO

I. INTRODUÇÃO: O PROBLEMA DO CONTRADITÓRIO E DA MOTIVAÇÃO NOS PROCESSOS DE CONTROLE CONCENTRADO DE CONSTITUCIONALIDADE

O novo Código de Processo Civil consagrou de forma particularmente detalhada dois princípios que, a rigor, já existiam e decorriam de disposições da própria Constituição de 1988, a saber: o chamado princípio da não surpresa e do contraditório substancial e o princípio da motivação específica. Como se sabe, os arts. 9º e 10º tratam do primeiro princípio e o art. 489 detalha o segundo. A transcrição dos dispositivos é útil:

> "Art. 9º Não se proferirá decisão contra uma das partes sem que ela seja previamente ouvida.
>
> Parágrafo único. O disposto no caput não se aplica:
>
> I – à tutela provisória de urgência;
>
> II – às hipóteses de tutela da evidência previstas no <u>art. 311, incisos II e III</u>;
>
> III – à decisão prevista no <u>art. 701</u>.
>
> Art. 10. O juiz não pode decidir, em grau algum de jurisdição, com base em fundamento a respeito do qual não se tenha dado às

partes oportunidade de se manifestar, ainda que se trate de matéria sobre a qual deva decidir de ofício."

"Art. 489. São elementos essenciais da sentença:

I – o relatório, que conterá os nomes das partes, a identificação do caso, com a suma do pedido e da contestação, e o registro das principais ocorrências havidas no andamento do processo;

II – os fundamentos, em que o juiz analisará as questões de fato e de direito;

III – o dispositivo, em que o juiz resolverá as questões principais que as partes lhe submeterem.

§ 1º Não se considera fundamentada qualquer decisão judicial, seja ela interlocutória, sentença ou acórdão, que:

I – se limitar à indicação, à reprodução ou à paráfrase de ato normativo, sem explicar sua relação com a causa ou a questão decidida;

II – empregar conceitos jurídicos indeterminados, sem explicar o motivo concreto de sua incidência no caso;

III – invocar motivos que se prestariam a justificar qualquer outra decisão;

IV – não enfrentar todos os argumentos deduzidos no processo capazes de, em tese, infirmar a conclusão adotada pelo julgador;

V – se limitar a invocar precedente ou enunciado de súmula, sem identificar seus fundamentos determinantes nem demonstrar que o caso sob julgamento se ajusta àqueles fundamentos;

VI – deixar de seguir enunciado de súmula, jurisprudência ou precedente invocado pela parte, sem demonstrar a existência de distinção no caso em julgamento ou a superação do entendimento.

§ 2º No caso de colisão entre normas, o juiz deve justificar o objeto e os critérios gerais da ponderação efetuada, enunciando as razões que autorizam a interferência na norma afastada e as premissas fáticas que fundamentam a conclusão.

§ 3º A decisão judicial deve ser interpretada a partir da conjugação de todos os seus elementos e em conformidade com o princípio da boa-fé."

O princípio da não surpresa e do contraditório substancial impõe, nos termos dos arts. 9º e 10º transcritos, que, salvo hipóteses excepcionais especificadas no dispositivo, e que dizem respeito a espécies de decisões, e não ao conteúdo delas, o Juiz não poderá decidir com base em qualquer fundamento – de fato ou de direito – acerca do qual as partes não tenham tido oportunidade de se manifestar. A ideia, portanto, é que as partes possam efetivamente influenciar, por meio de suas manifestações, na formação da decisão a ser tomada pela magistrada.

O princípio da motivação específica, agora detalhada no art. 489 e seus parágrafos, complementa essa exigência: afinal, pouco adiantaria que as partes tivessem oportunidade de se manifestar se o juiz pudesse ignorar inteiramente o que suscitado por elas, por exemplo. No esforço de dar um conteúdo mais objetivo ao dever geral de motivação das decisões judiciais, o que o art. 489 pretendeu foi positivar testes negativos, isto é: os dispositivos indicam circunstâncias, infelizmente comuns na experiência, que revelam o que *não* é uma decisão fundamentada.

Nada obstante tais previsões do NCPC, o que se entende tradicionalmente é que elas não se aplicariam propriamente aos processos de controle concentrado e abstrato de constitucionalidade. A teoria é a seguinte: os processos de controle concentrado e abstrato de constitucionalidade não envolvem partes ou pretensões subjetivas, mas o debate em abstrato da validade de normas, tendo por isso uma natureza objetiva. Isto é: as decisões no âmbito do controle concentrado e abstrato de constitucionalidade não teriam um impacto direto e imediato na esfera subjetiva das pessoas, não havendo propriamente interesses em disputa ou uma lide a ser decidida, como os processos subjetivos em geral. E, portanto, se não há impacto direto sobre partes, não haveria necessidade de uma aplicação tão analítica dessas garantias.

Em resumo: os princípios do contraditório e da motivação – e particularmente sua versão reforçada, tal qual prevista no NCPC – aplicar-se-iam aos processos subjetivos e a suas partes, mas não, nesse formato, aos processos de controle concentrado e abstrato de constitucionalidade. Neles, o contraditório seria levado a cabo pelas instituições encarregadas de se manifestar nos termos da própria Constituição.

A Constituição prevê, por exemplo, que a Advocacia Geral da União deve se manifestar para defesa da lei ou ato normativo impugnado (CF, art. 103, § 3º). Em algumas circunstâncias, porém, sobretudo quando já haja jurisprudência da Corte na matéria, o STF permite que a AGU se manifeste de forma livre, e não na defesa da lei[1]. A questão é um sensível já que, na lógica constitucional, o papel da Advocacia Geral da União visa a, justamente, garantir um mínimo de contraditório

---

1. STF, ADI 3916 QO/DF, Tribunal Pleno, Rel. Min. Eros Grau, j. 03 fev. 2010, *DJ* 14.05.2010; STF, ADI 1.616/PE, Tribunal Pleno, Rel. Min. Maurício Corrêa, j. 24 mai. 2001, *DJ* 24.08.2001.

e de visões diversas no debate[2]. O Procurador Geral da República deverá igualmente ser ouvido, manifestando-se como *custos legis* no sentido da validade ou invalidade da norma de acordo com sua convicção (CF, art. 103, § 1º). É possível, como se vê, que no âmbito de uma ação direta de inconstitucionalidade todas as instituições originariamente participantes – o requerente, o AGU e a PGR – sustentem a inconstitucionalidade da norma impugnada, sem qualquer contraponto, inclusive para demonstrar, por exemplo, que a hipótese não é a mesma já decidida por eventual jurisprudência anterior do STF.

Além da AGU e do PGR, a Lei nº 9.868/98, art. 6º, prevê que o Relator pedirá informações às autoridades responsáveis pelo ato impugnado. E, paralelamente à participação de tais autoridades, a Lei no 9.868/98, art. 7º, § 2º, prevê que o Relator poderá admitir a intervenção de outros órgãos ou entidades representativos – os *amici curiae* – diante da relevância da questão. O Relator poderá também convocar audiência pública (Lei no 9.868/98, art. 9º, § 1º) para ouvir pessoas com experiência e autoridade na matéria. Não se reconhece a qualquer dessas instituições ou pessoas, entretanto, um direito a se manifestar, no exercício do contraditório, acerca do que tenha sido apresentado por qualquer das outras, por exemplo; nem se reconhece a elas o direito de serem ouvidas previamente sobre eventuais fundamentos que a Corte pretenda apreciar, e que não tenham sido por elas suscitados.

Esses terceiros, a rigor, são admitidos por um juízo insindicável do Relator: a admissão como *amicus curiae* decorre, como se sabe, de uma decisão discricionária da qual não cabe recurso (Lei no 9.868/98, art. 7º, § 10)[3], e essa também é lógica aplicada a admissão para participar de audiências públicas. Além disso,

---

2. Nesse sentido ressaltou o Min. Cezar Peluso no julgamento STF, ADI 3916 QO/DF, Tribunal Pleno, Rel. Min. Eros Grau, j. 03 fev. 2010, *DJ* 14.05.2010, p.79: "Essa função não é bem de curadoria, é função que atende ao caráter objetivo da ação direta de inconstitucionalidade, à qual, portanto, falta, por princípio, uma parte oposta interessada, capaz de exercer o contraditório. Em outras palavras, essa previsão atribui uma função específica, distinta daqueloutra em que a Advocacia, definida como órgão que tutela em juízo os interesses da União, atende à necessidade de instrução do processo objetivo da ação direta de inconstitucionalidade, para concretizar contraposição de argumentos que permita à Corte examinar com mais profundidade a arguição".

3. STF, RE 808202 AgR /RS, Rel. Min. Dias Toffoli, DJe 30.06.2017: "EMENTA Agravo regimental no recurso extraordinário. Processual. Decisão de indeferimento de ingresso de terceiro como amigo da Corte. Amicus curiae. Requisitos. Representatividade adequada. Poderes do ministro relator. Ausência de fundamentação. Não ocorrência. Agravo não provido. 1. A atividade do amicus curiae possui natureza meramente colaborativa, pelo que inexiste direito subjetivo de terceiro de atuar como amigo da Corte. O relator, no exercício de seus poderes, pode admitir o amigo da corte ou não, observando os critérios legais e jurisprudenciais e, ainda, a conveniência da intervenção para a instrução do feito. 2. O requisito da representatividade adequada exige do requerente, além da capacidade de representação de um conjunto de pessoas, a existência de uma preocupação institucional e a capacidade de efetivamente contribuir para o debate. 3. Havendo concorrência de pedidos de ingresso oriundos de instituições com deveres, interesses e poderes de representação total ou parcialmente coincidentes, por razões de racionalidade e economia

como se sabe, o STF como regra só admite o ingresso de *amicus curiae* antes de iniciado o julgamento: mesmo que ele se prolongue por muitos meses por conta de pedidos de vista e questões novas sejam suscitadas pelos Ministros ao longo do caminho[4].

Sobre a motivação, e como é corrente, o STF entende que no âmbito de processos de controle de constitucionalidade a causa de pedir é aberta. Isto é: o Tribunal, embora limitado pelo pedido formulado, não está vinculado aos fundamentos apresentados pelo autor da ação, de modo que a norma impugnada pode ser declarada inconstitucional por razões diversas das suscitadas pelo requerente na petição inicial[5]. É perfeitamente possível, portanto, e não chega a ser incomum, que os fundamentos de determinada decisão tomada pela Corte não tenham sido alvo de qualquer manifestação específica das instituições participantes do processo ou dos *amici curiae* eventualmente admitidos no feito.

Esse quadro não parece o ideal por ao menos duas razões, que se passa a expor. Em primeiro lugar, porque a natureza objetiva do processo de controle concentrado de constitucionalidade, ainda que verdadeira em alguma medida, não afasta a realidade dos interesses em disputa e dos impactos que as decisões nessa espécie de processo produzem sobre a sociedade em geral, e sobre

---

processual, defere-se o ingresso do postulante dotado de representatividade mais ampla. Precedentes. 4. Vícios de fundamentação inexistentes. 5. Agravo regimental não provido."

4. STF, ADI 2.435 AgR, Rel. Min. CÁRMEN LÚCIA, Tribunal Pleno, DJe de 10.12.2015: "AGRAVO REGIMENTAL NA AÇÃO DIRETA DE INCONSTITUCINALIDADE. REQUERIMENTO DE INGRESSO COMO AMICUS CURIAE EM DATA POSTERIOR À INCLUSÃO DO PROCESSO NA PAUTA DE JULGAMENTO. PRECEDENTES. AGRAVO REGIMENTAL AO QUAL SE NEGA PROVIMENTO."; e STF, ADI-AgR 4.071, Rel. Min. MENEZES DIREITO, DJe de 16.10.2009, Tribunal Pleno: "Agravo regimental. Ação direta de inconstitucionalidade manifestamente improcedente. Indeferimento da petição inicial pelo Relator. Art. 4º da Lei nº 9.868/99. 1. É manifestamente improcedente a ação direta de inconstitucionalidade que verse sobre norma (art. 56 da Lei nº 9.430/96) cuja constitucionalidade foi expressamente declarada pelo Plenário do Supremo Tribunal Federal, mesmo que em recurso extraordinário. 2. Aplicação do art. 4º da Lei nº 9.868/99, segundo o qual "a petição inicial inepta, não fundamentada e a manifestamente improcedente serão liminarmente indeferidas pelo relator". 3. A alteração da jurisprudência pressupõe a ocorrência de significativas modificações de ordem jurídica, social ou econômica, ou, quando muito, a superveniência de argumentos nitidamente mais relevantes do que aqueles antes prevalecentes, o que não se verifica no caso. 4. O amicus curiae somente pode demandar a sua intervenção até a data em que o Relator liberar o processo para pauta. 5. Agravo regimental a que se nega provimento."

5. STF, ADI 5749 AgR, Rel. Min. Alexandre de Moraes, DJe 26.02.2018: "Ementa: constitucional. Ação direta de inconstitucionalidade. Objeto abrangido por ação anterior intentada pela mesma parte. Causa de pedir aberta das ações de controle concentrado. Desnecessidade de nova impugnação ao mesmo ato normativo quando possível declinar os mesmos fundamentos em ação já em curso no supremo tribunal federal. Litispendência parcial. 1. A causa de pedir aberta das ações do controle concentrado de constitucionalidade torna desnecessário o ajuizamento de nova ação direta para a impugnação de norma cuja constitucionalidade já é discutida em ação direta em trâmite perante o SUPREMO TRIBUNAL FEDERAL, proposta pelo mesma parte processual. 2. Verificada a identidade entre as partes, o pedido e a causa de pedir, no tocante à declaração de inconstitucionalidade do art. 2º, § 1º, da Lei 12.850/2013, impõe-se a extinção sem resolução do mérito da segunda ação direta proposta. 3. Agravo Regimental conhecido e desprovido."

grupos dentro dela em particular, dependendo do tema em debate. Em segundo lugar, porque as garantias do contraditório e da motivação no âmbito dos processos de controle concentrado de constitucionalidade devem ser compreendidas a luz dos princípios republicano e democrático, que conduzem justamente o tema a soluções muito próximas daquelas adotadas pelo NCPC. Confira-se.

II. CONTRADITÓRIO E MOTIVAÇÃO PARA ALÉM DA NATUREZA OBJETIVA DOS PROCESSOS DE CONTROLE CONCENTRADO E ABSTRATO DE CONSTITUCIONALIDADE

Como já referido, os processos de controle concentrado e abstrato de constitucionalidade são considerados processos objetivos, o que significa, de forma simples, que sua finalidade principal não é a tutela de interesses individuais ou subjetivos, mas sim a defesa da integridade da ordem jurídico-constitucional. Estão nessa categoria a ação direta de inconstitucionalidade, a ação declaratória de constitucionalidade e, na prática, a arguição de descumprimento de preceito fundamental (embora ela também possa admitir uma modalidade não abstrata), todas dirigidas ao STF, e a representação por inconstitucionalidade no âmbito dos Tribunais de Justiça dos Estados. O artigo se ocupa mais concentradamente da atuação do STF, mas a lógica pode ser aplicada também aos Tribunais de Justiça.

Na realidade, há em curso no país, como se sabe, um processo de aproximação dos mecanismos de controle difuso e incidental relativamente àqueles típicos do controle concentrado e abstrato, e essa aproximação se dá sobretudo por meio do que se denomina "objetivação" do controle difuso e incidental, isto é, a atribuição de efeitos gerais e em alguns casos vinculantes às decisões proferidas em sede de controle difuso e incidental. Curiosamente, porém, no que diz respeito ao contraditório e à motivação, os pressupostos dos processos objetivos têm influenciado mais o controle difuso e incidental objetivado do que o inverso: a lógica tradicional dos processos subjetivos têm sido pouco capaz de promover a rediscussão de alguns paradigmas do controle de constitucionalidade concentrado e abstrato.

E isso porque, apesar da afirmação teórica acerca da natureza objetiva desses processos, é impossível esconder os interesses subjetivos existentes na discussão e que serão afetados – direta ou indiretamente – pela decisão acerca da validade ou invalidade das normas: esses interesses permanecem todo tempo a espreita e tanto quanto possível vêm à tona, tentando fazer-se ouvidos pelos órgãos encarregados de decidir a questão. Ao declarar válidas ou inválidas normas tributárias, por exemplo, o impacto sobre os contribuintes ou sobre o erário será imediato. Mas o fenômeno não é observado apenas em matéria tributária. Considerando os efeitos vinculantes de tais decisões, a rigor todas as autoridades administrativas e judiciais do país passaram a adotar o entendimento fixado pelo STF afetando, por óbvio, a esfera jurídica das pessoas físicas e jurídicas.

O argumento de que sempre será necessária uma outra decisão – eventualmente judicial ou administrativa – para impor os efeitos da decisão do STF sobre a esfera subjetiva é, com todo o respeito, puramente retórico. As pessoas não poderão rediscutir perante essas autoridades o que o STF tenha decidido, de modo que sofrerão a incidência direta de uma decisão proferida no âmbito do controle concentrado e abstrato de constitucionalidade da qual não participaram e cuja formação não tiveram qualquer possibilidade de influenciar.

A própria disciplina das ações de controle concentrado e abstrato, e cada vez mais, revela essa realidade indisputável. Alguns exemplos, ilustram o ponto. Na Constituição anterior, apenas o Procurador Geral da República podia ajuizar ações dessa natureza. O constituinte de 1988 rompeu com essa tradição e ampliou significativamente o rol de legitimados, inclusive com a inclusão de atores representativos da sociedade civil, tais como as confederações sindicais, os partidos políticos e as entidades de classe de âmbito nacional, que interessam diretamente ao presente estudo. A medida fortalece em grande medida a base de legitimação democrática da jurisdição constitucional, que passa a operar como um mecanismo de defesa e mesmo de participação da sociedade na condução dos negócios públicos, em lugar de servir apenas como instrumento de governo[6].

Tendo em conta a lista contida no art. 103 da Constituição, a prática do STF distinguiu duas categorias de agentes legitimados à propositura das ações objetivas[7]: os *universais* e os *especiais*. Os primeiros poderão impugnar qualquer ato suscetível de controle por essa via, ainda que o tema nele versado não guarde qualquer relação com sua atividade institucional. A atuação dos legitimados especiais, por seu turno, é condicionada à demonstração de que o ato impugnado repercute diretamente sobre os interesses do proponente. Trata-se de verificar a correlação, no tocante à matéria em discussão, entre os objetivos sociais da requerente e o ato que ela pretende ver examinado em sede de controle abstrato de constitucionalidade. Esse requisito adicional de legitimidade é, em geral, identificado pela expressão pertinência temática.

São considerados legitimados universais o Presidente da República (inciso I); a Mesa do Senado Federal (inciso II); a Mesa da Câmara dos Deputados (inciso III); o Procurador-Geral da República (inciso V); o Conselho Federal da Ordem

---

6.   Sobre o tema, v. CITTADINO, Gisele, *Judicialização da política, constitucionalismo democrático e separação dos Poderes*. In: VIANNA, Luiz Werneck, *A democracia e os três Poderes no Brasil*. Belo Horizonte: UFMG, 2002, p. 31; e SILVA, Anabelle Macedo, *Concretizando a Constituição*. Rio de Janeiro: Lumen Juris, 2005, p. 139.

7.   STF, ADI 1.096 MC/RS, Tribunal Pleno, Rel. Min. Celso de Mello, j. 16 mar. 1995, DJ 22 set. 1995.

dos Advogados do Brasil (inciso VII); e o partido político com representação no Congresso Nacional[8] (inciso VIII). Ao passo que os demais são classificados como especiais, devendo, portanto, demonstrar a presença de pertinência temática em cada caso[9], para que sua legitimidade ativa seja reconhecida. Observa-se aqui, de forma bastante evidente, uma relativa superposição entre os domínios do processo objetivo e os da jurisdição ordinária, de natureza subjetiva, na qual o *interesse de agir* – figura a que se pode associar a noção de pertinência temática – é um elemento fundamental para que a ação seja conhecida e processada[10].

Um segundo exemplo diz respeito à possibilidade prevista pela Lei no 9.868/98, art. 7º, § 2º, de que o Relator poderá admitir a intervenção de outros órgãos ou entidades representativos – os *amici curiae* – diante da relevância da questão. Como já mencionado, a Lei autoriza ainda, no art. 9º, a convocação de audiências públicas, a designação de peritos e a solicitação de informações a outros tribunais do país. Além dessas previsões específicas, o NCPC contém agora previsão geral no sentido da possibilidade de participação de *amicus curiae* 11 e ampliou as previsões que tratam da convocação de audiências públicas[12]. Vale o registro de que mesmo antes dessas alterações legislativas o STF já vinha utilizando de forma mais ampla esses mecanismos de participação da sociedade.

Não há dúvida de que esses mecanismos veiculam uma oportunidade de os grupos de interesse da sociedade apresentarem suas visões e razões perante a Corte, considerando que, afinal – a despeito de se tratar de um processo objetivo no qual a questão jurídica é discutida em abstrato –, a decisão tomada afetará a sociedade em geral, e determinados grupos de forma mais específica.

---

8.   A aferição da legitimidade para a ação deve ser feita no momento de sua propositura. Nesse sentido, o STF já destacou que a perda superveniente de representação do Partido em âmbito nacional não afeta a ação já proposta. V. STF, ADI 2.618-6 AgR-AgR/PR, Tribunal Pleno, Rel. p/ acórdão Min. Gilmar Mendes, j. 12.08.2004, DJ 31.03.2006.

9.   A pertinência temática da Mesa da Assembleia Legislativa significa que ela somente pode propor ADI quando houver ligação entre a norma impugnada e a competência do Estado ou da própria casa legislativa, o mesmo ocorre com os Governadores que ficam submissos à existência de pertinência temática entre o ato normativo impugnado e os interesses que lhe cabem tutelar. Quanto às entidades de classe, "A jurisprudência do STF é firme no sentido de se exigir, para a caracterização da legitimidade ativa das entidades de classe e das confederações sindicais para as ações de controle concentrado, a existência de correlação entre o objeto do pedido de declaração de inconstitucionalidade e os objetivos institucionais da associação", conforme STF, ADI 4.722 AgR/DF, Tribunal Pleno, Rel. Min. Dias Toffoli, j. 02 dez. 2016, DJ 15.02.2017.

10.   MENDES, Gilmar Ferreira. Jurisdição constitucional. São Paulo: Saraiva,1999, p. 145: "Cuida-se de inequívoca restrição ao direito de propositura, que, em se tratando de processo de natureza objetiva, dificilmente poderia ser formulada até mesmo pelo legislador ordinário. A *relação de pertinência* assemelha-se muito ao estabelecimento de uma condição de ação – análoga, talvez, ao interesse de agir -, que não decorre dos expressos termos da Constituição e parece ser estranha à natureza do processo do controle de normas".

11.   Lei nº 13.105/2015, art. 138.

12.   Lei nº 13.105/2015, arts. 983 e 1.038.

Vale o registro, porém, de que apesar desses mecanismos permitirem uma maior participação da sociedade, e dos setores afetados, no âmbito dos processos perante o STF, há uma crítica relevante a esse argumento, no sentido de que em muitos casos essa participação é puramente ritual ou simbólica. E isso porque, os votos e decisões tomadas pelos Ministros, frequentemente, sequer citam, e menos ainda consideram ou examinam de fato os argumentos suscitados pelos *amici curiae* ou em audiências públicas[13]. Além disso, poucas instituições representam a maioria das habilitações em diferentes processos[14].

Por fim, um terceiro exemplo envolve o tema da modulação dos efeitos das decisões proferidas em sede de controle concentrado e abstrato de constitucionalidade no tempo. A Lei no 9.868/99, art. 27, prevê expressamente essa possibilidade diante de razões de "segurança jurídica e excepcional interesse social", e por manifestação de 2/3 dos Ministros da Corte. Ora, a eventual necessidade de modulação dos efeitos das decisões proferidas pelo STF nesse contexto apenas ilustra que elas não se ocupam apenas da integridade, em tese, do sistema jurídico, mas podem afetar de forma muito concreta e relevante a esfera jurídica das pessoas.

Pois bem. Se é assim, e se os processos de controle concentrado e abstrato de constitucionalidade repercutem sobre a liberdade e os bens das pessoas – e, em geral, sem a possibilidade de qualquer recurso contra uma decisão que terá, ademais, efeitos gerais e vinculantes –, não há porque não aplicar aqui as garantias de que tratam os incisos LIV e LV do art. 5º, da Constituição, que tratam do devido processo legal e do contraditório, bem como da exigência de motivação das decisões judiciais (art. 93, IX). Muito ao revés, considerando a dimensão do impacto dessas decisões, tais garantias deveriam ser especialmente consideradas e aplicadas.

É certo que não existe uma fórmula única de devido processo legal, e a dinâmica do contraditório pode assumir formas mais ou menos complexas. Nada obstante, uma exigência básica da garantia constitucional é a de que os diferentes interessados, com posições diversas e antagônicas acerca da questão, tenham oportunidade de se manifestar e assim influenciar efetivamente a formação da decisão a ser tomada[15].

---

13. V. COSTA, Beatriz Castilho. *A influência exercida pelo amicus curiae nos votos dos ministros do Supremo Tribunal Federal nos acórdãos das ações diretas de inconstitucionalidade decididas majoritariamente.* Dissertação apresentada à Escola de Direito do Rio de Janeiro da Fundação Getúlio Vargas, como requisito para obtenção do título de Mestre em Poder Judiciário, 2012.

14. Para um levantamento desses dados, v. LEAL, Fernando. O mito da sociedade aberta dos intérpretes da Constituição. Disponível em https://www.jota.info/stf/supra/o-mito-da-sociedade-aberta-de-interpretes-da-constituicao-08032018 (acesso em 1.06.2018).

15. Confira-se, por todos, CINTRA, Antônio Carlos de Araújo e outros, *Teoria geral do processo*, 1996, p. 57; e GRINOVER, Ada Pellegrini, Princípios processuais e princípios de Direito Administrativo no quadro das garantias constitucionais, *Revista Forense 387*:3, 2006, p. 5-6.

No contexto dos processos de controle concentrado e abstrato de constitucionalidade isso deveria significar a oportunidade para que os participantes do processo – incluindo particularmente os *amici curiae* – tenham a possibilidade de se manifestar sobre novos fatos e razões apresentados à Corte. Também significa que o Relator, caso pretenda valer-se de fundamento novo, sobre o qual os participantes do processo não tiveram oportunidade de se manifestar, deverá franquear formalmente essa oportunidade, de modo a colher a visão deles sobre o ponto para então formar o seu juízo. Não há necessidade de restringir a figura da causa de pedir aberta, mas de associar a esse poder um dever: o dever de estar disposto a ouvir o que os participantes do processo tenham a dizer sobre esse novo fundamento.

Naturalmente, sob a perspectiva da motivação, cabe ao julgador examinar – para acolher ou refutar – os fatos e razões apresentados pelos participantes no processo. A previsão hoje constante do inciso IV do § 10 , do art. 489, do NCPC, – pela qual se considera não motivada decisão quando "não enfrentar todos os argumentos deduzidos no processo capazes de, em tese, infirmar a conclusão adotada pelo julgador" – não representa, a rigor, qualquer inovação. Se não coubesse ao órgão julgador examinar as razões apresentadas pelos participantes do processo, qual seria o sentido do processo em si? E do contraditório? E da possibilidade de se manifestar conferida a tais pessoas? A necessidade de o juiz examinar os argumentos apresentados decorre logicamente da própria existência do processo sob pena de, afinal, consagrar-se um grande fingimento incompatível não apenas com as normas constitucionais que tratam das garantias referidas, mas também que organizam o Estado de forma mais ampla: é sobre elas que se passa a tratar.

III. PRINCÍPIOS REPUBLICANO E DEMOCRÁTICO: CONTRADITÓRIO E MOTIVAÇÃO NOS PROCESSOS DE CONTROLE CONCENTRADO E ABSTRATO DE CONSTITUCIONALIDADE

O Estado brasileiro, como se sabe, é uma república democrática. Dentre muitos outros desdobramentos, essas duas opções fundamentais do Estado brasileiro significam, em primeiro lugar, que as pessoas são essencialmente iguais, sem privilégios de classe ou nascimento, de modo que não há um título para que alguém, por pertencer a determinada família ou a qualquer outro grupo, tenha o direito de governar sobre os demais.

Como consequência, o poder de decidir sobre o que quer que afete a coletividade como um todo só pode pertencer à própria coletividade, de modo que o poder soberano reside no conjunto dos indivíduos: e nesse ponto república e democracia se mesclam necessariamente. E, uma vez que a opinião de cada indivíduo sobre decisões políticas tem idêntico valor, o único critério de decisão admissível, em tese, é o majoritário. A soberania popular democrática é, portanto, um corolário da ideia de igualdade[16]. Repita-se: em um Estado republicano, no qual todos são iguais, ninguém tem o direito de exercer poder político por seus méritos pessoais, excepcional capacidade ou sabedoria.

Se é assim, e em segundo lugar, todo aquele que exerce poder político o faz na qualidade de agente delegado da coletividade e deve a ela satisfações por seus atos[17]. Esse raciocínio, bastante singelo do ponto de vista da teoria democrática, também se aplica ao Judiciário. O juiz exerce poder político ao desempenhar uma das atividades próprias do Estado: a jurisdição. É, portanto, um agente delegado da sociedade, a quem deve contas de sua atuação.

Ou seja: os princípios republicano e democrático significam que os agentes públicos agem em última análise por delegação do povo, e não por direito próprio ou gerindo interesse próprio. Não apenas os detentores de mandato popular, mas os agentes públicos em geral, que de alguma forma gerem bens ou interesses públicos ou tomam decisões imperativas, encontram-se nessa posição de agentes delegados e, portanto, têm o dever de prestar contas do exercício de seu ofício. Esse grupo inclui o Judiciário e de forma mais específica, no sistema brasileiro, o Supremo Tribunal Federal, cujas decisões, sobretudo em processos de controle de constitucionalidade abstrato e concentrado afetam a sociedade como um todo. A motivação, por evidente, é o veículo pelo qual a Corte presta contas à sociedade de suas decisões.

A decisão judicial, lembre-se, não é mero conselho: ela poderá ser imposta pela força ao jurisdicionado, se necessário, em uma manifestação típica do poder de império estatal. No caso de decisões de controle abstrato e concentrado de

---

16. Constituição de 1988, art. 1º, parágrafo único: *"Parágrafo único. Todo o poder emana do povo, que o exerce por meio de representantes eleitos ou diretamente, nos termos desta Constituição."*

17. BARROSO, Luís Roberto. "Promoção de magistrado por merecimento e recusa de promoção por antiguidade. Dever de voto aberto e motivado". *In:* PELLEGRINA, Maria Aparecida e SILVA, Jane Granzoto Torres da (organizadoras). *Constitucionalismo social – Estudos em homenagem ao Ministro Marco Aurélio Mendes de Faria Mello,* 2003, pp. 194 e 195: "Assinale-se que em um Estado democrático de direito, todo poder é representativo, no sentido de que é exercido em nome do povo e deve visar à promoção do bem comum. O fato de os agentes públicos investidos de função judicial não serem escolhidos por meio de sufrágio popular não infirma a premissa estabelecida. Juízes não são eleitos por uma opção do constituinte, que reservou parcela do poder político para ser exercida com base em critérios técnicos, sem submissão aos mecanismos majoritários. Aliás, o Judiciário desempenha, muitas vezes, uma função contra-majoritária, invalidando atos dos outros Poderes e protegendo os direitos fundamentais contra o abuso das maiorias políticas. Mas o constituinte não dispensou os órgãos judiciais de um conjunto importante de controles próprios do regime democrático". V. também PECZENIK, Aleksander. *On Law and Reason,* 1989, p. 41: "Thus, democracy demands a legal decision making which harmonizes respect for both the wording of the law and its preparatory materials and, on the other hand, moral rights and values, including freedom and equality. It also demands that the decisions are justified as clearly as possible."

constitucionalidade, ela poderá ser imposta a um conjunto enorme de pessoas. Parece evidente que os cidadãos têm o direito de saber por que um seu agente delegado decidiu em determinado sentido e não em outro[18].

Não se ignora o sem-número de obstáculos enfrentados pelos magistrados para cumprir o dever de motivar adequadamente (número reduzido de pessoal, grande quantidade de demandas, etc.). O que importa destacar aqui é que o dever de motivar não decorre apenas de uma regra formal contida no texto constitucional (art. 93, IX) ou no NCPC, ou ainda de uma exigência do direito de defesa das partes. Ele está vinculado à própria necessidade republicana de justificação das decisões do Poder Público, mais ainda quando se trate de decisões como as proferidas em sede de controle concentrado e abstrato de constitucionalidade.

Na realidade, o tema da motivação das decisões jurídicas, sobretudo as judiciais, é cada vez mais relevante no Brasil por um conjunto de razões. Em primeiro lugar, a utilização intensiva pelos enunciados constitucionais e legais de princípios e conceitos abertos ou indeterminados, dentre outros mecanismos, transfere ao Judiciário contemporâneo um amplo poder na definição do que é, afinal, o direito. Sob pena de serem acusadas de puramente arbitrárias e ilegítimas em um Estado democrático de direito, as escolhas do intérprete nesse ambiente demandam justificativas[19].

Por outro lado, e em segundo lugar, o processo de redemocratização do País, nos últimos vinte anos, a reorganização da sociedade civil e a liberdade de imprensa passaram a submeter o Judiciário à crítica a que estão sujeitos todos os

---

18. AARNIO, Aulis. *Reason and Authority*, 1997, p. 193: "This is, thus, due to the fact that one of the most important properties of a mature democracy is openness. It makes the external control of the decision-making activity possible. This holds true also as to the adjudication. The independence of the courts of justice does not mean that they are completely outside of the democratic control. The division of power guarantees the independence of the courts only in relation to the other power centres, especially to the executive power. On the other hand, the courts of justice are a part of society and of its democratic order. Also the courts must thus, in an open society, be under a societal control used by people. The only means of this control is the demand that the courts really *argue* for their decisions.".

19. LA TORRE, Maximo. *Theories of Legal Argumentation and Concepts of Law. An Approximation*, Ratio Juris, vol. 14, nº 4, 2002, p. 382: "It is today the judge that is put forward as the new centre of the legal system, no longer the legislative power, like it or not. And in the judge's view central importance inevitably attaches to the procedure by which the decision is arrived at. Here, the law is not enough, other criteria of choice have to be resorted to."; e AARNIO, Aulis. *Lo racional como razonable*, 1991, p. 29: "Como se ha mencionado, el decisor ya no puede apoyarse en una mera autoridad formal. En una sociedad moderna, la gente exige no sólo decisiones dotadas de autoridad sino que pide razones. Esto vale también para la administración de justicia. La responsabilidad del juez se ha convertido cada vez más en la responsabilidad de justificar sus decisiones. La base para el uso del poder por parte del juez reside en la aceptabilidad de sus decisiones y no en la posición formal de poder que pueda tener. En este sentido, la responsabilidad de ofrecer justificación es, específicamente, una responsabilidad de maximizar el control público de la decisión. Así pues, la presentación de la justificación es siempre también un medio para asegurar, sobre una base racional, la existencia de la certeza jurídica en la sociedad."

poderes estatais. Obviamente, a necessidade de o agente público demonstrar a legitimidade de seus atos cresce à medida que haja mais controle[20]. Essa assertiva se torna ainda mais relevante quando se trata não apenas de decisões judiciais em geral, mas decisões que repercutem sobre a sociedade como um todo.

Essas duas consequências referidas acima dizem respeito diretamente ao dever de motivação e sua conexão com os princípios constitucionais referidos. Mas há uma terceira consequência que se extrai igualmente dos princípios republicano e democrático e que repercute de forma direta sobre o tema do contraditório. O debate em torno da legitimidade da jurisdição constitucional é vasto e não é o caso de reproduzi-lo aqui, mas um elemento que tradicionalmente se considera relevante para a construção dessa legitimidade é justamente a existência de um procedimento do qual os interessados/potencialmente afetados podem participar, e mais: suas manifestações serão consideradas pela autoridade que tomará a decisão. O direito de participar de algum modo do processo de tomada de decisões que afetarão o indivíduo – ao menos na modalidade de "ser ouvido" – é essencial à lógica democrática.

Ora, não há nenhuma razão para imaginar que esse elemento é menos importante para a legitimidade das decisões proferidas em sede de controle concentrado e abstrato de constitucionalidade, muito ao revés. Por quais razões o STF, ou qualquer outra Corte, poderiam validamente, e logicamente, se negar a ouvir as razões dos setores afetados pela sociedade? Ou imaginar que eles nada teriam a contribuir para o debate? Existem, é claro, dimensões práticas a serem consideradas que não se ignora. Muitas vezes um determinado setor tem dificuldade de se articular e apresenta múltiplas manifestações em um mesmo sentido que podem tumultuar o andamento do feito: parece razoável que isso seja desestimulado. Mas entre o mar e a terra, há muitos caminhos que podem

---

20. MAIA, Antônio Cavalcanti. *A importância da dimensão argumentativa à compreensão da práxis jurídica contemporânea*, Revista Trimestral de Direito Público nº 8, 2001, pp. 280 e 281: "Eis que a reconstitucionalização implicou nítido alargamento nas funções dos juízes e uma maior participação do Judiciário nos problemas gerais da vida brasileira. Deste modo, cabe à comunidade dos profissionais do Direito uma reflexão mais profunda acerca destas questões, tendo em vista que a ´nova retórica´ oferece novas possibilidades de reflexões no mundo do Direito e postula uma integração maior entre a produção doutrinário-acadêmica e o quotidiano do juiz e do advogado. Ademais, nos últimos anos tem-se freqüentemente sustentado uma fiscalização maior da atividade do Judiciário, cogitando-se por vezes o controle externo deste poder. Trata-se de um debate difícil, complexo e delicado. (...) Entretanto, pode-se apontar uma outra forma – diferente daquela do controle externo – de procurar garantir mecanismos de fiscalização da sociedade e da comunidade dos operadores do Direito em relação ao Judiciário. Tal se daria, basicamente, a partir de uma outra perspectiva, situada numa dimensão metodológica, através de um exame mais apurado da fundamentação das decisões, à luz de todas essas cogitações de natureza teórica abertas pela *démarche* tópica. Neste quadro atual, onde os magistrados dispõem de uma área maior ainda de liberdade do que a tradicionalmente garantida em nossa história jurídica, impõe-se uma atenção maior à questão concernente às justificativas pelas quais os juízes chegam às decisões que dirimem as lides a eles submetidas."

ser trilhados. Por meio de normas procedimentais o Tribunal pode com alguma facilidade estimular uma maior organização dessas manifestações e estimular um contraditório real e mais eficiente.

IV. CONCLUSÃO

O princípio da não surpresa e do contraditório substancial e o princípio da motivação específica, hoje detalhados nos arts. 9º e 10º e art. 489 do NCPC, decorrem, a rigor, da incidência dos princípios republicano e democrático no âmbito do processo, e mais ainda quando se trata dos mecanismos de controle concentrado e abstrato de constitucionalidade, cujas decisões atingem toda a sociedade. Nesse sentido, a tese da natureza objetiva de tais feitos não deve servir de artifício para encobrir a realidade de que eles afetam interesses concretos e que suas decisões repercutem, direta ou indiretamente, na esfera jurídica das pessoas: de muitas pessoas. Nesse sentido, os participantes de tais processos – inclusive os *amici curiae* – devem ter oportunidade de se manifestar sobre os fatos e argumentos novos suscitados perante a Corte e também sobre eventuais fundamentos que o Ministro Relator pretenda utilizar e que não tenham sido suscitados por quem quer que seja, na linha do entendimento de que tais processos têm uma causa de pedir aberta. No mesmo passo, pouco sentido haveria em tudo isso, na garantia do contraditório e nas oportunidades de participação, se as decisões tomadas não examinarem as razões apresentadas ao longo do processo em sua motivação. Se a motivação é justamente o momento de prestação de contas republicano das decisões judiciais, é apenas natural que ela deva conter a justificativa que explica o acolhimento ou a rejeição das razões que lhe foram apresentadas.

CAPÍTULO 2

Do cabimento da reclamação em relação à origem da decisão no Supremo Tribunal Federal e a sucessão de decisões no tempo em relação à mesma matéria: uma análise da posição do STF no caso da constitucionalidade do artigo 71, §1º, da Lei n. 8.666 de 1993

Bianca Mendes Pereira Richte

SUMÁRIO: 1. INTRODUÇÃO; 2. RECLAMAÇÃO: ASPECTOS GERAIS; 2.1 CONCEITO E FINALIDADE; 2.2 HIPÓTESES DE CABIMENTO DE ACORDO COM O CÓDIGO DE PROCESSO CIVIL; 3. RECLAMAÇÃO E O CONTROLE DE CONSTITUCIONALIDADE OBJETIVO; 4. RECLAMAÇÃO E PRECEDENTES; 4.1 RECURSO EXTRAORDINÁRIO COM REPERCUSSÃO GERAL RECONHECIDA E RECLAMAÇÃO; 4.2. DA NECESSIDADE DE ESGOTAMENTO DAS VIAS ORDINÁRIAS; 5. ANÁLISE DE CASO: ADC 16 E RE 760.931; 5.1 AÇÃO DECLARATÓRIA DE CONSTITUCIONALIDADE N. 16 E A QUESTÃO DO *OBTER DICTUM*; 5.2 SUPERVENIÊNCIA DE PRECEDENTE, SEUS EFEITOS E O PAPEL DO SUPREMO TRIBUNAL FEDERAL; 6. CONCLUSÕES; REFERÊNCIAS; REFERÊNCIAS ELETRÔNICAS

1. INTRODUÇÃO

O instituto da reclamação foi renovado e sistematizado pelo texto do Código de Processo Civil (CPC) de 2015, como será exposto adiante. O objetivo do presente estudo é a análise do seu cabimento diante da origem da decisão do Supremo Tribunal Federal (STF) com base em um caso concreto, qual seja, o julgamento da constitucionalidade do artigo 71, §1º, da Lei n. 8.666 de 1993.

O entendimento pela constitucionalidade de tal dispositivo deu-se, inicialmente, com o julgamento da Ação Declaratória de Constitucionalidade (ADC) n. 16, que foi, posteriormente, revisitado no julgamento do Recurso Extraordinário (RE) n. 760.931 com repercussão geral reconhecida.

Diante das diferentes hipóteses de cabimento da reclamação no presente caso e de suas repercussões para a atuação do STF, conferiu-se à presente análise tal recorte delimitado, que considera a sucessão de precedentes da Corte Suprema, envolvendo a mesma temática, mas por instrumentos distintos, e as consequências práticas delimitadas pelo próprio STF quando do julgamento da constitucionalidade de tal dispositivo.

Para o intento do presente trabalho, analisar-se-ão aspectos gerais da reclamação, com foco em suas hipóteses de cabimento, atentando-se para as diferenças dos requisitos quando provenha a decisão de controle concentrado de constitucionalidade ou de precedentes, enquanto tais considerados pelo legislador. Diante de tal análise, com a superveniência de decisão do tribunal em outra sede da qual emanada inicialmente, pretende-se responder se há mudança dos requisitos para cabimento da reclamação diante de casos semelhantes. Em caso positivo, como ocorreu no caso concreto ora em estudo, objetiva-se perquirir quais seriam os seus fundamentos.

2. RECLAMAÇÃO: ASPECTOS GERAIS

Apesar do recorte de análise específico envolvendo a temática da reclamação, é pertinente, ainda que brevemente, trazer alguns aspectos gerais do instituto sob análise para a sua devida contextualização[1].

Assim, importante pontuar que o surgimento da reclamação é jurisprudencial e remonta à década de 1950, quando o STF aplicou a Teoria dos Poderes Implícitos no julgamento da Reclamação n. 141 de 1952[2], no sentido de que quando o constituinte confere determinada competência, dá os poderes necessários à sua realização[3]. Dessa forma, já que o STF poderia julgar recursos extraordinários, poderia consequentemente ter o poder de fazer valer os seus julgados quando inobservados de acordo com a lógica aplicada[4].

---

1. Para maior aprofundamento na temática da reclamação, cf. DANTAS, Marcelo Navarro Ribeiro. **Reclamação constitucional no direito brasileiro.** Porto Alegre: Sérgio Antônio Fabris Editor, 2000. LEONEL, Ricardo de Barros. **Reclamação Constitucional.** São Paulo: Revista dos Tribunais, 2011.

2. Teoria esta importada da Suprema Corte norte-americana. O precedente é McCulloch v. Maryland, 17 U.S. 316 (1819). LUCON, Paulo Henrique dos Santos. Evolução da reclamação constitucional e seu emprego para assegurar a autoridade dos precedentes. In: CRUZ E TUCCI, José Rogério et alli. (Coord.) **Processo Civil:** Homenagem a José Ignácio Botelho de Mesquita. São Paulo: Quartier Latin, 2013, p. 293.

3. LEONEL, Ricardo de Barros. **Reclamação Constitucional.** São Paulo: Revista dos Tribunais, 2011, p. 113-4. "A partir desse raciocínio, foi possível extrair a conclusão de que o poder do STF de julgar recursos extraordinários deveria compreender, embora não expresso, o poder de "fazer prevalecer seus próprios pronunciamentos"."

4. Apesar de existirem outras formas de dar cumprimento às decisões judiciais. Cf. GRINOVER, Ada Pellegrini. Ética, abuso do processo e resistência às ordens judiciárias: o contempt of Court. **Revista de Processo.** São Paulo: Revista dos Tribunais, n. 102, abr./jun. 2001.

A efetiva positivação do instituto somente ocorreu com a sua inclusão no Regimento Interno do STF (RISTF) em 1957 com feição primordialmente correicional por proposta do Ministro Orozimbo Nonato[5]. Criticou-se tal inclusão regimental, pois a reclamação é matéria processual. Tal crítica foi superada em 1969 com a inclusão da possibilidade de disposição de matéria processual pelo regimento interno do STF[6]. A constitucionalização da reclamação ocorreu em 1988 com a previsão do instituto nos artigos 102 (STF) e 105 (STJ) da CF, já com o formato com o qual se lida atualmente. A regulamentação infralegal deu-se pela Lei n. 8.038 de 1990 e pelos respectivos regimentos internos[7].

Brevemente contextualizada a evolução histórica da reclamação no direito brasileiro, insta destacar que o instituto é tipicamente tupiniquim[8]. Não há elemento semelhante no direito comparado. Entretanto, pode-se fazer algumas perspectivas com a reclamação do direito alemão. Lá, a reclamação pode ser individual[9], comunal[10] ou eleitoral[11]. Destaca-se que a menção é meramente perspectiva,

---

5. LEONEL, Ricardo de Barros. **Reclamação Constitucional**. São Paulo: Revista dos Tribunais, 2011, p. 115.

6. Recl. 831 reconheceu a natureza processual da Reclamação, embora considerada como recurso naquele momento. "Reclamação. Natureza jurídica. Cabimento. Pressupostos. Finalidade. 1. A finalidade da reclamação e a de preservar a integridade da competência do supremo tribunal federal ou assegurar a autoridade do seu julgado. 2. Terminada a instância, isto e, entregue a prestação jurisdicional e posto termo a relação processual, não se há como falar em reclamação. 3. São pressupostos da reclamação: a) a existência de uma relação processual em curso; e b) um ato que se ponha contra a competência do supremo tribunal ou contrarie decisão deste proferida nessa relação processual ou em relação processual que daquela seja dependente. 4. Não cabe reclamação, uma vez que não haja ato processual contra o qual se recorra, mas um ato administrativo, que, se violento ou ilegal, tem por remedio ação propria, inclusive o mandado de segurança. 5. Reclamação não conhecida." (STF - Rcl: 831 DF, Relator: AMARAL SANTOS, Data de Julgamento: 11/11/1970, TRIBUNAL PLENO, Data de Publicação: DJ 19-02-1971).

7. Fala-se que estaríamos na quarta fase da periodização da evolução do instituto. Sobre o tema, cf. LUCON, Paulo Henrique dos Santos. Evolução da reclamação constitucional e seu emprego para assegurar a autoridade dos precedentes. In: CRUZ E TUCCI, José Rogério et alli. (Coord.) **Processo Civil**: Homenagem a José Ignácio Botelho de Mesquita. São Paulo: Quartier Latin, 2013, p. 294.

8. Nesse sentido: GÓES, Gisele Santos Fernandes. Reclamação Constitucional. In: DIDIER JR., Fredie (Org.). **Ações Constitucionais**. 5.ed. Salvador: JusPodivm, 2011, p. 635-636.

9. "A reclamação constitucional individual está prevista no art. 93, §1, n. 4ª da Lei Fundamental, decorrendo da competência do Tribunal Constitucional alemão para examinar a alegação de que teria havido desrespeito a direitos fundamentais do indivíduo por ato do Poder Público. A doutrina confere grande importância a esse remédio constitucional, assinalando ter ele verdadeiramente fortalecido o papel do Tribunal Constitucional como "guardião da Constituição", alertando, ainda, que o maior número de processos que chegam à Corte são, precisamente, dessa natureza.". LEONEL, Ricardo de Barros. Considerações introdutórias sobre o direito processual constitucional. In: LEONEL, Ricardo de Barros; PUOLI, José Carlos Baptista; BONÍCIO, Marcelo José Magalhães. (Org.). **Direito processual constitucional**. Brasília: Gazeta Jurídica, 2016, v.1, p. 208.

10. "A reclamação constitucional comunal decorre da competência do Tribunal Constitucional prevista no art. 93, §1, n.4.b da Lei Fundamental, defendendo-se, por meio dela, o direito fundamental à autogestão por parte do governo local (municipal ou distrital)." LEONEL, Ricardo de Barros. Considerações introdutórias sobre o direito processual constitucional. In: LEONEL, Ricardo de Barros; PUOLI, José Carlos Baptista; BONÍCIO, Marcelo José Magalhães. (Org.). **Direito processual constitucional**. Brasília: Gazeta Jurídica, 2016, v.1, p. 209.

11. "A reclamação eleitoral está assentada no art. 41, § 2 e 3 da Lei Fundamental, que confere competência ao Tribunal Constitucional para examinar impugnações contra decisões do Bundestag a respeito da

já que a comparação é impertinente diante do cabimento da reclamação para garantir a observância de direitos fundamentais mediante atos de órgãos públicos, assemelhando-se mais propriamente ao mandado de segurança[12].

Após a constitucionalização do instituto da reclamação, expande-se o seu cabimento com a previsão da súmula vinculante em 2004 através da Emenda Constitucional (EC) n. 45 e com a edição do CPC que permite o uso desse instrumento perante todos os tribunais, desde que presentes as hipóteses de cabimento do art. 988 do seu texto, que trabalha com a mesma síntese do que está no texto constitucional no sentido de garantia de competência do tribunal e manutenção da autoridade de suas decisões[13]. A fase da expansão da reclamação também repousa na mudança do entendimento do STF no sentido de que qualquer cidadão poderia propor a reclamação[14], e termina, por fim, com a edição do CPC, que ampliou o objeto da reclamação (art. 988, CPC) e o seu cabimento para todos os tribunais, conforme mencionado.

2.1. Conceito e finalidade

Estabelecidos esses pontos introdutórios com uma breve evolução histórica a respeito da reclamação, cabe destacar que a sua natureza jurídica não é ponto pacífico na doutrina, como aponta Gisele Santos Fernandes Góes[15], que coloca a

---

regularidade do processo eleitoral, bem como da perda de mandatos eletivos de parlamentares." LEONEL, Ricardo de Barros. Considerações introdutórias sobre o direito processual constitucional. In: LEONEL, Ricardo de Barros; PUOLI, José Carlos Baptista; BONÍCIO, Marcelo José Magalhães. (Org.). **Direito processual constitucional**. Brasília: Gazeta Jurídica, 2016, v.1, p. 213.

12. Sobre o mandado de segurança, Hely Lopes Meirelles o conceitua como "o meio constitucional posto à disposição de toda pessoa física ou jurídica, órgão com capacidade processual, ou universalidade reconhecida por lei, para a proteção de direito individual ou coletivo, líquido e certo, não amparado por *habeas corpus* ou *habeas data*, lesado ou ameaçado de lesão, por ato de autoridade, seja de que categoria for e sejam quais forem as funções que exerça.". MEIRELLES, Hely Lopes. **Mandado de Segurança, Ação Popular, Ação Civil Pública, Mandado de Injunção, *Habeas Data*.** 18.ed. São Paulo: Malheiros, 1997, p. 21.

13. Apesar de não tratar da reclamação, Ada P. Grinover justifica a necessidade de observância do quanto decidido pelo Poder Judiciário nos seguintes termos: "O clássico princípio chiovendiano segundo o qual "o processo deve dar, quanto for possível praticamente, a quem tenha um direito, tudo aquilo e somente aquilo que ele tenha direito de conseguir" assinala a linha da instrumentalidade substancial do processo, que não pode tolerar resistências injustificadas às ordens judiciárias. E o princípio constitucional da inafastabilidade do controle jurisdicional – hoje inserido, com fórmulas próprias, em todos os ordenamentos – não somente possibilita o acesso à justiça, mas também assegura a garantia efetiva contra qualquer forma de denegação de tutela.", p. 220. GRINOVER, Ada Pellegrini. Ética, abuso do processo e resistência às ordens judiciárias: o *contempt of Court*. **Revista de Processo**. São Paulo: Revista dos Tribunais, n. 102, abr./jun. 2001.

14. LEONEL, Ricardo de Barros. **Reclamação Constitucional**. São Paulo: Revista dos Tribunais, 2011, p. 122.

15. GÓES, Gisele Santos Fernandes. Reclamação Constitucional. In: DIDIER JR., Fredie (Org.). **Ações Constitucionais**. 5.ed. Salvador: JusPodivm, 2011, p.633. A autora mencionada entende que a reclamação tem natureza de remédio constitucional: "A nomenclatura de remédio processual constitucional expressa bem o

reclamação como garantia constitucional processual. Diante dos fins almejados no presente trabalho, adotar-se-á como premissa que a reclamação tem natureza jurídica de ação, tratando-se "[...] de expediente de que se podem valer as partes para provocar alteração de decisão judicial: logo, sua natureza não pode ser meramente correicional."[16].

A reclamação ganha destaque no ordenamento jurídico nacional que valoriza a jurisprudência, pois faz com que, na prática, precedentes, súmulas e jurisprudência efetivamente tenham efeito vinculante diante da possibilidade de ajuizamento da reclamação, "[...] cuja cognição é exauriente e de natureza mandamental, porque seu objetivo final é determinar o cumprimento de decisão pela autoridade coatora e/ou constitutiva negativa, quando ela repele a eficácia de decisão de juiz ou que invade competência de tribunal"[17].

A função da reclamação hoje é ambivalente, pois figura como verdadeira garantia constitucional dos destinatários da prestação jurisdicional, fazendo valer a competência dos tribunais quando necessário, e garantindo a observância de entendimentos dos tribunais sobre soluções de direito com efeito vinculante.

Dessa maneira, a reclamação é (i) uma garantia constitucional para o reclamante; (ii) uma garantia de uniformidade de entendimentos jurisprudenciais; e, por fim, (iii) um importante mecanismo de efetivação de decisões dos tribunais.

Nesse sentido, explica Daniel Mitidiero a importância da observância dos julgados de tribunais:

> Consequentemente, tendo a interpretação da Corte Suprema valor em si mesma, sendo o móvel que legítima sua existência e outorga sua função, eventual dissenso na sua observância pelos seus próprios membros ou por outros órgãos jurisdicionais é encarado como um fato grave, como um desrespeito e um ato de rebeldia diante da sua autoridade, que deve ser evitado e, em sendo o caso, prontamente eliminado pelo sistema jurídico e pela sua própria atuação. E é exatamente por essa razão, no que agora interessa, que a "review on a writ of certiorari" pela *Supreme Court* estadunidense é admitida em questões importantes em que precedentes da corte foram

---

fenômeno em análise, contudo, prefere-se concluir que é uma garantia constitucional processual, posto que, não basta enunciar o direito, devendo-se ter meios eficientes de assegurá-lo perante qualquer forma de abuso, seja *in casu* pelo descumprimento de decisão ou Súmula vinculante ou invasão de competência.", p. 635.

16. ARRUDA ALVIM, Teresa; DANTAS, Bruno. Recurso especial, recurso extraordinário e a nova função dos Tribunais Superiores no Direito Brasileiro. 3. ed. São Paulo: Revista dos Tribunais, 2016, p. 555.

17. GÓES, Gisele Santos Fernandes. Reclamação Constitucional. In: DIDIER JR., Fredie (Org.). **Ações Constitucionais.** 5.ed. Salvador: JusPodivm, 2011, p.637-638.

violados ou não foram empregados quando deveriam (Rule 10, Rules of the Supreme Court) e que o recurso de *Revision* para o *Bundesgerichtshof* alemão é admitido quando é necessário para assegurar a igualdade de tratamento diante da jurisprudência ("die Sicherung einer einheitlichen Rechtsprechung eine Entscheidung des Revisionsgericht erfordert", § 543, 2, 2, segunda parte, Zivilprozessordnung).[18]

As hipóteses de cabimento da reclamação, portanto, gravitam em torno dessas suas funções de garantia: (i) para o próprio cidadão; e, (ii) como função dos tribunais[19].

Questões mais atuais que circundam o instituto da reclamação têm relação com o seu caráter subsidiário ou complementar, pois ela não pode ser usada como substituto de recurso nem como meio para rescisão de decisões já transitadas em julgado. Ou seja, a reclamação não pode ser considerada como um atalho para se chegar aos Tribunais Superiores[20], nem um sucedâneo rescisório.

Entretanto, a matéria, da forma como regulamentada no CPC, restou confusa, já que, em uma leitura desavisada, pode aparentar que a violação à tese firmada em sede de incidente de resolução de demandas repetitivas não demandaria o prévio esgotamento das vias ordinárias; enquanto que a violação à tese firmada em recursos extraordinários em sentido *lato* repetitivos, sim. É o que se depreende da leitura do art. 988, CPC, no sentido de que o caráter subsidiário somente estaria no art. 988, §5º, II[21]. De *lege ferenda*, deveria ter a reclamação caráter supletivo para todas as situações[22]. No item seguinte, analisa-se cada hipótese de cabimento da reclamação com mais vagar.

2.2. Hipóteses de cabimento de acordo com o Código de Processo Civil

De acordo com o artigo 988 do CPC, é cabível a reclamação para preservar a competência do tribunal e para garantir a autoridade de suas decisões, nos termos dos incisos I e II do artigo 988, CPC.

---

18. MITIDIERO, Daniel. **Cortes superiores e cortes supremas**: do controle à interpretação, da jurisprudência ao precedente. São Paulo: Revista dos Tribunais, 2013, p. 23.

19. CPC, art. 988, I e II.

20. LEONEL, Ricardo de Barros. **Reclamação Constitucional**. São Paulo: Revista dos Tribunais, 2011, p. 155.

21. CPC, Art. 988. *Caberá reclamação da parte interessada ou do Ministério Público para:*
§ 5º *É inadmissível a reclamação:*
I – proposta após o trânsito em julgado da decisão reclamada;
II – proposta para garantir a observância de acórdão de recurso extraordinário com repercussão geral reconhecida ou de acórdão proferido em julgamento de recursos extraordinário ou especial repetitivos, quando não esgotadas as instâncias ordinárias.

22. LEONEL, Ricardo de Barros. **Reclamação Constitucional**. São Paulo: Revista dos Tribunais, 2011, p. 309-311.

O legislador continua elencando as hipóteses de cabimento da reclamação nos demais incisos no art. 988 e traz os instrumentos de controle objetivo de constitucionalidade. Segundo explicam Teresa Arruda Alvim e Bruno Dantas:

> São processos ditos objetivos: são processos que não nascem propriamente de um conflito entre partes, em que uma delas afirma que a outra teria, de certo modo, descumprido o direito material. Nestes processos ditos objetivos, não há fatos concretos subjacentes à demanda. Há apenas discussão sobre a compatibilidade teórica de uma norma, ou de uma interpretação que se tenha dado à norma, com a Constituição Federal. E o resultado destes processos é vinculante: deve ser respeitado por todos.

> Consideram-se processos objetivos a ação direta de inconstitucionalidade e a ação declaratória de constitucionalidade. Hoje se acrescenta também a ADPF: arguição de descumprimento de preceito fundamental.[23]

Além do cabimento da reclamação por violação de entendimento fixado em controle objetivo de constitucionalidade, também se abre a via reclamatória quando do descumprimento do enunciado de súmula vinculante, do desrespeito à decisão proferida em incidente de assunção de competência, incidente de resolução de demandas repetitivas e em julgamento de recursos extraordinários em sentido *lato* repetitivos[24].

O §5º do art. 988, CPC, determina ser inadmissível a reclamação quando proposta após o trânsito em julgado da decisão reclamada ou quando proposta para "garantir a observância de acórdão de recurso extraordinário com repercussão geral reconhecida ou de acórdão proferido em julgamento de recursos extraordinário ou especial repetitivos, *quando não esgotadas as instâncias ordinárias.*". Sobre a necessidade de esgotamento das instâncias ordinárias, observam Teresa Arruda Alvim e Bruno Dantas ser inevitável observar a perda de força dissuasiva diante da perspectiva tardia da reclamação[25].

---

23. ARRUDA ALVIM, Teresa; DANTAS, Bruno. Recurso especial, recurso extraordinário e a nova função dos Tribunais Superiores no Direito Brasileiro. 3. ed. São Paulo: Revista dos Tribunais, 2016, p. 558.

24. Sobre a posição pela inconstitucionalidade do art. 927, CPC, cf. NERY JR., Nelson; NERY, Rosa Maria de Andrade. **Código de Processo Civil comentado**. 16.ed. São Paulo: Revista dos Tribunais, 2016, p. 1963. Pela constitucionalidade: ARRUDA ALVIM, Teresa; DANTAS, Bruno. **Recurso especial, recurso extraordinário e a nova função dos Tribunais Superiores no Direito Brasileiro**. 3. ed. São Paulo: Revista dos Tribunais, 2016, p. 562. "[...] não há inconstitucionalidade alguma na circunstância de o legislador ordinário exigir respeito, sob pena de reclamação, a precedentes produzidos em determinados contextos. A inconstitucionalidade existe, sim, na situação que há hoje: escancarado desrespeito à isonomia e frustração integral do direito à razoável duração do processo.".

25. ARRUDA ALVIM, Teresa; DANTAS, Bruno. Recurso especial, recurso extraordinário e a nova função dos Tribunais Superiores no Direito Brasileiro. 3. ed. São Paulo: Revista dos Tribunais, 2016, p. 563.

O efeito da reclamação é exatamente o dissuasório, "[...] pois o desrespeito às decisões do Supremo Tribunal Federal provindas de ação direta de inconstitucionalidade e declaratória de constitucionalidade – controle concentrado – ocasiona a eliminação dessas determinações do sistema."[26]. Assim, a exigência de esgotamento prévio das instâncias ordinárias pode mitigar o efeito pretendido pela reclamação no ordenamento jurídico para os autores apontados.

Dessa forma, pontuadas sucintamente as hipóteses de cabimento da reclamação, passa-se à análise da reclamação diante do controle objetivo de constitucionalidade para, em seguida, analisar-se a reclamação como forma de incrementar a força vinculante de precedentes[27].

3. RECLAMAÇÃO E O CONTROLE DE CONSTITUCIONALIDADE OBJETIVO

A partir da Constituição de 1988, o controle objetivo de constitucionalidade foi reformado, no sentido de ampliar a sua legitimação ativa (art. 103, CF) e consolidou-se o entendimento de que as decisões do STF, em sede de controle de constitucionalidade, tinham eficácia vinculante e erga omnes.

Além disso, o STF, no exercício de guarda da CF, pode atuar por dois caminhos distintos: a) através da análise da norma abstratamente, quando realiza o controle de constitucionalidade concentrado ou objetivo; e, b) através da provocação para juízo final sobre casos concretos, quando faz o controle difuso ou subjetivo de constitucionalidade de normas[28].

No caso do controle objetivo, os instrumentos processuais existentes são quatro: (i) ação direta de constitucionalidade (ADC); (ii) ação direta de inconstitucionalidade (ADI); (iii) arguição de descumprimento de preceito fundamental (ADPF); e, (iv) ação direta de inconstitucionalidade por omissão. A decisão proferida através do controle concentrado de constitucionalidade vincula o Poder Judiciário e a Administração Pública, tendo eficácia ex tunc, vez que declaratória[29].

---

26. GÓES, Gisele Santos Fernandes. Reclamação Constitucional. In: DIDIER JR., Fredie (Org.). **Ações Constitucionais**. 5.ed. Salvador: JusPodivm, 2011, p.653.

27. José S. Carvalho Filho defende a aproximação dos controles difuso e concentrado de constitucionalidade, formando o sistema brasileiro eclético. Segundo o autor, a repercussão geral do recurso extraordinário funciona como mecanismo de concentração do controle de constitucionalidade. Tal afirmação demonstra a inexistência de justificativa para a diferenciação entre o cabimento de reclamação conforme a fonte da decisão. CARVALHO FILHO, José dos Santos. **Repercussão geral**: balanço e perspectivas. São Paulo: Almedina, 2015, p. 87.

28. Sobre a mutação do controle difuso em relação ao artigo 52, X, CF, cf. VIEIRA, Oscar Vilhena. Supremocracia. **Revista Direito GV**, São Paulo 4 [2], p. 441-464, jul-dez. 2008, p. 456.

29. Nesse sentido, cf. NERY JR., Nelson. Boa-fé objetiva e segurança jurídica: eficácia da decisão judicial que altera jurisprudência anterior do mesmo tribunal superior. In: **Efeitos ex nunc e as decisões do STJ.** São

A legitimidade ativa para a propositura de tais instrumentos processuais é restrita ao artigo 103 do texto constitucional[30], como explica José S. Carvalho Filho: "Por limitações naturais, não é possível que qualquer cidadão se habilite a propor essas ações. Do contrário, todas as leis do país seriam questionadas simplesmente por contrariar o interesse de alguém."[31]. Apesar da limitação quanto à legitimidade ativa para o controle objetivo de constitucionalidade, o texto constitucional de 1988 a ampliou quando em comparação ao regime anterior. Sobre essa alteração e suas consequências, pontua Oscar Vilhena Vieira que:

> A politização desta esfera de jurisdição do Tribunal foi expandida em relação ao período constitucional anterior, na medida em que a legitimidade para a proposição de ações diretas foi conferida a novos atores políticos e sociais, conforme disposto no artigo 103 da Constituição Federal, superando a fase em que as chaves de acesso ao controle direto de constitucionalidade pelo Supremo só eram conferidas ao Procurador Geral da República. Essa abertura do Supremo a outros atores políticos tem transformado o Tribunal, em muitas circunstâncias, em uma câmara de revisão de decisões majoritárias, a partir da reclamação daqueles que foram derrotados na arena representativa.[32]

Quando violada a decisão emanada em sede de controle de constitucionalidade objetivo[33], cabe a reclamação diretamente ao STF, sem necessidade de esgotamento das vias ordinárias.

Outro ponto importante pertinente ao tema repousa na mudança de entendimento jurisprudencial pelo STF na década de 1990 no sentido de que qualquer pessoa poderia propor reclamação para fazer cumprir decisão da Corte

---

Paulo: Manole, 2008, p. 99. "Quando o juiz ou tribunal proclama a inconstitucionalidade apenas reconhece situação preexistente, razão por que a natureza dessa decisão é eminentemente declaratória.".

30. Importante destacar que até 1988 o único titular do direito de propor ADI era o Procurador Geral da República. Para aprofundamento na evolução histórica do controle de constitucionalidade, cf. CARVALHO FILHO, José dos Santos. **Repercussão geral**: balanço e perspectivas. São Paulo: Almedia, 2015, p. 29, ss.

31. CARVALHO FILHO, José dos Santos. **Repercussão geral**: balanço e perspectivas. São Paulo: Almedia, 2015, p. 20.

32. VIEIRA, Oscar Vilhena. Supremocracia. **Revista Direito GV**, São Paulo 4 [2], p. 441-464, jul-dez. 2008, p. 447-448.

33. Sobre o controle de constitucionalidade, importante contextualizar o tema, mencionado que o Brasil adota o sistema misto, ou seja, difuso e concentrado. Sobre isso, ensina Gisele Santos Fernandes Góes que: "O exercício de constitucionalidade pelo caminho difuso aponta para a existência de uma força livre no sistema, ou seja, que se irradia e a expande para todos os Juízes e Tribunais e a trilha do modelo concentrado nos leva a uma força de natureza diferente que se localiza no Supremo Tribunal Federal, de modo singular. A combinação entre essas duas forças pode conduzir à eficácia do sistema ou implosão do mesmo. Tendo em vista uma série de discrepâncias entre as resoluções dos magistrados de todo o País e a postura do Supremo Tribunal Federal, emergiu a ação declaratória de constitucionalidade em 1993 e a essencialidade da vinculação proveniente das suas decisões.". GÓES, Gisele Santos Fernandes. Reclamação Constitucional. In: DIDIER JR., Fredie (Org.). **Ações Constitucionais**. 5.ed. Salvador: JusPodivm, 2011, p.652.

quanto à (in)constitucionalidade da norma. Tal ampliação da legitimação ativa do instituto confere força ao instituto, mas também faz com que ocorra um aumento do número de reclamações levadas ao STF[34].

4. RECLAMAÇÃO E PRECEDENTES

A reclamação foi utilizada como uma das formas de garantir força vinculante a alguns precedentes no sistema jurídico nacional a partir de 2015, permitindo a ida aos tribunais através desse mecanismo como uma das formas de garantia da autoridade de suas decisões[35]. Tal intento tem o fim de garantir maior segurança jurídica a partir do quanto decidido pelos tribunais[36]. Uma vez desrespeitada uma decisão do tribunal, cabível o instituto da reclamação para garantir a autoridade de seus julgados.

A força da reclamação para garantir a observância do quanto já decidido restaria, segundo José Carlos Baptista Puoli, na:

> [...] didática dose de constrangimento no caso de uma reclamação cassar a decisão recalcitrante, "mandando" que outra decisão seja proferida em seu lugar, numa circunstância que jamais seria obtida por intermédio da via recursal que, sendo exitosa, dá ensejo a que seja proferida decisão de instância superior que substitui, no caso concreto, a decisão recorrida, mas sem afetar a "rotina" do magistrado, tal como ocorreria na hipótese de procedência da reclamação, no mínimo por conta do "retrabalho" que seria ensejado, e/ou por intermédio da sensação "amarga" que, ao menos em tese, pode decorrer da circunstâncias de ter tido "cassada" (ao invés de reformada) uma decisão sua.[37]

Escapa ao objetivo do presente trabalho a análise detida acerca da regulamentação dos precedentes no CPC. Assim, delimita-se a abordagem no presente tópico apenas ao cabimento da reclamação quando da violação de

---

34. Acerca dos dados que circundam a atuação do STF, cf. Supremo em Números, FGV. Disponível em: ‹http://www.fgv.br/supremoemnumeros/›. Acesso em: 21 de abril de 2018.

35. Sobre outras formas possíveis de garantia da força vinculante dos precedentes no CPC, escrevemos artigo sobre litigância de má-fé, cf. RICHTER, Bianca Mendes Pereira. Repercussões da litigância contra precedente no atual ordenamento jurídico brasileiro e a litigância de má-fé. **Revista de processo**, v. 277, p. 509-525, 2018.

36. Importante sublinhar que a escolha da vinculação do precedente é institucional, como destaca Michele Taruffo: "La dimensione istituzionale del precedente rileva in quanto l´uso del precedente è strettamente connesso a fattori che attengono all´organizzazione giudiziaria e al modo in cui i rapporti di autorità si atteggiano entro il sistema delle corti. Se la decisione di una corte rappresenti un precedente idoneo ad influenzare una decisione successiva della stessa o di un´altra corte, è questione che dipende anche dall´assetto istituzionale degli organi che amministrano giustizia.". TARUFFO, Michele. Dimensioni del precedente giudiziario. In: **Rivista Trimestrale di Diritto e Procedura Civile**. Milano, Giuffrè Editore, giugno/1994, ano XLVIII, n. 2, p. 411-430, p. 416.

37. PUOLI, José Carlos Baptista. Precedentes vinculantes? O CPC "depois" da lei n. 13.256/16. In: **Processo em Jornadas**. LUCON, Paulo Henrique dos Santos et alli. (Coord.). Salvador: JusPodivm, 2016, p. 506.

determinados precedentes nos moldes em que estabelecidos pelo legislador de 2015[38].

Em relação à posição do STF na fixação de precedentes, importa destacar sua atuação enquanto Corte Suprema, devendo "[...] sua existência ao escopo de nomofilaquia interpretativa. Nessa linha, é natural que o precedente em que se consubstancia essa interpretação tenha uma eficácia para além das partes do caso concreto do qual derivado."[39].

Assim, cabe reclamação para "[...] garantir a observância de acórdão proferido em julgamento de incidente de resolução de demandas repetitivas *[IRDR]* ou de incidente de assunção de competência *[IAC]*.", nos termos do artigo 988, IV, CPC.

Ainda, dispõe o mesmo artigo, em seu §5º, ser inadmissível a reclamação proposta para "[...] garantir a observância de acórdão de recurso extraordinário com repercussão geral reconhecida ou de acórdão proferido em julgamento de recursos extraordinário ou especial repetitivos, quando não esgotadas as instâncias ordinárias.".

Portanto, cabe reclamação contra a decisão que viola tese jurídica fixada em sede de: (i) IRDR; (ii) IAC; (iii) recurso extraordinário com repercussão geral reconhecida; (iv) recursos extraordinários em sentido *lato* repetitivos.

Segundo José Carlos Baptista Puoli, "[...] esta possibilidade de uso da reclamação para conferir aos precedentes pronta e "efetiva" vinculação parece ser sim plenamente coerente com o propósito sistemático do CPC em seu texto original."[40].

O fundamento para a busca da segurança jurídica consiste na viabilização do conhecimento do Direito, sabendo-se de antemão o que é seguro ou não[41]. Além disso, a segurança jurídica deve garantir a possibilidade de antecipação

---

38. Para maior aprofundamento na temática, cf. TARUFFO, Michele. *Dimensioni del precedente giudiziario*. In: **Rivista Trimestrale di Diritto e Procedura Civile**. Milano, Giuffrè Editore, giugno/1994, ano XLVIII, n. 2, p. 411-430.

39. MITIDIERO, Daniel. **Cortes superiores e cortes supremas**: do controle à interpretação, da jurisprudência ao precedente. São Paulo: Revista dos Tribunais, 2013, p. 24. Sobre a nomofilaquia interpretativa: "A função de nomofilaquia interpretativa exercida pela Corte Suprema também justifica a vinculação ao precedente. Sendo o propósito desse modelo de corte a eliminação da equivocidade do Direito diante de determinado contexto fático-normativo mediante a fixação de sua adequada interpretação, é natural que a norma daí oriunda desempenhe um papel de guia para sua interpretação futura, atuando de forma proativa para obtenção da unidade do Direito. A Corte Suprema é uma corte de interpretação, cuja missão é formar precedentes. Negar eficácia para além das partes do processo e eficácia vinculante à sua interpretação, portanto, é negar a sua própria razão de existência, tolhendo a Corte Suprema da sua razão de ser dentro do ordenamento jurídico.", p. 25.

40. PUOLI, José Carlos Baptista. Precedentes vinculantes? O CPC "depois" da lei n. 13.256/16. In: **Processo em Jornadas**. LUCON, Paulo Henrique dos Santos et alli. (Coord.). Salvador: JusPodivm, 2016, p. 505.

41. Sobre o tema, cf. CARRAZZA, Roque Antonio. Segurança jurídica e eficácia temporal das alterações jurisprudenciais: competência dos tribunais superiores para fixá-la – questões conexas. In: **Efeitos ex nunc e as decisões do STJ**. São Paulo: Manole, 2008, p. 35-48.

das consequências normativas de uma determinada situação[42]. Nesse contexto sucintamente exposto, entra a reclamação como uma das repercussões da força que os precedentes assumem no estatuto processual de 2015.

Entretanto, os precedentes violados que ensejam reclamação são menos extensos daqueles listados no art. 927, CPC. Tal escolha não passou indene a críticas, conforme se destaca:

> Assim, ainda que o novo Código se preocupe – como, de fato, se preocupou – com a temática dos precedentes, não precisaria, perceba-se, dilatar as hipóteses de cabimento da reclamação para além daquelas delimitadas, historicamente, pela jurisprudência, especialmente a do STF.
>
> Se, no entanto, por uma opção de *política judiciária*, decidiu estender a amplitude do instrumento, parece que as escolhas foram tímidas ou, quando menos, incoerentes.
>
> Com efeito, não faz qualquer sentido elegerem-se, dentre as decisões do STF, os julgamentos de recursos repetitivos como ensejadores de reclamação e deixarem-se outros relevantes precedentes a descoberto da possibilidade, como é o caso dos julgamentos do Pleno do Supremo em geral.
>
> Ademais, também parece incoerente que o novo Código tenha conferido reclamação aos julgamentos de incidentes de resolução de demandas repetitivas e de assunção de competência e tenha deixado de desprovido do mesmo instrumento a decisão de tribunal local adotada em incidente de arguição de inconstitucionalidade e em ação de controle objetivo de constitucionalidade.[43]

Continuando na crítica e como proposta de conciliação de divergências nas escolhas legislativas, propõe-se[44], ainda, a exemplificação do rol do cabimento da reclamação para o caso de violação de tese fixada em precedentes[45].

---

42. Nesse sentido: MITIDIERO, Daniel. **Cortes superiores e cortes supremas:** do controle à interpretação, da jurisprudência ao precedente. São Paulo: Revista dos Tribunais, 2013, p. 5.

43. XAVIER, Carlos Eduardo Rangel. **Reclamação constitucional e precedentes judiciais:** contributo a um olhar crítico sobre o Novo Código de Processo Civil (de acordo com a Lei n. 13.256/2016). São Paulo: Revista dos Tribunais, 2016, p.156.

44. "Assim, posta a questão, pode-se entender que a disciplina encontrada no novo Código às hipóteses de cabimento da reclamação é meramente enunciativa, não constituindo, o art. 988, caput, e §5º, II, um rol taxativo. A jurisprudência deve ficar aberta à possibilidade de delimitação dos contornos dos precedentes cuja autoridade pode ser afirmada por meio de reclamação, uma vez que o novo Código enuncia a decisão – política, ou mais precisamente, de política judiciária – que suplanta o entendimento restritivo que o STF historicamente construiu em torno da reclamação.". XAVIER, Carlos Eduardo Rangel. **Reclamação constitucional e precedentes judiciais:** contributo a um olhar crítico sobre o Novo Código de Processo Civil (de acordo com a Lei n. 13.256/2016). São Paulo: Revista dos Tribunais, 2016, p.157.

45. Sobre a função dos precedentes na tutela dos direitos, cf. MITIDIERO, Daniel. **Cortes superiores e cortes supremas:** do controle à interpretação, da jurisprudência ao precedente. São Paulo: Revista dos Tribunais,

Do quanto exposto acima, percebe-se que a exigência legal de esgotamento das vias ordinárias somente se aplica aos recursos repetitivos e ao recurso extraordinário com repercussão geral reconhecida.

Como o objetivo do presente trabalho envolve a sucessão de precedentes diante da análise do caso do art. 71, §1º, da Lei n. 8.666 de 1993, que foi decidido através de recurso extraordinário com repercussão geral reconhecida, delimita-se a presente análise a este âmbito.

4.1. Recurso extraordinário com repercussão geral reconhecida e reclamação

Importante, antes de avançar no tema para a análise do caso em questão, definir o conceito da repercussão geral. Segundo a lei, considera-se, para a análise da existência ou não desta, a existência de questões relevantes do ponto de vista econômico, político, social ou jurídico que ultrapassem os interesses das partes do processo em análise[46].

Segundo José S. Carvalho Filho, "O STF ganhou nova feição que o aproxima do perfil Corte Constitucional, [...]. Em consequência, mitigou-se a função revisional ou de cassação que a Corte exerce com frequência até pouco tempo atrás."[47]. A origem do instituto da repercussão geral remonta à crise de morosidade e à crise numérica[48] pela qual o Poder Judiciário brasileiro ainda atravessa[49].

A repercussão geral foi instituto incluído no texto constitucional pela Reforma do Poder Judiciário de 2004, instituída pela EC n. 45. Seu objetivo, como se nota do breve conceito exposto acima, é o de fazer com que o STF julgue somente casos

---

2013, p. 4. "Do ponto de vista do Estado Constitucional, o fim do processo civil só pode ser reconduzido à tutela dos direitos mediante a prolação de uma decisão justa e a formação e respeito aos precedentes. Daí que a tutela dos direitos que deve ser promovida pelo processo tem uma dupla direção – dirige-se às partes no processo e à sociedade em geral. Os meios de que se vale o processo para obtenção desse escopo são igualmente dois: a decisão justa – acompanhada, em sendo o caso, de todas as técnicas executivas adequadas para sua efetividade – e o precedente judicial. Pode-se tutelar os direitos no processo, portanto, tanto em uma dimensão particular como em uma dimensão geral.".

46. CPC, art. 1.035, §1º.

47. CARVALHO FILHO, José dos Santos. **Repercussão geral**: balanço e perspectivas. São Paulo: Almedina, 2015, p. 5.

48. Sobre o tema, cf. BUZAID, Alfredo. **A crise do Supremo Tribunal Federal**: Estudos de direito. São Paulo: Saraiva, 1972, *passim*.

49. "A atenção se concentra nas demandas do Supremo Tribunal Federal e nas ideias para diminuí-las, pois é daí que a repercussão geral do recurso extraordinário retira grande parte de sua justificação. A primeira observação a se fazer quanto à quantidade de processos judiciais que há no Brasil recai no fato de que esta é uma preocupação antiga. Em 1910, Pedro Lessa comentava a necessidade de desafogar o STF.". CARVALHO FILHO, José dos Santos. **Repercussão geral**: balanço e perspectivas. São Paulo: Almedina, 2015, p. 25.

que ultrapassem os interesses subjetivos das próprias partes, potencializando, assim, a sua atuação como Corte Suprema[50].

Sobre o incremento da atividade do STF como Corte Suprema, explica Daniel Mitidiero:

> O objetivo da Corte é orientar a aplicação do Direito mediante a justa interpretação da ordem jurídica, sendo o caso concreto apenas um pretexto para que essa possa formar precedentes. O caso concreto serve como meio para que a Corte Suprema possa exercer sua função de adequada interpretação da ordem jurídica.[51]

Assim, a repercussão geral enquadra-se como uma condição especial para admissão de recurso ao STF relacionada ao interesse do *jus constitutionis*, e não ao interesse das partes em si. Tal fundamento explica o alto grau de controle da própria Corte Suprema em relação à sua atuação[52]. Paralelamente a esse controle casuístico, o legislador de 2015 estabeleceu hipóteses de presunção de repercussão geral sempre que o recurso impugnar acórdão que contrarie súmula ou jurisprudência dominante do STF ou que tenha reconhecido a inconstitucionalidade de tratado ou lei federal[53]. Nesses casos, a presença da repercussão geral é presumida e não há necessidade de quórum qualificado de dois terços para rejeitá-la.

Questão que se coloca é no sentido de indagar no que consistiria a "jurisprudência dominante" do STF a que o artigo 1.035, §3º, CPC, faz referência. Sobre o tema, Horival Marques de Freitas Júnior afirma que: "[...] não basta a mera existência da contrariedade entre a decisão recorrida e a jurisprudência ou súmula da Corte. Assim como nas demais hipóteses, será necessário ao recorrente

---

50. "Em análise do acesso às instâncias extraordinárias – o que inclui o STF – antes da introdução da sistemática da repercussão geral, pode afirmar-se que havia uma aparente democratização do acesso, pois o volume era tão descomunal que se passava a trabalhar com julgamentos em escala, o que é uma contradição, já que se trata dos órgãos de cúpula do Poder Judiciário, aos quais o acesso deve ser algo extraordinário. Assim, o que era pra ser um acesso democrático, passou a ser um mecanismo de acesso que queria agradar a todos, mas acabava não agradando a ninguém.". CARVALHO FILHO, José dos Santos. **Repercussão geral**: balanço e perspectivas. São Paulo: Almedina, 2015, p. 47.

51. MITIDIERO, Daniel. **Cortes superiores e cortes supremas**: do controle à interpretação, da jurisprudência ao precedente. São Paulo: Revista dos Tribunais, 2013, p. 18.

52. MITIDIERO, Daniel. **Cortes superiores e cortes supremas**: do controle à interpretação, da jurisprudência ao precedente. São Paulo: Revista dos Tribunais, 2013, p. 24. Ainda sobre o tema, o mesmo autor esclarece: "O critério teleológico, que permite ao Supremo Tribunal Federal selecionar os casos em que deve intervir e, portanto, indica quais recursos extraordinários deve admitir ou não, tem sua positivação na nossa ordem jurídica na exigência de demonstração da repercussão geral da questão constitucional arguida no recurso extraordinário (arts. 103, § 3º, da CF/1988; e 543-A e 543-B, do CPC). O que interessa para legitimação da abertura da cognição do Supremo Tribunal Federal é o impacto que pode advir, a partir do julgamento do recurso, para a ordem jurídica como um todo.", p. 35.

53. CPC, art. 1.035, §3º.

elaborar preliminar de repercussão geral e demonstrar efetiva ocorrência dessa contrariedade."[54].

Importante frisar que a repercussão geral não deve ser analisada como mecanismo de denegação da prestação jurisdicional[55]. Pelo contrário, pois ela "[...] acabou com o acesso à justiça de mera aparência e caminha rumo à concretização do acesso à ordem jurídica justa, por meio da implementação dessa sistemática de racionalização da prestação jurisdicional."[56].

Sobre as mudanças que a repercussão geral traz para o papel do STF, afirma Oscar Vieira Vilhena que: "Com a arguição de repercussão geral, o efeito vinculante e a súmula vinculante, o Supremo terá condição de redefinir a sua própria agenda e passar a utilizar do sistema difuso como instrumento de construção da integridade do sistema judiciário e promoção do interesse público."[57].

Assim, para cabimento da reclamação contra decisão que viola tese firmada em recurso extraordinário com repercussão geral reconhecida, faz-se necessário o esgotamento prévio das instancias ordinárias[58]. Tal exigência coloca-se diante da constatação de que "[...] o recurso extraordinário, uma vez julgado, de conotação incidental, acaba tornando-se um mecanismo de controle abstrato, de função objetiva, pois os interessados, em casos semelhantes, utilizam-se do instituto da reclamação, clamando pela aplicação analógica e extensão."[59].

Tal exigência de esgotamento justifica-se no fato de que a reclamação não tem natureza recursal, como será melhor explicado a seguir com base em julgados selecionados dos Tribunais Superiores.

4.2. Da necessidade de esgotamento das vias ordinárias

Como se apontou anteriormente, a reclamação foi reestruturada no CPC com o intuito de atuar como uma das formas de fortalecimento dos precedentes.

---

54. FREITAS JR., Horival Marques de. **Repercussão geral das questões constitucionais**: sua aplicação pelo Supremo Tribunal Federal. São Paulo: Malheiros, 2015, p. 157.

55. Essa concepção é muito bem aceita na prática estadunidense com a adoção do *writ of certiorari*. Sobre o tema, cf. PERRY JR., H. W. **Deciding to decide**: *agenda setting in the United States Supreme Court*. Cambridge: Harvard University Press, 1994.

56. CARVALHO FILHO, José dos Santos. **Repercussão geral**: balanço e perspectivas. São Paulo: Almedina, 2015, p. 61-62.

57. VIEIRA, Oscar Vilhena. Supremocracia. **Revista Direito GV**, São Paulo 4 [2], p. 441-464, jul-dez. 2008, p. 458.

58. Faz-se importante destacar que antes do CPC de 2015, o STF não admitia o cabimento da reclamação na hipótese ora em análise, cf. STF. 1ª Turma. Rcl 21314 AgR, Rel. Min. Edson Fachin, julgado em 29/09/2015.

59. GÓES, Gisele Santos Fernandes. Reclamação Constitucional. In: DIDIER JR., Fredie (Org.). **Ações Constitucionais**. 5.ed. Salvador: JusPodivm, 2011, p.654. Nesse sentido: AI 375011, STF, Rel. Min. Ellen Gracie, 2ª T, DJ 28.10.04.

Ocorre que tal escolha geraria um efeito colateral pouco desejado, qual seja, "[...] a possibilidade de haver enorme quantidade de reclamações ajuizadas diretamente no âmbito dos Tribunais Superiores."[60]. Como reação à essa possibilidade, deu-se a edição da Lei n. 13.256 de 2016, durante o período de *vacatio legis* do CPC, que condicionou o uso da reclamação.

Sobre tal condicionamento, afirmam André Roque, Fernando da Fonseca Gajardoni, Luiz Dellore e Zulmar Duarte que: "A proposta, claramente, busca diminuir o número de reclamações no âmbito dos tribunais superiores. Contudo, limita a força da tese fixada em sede repetitiva. Ao invés de se se atacar o problema (juízes que não observam precedentes), ataca-se a solução (uso da reclamação)."[61].

Assim, com a reforma feita no texto do CPC, exige-se o esgotamento das vias recursais para o cabimento da reclamação nos tribunais superiores quando o precedente violado for: (i) acórdão de recurso extraordinário com repercussão geral reconhecida; ou, (ii) acórdão proferido em julgamento de recursos extraordinários em sentido *lato* repetitivos, nos termos do art. 988, §5º, II, CPC.

Acerca da limitação do cabimento da reclamação, objetiva-se, com isso, evitar que a reclamação funcione como sucedâneo recursal, mas, além disso, almeja-se diminuir o número de reclamações que chegam ao STF diariamente[62] para que a Corte possa exercer o seu papel de Corte Suprema[63].

Sobre a necessidade de esgotamento das vias ordinárias para a abertura da via reclamatória, faz-se fundamental a análise de alguns julgados paradigmáticos dos Tribunais Superiores nacionais.

---

60. PUOLI, José Carlos Baptista. Precedentes vinculantes? O CPC "depois" da lei n. 13.256/16. In: **Processo em Jornadas**. LUCON, Paulo Henrique dos Santos *et alli*. (Coord.). Salvador: JusPodivm, 2016, p. 505.

61. DELLORE, Luiz; DUARTE, Zulmar; GAJARDONI, Fernando da Fonseca; ROQUE, André Vasconcelos. **O recall do Novo CPC**: As mudanças decorrentes do PL 2384/15 da Câmara e do PL 168/15 do Senado. Disponível em: ‹https://www.jota.info/opiniao-e-analise/colunas/novo-cpc/o-recall-do-novo-cpcas-mudancas-decorrentes-do-pl-238415-da-camara-e-do-pl-16815-do-senado-16112015›. Acesso em 22 de abril de 2018.

62. Como a leitura do inteiro teor do acórdão do STF, RE 760.931, deixa transparecer, como será melhor esmiuçado adiante.

63. Como explica Daniel Mitidiero: "Uma adequada organização das cortes judiciárias em determinada organização judicial é de fundamental importância por inúmeras razões. Duas, no entanto, merecem desde logo menção. A uma, desde uma perspectiva interna, uma adequada distribuição das competências entre as cortes judiciárias promove a economia processual ao viabilizar a racionalização da própria atividade judiciária. Importa que os tribunais trabalhem apenas na medida em que necessário o seu trabalho para consecução dos fins a que se encontram vinculados do ponto de vista da estrutura judiciária. É preciso que as cortes trabalhem menos para que trabalhem melhor. A duas, desde uma perspectiva externa, a tempestividade da tutela jurisdicional, já que a abertura de determinadas instâncias judiciárias –que obviamente consome tempo para o seu percurso –só se justifica à luz do escopo para que foram pensadas dentro da organização dos tribunais.", MITIDIERO, Daniel. **Cortes superiores e cortes supremas**: do controle à interpretação, da jurisprudência ao precedente. São Paulo: Revista dos Tribunais, 2013, p. 8.

O Superior Tribunal de Justiça (STJ), no julgamento do Agravo Regimental na Reclamação n. 19.058/RS[64], afirmou que sendo incabível agravo regimental, não há que se falar em usurpação de competência do tribunal pela criação de óbice ao seu processamento, não havendo que se cogitar do cabimento de reclamação contra a decisão que não admite recurso especial. Nesse mesmo sentido, no julgamento da Reclamação n. 15.473/SP, o STJ afirmou que a reclamação "não se trata de meio de impugnação destinado ao exame do acerto ou desacerto da decisão vergastada, como se recurso fosse"[65]. A mesma direção indica o STF ao afirmar que há "possibilidade de a parte que considerar equivocada a aplicação da repercussão geral interpor agravo interno perante o Tribunal de origem"[66], não conhecendo da reclamação como sucedâneo recursal para alcançar a Corte.

Além disso, o STF, no julgamento da Reclamação n. 24.686 ED-AgR/RJ, de relatoria do Ministro Teori Zavascki, afirmou que a expressão "instâncias ordinárias" do texto do CPC deve ser interpretada restritivamente, sob pena de o Tribunal assumir, pela via reclamatória, a competência de três tribunais superiores, quais sejam: STJ, Tribunal Superior do Trabalho (TST) e Tribunal Superior Eleitoral (TSE), para o julgamento de recursos contra decisões de tribunais de 2ª instância. Assim, fixou-se o entendimento de que somente será cabível reclamação ao STF por violação de entendimento fixado em recurso extraordinário com repercussão geral reconhecida depois de esgotados todos os recursos cabíveis nas *instâncias*

---

64. STJ, AgRg na Rcl 19.058/RS, 1ª Seção, rel. Min. Herman Benjamin, DJ 14.10.2014.

65. STJ, AgRg na Rcl 15.473/SP, 1ª Seção, rel. Min. Benedito Gonçalves, DJ 01.09.2014.

66. RECLAMAÇÃO. SUPOSTA APLICAÇÃO INDEVIDA PELA PRESIDÊNCIA DO TRIBUNAL DE ORIGEM DO INSTITUTO DA REPERCUSSÃO GERAL. DECISÃO PROFERIDA PELO PLENÁRIO DO SUPREMO TRIBUNAL FEDERAL NO JULGAMENTO DO RECURSO EXTRAORDINÁRIO 576.336-RG/RO. ALEGAÇÃO DE USURPAÇÃO DE COMPETÊNCIA DO SUPREMO TRIBUNAL FEDERAL E DE AFRONTA À SÚMULA STF 727. INOCORRÊNCIA. 1. Se não houve juízo de admissibilidade do recurso extraordinário, não é cabível a interposição do agravo de instrumento previsto no art. 544 do Código de Processo Civil, razão pela qual não há que falar em afronta à Súmula STF 727. 2. O Plenário desta Corte decidiu, no julgamento da Ação Cautelar 2.177-MC-QO/PE, que a jurisdição do Supremo Tribunal Federal somente se inicia com a manutenção, pelo Tribunal de origem, de decisão contrária ao entendimento firmado no julgamento da repercussão geral, nos termos do § 4º do art. 543-B do Código de Processo Civil. 3. Fora dessa específica hipótese não há previsão legal de cabimento de recurso ou de outro remédio processual para o Supremo Tribunal Federal. 4. Inteligência dos arts. 543-B do Código de Processo Civil e 328-A do Regimento Interno do Supremo Tribunal Federal. 5. Possibilidade de a parte que considerar equivocada a aplicação da repercussão geral interpor agravo interno perante o Tribunal de origem. 6. Oportunidade de correção, no próprio âmbito do Tribunal de origem, seja em juízo de retratação, seja por decisão colegiada, do eventual equívoco. 7. Não-conhecimento da presente reclamação e cassação da liminar anteriormente deferida. 8. Determinação de envio dos autos ao Tribunal de origem para seu processamento como agravo interno. 9. Autorização concedida à Secretaria desta Suprema Corte para proceder à baixa imediata desta Reclamação.

(STF - Rcl: 7569 SP, Relator: Min. ELLEN GRACIE, Tribunal Pleno, Data de Publicação: DJe-232 DIVULG 10-12-2009 PUBLIC 11-12-2009 EMENT VOL-02386-01 PP-00158).

antecedentes[67]. Assim, no caso em análise, o STF faz a diferenciação entre "instâncias ordinárias" de "instâncias antecedentes" para limitar, ainda mais, o cabimento da reclamação quando exigido o esgotamento das vias recursais.

5. ANÁLISE DE CASO: ADC 16 E RE 760.931

Todo o exposto até o momento foi com o objetivo de melhor compreender o ocorrido no caso analisado pelo STF envolvendo a questão da constitucionalidade do artigo 71, §1º, da Lei n. 8.666 de 1993, que dispõe que:

> Art. 71 O contratado é responsável pelos encargos trabalhistas, previdenciários, fiscais e comerciais resultantes da execução do contrato.
>
> §1º A inadimplência do contratado, com referência aos encargos trabalhistas, fiscais e comerciais não transfere à Administração Pública a responsabilidade por seu pagamento, nem poderá onerar o objeto do contrato ou restringir a regularização e o uso das obras e edificações, inclusive perante o Registro de Imóveis.

A questão circunda o instrumento pelo qual o STF decidiu pela constitucionalidade do referido dispositivo. Em 2010, tal julgamento pela constitucionalidade se deu na Ação Direta de Constitucionalidade n. 16.

Entretanto, várias decisões da Justiça do Trabalho ainda continuaram aplicando o art. 71, da Lei das Licitações, de forma divergente[68]. Essencialmente, a Justiça do Trabalho passou a responsabilizar o Poder Público de forma subsidiária pelos encargos trabalhistas dos seus terceirizados quando demonstrada a culpa *in vigilando* do ente público.

Contra essas decisões, o Poder Público[69] ajuizava diretamente reclamações no STF com fundamento no descumprimento de decisão proferida em controle concentrado de constitucionalidade. Tais reclamações deveriam ser conhecidas com fundamento no art. 988, III, CPC, conforme já explicitado anteriormente.

---

67. EMENTA: AGRAVO REGIMENTAL EM RECLAMAÇÃO. NÃO CABIMENTO DO USO DA RECLAMAÇÃO COMO SUCEDÂNEO RECURSAL AGRAVO REGIMENTAL A QUE SE NEGA PROVIMENTO. 1. O esgotamento da instância ordinária, previsto no art. 988, § 5º, II, do CPC, exige a impossibilidade de reforma da decisão reclamada por nenhum tribunal, inclusive a tribunal superior. 2. Agravo regimental a que se nega provimento, com previsão de aplicação de multa, nos termos do art. 1.021, § 4º, do CPC.

    (Rcl 28749 AgR, Relator(a): Min. EDSON FACHIN, Segunda Turma, julgado em 04/04/2018, PROCESSO ELETRÔNICO DJe-071 DIVULG 12-04-2018 PUBLIC 13-04-2018).

68. A título de exemplificação, cf. TRT – 1ª Região, Proc. N. 00104131020135010052, 13 de agosto de 2015, RJ.

69. Exemplificativamente, cf. Rcl 13392, Relator(a): Min. CÁRMEN LÚCIA, julgado em 27/09/2012, publicado em PROCESSO ELETRÔNICO DJe-195 DIVULG 03/10/2012 PUBLIC 04/10/2012.

Ocorre que, em 2017, o STF reafirmou seu entendimento de que o art. 71, §1º, da Lei das Licitações, é constitucional. Tal reconhecimento deu-se no julgamento do Recurso Extraordinário n. 760.931/DF[70], submetido à sistemática da repercussão geral.

Segundo o STF[71], a decisão no RE 760.931/DF substitui a decisão na ADC 16, implicando no descabimento da reclamação diretamente ao STF antes de esgotadas as vias recursais ordinárias, nos termos do art. 988, §5º, II, CPC.

A relatoria do mencionado RE coube à Ministra Rosa Weber, com relatoria do acórdão do Ministro Luiz Fux. O julgamento ocorreu em 26 de abril de 2017. Neste julgamento, entendeu-se novamente pela constitucionalidade do art. 71, §1º, da Lei n. 8.666/93 com base no fundamento de ser a terceirização mecanismo essencial para a preservação de postos de trabalho e atendimento das demandas dos cidadãos[72]. Citou-se como precedente o julgamento da ADC n. 16, na qual já se havia reconhecido a constitucionalidade do referido dispositivo legal e fixou-se a tese seguinte: "O inadimplemento dos encargos trabalhistas dos empregados do contratado não transfere automaticamente ao Poder Público contratante a responsabilidade pelo seu pagamento, seja em caráter solidário ou subsidiário, nos termos do art. 71, §1º, da Lei n. 8.666/93.".

No julgamento do RE, alega-se que o quanto dito a título de *obiter dicta*[73] no julgamento da ADC 16 trouxe polêmicas nos casos concretos, levando à

---

70. Ementa: RECURSO EXTRAORDINÁRIO REPRESENTATIVO DE CONTROVÉRSIA COM REPERCUSSÃO GERAL. DIREITO CONSTITUCIONAL. DIREITO DO TRABALHO. TERCEIRIZAÇÃO NO ÂMBITO DA ADMINISTRAÇÃO PÚBLICA. SÚMULA 331, IV E V, DO TST. CONSTITUCIONALIDADE DO ART. 71, § 1º, DA LEI Nº 8.666/93. TERCEIRIZAÇÃO COMO MECANISMO ESSENCIAL PARA A PRESERVAÇÃO DE POSTOS DE TRABALHO E ATENDIMENTO DAS DEMANDAS DOS CIDADÃOS. HISTÓRICO CIENTÍFICO. LITERATURA: ECONOMIA E ADMINISTRAÇÃO. INEXISTÊNCIA DE PRECARIZAÇÃO DO TRABALHO HUMANO. RESPEITO ÀS ESCOLHAS LEGÍTIMAS DO LEGISLADOR. PRECEDENTE: ADC 16. EFEITOS VINCULANTES. RECURSO PARCIALMENTE CONHECIDO E PROVIDO. FIXAÇÃO DE TESE PARA APLICAÇÃO EM CASOS SEMELHANTES. [...] 9. Recurso Extraordinário parcialmente conhecido e, na parte admitida, julgado procedente para fixar a seguinte tese para casos semelhantes: "O inadimplemento dos encargos trabalhistas dos empregados do contratado não transfere automaticamente ao Poder Público contratante a responsabilidade pelo seu pagamento, seja em caráter solidário ou subsidiário, nos termos do art. 71, § 1º, da Lei nº 8.666/93".
    (RE 760931, Relator(a): Min. ROSA WEBER, Relator(a) p/ Acórdão: Min. LUIZ FUX, Tribunal Pleno, julgado em 26/04/2017, PROCESSO ELETRÔNICO REPERCUSSÃO GERAL - MÉRITO DJe-206 DIVULG 11-09-2017 PUBLIC 12-09-2017).

71. STF. 1ª Turma. Rcl 27789 AgR/BA, Rel. Min. Roberto Barroso, julgado em 17/10/2017 (Info 882). STF. 1ª Turma. Rcl 28623 AgR/BA, Rel. Min. Roberto Barroso, julgado em 12/12/2017 (Info 888).

72. Como aduz a ementa do referido julgado: "A cisão de atividades entre pessoas jurídicas distintas não revela qualquer intuito fraudulento, consubstanciando estratégia, garantida pelos artigos 1º, IV, e 170 da Constituição brasileira, de configuração das empresas, incorporada à Administração Pública por imperativo de eficiência (art. 37, caput, CRFB), para fazer frente às exigências dos consumidores e cidadãos em geral, justamente porque a perda de eficiência representa ameaça à sobrevivência da empresa e ao emprego dos trabalhadores.".

73. Para maior aprofundamento acerca deste conceito, cf. MARINONI, Luiz Guilherme. **Precedentes obrigatórios**. 5.ed. São Paulo: Revista dos Tribunais, 2016, p. 168-172. "Algumas questões são indiscutivelmente desnecessárias ao alcance da decisão e, assim, são certamente *obiter dicta*.", p. 170.

necessidade de fixação de uma nova tese, agora em sede de RE com repercussão geral.

5.1. Ação Declaratória de Constitucionalidade n. 16 e a questão do obter dictum

Dessa maneira, neste momento, cabe a análise do julgamento da ADC 16. Fundamentou-se a sua admissão no Enunciado n. 331 do TST[74] que contraria frontalmente o quanto disposto no art. 71, §1º, da Lei n. 8.666/93, determinando a responsabilidade subsidiária da administração pública nas contratações em foco.

O Ministro Cezar Peluso, relator do caso, aduziu que: "Ora, o que tem a ver isso com a constitucionalidade do artigo 71? Nada. Em suma, é inútil para o Tribunal perder-se, aqui, a reconhecer uma constitucionalidade que jamais esteve em dúvida em lugar nenhum, porque a jurisprudência do Tribunal Superior do Trabalho não vai modificar-se por causa disso."[75]. Assim, para o Ministro, inaplicável aqui o stare decisis[76] entre os órgãos do Poder Judiciário. A decisão do STF não alteraria a jurisprudência do TST, entendeu o Ministro.

O Ministro Marco Aurélio, em resposta, justifica a necessidade de enfrentamento da matéria "[...] para que não se tenha um verbete do Tribunal Superior do Trabalho com eficácia que suplante dispositivo legal emanado do Congresso Nacional."[77]. Admitida a ADC, em seu mérito, fixou-se a tese da constitucionalidade do art. 71, § 1º, da Lei n. 8.666/93, ou seja, a Administração não pode ser responsabilizada por encargos trabalhistas, fiscais e comerciais do contratado.

Entretanto, afirmou-se ainda, a título de obiter dictum, que: "Desde o processo licitatório, a entidade pública contratante deve exigir o cumprimento das condições de habilitação (jurídica, técnica, econômico-financeira e fiscal) e fiscalizá-las na

---

74. Enunciado n. 331, TST: "IV – O inadimplemento das obrigações trabalhistas, por parte do empregador, implica na responsabilidade subsidiária do tomador dos serviços, quanto àquelas obrigações, inclusive quando aos órgãos da administração direta, das autarquias, das fundações públicas, das empresas públicas e das sociedades de economia mista, desde que hajam participado da relação processual e constem também do título executivo judicial (artigo 71 da Lei n. 8.666/93).", texto retirado do inteiro teor do julgado em análise.

75. ADC 16, STF.

76. Segundo o stare decisis et non quieta movere, o quanto já foi decidido pelo Poder Judiciário deve ser respeitado, tanto verticalmente, quanto horizontalmente. Para maior aprofundamento acerca deste conceito, cf. MARINONI, Luiz Guilherme. **Precedentes obrigatórios**. 5.ed. São Paulo: Revista dos Tribunais, 2016, p. 168-172. "Com efeito, o stare decisis constitui apenas um elemento do moderno common law, que também não se confunde com o common law de tempos imemoriais ou com os costumes gerais, de natureza secular, que dirigiam o comportamento dos Englishmen.", p. 32.

77. ADC 16, STF, p. 16, inteiro teor.

execução do contrato."[78]. Em continuidade a esse raciocínio, a Ministra Carmen Lúcia ainda aduziu que não há que se falar em *automática responsabilidade subsidiária da entidade da Administração Pública por esse pagamento.*

Diante dessas afirmações, restou a dúvida se a falta de fiscalização pela Administração Pública poderia gerar a responsabilização subsidiária por encargos trabalhistas, fiscais e comerciais em alguma hipótese.

Além disso, nos debates, o Ministro Gilmar Mendes voltou a este ponto ao fim dos debates:

> Nós temos de mudar, portanto, a nossa postura em relação à não admissibilidade dos recursos. Até pode ocorrer – Ministro Cármen já ressaltou –, num quadro, sei lá, de culpa *in vigilando*, patente, flagrante, que a Administração venha a ser responsabilizada porque não tomou as cautelas de estilo.[79]

Assim, diante dessa constatação como *obiter dictum*, vários ainda foram os julgados que determinaram a responsabilização da Administração Pública por encargos trabalhistas, fiscais e comerciais de forma subsidiária. Dessa forma, o número de reclamações dirigidas diretamente ao STF cresceu[80]. Consequentemente, admitiu-se a fixação de tese em RE com repercussão geral reconhecida para determinar que não há responsabilidade da Administração Pública solidária nem subsidiariamente, fixando-se as balizas necessárias de direito material e reescrevendo a tese anteriormente estabelecida.

A questão primordial para o presente trabalho que foi enfrentada quando do julgamento do RE em questão foi da prevalência de determinado precedente para o cabimento da reclamação.

Como afirmou o Ministro Barroso em sua fala:

> Eu queria só lembrar uma coisa. O Ministro Toffoli, na última vez em que discutimos esse assunto, fez uma observação que eu acho que nós devemos resgatar aqui. É que o paradigma passará a ser a tese da repercussão geral, e não mais a decisão na ADC 16, para que, pelo menos, antes de caber reclamação, esgotem-se as vias ordinárias, porque senão a inundação vai continuar.[81]

---

78. ADC 16, STF, p. 35, inteiro teor, Min. Carmen Lúcia.

79. ADC 16, STF, debates, inteiro teor.

80. "Então, é uma questão que precisamos de definir sob pena de ficarmos nesse processo de enxugamento de gelo, com a chegada contínua de novas reclamações, que passa a ser, talvez, daqui a pouco, a nova crise do Tribunal. A crise do RE agora vai-se reproduzir - esse era o temor, inclusive, do ministro Moreira Alves - na crise da reclamação, como Vossa Excelência apontou.", Gilmar Mendes, inteiro teor, julgamento do RE 760.931, p. 217.

81. RE 760.931, STF, inteiro teor, p. 344.

Dessa maneira, fixou-se o entendimento de que, para fins de cabimento de reclamação constitucional, deve-se considerar o julgamento do RE e não o da ADC. Com base nessa definição feita pelo STF, analisa-se, em seguida, as formas, possibilidades e consequências da superveniência de precedentes, considerando o papel do STF na atual conjectura nacional que escapa a questões meramente jurídicas[82].

5.2. Superveniência de precedente, seus efeitos e o papel do Supremo Tribunal Federal

A superveniência de precedentes e a mudança de entendimentos antes firmados são inerentes à atividade jurisdicional[83]. Pode-se afirmar, até mesmo, que cabe ao Poder Judiciário adequar os problemas jurídicos à dimensão social e econômica que o legislador não consegue acompanhar[84]. Ocorre que, em contraposição, espera-se regularidade das Cortes na observância das teses firmadas e na sua eventual alteração e superação. Tal estabilidade confere segurança aos jurisdicionados que pautam suas vidas por decisões já tomadas e traz confiança no acerto dessas decisões[85].

O caso ora em análise não envolve propriamente a superação de precedente antes firmado pela STF, mas a sua especificação. A questão remonta em precisar qual julgado prevalece, tendo-se em vista que tal escolha repercutirá no cabimento ou não da reclamação diretamente ao STF em caso de violação do quanto decidido.

No primeiro caso, da ADC 16, o STF entendeu pela constitucionalidade do art. 71, §1º, da Lei n. 8.666/93. Pelo quanto dito a título de *obiter dictum*, as decisões

---

82. Destaca-se que o objetivo do presente estudo é estritamente jurídico. Assim, causas e consequências sociais, políticas e econômicas são apenas mencionadas quando necessárias, mas sem o escopo de esgotamento do tema.

83. Sobre o tema, cf. FERRAZ JR., Tércio Sampaio. Irretroatividade e jurisprudência judicial. In: **Efeitos ex nunc e as decisões do STJ.** São Paulo: Manole, 2008, p. 4. "Alterações jurisprudenciais fazem parte da dinâmica do direito. Se o processo de mudança legislativa é mais ou menos rígido, se a produção normativa da administração tem uma flexibilidade limitada pela legalidade estrita, é, sem dúvida, na atividade jurisdicional, que o direito conhece seu mais alto grau de adaptabilidade à mudança social, econômica, cultural, no espaço e no tempo.".

84. FERRAZ JR., Tércio Sampaio. Irretroatividade e jurisprudência judicial. In: **Efeitos ex nunc e as decisões do STJ.** São Paulo: Manole, 2008, p. 20. "Não se pode negar que a evolução da jurisprudência seja uma necessidade, até mais social do que estritamente jurídica. Até porque é a dinâmica social que exige a dinamicidade do direito. Se o legislador, por seu condicionamento funcional (modo abstrato de regulamentação) nem sempre pode atuar em sincronia com as necessidades concretas da mudança social, cabe à jurisprudência essa percepção de que os problemas jurídicos têm a ver com as mudanças sociais e econômicas na sua dimensão concreta.".

85. FERRAZ JR., Tércio Sampaio. Irretroatividade e jurisprudência judicial. In: **Efeitos ex nunc e as decisões do STJ.** São Paulo: Manole, 2008, p. 6.

no âmbito da justiça trabalhista contrariavam o julgado frontalmente, levando ao crescimento do número de reclamações ajuizadas no STF. Com isso, tem-se o segundo julgado, agora em sede de recurso extraordinário com repercussão geral reconhecida, determinando que o art. 71 citado é constitucional, mas deixando claro que não há responsabilidade da Administração Pública em qualquer situação, seja direta ou subsidiária.

Sobre a superveniência de precedente sobre o mesmo tema, aduz Michele Taruffo que:

> L´esistenza di precedenti contraddittori crea comunque um problema che dev´essere risolto dal giudice della decisione successiva: si tratta di stabilire se seguire un precedente, ed eventualmente quale. Da um lato si potrebbe dire che nella situazione di conflito simetrico fra precedenti non esiste in realtà alcun precedente da seguire, poichè ogni precedente è contraddetto da un precedente contrario. Dall´altro lato, può accadere che il giudice non possa fare a meno di seguire uno dei due precedenti in contrasto, perchè essi rappresentano le sole soluzioni possibili della questione, o che egli intenda comunque seguire uno dei due precedente. Si tratta in ogni caso di uma scelta compiuta dal giudice successivo, che dovrebbe essere giustificata esponendo le ragioni per cui un precedente viene seguito e l´altro viene scartato. [86]

Dessa forma, a escolha do precedente aplicável cabe ao juízo seguinte para determinar as razões pelas quais um precedente é seguido; e o outro, não. Assim, foi o caso do próprio STF no julgamento do RE n. 760.931 e no Ag. Reg. na Reclamação n. 27.789.

Neste caso, como o STF já estava recebendo grande fluxo de reclamações com base na violação à ADC 16, definiu-se previamente qual precedente valeria para ajuizamento de reclamação quanto àquela matéria.

Acerca da superveniência de precedentes e a função da Suprema Corte, ensina Daniel Mitidiero que cabe a esta a orientação da conduta social para o futuro, nos seguintes termos:

> A segurança está na proteção contra a irretroatividade que pode ser evidenciada pela mudança do precedente, protegendo-se a atuação fundada na cognoscibilidade ofertada pelo precedente anterior. Em todos esses casos, a Corte Suprema revela seu caráter

---

86. Para maior aprofundamento na temática, cf. TARUFFO, Michele. *Dimensioni del precedente giudiziario*. In: **Rivista Trimestrale di Diritto e Procedura Civile**. Milano, Giuffrè Editore, giugno/1994, ano XLVIII, n. 2, p. 411-430, p. 425.

proativo, cuja função está em orientar a conduta social para o futuro.[87]

Dentre as formas de superação de precedentes, pode-se citar (i) a sua superação total (*overruling*); (ii) a sua superação parcial (*overturning*), sendo que esta pode ser através de transformação (*transformation*) ou de reescrita do precedente (*overriding*)[88].

Acerca da reescrita do precedente, ensina Daniel Mitidiero que: "Há reescrita quando a corte redefine o âmbito de incidência do precedente. O precedente é normalmente reescrito com o fim de restringir o seu âmbito de aplicação. A partir da reescrita algo que não foi considerado na decisão anterior é sopesado e aí o seu alcance é comprimido."[89].

Pode-se afirmar que o presente caso trata de *overriding* do que se depreende da leitura dos debates realizados quando do julgamento do agravo regimental na Reclamação n. 27.789/BA, que foi inadmitida com base na prevalência do precedente consolidado no RE n. 760.931 com repercussão geral em detrimento do entendimento firmado na ADC 16[90].

Sobre a escolha acerca do precedente que prevalece com base em *overriding*, pode-se dizer que tal atuação do STF se encaixa dentro de seu papel enquanto corte de precedentes.[91]

Tal escolha do precedente aplicável com base em sua reescrita, além de se colocar dentro de sua atuação enquanto corte de precedentes, indica, por seus

---

87. MITIDIERO, Daniel. **Cortes superiores e cortes supremas**: do controle à interpretação, da jurisprudência ao precedente. São Paulo: Revista dos Tribunais, 2013, p. 28.

88. MITIDIERO, Daniel. **Cortes superiores e cortes supremas**: do controle à interpretação, da jurisprudência ao precedente. São Paulo: Revista dos Tribunais, 2013, p. 38.

89. MITIDIERO, Daniel. **Cortes superiores e cortes supremas**: do controle à interpretação, da jurisprudência ao precedente. São Paulo: Revista dos Tribunais, 2013, p. 38-39.

90. STF, Ag. Reg. na Reclamação n. 27.789 BAHIA: Min. Roberto Barroso, Relator: "O meu entendimento, Presidente, é que, havendo uma decisão, um pronunciamento do Tribunal superveniente, explicitando de maneira diversa o que fora decidido na ADC 16, há uma superação da tese vinculante. Acho que a tese vinculante, independentemente de deliberação expressa, é a que foi fixada na repercussão geral, e, repito, esse passou a ser o entendimento pacífico da Segunda Turma.".

91. ZANETI JR., Hermes. Cortes Supremas e interpretação do direito. In: **O Papel da jurisprudência no STJ**. GALLOTTI, Isabel; et alli. (Coord.). São Paulo: Revista dos Tribunais, 2014, p. 200, "A tarefa desenvolvida até aqui nos permite dizer que o futuro das cortes supremas brasileiras, STJ e STF, irá depender da correta aplicação das novas metodologias de controle, da passagem do modelo de cortes de controle para o de cortes de interpretação; e, de cortes de jurisprudência para cortes de precedentes.

    Não é um percurso imediato, não é um caminho fácil, exige compromisso com a função do interprete de buscar a correção dentro da coerência do ordenamento jurídico equilibrando efetividade e segurança jurídica. Exige, ademais, o dever-poder no exercício de suas competências constitucionais, para que as cortes supremas, no afã de uniformizar o direito, não se transformem em cortes totalitárias.".

fundamentos, a preocupação dos Ministros do STF com o crescente número de processos que chegam à Corte constantemente (explicando, assim, a reiteração e a prevalência deste argumento sobre argumentos jurídicos, inclusive)[92]. Acerca da autocontenção de sua atuação, em relação ao STF, afirma Oscar Vieira Vilhena que:

> Ao restringir a sua própria jurisdição, ao se autoconter, o Supremo estaria, ao mesmo tempo, reforçando a sua autoridade remanescente e, indiretamente, fortalecendo as instâncias inferiores, que passariam, com o tempo, a ser últimas instâncias nas suas respectivas jurisdições. É preocupante a posição de subalternidade a que os tribunais de segunda instância foram relegados no Brasil, a partir de 1988, quando as suas decisões passaram a ser invariavelmente objeto de reapreciação.[93]

Assim, em clara técnica de *overriding*, o STF reescreveu precedente, determinando qual valeria para efeitos de cabimento da reclamação. Trata-se de técnica de gerenciamento de casos, pois se evita que o Tribunal tenha que se manifestar a cada nova reclamação pela sua inadmissibilidade.

Na prática, o *overriding* - com a escolha do precedente prevalecente - significará que a Fazenda Pública terá que esgotar as instâncias ordinárias *ou antecedentes*[94] para o ajuizamento da reclamação, diminuindo-se, dessa maneira, o número de reclamações que inundam o Supremo pelo descumprimento da ADC 16 na justiça laboral.

6. CONCLUSÕES

No presente trabalho, apresentou-se brevemente o instituto da reclamação com o objetivo de sua adequada compreensão enquanto mecanismo de efetivação da autoridade das decisões dos Tribunais e enquanto garantia para o próprio cidadão de que as decisões dos Tribunais serão observadas em casos subsequentes.

---

92. Sobre o tema, cf. VIEIRA, Oscar Vilhena. Supremocracia. **Revista Direito GV**, São Paulo 4 [2], p. 441-464, jul-dez. 2008. "Entendo que algumas mudanças de natureza institucional são indispensáveis para que possamos reduzir o mal-estar supremocrático detectado neste texto. Em primeiro lugar, seria a redistribuição das competências do Supremo. Este não pode continuar atuando como corte constitucional, tribunal de última instância e foro especializado. Este acúmulo de tarefas, que, na prática, apenas se tornou factível graças à crescente ampliação das decisões monocráticas, coloca o Supremo e seus ministros em uma posição muito vulnerável.", p. 457.

93. VIEIRA, Oscar Vilhena. Supremocracia. **Revista Direito GV**, São Paulo 4 [2], p. 441-464, jul-dez. 2008, p. 458.

94. Ou antecedentes, segundo o STF no julgamento da Rcl 28749 AgR, Relator(a): Min. EDSON FACHIN, Segunda Turma, julgado em 04/04/2018, PROCESSO ELETRÔNICO DJe-071 DIVULG 12-04-2018 PUBLIC 13-04-2018.

O cabimento da reclamação diretamente ao STF depende da decisão que tenha sido violada. Caso seja comando jurisdicional proveniente de controle objetivo de constitucionalidade, as portas da reclamação ao STF estão abertas sem requisitos prévios. Entretanto, caso o comando violado tenha origem em precedentes eleitos pelo legislador de 2015, há necessidade de esgotamento prévio das instâncias recursais para que a reclamação seja admitida no STF.

Com base nessas considerações teóricas, analisou-se o caso da declaração de constitucionalidade do art. 71, §1º, da Lei n. 8.666/93, que trata da ausência de responsabilidade da Administração Pública por encargos trabalhistas, fiscais e comerciais de seus contratados.

Tal declaração de constitucionalidade deu-se, inicialmente, através do controle objetivo, pela ADC 16. Ocorre que, a título de *obiter dictum*, mencionou-se a possibilidade de responsabilidade subsidiária da Administração. Tal fato fez que com houvesse um incremento de condenações da Fazenda Pública, principalmente na Justiça do Trabalho, levando, consequentemente, ao aumento do número de reclamações levadas ao STF.

O STF voltou a analisar tal questão, mas agora em sede de RE com repercussão geral reconhecida, reescrevendo a tese antes firmada para deixar claro, na *ratio decidendi*, que não haveria a responsabilização da Administração nem direta nem subsidiariamente. Com tal sucessão de teses, entendeu o STF que, para fins de cabimento de reclamação, prevaleceria aquela firmada em RE com repercussão geral reconhecida. A consequência imediata de tal escolha é a necessidade de esgotamento das vias recursais prévias para o cabimento da reclamação ao STF.

Tal sucessão de fatos inclui-se dentro do contexto de gestão de feitos perpetrada pelo STF na tentativa de conter o número de processos que o inundam diariamente. Tal indicação demonstra a intenção de caminhada do Tribunal para a direção de Corte Suprema, apesar das inúmeras funções que ainda exerce como Corte Superior[95].

REFERÊNCIAS

ARAÚJO, José Henrique Mouta. A reclamação constitucional e os precedentes vinculantes: o controle da hierarquização interpretativa no âmbito local. **Revista de Processo**, vol. 252, ano 2016, p. 243-262, fev. 2016.

---

95. Na clássica separação entre modelos de Cortes, como brevemente exposta ao longo do trabalho. Para maior aprofundamento na temática, cf. MITIDIERO, Daniel. **Cortes superiores e cortes supremas**: do controle à interpretação, da jurisprudência ao precedente. São Paulo: Revista dos Tribunais, 2013.

ARRUDA ALVIM, Teresa; DANTAS, Bruno. **Recurso especial, recurso extraordinário e a nova função dos Tribunais Superiores no Direito Brasileiro**. 3. ed. São Paulo: Revista dos Tribunais, 2016.

BARBOSA MOREIRA, José Carlos. Súmula, jurisprudência, precedente: uma escalada e seus riscos. In: **Temas de direito processual, nona série**. p. 299-313. São Paulo: Saraiva, 2007.

BUZAID, Alfredo. **A crise do Supremo Tribunal Federal:** Estudos de direito. São Paulo: Saraiva, 1972.

CALIL, Gabriel; DIMOULIS, Dimitri; TOMMASINI, Nicola. Recurso extraordinário e reclamação constitucional: uma análise da linha jurisprudencial do Supremo Tribunal Federal. **Revista Brasileira de Estudos Constitucionais – EBEC**. Belo Horizonte, ano 10, n. 34, p. 81-99, jan./abr. 2016.

CAMBI, Eduardo; MINGATI, Vinícius Secafen. Nova hipótese de cabimento da reclamação, protagonismo judiciário e segurança jurídica. **Revista de Processo,** vol. 196, ano 2011, p. 295 – 314, jun/2011.

CARRAZZA, Roque Antonio. Segurança jurídica e eficácia temporal das alterações jurisprudenciais: competência dos tribunais superiores para fixá-la – questões conexas. In: **Efeitos *ex nunc* e as decisões do STJ.** São Paulo: Manole, 2008.

CARVALHO FILHO, José dos Santos. **Repercussão geral**: balanço e perspectivas. São Paulo: Almedina, 2015.

CÔRTES, Osmar Mendes Paixão. A reclamação no novo CPC: fim das limitações impostas pelos Tribunais Superiores ao cabimento? **Revista de Processo,** vol. 244, ano 2015, p. 347-358, jun/2015.

COSTA, Eduardo José da Fonseca. Comentários aos artigos 988-993. **Breves comentários ao Novo Código de Processo Civil.** ARRUDA ALVIM, Teresa; DANTAS, Bruno; DIDIER JR., Fredie; TALAMINI, Eduardo (Coord.). São Paulo: Revista dos Tribunais, 2015.

DANTAS, Marcelo Navarro Ribeiro. **Reclamação constitucional no direito brasileiro**. Porto Alegre: Sergio Antonio Fabris Editor, 2000.

DELLORE, Luiz. Da esquizofrenia do sistema recursal dos Juizados Especiais Cíveis: a profusão de decisões contrárias à jurisprudência do Superior Tribunal de Justiça. In: CRUZ E TUCCI, José Rogério *et alli*. (Coord.) **Processo Civil:** Homenagem a José Ignácio Botelho de Mesquita. São Paulo: Quartier Latin, 2013.

FERRAZ JR., Tércio Sampaio. Irretroatividade e jurisprudência judicial. In: **Efeitos ex nunc e as decisões do STJ**. São Paulo: Manole, 2008.

FREITAS JÚNIOR, Horival Marques de. **Repercussão geral das questões constitucionais**: sua aplicação pelo Supremo Tribunal Federal. São Paulo: Malheiros, 2015.

GRINOVER, Ada Pellegrini. Ética, abuso do processo e resistência às ordens judiciárias: o contempt of Court. **Revista de Processo**. São Paulo: Revista dos Tribunais, n. 102, abr./jun. 2001.

GÓES, Gisele Santos Fernandes. Reclamação Constitucional. In: DIDIER JR., Fredie (Org.). **Ações Constitucionais**. 5.ed. Salvador: JusPodivm, 2011.

JACOB, Cesar Augusto Alckmin. **A reclamação como instrumento de controle da aplicação de precedentes do STF e do STF**: análise funcional, estrutural e crítica. Dissertação (Mestrado), Universidade de São Paulo, USP, 2015.

LEONEL, Ricardo de Barros. Considerações introdutórias sobre o direito processual constitucional. In: LEONEL, Ricardo de Barros; PUOLI, José Carlos Baptista; BONÍCIO, Marcelo José Magalhães. (Org.). **Direito processual constitucional**. Brasília: Gazeta Jurídica, 2016, v.1, p. 197-220.

_____. **Reclamação constitucional**. São Paulo: Revista dos Tribunais, 2011.

LUCON, Paulo Henrique dos Santos. Evolução da reclamação constitucional e seu emprego para assegurar a autoridade dos precedentes. In: CRUZ E TUCCI, José Rogério et alli. (Coord.) **Processo Civil**: Homenagem a José Ignácio Botelho de Mesquita. São Paulo: Quartier Latin, 2013.

MACÊDO, Lucas Buril de. Reclamação constitucional e precedentes obrigatórios. **Revista de Processo**, vol. 238, ano 2014, p. 413 – 434, dez/2014.

MARINONI, Luiz Guilherme. **A ética dos precedentes**: justificativa do novo CPC. 2.ed. São Paulo: Revista dos Tribunais, 2016.

_____. **Precedentes obrigatórios**. 5.ed. São Paulo: Revista dos Tribunais, 2016.

_____. Provimento do recurso especial, não conhecimento do recurso extraordinário por perda superveniente de interesse recursal e necessidade de reclamação. **Soluções Práticas**. vol. 1. p. 473 – 490, out/2011.

MEIRELLES, Hely Lopes. **Mandado de Segurança, Ação Popular, Ação Civil Pública, Mandado de Injunção, Habeas Data**. 18.ed. São Paulo: Malheiros, 1997.

MITIDIERO, Daniel. **Cortes superiores e cortes supremas**: do controle à interpretação, da jurisprudência ao precedente. São Paulo: Revista dos Tribunais, 2013.

MORATO, Leonardo L. A reclamação constitucional e a sua importância para o Estado Democrático de Direito. **Revista de Direito Constitucional e Internacional,** vol. 51, ano 2005, p. 171 – 187, abr-jun/2005.

NERY JR., Nelson. Boa-fé objetiva e segurança jurídica: eficácia da decisão judicial que altera jurisprudência anterior do mesmo tribunal superior. In: **Efeitos ex *nunc* e as decisões do STJ.** São Paulo: Manole, 2008.

_____; NERY, Rosa Maria de Andrade. **Código de Processo Civil comentado.** 16.ed. São Paulo: Revista dos Tribunais, 2016.

PACHECO, José da Silva. A "reclamação" no STF e no STJ de acordo com a nova Constituição. **Revista dos Tribunais,** vol. 646/1989, p. 19 – 32, ago/1989.

PERRY JR., H. W. *Deciding to decide: agenda setting in the United States Supreme Court.* Cambridge: Harvard University Press, 1994.

PUOLI, José Carlos Baptista. Precedentes vinculantes? O CPC "depois" da lei n. 13.256/16. In: **Processo em Jornadas.** LUCON, Paulo Henrique dos Santos *et alli.* (Coord.). Salvador: JusPodivm, 2016, p. 496-507.

RICHTER, Bianca Mendes Pereira. Repercussões da litigância contra precedente no atual ordenamento jurídico brasileiro e a litigância de má-fé. **Revista de processo,** v. 277, p. 509-525, 2018.

SÁ, Danielle Carlomagno Gonçalves de. **A repercussão geral da questão constitucional:** uma análise crítica. 2014. Dissertação (Mestrado em Direito Processual) – Faculdade de Direito, Universidade de São Paulo, São Paulo, 2014.

TARUFFO, Michele. *Dimensioni del precedente giudiziario.* In: **Rivista Trimestrale di Diritto e Procedura Civile.** Milano, Giuffrè Editore, giugno/1994, ano XLVIII, n. 2, p. 411-430.

VIEIRA, Oscar Vilhena. Supremocracia. **Revista Direito GV,** São Paulo 4 [2], p. 441-464, jul-dez. 2008.

XAVIER, Carlos Eduardo Rangel. **Reclamação constitucional e precedentes judiciais:** contributo a um olhar crítico sobre o Novo Código de Processo Civil (de acordo com a Lei n. 13.256/2016). São Paulo: Revista dos Tribunais, 2016.

ZANETI JR., Hermes. Cortes Supremas e interpretação do direito. In: **O Papel da jurisprudência no STJ.** GALLOTTI, Isabel; et alli. (Coord.). São Paulo: Revista dos Tribunais, 2014.

REFERÊNCIAS ELETRÔNICAS

ALEMANHA. **Lei Fundamental**. Disponível em: ‹https://www.btg-bestellservice.de/pdf/80208000.pdf›. Acesso em: 12 de setembro de 2017.

DELLORE, Luiz; DUARTE, Zulmar; GAJARDONI, Fernando da Fonseca; ROQUE, André Vasconcelos. **O recall do Novo CPC**: As mudanças decorrentes do PL 2384/15 da Câmara e do PL 168/15 do Senado. Disponível em: ‹https://www.jota.info/opiniao-e-analise/colunas/novo-cpc/o-recall-do-novo-cpcas-mudancas-decorrentes-do-pl-238415-da-camara-e-do-pl-16815-do-senado-16112015›. Acesso em 22 de abril de 2018.

Fundação Getúlio Vargas – FGV. **Supremo em Números**. Disponível em: ‹http://www.fgv.br/supremoemnumeros/›. Acesso em: 21 de abril de 2018.

CAPÍTULO 3

O controle concentrado de constitucionalidade e o precedente normativo no CPC/15

Trícia Navarro Xavier Cabral

Brigida Roldi Passamani

SUMÁRIO: 1. INTRODUÇÃO; 2. EVOLUÇÃO CONSTITUCIONAL DOS MODELOS DE CONTROLE E A SUPERAÇÃO DO PARADOXO METODOLÓGICO NO CPC/15; 2.1. BREVES APONTAMENTOS ACERCA DO ESCORÇO HISTÓRICO DO CONTROLE DE CONSTITUCIONALIDADE NO ORDENAMENTO JURÍDICO BRASILEIRO; 2.2. A CONSTITUIÇÃO DE 1988 E A SUPERAÇÃO DO "PARADOXO METODOLÓGICO" DO DIREITO PROCESSUAL; 3. A CONCILIAÇÃO DAS TÉCNICAS PROCESSUAIS: A EFICÁCIA DA DECISÃO NO CONTROLE DE CONSTITUCIONALIDADE CONCENTRADO E A VINCULAÇÃO DO PRECEDENTE; 4. CONSIDERAÇÕES FINAIS; 5. REFERÊNCIA BIBLIOGRÁFICAS

1. INTRODUÇÃO

O presente artigo tem por finalidade ventilar premissas iniciais quanto à coordenação e utilidade das técnicas processuais de vinculação concernentes à decisão advinda do controle concentrado de constitucionalidade e, de outra monta, concernentes aos precedentes normativos formalmente vinculantes, sob a égide do Código de Processo Civil de 2015.

Não há qualquer pretensão de esgotamento do tema, senão verdadeira vocação para questionar, mais do que responder, intrigar, mais do que esclarecer. Trata-se de uma contribuição à academia, aberta a um debate que vem se mostrando riquíssimo, fruto da virada paradigmática ocorrida com o Estado Democrático de Direito.

É neste contexto que, inicialmente, será delineado o avanço e sedimentação do controle de constitucionalidade ao longo dos textos constitucionais da história política brasileira, com o objetivo de apresentar como a aproximação dos modelos de controle (em um processo de hibridação) identificados com determinadas tradições jurídicas resultou na superação do paradoxo metodológico com o Código de Processo Civil de 2015.

Após, lançadas as bases que autorizam a recepção da teoria dos precedentes normativos pela dogmática processual, serão apresentados determinados conceitos e ponderações quanto ao precedente em si considerado, e a sua sistemática e articulação no Código de Processo Civil de 2015, a fim de construir o raciocínio que desembocará na compreensão de que há mecanismos de vinculação distintos para a *decisão* em sede de controle de constitucionalidade concentrado e para o *precedente* a partir daquela construído.

O que se busca evidenciar com o presente artigo é a possibilidade de coordenação destas técnicas processuais, a fim de que, em conjunto, possam atuar para garantir unidade e estabilidade ao ordenamento jurídico como um todo considerado.

2. EVOLUÇÃO CONSTITUCIONAL DOS MODELOS DE CONTROLE E A SUPERAÇÃO DO PARADOXO METODOLÓGICO NO CPC/15

2.1. Breves apontamentos acerca do escorço histórico do controle de constitucionalidade no ordenamento jurídico brasileiro

A reconstrução histórica da formação do ordenamento jurídico brasileiro (tendo por recorte as constituições nacionais) é, para o presente trabalho, medida que se impõe ante a necessidade de se fixar os parâmetros pelos quais se pode afirmar ter ocorrido a superação do "paradoxo metodológico" observado no constitucionalismo processual nacional, em razão da atual coordenação e hibridação das tradições jurídicas de *civil law* e *common law*, em especial no que concerne ao controle de constitucionalidade.

Antes de se adentrar especificamente ao tema, faz-se necessário ressaltar que se toma como premissa a tênue e singular distinção existente entre famílias, sistemas ou tradições *jurídicas* e famílias, sistemas ou tradições *constitucionais*. Em linhas gerais, a mencionada distinção torna-se importante quando se admite que uma tradição jurídica comporta diferentes matrizes constitucionais, seja em razão da evolução propriamente histórica em um dado território, seja em razão da coexistência de diferentes modelos constitucionais em um mesmo espaço de tempo, em territórios diferentes, contudo.

Dito isto, volvendo-se ao modelo brasileiro, tomar-se-á um caminho histórico crescente do ponto de vista cronológico, cujo ponto de partida para a análise será a Carta Imperial de 1824. Assim, será evidenciado, neste ponto, como a evolução das matrizes constitucionais no tempo resultou na aproximação de modelos de tradições jurídicas distintas, conforme alhures explanado.

Pois bem. Dando início ao percurso, em 1824, após o processo de independência colonial, o Império consolida a sua primeira Constituição. Nela não houve espaço para o desenvolvimento de uma teoria ou sistema de controle de constitucionalidade das leis, visto que a presença de um Poder Moderador na figura do Imperador, enquanto quarto poder do Estado, avocou, dentre outras atribuições, a função de guardião da Constituição, atuando, deveras, como árbitro dos outros três poderes (vide artigos 98 e seguintes daquela Carta Constitucional).

Adiante, a Constituição da República Federativa dos Estados Unidos do Brasil de 1891 recepciona o ideal norte-americano de instituições jurídicas, consolidando a necessidade de uma constituição escrita dotada de rigidez, bem como a garantia da *judicial review*. A modificação do cenário político abre espaço para a concepção de um modelo de controle difuso, incidental, judicial e repressivo de constitucionalidade das leis.

Ao recepcionar, de forma embrionária, o sistema de freios e contrapesos, a Constituição republicana altera a própria relação havida entre o Poder Judiciário e os demais Poderes, essencialmente no que tange a atribuição de competência ao Supremo Tribunal Federal para, nos termos do artigo 59, §1º, alíneas "a" e "b" (redação original), rever decisões advindas de tribunais estaduais mediante recurso que questionasse (1) a validade ou aplicação de tratados e leis federais, ou (2) a validade de leis ou atos locais em face da Constituição.

Nota-se, pois, a conexão da função de controle de constitucionalidade aos casos concretos, exercida de forma incidental, em razão da atuação recursal das partes litigantes. A guarda da Constituição é repartida, em determinada medida, entre o Poder Legislativo e o Poder Judiciário[1], compreensão possível mediante combinação dos artigos 35, §1º e 59, §1º, alíneas "a" e "b" (redação original) daquela Constituição.

Hermes Zaneti Jr. chama atenção, neste ponto, para o fato de que, ao tempo inicial da República, ao Poder Judicial coube papel de *mediador* entre os poderes, exercido por intermédio da *judicial review*, vez que o juiz era tido como a garantia das relações entre indivíduos, mas não destes frente ao Estado, restando florescer, ainda, "a noção de *controle de poder*, em germe, já presente"[2].

Neste mesmo interregno, à parte questões envoltas à organização judiciária e à dualidade legislativa no tocante ao direito processual civil, mencionado autor lança luzes, igualmente, ao fato desta Constituição ter esboçado preocupação quanto à unidade do direito nacional frente ao texto constitucional e às garantias dos direitos fundamentais. O Supremo Tribunal Federal foi, naquele momento, reconhecido como "Corte Suprema e intérprete precípuo da unidade da lei e da constituição, último revisor em matéria de constitucionalidade"[3].

---

1. JEVEAUX, Geovany Cardoso; DIAS, Ricardo Gueiros Bernardes. O controle de constitucionalidade difuso: uma análise de sua origem e da modulação de seus efeitos. In: Rubens Beçak; Jordi Garcia Viña. (Org.). *III Encontro de Internacionalização do CONPEDI / Universidade Complutense de Madrid*. 1ed. Madrid, Espanha: Ediciones Laborum, 2015, v. 3, p. 124-141.

2. ZANETI JR., Hermes. *O valor vinculante dos precedentes*: teoria dos precedentes normativos formalmente vinculantes. 2ª ed. Salvador: Juspodivm, 2016, p. 42

3. ZANETI JR., Hermes. *O valor vinculante dos precedentes*: teoria dos precedentes normativos formalmente vinculantes. 2ª ed. Salvador: Juspodivm, 2016, p. 46.

O alcance da pronúncia de inconstitucionalidade era, contudo, extremamente limitada ao caso particular levado à tutela jurisdicional, de modo que não se pode afirmar que (embora o texto constitucional mantivesse suas raízes no processo revolucionário e constituinte norte-americano) tenha ocorrido, ainda que incipientemente, a formação de uma teoria dos precedentes judiciais e afirmação da regra do *stare decisis*.

Em seguida, a Constituição de 1934, embora breve, sobreleva-se enquanto amplificadora do controle de constitucionalidade das leis e de controle judicial dos demais poderes por parte do Poder Judiciário. Para tanto, houve criação de novos institutos fundamentais para a tarefa, a saber, o mandado de segurança, a ação popular e a ação direta interventiva.

Houve, ainda, a possibilidade de extensão da eficácia da declaração de inconstitucionalidade pelo Senado Federal (artigo 91, 1, inciso IV), tornando-a *erga omnes* e a afirmação da cláusula de reserva de plenário – *full bench* (artigo 179), determinando o julgamento do controle de constitucionalidade pelos órgãos especiais dos tribunais vinculado ao voto da maioria absoluta de seus membros.

Trata-se, em verdade, de um procedimento agravado de controle destinado a reforçar a presunção de constitucionalidade das leis e demais atos públicos. Neste último caso, em especial, cabe realizar breve menção ao mandado de segurança enquanto expoente do *judicial control* sobre os atos do Poder Público em geral, cientes, contudo, de que o artigo 68 da mencionada constituição expressamente vedou o conhecimento de questões eminentemente políticas por parte do Poder Judiciário.

Este cenário revela, em análise acurada, a apreensão conservadora do princípio da separação dos poderes, especialmente pela não recepção, ao sedimentar-se o controle difuso de constitucionalidade, da regra do *stare decisis* (tendo o constituinte sido influenciado por uma operacionalidade da norma jurídica identificada com o método dedutivo – "paradoxo metodológico"), a qual foi peça chave[4] do desenvolvimento do mencionado modelo nas tradições jurídicas de *common law*.

O estado ditatorial que se seguiu com o advento da Constituição de 1937 representou recuo da *judicial review*, ora com a possibilidade de submissão do controle de constitucionalidade ao Presidente da República (conforme artigo 96, parágrafo único), ora com a extinção das garantias de controle dos atos oriundos da Administração, a exemplo do mandado de segurança e da ação popular.

---

4. MARINONI, Luiz Guilherme. Aproximação crítica entre as jurisdições de civil law e de common law e a necessidade de respeito aos precedentes no Brasil. *Revista de Processo*. Vol. 172/2009, 2009, p. 175/232.

A Constituição de 1946 retomou o regime democrático e a forma republicana de governo. O texto constitucional resgatou as premissas formuladas sob a égide da Carta de 1934, recompondo o modelo difuso de controle da constitucionalidade[5]. Contudo, ganha relevância neste momento histórico a positivação expressa do que se denomina "cláusula aberta do controle judicial"[6], quando o artigo 141, §4° dispõe que a *lei não poderá excluir da apreciação do Poder Judiciário qualquer lesão de direito individual.*

Neste momento, "pode-se afirmar que finalmente foi consolidada a recepção cruzada da jurisprudência norte-americana sobre o controle do poder"[7], mediante assimilação da doutrina de *remedies precede rights.*

No que se refere ao regime ditatorial iniciado em 1964, cumpre mencionar a existência de autores[8] que informam acerca do relevante papel desempenhado pelo Supremo Tribunal Federal no tocante ao amadurecimento e operacionalidade do controle de constitucionalidade brasileiro.

Não obstante, somente com a Emenda Constitucional nº 16/1965 é que se consolida o modelo de controle concentrado, mediante o instrumento da representação de inconstitucionalidade, cuja legitimidade ativa concentrava-se na figura do Procurador Geral da República (artigo 101, I, alínea "k"). São lançadas, pois, as bases para a coordenação de modalidades distintas e complementares de controle de constitucionalidade, em um processo de aproximação e hibridação em reciprocidade.

Adiante, especialmente ao que se refere à Carta Constitucional outorgada em 1967 e à Emenda Constitucional nº 01/1969, pode-se dizer que a estrutura de Estado e controle do poder foram mantidos em relação à Constituição de 1946, ao menos em tese. Entretanto, foram realizados os devidos "ajustes" para a manutenção de uma ordem antidemocrática e ditatorial ministrada ao sabor do Comando da Revolução.

2.2. A Constituição de 1988 e a superação do "paradoxo metodológico" do direito processual

A primeira afirmação que deve ser realizada neste ponto é: a coexistência de sistemas de controle de constitucionalidade oriundos de tradições jurídicas

---

5. JEVEAUX, Geovany Cardoso. *Teorias do Estado e da Constituição.* 1ª ed. Rio de Janeiro: GZ Editora, 2015. p. 224.

6. ZANETI JR., Hermes. *O valor vinculante dos precedentes:* teoria dos precedentes normativos formalmente vinculantes. 2ª ed. Salvador: Juspodivm, 2016, p. 53.

7. ZANETI JR., Hermes. *O valor vinculante dos precedentes:* teoria dos precedentes normativos formalmente vinculantes. 2ª ed. Salvador: Juspodivm, 2016, p. 54.

8. BRANCO, Paulo Gustavo Gonet; MENDES, Gilmar Ferreira. *Curso de direito constitucional.* 10ª ed. São Paulo: Saraiva, 2015, p. 1086

distintas faz do Brasil um país de vanguarda na verificação da validade da norma em face da Constituição[9] e na eficácia imediata dos direitos fundamentais (e neste ponto atua o artigo 5º, inciso XXXV da Constituição com indispensável relevância).

A sucessiva aproximação dos modelos de controle não foi, contudo, um movimento verificado unicamente em solo nacional. A *circulação*, a *recepção* e a *hibridação* de modelos de justiça constitucional já era tema investigado por parcela da doutrina, a qual advertia que "as velhas tipologias necessitavam uma nova sistematização, inclusive para criar modelos heurísticos dotados de coercitividade"[10].

É neste sentido que Francisco Fernández Segado[11] chega a afirmar que mesmo no sistema americano é possível verificar que a Suprema Corte foi se comportando, ao decorrer dos anos, como verdadeira corte constitucional, progressivamente se limitando, pela via do *writ of certionari*, a se debruçar somente sobre questões de maior relevância, as quais são, via de regra, questões afetas à justiça constitucional.

O dogma da impossibilidade de "incorporação" do modelo americano de controle para os sistemas jurídicos de *civil law* aparentava existir, em verdade, e unicamente, como "legado cultural de juristas resistentes"[12] em considerar a progressiva conjugação das referidas tradições e, acima de tudo, o reconhecimento da extraordinária flexibilidade e capacidade de adaptação da justiça constitucional.

Ressalta-se que o termo "incorporação" é utilizado com parcimônia e restrições, uma vez que o que se busca evidenciar é que, no caso brasileiro, o percurso histórico constitucional que se iniciou sob a influência da tradição jurídica americana reflete um caminho de *construção* de um modelo próprio, cujas particularidades levaram à conjugação do controle difuso com controle concentrado de constitucionalidade.

Sob tal perspectiva é que se desenvolve a Constituição de 1988. Embora já presente no ordenamento o controle concentrado de constitucionalidade desde a Emenda Constitucional nº 16/1965, é sob o manto da nova Constituição que este passa a receber maior preponderância (a título exemplificativo, cita-se a

---

9. Por todo, ver BARROSO, Luís Roberto. *O controle de constitucionalidade no direito brasileiro*: exposição sistemática da doutrina e análise crítica da jurisprudência. São Paulo: Saraiva, 2004.

10. PEGORARO, Lucio. A Circulação, a Recepção e a Hibridação dos Modelos de Justiça Constitucional. In *Revista Latino-Americana de Estudos Constitucionais*. Belo Horizonte: Del Rey, n.6, jul-dez/2005, p. 367-417e 235-261.

11. SEGADO, Francisco Fernández. *La justicia constitucional ante el siglo XXI*: la progressiva convergencia de los sistemas americano y europeo-kelsiano. Ciudad de México: Universidad Nacional Autónoma de México, 2004, p. 52-55.

12. PEGORARO, Lucio. A Circulação, a Recepção e a Hibridação dos Modelos de Justiça Constitucional. In *Revista Latino-Americana de Estudos Constitucionais*. Belo Horizonte: Del Rey, n.6, jul-dez/2005, p. 251.

ampliação das vias principais de arguição de inconstitucionalidade e a ampliação do rol de legitimados ativos para propositura das novas ações concebidas).

Neste particular, é com a Emenda Constitucional nº 45/2004 que, de fato, se pode notar o processo de hibridação alhures ventilado. Com os novos desenhos impressos pela súmula vinculante (artigo 103-A) e pelo mecanismo da repercussão geral (artigo 102, parágrafo 3º), torna-se evidente como o constituinte derivado estabelece novos contornos e aproximação de modelos de justiça constitucional.

Neste desiderato, a existência de cláusula aberta de controle judicial (artigo 5º, inciso XXXV da Constituição) em conjugação com os demais direitos fundamentais, somada, ainda, a rigidez constitucional e a existência de um modelo híbrido de controle de constitucionalidade demonstram a articulação própria do arranjo brasileiro.

Não obstante, perdurava no ordenamento jurídico nacional, até a edição da Lei 13.105/2015, inafastável paradoxo metodológico[13] do ponto de vista processual. Explica-se. No plano constitucional, o processo se constituía e desenvolvia soba a influência da tradição jurídica americana, enquanto no plano infraconstitucional, correspondia aos paradigmas relacionados à tradição romano-germânica, predominantemente presente na Europa continental.

No ponto, vale a transcrição literal das palavras colhidas de Hermes Zaneti Jr.[14], com os devidos recortes:

> "Dessa dupla recepção decorreu o *paradoxo metodológico* de se ter, ao mesmo tempo, uma cultura processual constitucional voltada para a tradição do *common law*, o que significa dizer, exemplificativamente, que apresentam-se, de um lado, o controle de constitucionalidade (difuso), os *writs* constitucionais, o pleito cível *lato sensu* e, especialmente, a atipicidade das ações – "*remedies precede rights*" (os remédios precedem os direitos) do direito de *common law* (art. 5º, XXXV da CF de 1988) [...] e, de outro lado, a vinculação da ação ao direito subjetivo (art. 75 do Código Civil de 1916 [...]; art. 126 do Código de Processo Civil de 1973 [...]), a cisão das doutrinas de direito administrativo e do direito privado, e a vinculação dos juiz à lei escrita, da tradição romano-germânica".

O Código de Processo Civil ao demonstrar-se expressamente internalizado pela Constituição de 1988 logo em seu artigo 1º esclarece aquilo que toda a

---

13. DINAMARCO, Cândido Rangel. *Instituições de direito processual civil.* 3ª ed. São Paulo: Malheiros, 2003, v. 1, p. 176.

14. ZANETI JR., Hermes. *O valor vinculante dos precedentes:* teoria dos precedentes normativos formalmente vinculantes. 2ª ed. Salvador: Juspodivm, 2016, p. 39.

Ciência do Direito e operados já vinham proclamando: todo o ordenamento teve de ser epistemologicamente reajustado ao influxo constitucional[15], de modo a ser *ordenado, disciplinado e interpretado conforme os valores e as normas fundamentais estabelecidos* na ordem constitucional.

3. A CONCILIAÇÃO DAS TÉCNICAS PROCESSUAIS: A EFICÁCIA DA DECISÃO NO CONTROLE DE CONSTITUCIONALIDADE CONCENTRADO E A VINCULAÇÃO DO PRECEDENTE

Sob o manto de tudo que já fora exposto alhures é que se pode afirmar que a proposta de conciliação esboçada pelo título deste tópico é favorecida por um traço específico do sistema constitucional brasileiro: a existência de um duplo mecanismo de controle de constitucionalidade.

O arranjo brasileiro de justiça constitucional reforça o ideal de que o juiz, na Constituição de 1988, não se encontra unicamente vinculado à lei (sentido amplo), mas sim ao *direito*.

E neste aspecto, o giro linguístico torna inafastável a compreensão de que enunciado (texto) e norma não se confundem. A interpretação é atividade que permeia todo o processo de construção do conhecimento, bem como da realidade jurídica, no plano do dever-ver. Dito isto, toma-se de vanguarda o texto constitucional brasileiro quando expressamente determina no artigo 5º, XXXV, que *a lei não excluirá da apreciação do Poder Judiciário lesão ou ameaça a direito.*

Tal circunstância implica no reconhecimento, dentro outros tantos fatores, de que os precedentes normativos são fontes formais e primárias do direito e orbitam o ordenamento jurídico enquanto repertório normativo posto à disposição do intérprete, para e a partir do exercício processual e jurisdicional.

O modelo de controle difuso de constitucionalidade somente pode existir com racionalidade e segurança se vinculado a uma doutrina de precedentes judiciais e à regra do *stare decisis*, de modo a garantir que cada juiz não tenha a sua própria constituição, e que será aplicado a casos idênticos o mesmo tratamento – *"treat like cases alike".*

A propósito, é necessário esclarecer que, muito embora seja sedutor o discurso quanto a inauguração da regra do *stare decisis* somente com a novel legislação processual, é certo que a sua construção no ordenamento jurídico brasileiro, ainda que de forma incipiente, deu-se com a Emenda nº 45/2004, e é especialmente demonstrada pela preocupação em conceder eficácia contra todos e efeito

---

15.   A título exemplificativo, sobre a virada paradigmática no direito civil, ver PERLINGIERI, Pietro. *O direito civil na legalidade constitucional.* Tradução Maria Cristina De Cicco. Rio de Janeiro: Renovar, 2008.

vinculante à decisão definitiva de mérito proferida pelo Supremo Tribunal Federal em sede de controle concentrado (artigo 102, parágrafo 2º).

A "importação" parcial do modelo de controle difuso em 1891 deixou em aberto uma lacuna importante no ordenamento nacional, justamente em razão de uma concepção ortodoxa da noção de "separação de poderes". Ao aplicador e intérprete do direito faltavam mecanismos de estabilização e replicabilidade de suas decisões, fator este que influenciou a necessidade de adoção de eficácia expansiva às decisões de constitucionalidade (seja pelo Legislativo, seja pelo próprio Judiciário).

Neste particular, a concretização tardia da teoria dos precedentes no direito brasileiro e da regra do *stare decisis*, se levada em conta a trajetória normativa dos textos constitucionais, impõe ao operador do direito a renovação dos métodos com os quais lidará, a partir de então, com a nova ordem jurídica, em especial, os mecanismos de vinculação postos à disposição pela Constituição e pelas leis infraconstitucionais, especialmente, o Código de Processo Civil e as Leis nº 9.868 e 9.882 de 1999.

A aproximação e necessidade de coordenação de ambos os modelos e técnicas advém do conteúdo especialmente interpretativo conferido à decisão prolatada em sede de controle de constitucionalidade, de modo a resultar não somente no dispositivo vinculante da própria decisão, mas, em determinados casos, em um precedente normativo judicial.

E neste ponto, aproveita-se para esclarecer algo imprescindível, mas que não se denota claro por grande parte da doutrina: a decisão proferida em sede de controle concentrado de constitucionalidade não se confunde com o precedente normativo. São elementos distintos no sistema jurídico.

O Supremo Tribunal Federal exerce uma dupla função de conformação social[16]: a primeira é a de proferir a decisão de mérito que decidirá pela constitucionalidade ou inconstitucionalidade da norma (ou de suas interpretações) e vinculará a todos a partir do dispositivo da decisão (procedência ou improcedência da ação). A segunda, a de enriquecer a oferta de normas jurídicas no ordenamento, ao reconstruí-lo a partir da interpretação que acresça conteúdo normativo ao sistema (precedentes vinculantes).

A segunda função exercida pelos tribunais[17] deverá ser exemplarmente controlada, de modo que o discurso jurídico próprio do precedente deverá resultar

---

16. MITIDIEIRO, Daniel. Fundamentação e precedente: dois discursos a partir da decisão judicial. In: Daniel Mitidieiro, Guilherme Rizzo Amaral (coords.) Maria Angélia Echer Ferreira Feijó (org.). Processo Civil. *Estudos em homenagem ao professor doutor Carlos Alberto Alvaro de Oliveira*. São Paulo: Atlas, 2012, p. 85/99.

17. E aqui nos posicionamos no sentido de que não somente as Cortes Superiores formam precedentes, mas todos os demais tribunais, desde que os requisitos necessários sejam preenchidos, bem como levado

da fundamentação analiticamente adequada, conforme prescreve o artigo 489, parágrafo primeiro, incisos V e VI do CPC/15, a garantir a racionalidade, e mesmo a legitimidade das decisões do Poder Judiciário.

Precedentes normativos vinculantes[18] devem ser entendidos como normas jurídicas racionalmente construídas com pretensão de replicação e universalização. Tomando por base o recorte realizado neste trabalho, deverão ostentar duas frentes para a sua formação: uma formal[19] e outra material.

Formal porque a sua vinculação deverá decorrer de previsão legislativa, condição esta suprida pelo rol exclusivo do artigo 927 do CPC/15. Material porque a interpretação levada a cabo em uma decisão deverá ter se debruçado sobre (a) questão de direito; (b) sob a qual possa se construir a *ratio decidendi* (fundamentos determinantes), a qual envolve (b.1) as circunstâncias concretas e a (b.2) solução jurídica necessária e suficiente adotada; (c) que tenha se submetido à cláusula do *full bench*, isto é, ter sido enfrentada e votada a questão de direito pela maioria colegiada; e d) não ser caso de distinção ou superação.

Quando se trata da vinculação do precedente, portanto, é daquilo que se denomina por *ratio decidendi*, ou o que o Código alcunhou de "fundamentos determinantes". Isto é, o caminho interpretativo levado a cabo pelo Supremo Tribunal Federal na apreciação da inconstitucionalidade, conjugada com a solução jurídica adotada, se procedente ou não o pedido na ação.

E neste ponto, tomando por base o exposto, pode-se afirmar que não será toda a decisão proferida em sede de controle concentrado (ou mesmo de controle difuso) de constitucionalidade que firmará um precedente normativo[20]. Embora a decisão proferida em tais ações tenha vocação para a afirmação de um precedente, é necessário que os requisitos para a sua formação tenham sido necessariamente preenchidos, situação esta que será identificada no momento de sua aplicação em processos futuros.

---

em conta a circunscrição de sua jurisdição e hierarquia na organização judiciária. No mesmo sentido: JUNQUILHO, Tainá Aguiar; JEVEAUX, Geovany Cardoso. Tupi, or not tupi: a necessária e definitiva adaptação da teoria dos precedentes ao brasil. *Revista da Faculdade Mineira de Direito*, v. 19, 2016, p. 130-145.

18. ZANETI JR., Hermes. *O valor vinculante dos precedentes*: teoria dos precedentes normativos formalmente vinculantes. 2ª ed. Salvador: Juspodivm, 2016.

19. Hermes Zaneti Jr. aponta que esta não é uma condição essencial a existência de um modelo de precedentes, mas pode se insurgir como uma ferramenta importante para a sua adesão. ZANETI JR., Hermes. *O valor vinculante dos precedentes*: teoria dos precedentes normativos formalmente vinculantes. 2ª ed. Salvador: Juspodivm, 2016, p. 323/324.

20. No sentido: "seria possível pensar que toda decisão judicial é um precedente. Contudo, ambos não se confundem, só havendo falar de precedentes quando se tem uma decisão dotada de determinadas características (...) De modo que, se todo precedente ressai e uma decisão judicial, nem toda a decisão constitui precedente" (MARINONI, Luiz Guilherme. *Precedentes obrigatórios*. 5ª ed. São Paulo: Revista dos Tribunais, 2016, p. 157-158).

Não havendo a exigência de que os fundamentos determinantes adotados quando da apreciação da inconstitucionalidade sejam os mesmos entre os votantes no plenário para que resulte em uma decisão de procedência ou improcedência da ação, mas sim que somente haja a maioria dos votos a convergirem para um mesmo resultado, não haverá formação automática de um precedente a partir do controle de constitucionalidade concreto de uma norma (ou seu enunciado).

Assim, há singular sutileza quanto às técnicas de vinculação esboçadas. Uma atinente ao artigo 102, parágrafo 2º da Constituição Federal, em conjugação com o artigo 28, parágrafo único da Lei 9.868/1999 e artigo 8º, parágrafo 3º da Lei 9.882/1999. Outra, atinente aos artigos 926 e 927 do Código de Processo Civil, em especial, à regra do *stare decisis*, que vincula horizontalmente o próprio Supremo Tribunal Federal ao decidido anteriormente.

A eficácia da ação que determina o resultado da aferição de compatibilidade constitucional de uma norma jurídica (procedência ou improcedência) sempre existirá quando prolatada a decisão de mérito no processo, de modo a veicular a revogação ou manutenção do enunciado normativo ou a interpretação (ampliativa ou restritiva) da norma jurídica, sendo oponível a todos e replicável por todo o Poder Judiciário e Administração Pública. De outra monta, a eficácia vinculante do precedente aos casos futuros que versem sobre questão de direito similar nem sempre poderá ser configurada, vez que é imprescindível que os elementos conformadores do precedente sejam observados.

Se na formação se distinguem, adiante, e de igual forma, estas técnicas processuais se diferenciam em relação a sua aplicação aos processos que versem sobre a mesma controvérsia ou controvérsia similar.

Tomando a título exemplificativo o caso dos processos em instâncias inferiores que incidentalmente versem sobre a inconstitucionalidade de norma jurídica que veio a ser declarada inconstitucional pelo Supremo Tribunal Federal, o resultado da ação de controle concentrado incidirá verticalmente sobre a demanda, vinculando o seu resultado diretamente.

Assim, não haverá a observância plena do disposto no parágrafo 1º do artigo 489 do CPC/15 pelo julgador, vez que a norma jurídica já fora apreciada em tese pela Corte de Vértice, devendo ser, de pronto, afastada do caso concreto (por deixar de constituir o repertório normativo a disposição do intérprete), sem maiores digressões. Não se exige, neste ponto, um reforço argumentativo direcionado a demonstrar a aplicabilidade da decisão advinda do controle concentrado. Ela deverá, simplesmente, ter seu resultado observado e replicado no caso concreto, pondo fim a questão incidental.

Situação diferente ocorreria no caso de o Supremo Tribunal Federal encontrar-se diante de uma ação de controle concentrado diversa de uma anteriormente analisada, mas que versasse sobre questão fática-jurídica similar (a título exemplificativo, seria possível conceber uma outra norma submetida à controle por restringir direitos civis por critérios de direcionamento sexual e afetivo). O Tribunal encontrar-se-ia necessariamente vinculado à *ratio decidendi* formada anteriormente, a título hipotético, no julgamento da ADI 4.277/DF e ADPF 132/RJ, pois o precedente normativo vinculante exige, também, aplicação por semelhança/ analogia.

Neste último caso, a regra do *stare decisis* reclamaria a estabilidade, integridade e coerência das decisões do Supremo Tribunal Federal no caso hipotético de restrição de direitos civis, conforme denota-se da norma constante do artigo 926 do Código de Processo Civil.

Portanto, o Supremo Tribunal Federal se encontraria submetidos as suas próprias decisões, em vinculação horizontal, sendo estritamente necessária a observação dos artigos 93, inciso IX, da Constituição e do artigo 489, parágrafo 1º, incisos V e VI do CPC/15, especialmente deflagrada a exigência de um reforço argumentativo agravado no caso de superação ou distinção do precedente.

Agravado porque se mantem uma presunção a favor do precedente, de que ele vale enquanto normas e vale enquanto melhor solução possível adotada naquele caso, consideradas as suas circunstâncias. Assim, ao optar por se afastar da decisão antes tomada, o Tribunal encontra-se submetido a um esforço argumentativo do ponto de vista hermenêutico e analítico extremamente acentuado, justamente para se evitar distorções no modelo combinado de controle concentrado e de precedentes.

Novas decisões em casos similares, partindo de uma *ratio* anterior, ou até mesmo casos de distinção ou superação do precedente com modulação de seus efeitos levam a uma cadeia de precedentes e decisões que enriquecem sobremaneira o ordenamento jurídico, cujos passos são dados ao lado das demandas contemporâneas da sociedade, em um progressivo e constante realizar democrático.

Em se tratando de controle concentrado de constitucionalidade, dois pontos de especial relevância merecem ser destacados. O primeiro deles é o de que a participação democrática na formação, aplicação, distinção e superação do precedente é medida que se impõe, portanto, ante o atual paradigma constitucional. A não observância de tal determinação pode afetar não só a qualidade do precedente firmado, mas a sua própria existência.

O segundo consiste no fato de que, por razões de distribuição de competência e elevado grau de vinculatividade do precedente firmado por intermédio da decisão de controle concentrado de norma, somente o próprio colegiado do Supremo Tribunal Federal é que poderá revoga-lo ou altera-lo, não sendo esta tarefa atribuída às turmas ou relatores de eventuais processos no âmbito do tribunal, nem dos demais juízos.

Não obstante, em razão da hibridação e aproximação contínua entre os modelos de apreciação da constitucionalidade das normas, cujo esforço em se demonstrar neste artigo fica evidenciado, nada impede que um precedente firmado em sede de controle concentrado de constitucionalidade seja superado ou revisitado em processo que siga o procedimento difuso, desde que respeitada a expressa previsão do artigo 927, inciso V do Código de Processo Civil e todos os demais elementos e requisitos necessários para a formação do precedente

4. CONSIDERAÇÕES FINAIS

A análise acerca da concepção de parte da doutrina da metodologia de trabalho sugere o desvirtuamento da adoção de um adequado modelo de precedentes normativos formalmente vinculantes. Exemplo disto é a comum identificação do precedente como mais uma das técnicas processuais de contenção de litigiosidade, o que, não obstante seja um de seus derivados irradiadores, não entoa a sua real natureza jurídica e finalidade.

É necessário afirmar que não se trata de um substrato de padronização decisória que destoa das vicissitudes particulares e concretas dos casos postos à tutela estatal (ou mesmo a outras modalidades jurisdicionais). A realização adequada de uma teoria (e por que não dizer, "cultura"?) dos precedentes normativos é corolário capaz de intencionar as decisões judiciais ao paradigma do Estado Democrático de Direito, pois, ao mesmo tempo em que parte da concepção de *case law*, permite a garantia de racionalidade das decisões judiciais.

No tocante ao recorte realizado neste trabalho, o núcleo dogmático presente no Código de Processo Civil (a saber, artigo 489, §1º, inciso V e VI, cumulado com artigos 926 e 927) deverá ser coordenado e aplicado em convivência com a legislação específica (a saber, Lei 9.868/1999 e Lei 9.882/1999), cujo fito neste emblemático encontro é o de estruturar um novo paradigma de segurança jurídica e estabilidade do ordenamento jurídico.

5. REFERÊNCIAS BIBLIOGRÁFICAS

BARROSO, Luís Roberto. *O controle de constitucionalidade no direito brasileiro*: exposição sistemática da doutrina e análise crítica da jurisprudência. São Paulo: Saraiva, 2004.

BRANCO, Paulo Gustavo Gonet; MENDES, Gilmar Ferreira. *Curso de direito constitucional*. 10ª ed. São Paulo: Saraiva, 2015.

DINAMARCO, Cândido Rangel. *Instituições de direito processual civil*. 3ª ed. São Paulo: Malheiros, 2003, v. 1.

JEVEAUX, Geovany Cardoso. *Teorias do Estado e da Constituição*. 1ª ed. Rio de Janeiro: GZ Editora, 2015. p. 224.

_____. DIAS, Ricardo Gueiros Bernardes. O controle de constitucionalidade difuso: uma análise de sua origem e da modulação de seus efeitos. In: Rubens Beçak; Jordi Garcia Viña. (Org.). *III Encontro de Internacionalização do CONPEDI / Universidad Complutense de Madrid*. 1ed. Madrid, Espanha: Ediciones Laborum, 2015, v. 3, p. 124-141.

JUNQUILHO, Tainá Aguiar; JEVEAUX, Geovany Cardoso. Tupi, or not tupi: a necessária e definitiva adaptação da teoria dos precedentes ao brasil. *Revista da Faculdade Mineira de Direito*, v. 19, 2016.

MARINONI, Luiz Guilherme. Aproximação crítica entre as jurisdições de civil law e de common law e a necessidade de respeito aos precedentes no Brasil. *Revista de Processo*. Vol. 172/2009, 2009, p. 175-232.

_____. *Precedentes obrigatórios*. 5ª ed. São Paulo: Revista dos Tribunais, 2016.

MITIDIEIRO, Daniel. Fundamentação e precedente: dois discursos a partir da decisão judicial. In: Daniel Mitidieiro, Guilherme Rizzo Amaral (coords.) Maria Angélia Echer Ferreira Feijó (org.). Processo Civil. *Estudos em homenagem ao professor doutor Carlos Alberto Alvaro de Oliveira*. São Paulo: Atlas, 2012.

PEGORARO, Lucio. A Circulação, a Recepção e a Hibridação dos Modelos de Justiça Constitucional. In *Revista Latino-Americana de Estudos Constitucionais*. Belo Horizonte: Del Rey, n.6, jul-dez/2005, p. 367-417e 235-261.

PERLINGIERI, Pietro. *O direito civil na legalidade constitucional*. Tradução Maria Cristina De Cicco. Rio de Janeiro: Renovar, 2008.

SEGADO, Francisco Fernández. *La justicia constitucional ante el siglo XXI*: la progressiva convergencia de los sistemas americano y europeo-kelsiano. Ciudad de México: Universidad Nacional Autónoma de México, 2004.

ZANETI JR., Hermes. *O valor vinculante dos precedentes*: teoria dos precedentes normativos formalmente vinculantes. 2ª ed. Salvador: Juspodivm, 2016.

CAPÍTULO 4

O precedente vincula, mas qual é o seu conteúdo? Análise do princípio da colegialidade na formação dos precedentes no controle concentrado de constitucionalidade à luz da ADI 4.983/CE

Lara Dourado Mapurunga Pereira

Davi Mendes

SUMÁRIO: 1. INTRODUÇÃO; 2. O PRECEDENTE NO NOVO SISTEMA PROCESSUAL BRASILEIRO; 3. O PRINCÍPIO DA COLEGIALIDADE NA ORDEM JURÍDICA BRASILEIRA; 4. O JULGAMENTO DA ADI 4983/CE: ANÁLISE DA(S) DECISÃO(ÕES); 5. O PRECEDENTE FORMADO NO JULGAMENTO DA ADI 4983/CE; 6. CONSIDERAÇÕES FINAIS; 7. REFERÊNCIAS BIBLIOGRÁFICAS

1. INTRODUÇÃO

A valorização dos precedentes figura como um dos alicerces[1] do (novo?) sistema de direito processual brasileiro que o Código de Processo Civil de 2015 pretendeu estabelecer.

Sob a égide do diploma processual revogado, era certo não se poder falar de um sistema de precedentes, ou algo que o valha, dado o tratamento desordenado da matéria em incidentes e ritos especiais para uniformização do entendimento dos Tribunais acerca de matérias conflituosas ou repetitivas.

Com o advento da nova legislação, objetivou-se instituir um regramento coerente dos precedentes judiciais, havendo sido estabelecido, por exemplo, comandos direcionados aos órgãos julgadores estabelecendo o dever destes de

---

1. Cf. BRASIL. **Anteprojeto do Novo Código de Processo Civil**. Brasília: Senado Federal, 2010. O respeito aos precedentes dos tribunais superiores é citado como base sob a qual se erige o direito processual brasileiro.

manter uma cultura institucional de decisões estáveis e uniformes[2], a sua vinculação aos posicionamentos prevalecentes em casos semelhantes[3], novos institutos que servem de espaço para que sejam firmados precedentes acerca de questões relevantes[4] e mecanismos que, em tese, privilegiam a atuação de diversos atores no processo de formação dos precedentes[5].

São diversas as discussões sobre a temática dos precedentes que surgiram – ou se acentuaram – após o advento do novo diploma processual. Matérias tais como a formação dos precedentes, o conteúdo destes, a sua adequada interpretação, e até mesmo a constitucionalidade da disciplina positiva dos precedentes vinculantes, atraem o interesse da doutrina especializada.

Neste trabalho, entretanto, a temática analisada é a de como é possível se determinar o conteúdo do precedente judicial, isto é, a sua *ratio decidendi*, nas hipóteses em que a decisão, muito embora formada no âmbito de um órgão jurisdicional colegiado, carece de uma efetiva atividade dialética e cooperativa dos julgadores na formação do processo decisório.

Para tanto, é utilizado, como pano de fundo desta discussão, tornando-a concreta, o julgamento do Supremo Tribunal Federal na Ação Declaratória de Inconstitucionalidade nº 4.983/CE, a "ADI da Vaquejada".

---

2. Art. 926. Os tribunais devem uniformizar sua jurisprudência e mantê-la estável, íntegra e coerente. (...)
3. Art. 927. Os juízes e os tribunais observarão:
    I – as decisões do Supremo Tribunal Federal em controle concentrado de constitucionalidade;
    II – os enunciados de súmula vinculante;
    III – os acórdãos em incidente de assunção de competência ou de resolução de demandas repetitivas e em julgamento de recursos extraordinário e especial repetitivos;
    IV – os enunciados das súmulas do Supremo Tribunal Federal em matéria constitucional e do Superior Tribunal de Justiça em matéria infraconstitucional;
    V – a orientação do plenário ou do órgão especial aos quais estiverem vinculados.
4. Art. 947. É admissível a assunção de competência quando o julgamento de recurso, de remessa necessária ou de processo de competência originária envolver relevante questão de direito, com grande repercussão social, sem repetição em múltiplos processos. (...)
    Art. 976. É cabível a instauração do incidente de resolução de demandas repetitivas quando houver, simultaneamente:
    I – efetiva repetição de processos que contenham controvérsia sobre a mesma questão unicamente de direito;
    II – risco de ofensa à isonomia e à segurança jurídica. (...)
5. Art. 927. (...) § 2º A alteração de tese jurídica adotada em enunciado de súmula ou em julgamento de casos repetitivos poderá ser precedida de audiências públicas e da participação de pessoas, órgãos ou entidades que possam contribuir para a rediscussão da tese.
    Art. 983. O relator ouvirá as partes e os demais interessados, inclusive pessoas, órgãos e entidades com interesse na controvérsia, que, no prazo comum de 15 (quinze) dias, poderão requerer a juntada de documentos, bem como as diligências necessárias para a elucidação da questão de direito controvertida, e, em seguida, manifestar-se-á o Ministério Público, no mesmo prazo.
    § 1º Para instruir o incidente, o relator poderá designar data para, em audiência pública, ouvir depoimentos de pessoas com experiência e conhecimento na matéria. (...)

É perquirida, inicialmente, qual a definição de precedente judicial e como estes se inserem no novo sistema processual brasileiro.

Em seguida, reflete-se acerca da natureza jurídica da colegialidade, sua fundamentação legal e/ou constitucional, dimensões normativas, finalidades e, por fim, a tendência hodierna – constatada não só no Brasil – no sentido de sua mitigação.

No terceiro tópico, foi examinada a decisão do STF na ADI 4.983/CE, com a exposição pormenorizada dos (surpreendentemente díspares) entendimentos dos ministros responsáveis pelo julgamento.

Por fim, procura-se determinar se é possível se afirmar que houve *uma* decisão do órgão jurisdicional nesse caso, ou se se tratam de várias *decisões individuais*, propondo-se critérios para se indicar, em casos nos quais se constata déficit de colegialidade no processo decisório, quais os fundamentos que efetivamente consistem em conteúdo do precedente, se é que se pode falar, nestes casos, de formação de precedente.

2. O PRECEDENTE NO NOVO SISTEMA PROCESSUAL BRASILEIRO

Ao se tratar de precedentes judiciais, é possível se fazer referência a estes tanto em um sentido próprio, quanto em um impróprio[6].

O primeiro conceito, adotado no presente trabalho, é o de decisão que, por ser dotada de certas características, serve de orientação para decisões futuras[7]. Trata-se de texto, isto é, objeto da interpretação, que deverá ser passar por um processo de significação e ressignificação ao ser aplicado na resolução de outros casos.

O segundo conceito, por outro lado, é o de norma jurídica extraída de uma decisão ou de várias decisões reiteradas ao longo do tempo, correspondendo à definição de *ratio decidendi*[8], e não se referindo a um texto, objeto de interpretação, a exemplo do que se verifica no conceito próprio de precedente, senão à própria norma – resultado de uma atividade interpretativa, portanto –.

Por precedentes judiciais – em sentido próprio –, entende-se aquelas decisões proferidas por órgãos jurisdicionais que, não se limitando a resolver o caso apresentado – mas desta tarefa, é claro, não se escusando –, representam um

---

6. PEIXOTO, Ravi. **Superação do precedente e segurança jurídica**. 2. ed. Salvador: Juspodivm, 2016. p. 128.

7. PEIXOTO, Ravi. Op. cit. p. 128.

8. PEIXOTO, Ravi. Op. cit. p. 128.

ganho de sentido interpretativo, possibilitando a sua utilização futura como parâmetro e direção para outros julgamentos[9].

São os precedentes judiciais, portanto, respostas a casos[10] nas quais o intérprete julgador, ao significar os enunciados legais e/ou constitucionais (texto) para construir proposições (norma)[11], realiza uma contribuição hermenêutica – por exemplo, alcança um novo sentido da norma em atenção às especificidades do caso concreto, diverso daquele atingido quando consideradas situações-padrão ou ordinárias de aplicação[12] –, passando a compor uma cultura jurídica comum[13], servindo de ponto de partida para vindouras decisões e orientando a resolução de casos semelhantes.

É relevante esclarecer o âmbito ou extensão de eficácia dos precedentes judiciais, isto é, em relação a quais órgãos jurisdicionais as decisões que se reputam precedentes devem servir de ponto de partida e de orientação para a resolução de outros casos.

Consoante lição de Hermes Zaneti Jr. [14] e de Michele Taruffo[15], à qual se adere, só pode ser considerado o precedente enquanto inserido em determinada estrutura hierárquica institucional, na qual é dotado de força vinculativa, mesmo que apenas argumentativa-racional, e não formal. Fora dessa estrutura, a decisão consiste, tão somente, em mais um elemento persuasivo[16].

---

9. LOPES FILHO, Juraci Mourão. **Os precedentes judiciais no constitucionalismo brasileiro contemporâneo.** 2. ed. Salvador: Juspodivm, 2016. p. 275-276.

10. Cf. LOPES FILHO, Juraci Mourão. Op. cit. p. 283-284. Segundo o autor, caso é o conjunto de elementos fáticos relevantes submetidos à apreciação de um intérprete (na presente hipótese, o órgão jurisdicional). Mesmo nos processos de controle abstrato de constitucionalidade, objeto deste trabalho, é possível se falar de um caso – isto é, de elementos fáticos analisados –, consistentes nas situações-padrão de aplicação dos enunciados legais discutidos.

11. A respeito da cisão entre texto e norma, ou, sob o aspecto linguístico, entre enunciado e proposição, Cf. LUMIA, Giuseppe. **Lineamenti di teoria e ideologia del diritto.** 3. ed. Milano: Giuffrè, 1981; AUSTIN; John Langshaw. The meaning of a word. In: _____, **Philosophical Papers.** Oxford: Oxford University Press, 1970; AUSTIN, John Langshaw. Performative utterances. In: _____, **Philosophical Papers.** Oxford: Oxford University Press, 1970.

12. LOPES FILHO, Juraci Mourão. Op. cit. p. 276-277.

13. Cf. DWORKIN, Ronald. **Law's empire.** Cambridge: Harvard University Press, 1986. Essa 'cultura jurídica comum' corresponde à ideia de *chain novel* de Dworkin. O precedente judicial, por representar ganho de sentido interpretativo, é parte de um novo capítulo da obra jurídica coletiva.

14. ZANETI JR., Hermes. **O valor vinculante dos precedentes:** teoria dos precedentes normativos formalmente vinculantes. 2. ed. Salvador: Juspodivm, 2016. p. 324-325.

15. TARUFFO, Michele. Institutional factors influencing precedents. In: MACCORMICK, Neil; SUMMERS, Robert; GOODHART, Arthur. **Interpreting precedents:** a comparative study. 2. ed. New York: Routledge, 2016. p. 439-440. O autor, apesar de nomear de 'precedentes externos' as decisões provenientes de órgãos que não têm jurisdição sobre o caso, isto é, provenientes de estruturas hierárquicas distintas, ressalta que estes não se tratam de precedentes em sentido próprio.

16. Hermes Zaneti Jr. nomeia de 'jurisprudência persuasiva' o precedente retirado da estrutura hierárquica institucional na qual foi formado. A nomenclatura adotada é criticável. O termo 'jurisprudência' se refere

Por exemplo, uma decisão judicial de determinado Tribunal de Justiça que confira um acréscimo de sentido interpretativo para os enunciados legais relevantes à resolução do caso deve ser considerada precedente na estrutura hierárquica institucional específica na qual foi formada.

Deve vincular, do ponto de vista argumentativo-racional, tanto o próprio Tribunal de Justiça (vinculação horizontal), o qual deve tomá-la como ponto de partida para a resolução de novos casos, ainda que acabe por superá-la, mediante ônus argumentativo mais elevado[17], quanto os órgãos jurisdicionais de primeira instância que lhe são hierarquicamente subordinados (vinculação vertical)[18].

Em relação a um Tribunal de Justiça distinto, a um Tribunal Regional Federal, ou a um tribunal hierarquicamente superior, como o Superior Tribunal de Justiça, não se deve considerar precedente, mas mera decisão persuasiva, a qual é mais um dentre os vários argumentos que devem ser considerados no processo dialético de convencimento e de alcance da resposta jurídica adequada.

Essa distinção é relevante, notadamente pelo fato de que, diferentemente de um precedente judicial, uma decisão persuasiva não vincula o órgão jurisdicional perante o qual ela foi apresentada a utilizá-la como ponto de partida, nem a superá-la mediante um ônus argumentativo mais elevado, senão apenas considerá-la e analisá-la em cotejo com os demais argumentos apresentados, por força do dever de fundamentação analítica das decisões judiciais[19].

Criticando esse entendimento, Ravi Peixoto afirma que a noção de vinculatividade não se insere no conceito de precedente[20]. Seria possível se cogitar, com efeito, de precedente judicial mesmo fora da estrutura hierárquica institucional na qual fora formado, isto é, de precedente meramente persuasivo.

---

a um *conjunto* de decisões judiciais acerca de situações fáticas assemelhadas, ao passo que, conforme exposto *supra*, o conceito próprio de precedente judicial tem por referência *uma* decisão judicial específica. Não se pode nomear de jurisprudência persuasiva (expressão que denota um conjunto de decisões) o precedente judicial (expressão que, em seu sentido mais técnico, refere-se a uma decisão judicial específica) retirado da estrutura hierárquica institucional na qual foi formado. Mais adequada seria a utilização da expressão 'decisão persuasiva'.

17. ZANETI JR., Hermes. Op. cit. p. 325.

18. Acerca da distinção entre vinculação horizontal e vertical, bem como de precedentes de vinculação argumentativo-racional e formal, esta fraca ou forte, Cf. ZANETI JR., Hermes. Op. cit.; ALEXY, Robert; DREIER, Ralf. Precedent in the Federal Republic of Germany. In: MACCORMICK, Neil; SUMMERS, Robert; GOODHART, Arthur. **Interpreting precedents**: a comparative study. 2. ed. New York: Routledge, 2016.

19. Art. 489. São elementos essenciais da sentença: (...)

    II – os fundamentos, em que o juiz analisará as questões de fato e de direito; (...)

    § 1o Não se considera fundamentada qualquer decisão judicial, seja ela interlocutória, sentença ou acórdão, que: (...)

    IV – não enfrentar todos os argumentos deduzidos no processo capazes de, em tese, infirmar a conclusão adotada pelo julgador; (...)

20. PEIXOTO, Ravi. Op. cit. p. 132.

Exemplificando seu posicionamento, o autor cita a situação hipotética de uma decisão proferida em sede de Incidente de Resolução de Demandas Repetitivas pelo Tribunal de Justiça de Pernambuco. Tratar-se-ia de precedente formalmente vinculativo em relação aos órgãos jurisdicionais inseridos na estrutura hierárquica na qual essa decisão fora prolatada, além de precedente persuasivo em relação a órgãos jurisdicionais inseridos em estruturas hierárquicas distintas.

Não se acolhe esta visão, pois amplia de modo indevido o conceito de precedente judicial, acabando por esvaziá-lo, além de contrariar o comando normativo extraído do Art. 927 do CPC/15.

Toma-se o exemplo apresentado pelo autor, de uma decisão proferida em sede de Incidente de Resolução de Demandas Repetitivas pelo Tribunal de Justiça de Pernambuco, a qual assumiria a natureza de precedente persuasivo em relação aos demais Tribunais de Justiça.

Ao qualificar esta decisão de precedente, mesmo em relação a órgãos jurisdicionais que a ela não estão adstritos nem do ponto de vista argumentativo-racional[21] – no exemplo adotado, é possível citar o Tribunal de Justiça do Ceará –, abandona-se, em primeiro lugar, a própria função do precedente judicial, enquanto ponto de partida e orientação ao julgamento de novos casos, pois, no caso do "precedente persuasivo" este dever simplesmente não se verifica[22], enfraquecendo-se, ademais, os precedentes com força vinculante argumentativo-racional, ao equipará-los a meros elementos persuasivos, os quais não vinculam o processo decisório do órgão jurisdicional.

Não bastasse isso, a própria interpretação sistemática do Art. 927 do CPC/15 permite concluir que só deve ser considerado precedente a decisão inserida na estrutura hierárquica institucional na qual foi proferida.

Apesar de se reconhecer, a exemplo de Ravi Peixoto, que o rol deste dispositivo é meramente enunciativo[23], é necessário se ter em mente que nos exemplos

---

21. Conforme já explicado, o dever de fundamentação analítica das decisões judiciais, decorrente do Art. 489, § 1º, é distinto da vinculação argumentativo-racional existente por força dos precedentes. Aquele apenas se refere à necessidade de o julgador enfrentar o entendimento consubstanciado na decisão persuasiva, por se considerar esta mais um dos elementos persuasivos trazidos pelas partes. Este, por outro lado, vincula o processo decisório do julgador, o qual deve partir sempre das premissas argumentativas firmadas no precedente, nem que para superá-las, mediante um padrão argumentativo exigido mais elevado.

22. Nem poderia ser verificado, pois a vinculação, ainda que do ponto de vista argumentativo, do processo decisório de um órgão jurisdicional a outro, pertencente a estrutura distinta, violaria a organização constitucional do Poder Judiciário tal qual prevista no Capítulo III da Constituição Federal de 1988.

23. PEIXOTO, Ravi. Op. cit. p. 148-151. Por exemplo, o precedente de um Tribunal de Justiça acerca de matéria infraconstitucional ou constitucional, antes do posicionamento dos Tribunais Superiores acerca desta matéria, é vinculante do ponto de vista argumentativo-racional em relação à estrutura hierárquica em que está inserido, apesar de não estar previsto no rol do Art. 927 do CPC/15.

trazidos no texto legal, foi tomado o cuidado de se determinar que os precedentes deveriam ser observados no âmbito de sua estrutura hierárquica institucional.

Com efeito, nos primeiros quatro incisos do Art. 927, são citadas hipóteses de precedentes formados no âmbito dos Tribunais Superiores, inseridos, portanto, na estrutura hierárquica dos demais órgãos jurisdicionais.

No inciso quinto deste dispositivo, contudo, há menção a precedentes formados no âmbito dos demais Tribunais, em seus plenários ou órgãos especiais, havendo indicação expressa de que os juízes, bem como os próprios Tribunais, devem observar tais precedentes provenientes dos órgãos jurisdicionais *aos quais estiverem vinculados*. Evidente, portanto, a preocupação legislativa de, na redação do Art. 927 do CPC/15, restringir o âmbito de eficácia do precedente judicial à estrutura hierárquica institucional na qual foi formado.

Esclarecido o conceito de precedente judicial adotado no presente trabalho, com a sua devida delimitação e funções assumidas no sistema de direito processual brasileiro, premente se faz a consideração das peculiaridades dos precedentes formados em sede de controle concentrado de constitucionalidade.

Com efeito, segundo Juraci Mourão Lopes Filho, é possível se dividir o gênero precedente judicial em duas espécies, a saber, precedentes sem controle de constitucionalidade e precedentes com controle de constitucionalidade[24].

Isso se dá nem tanto pelo efeito formalmente vinculante forte[25] das decisões proferidas em sede de controle concentrado de constitucionalidade, principalmente após o advento do CPC/15, que ampliou o rol de precedentes com essa eficácia[26], mas sobretudo pelas distinções existentes nos elementos fáticos (caso) analisados nestes processos.

Por consistir o controle concentrado de constitucionalidade no julgamento em abstrato, e não em um caso concreto, da adequação constitucional de certos sentidos conferidos a um texto, seria possível se cogitar de inexistência de um caso e, por conseguinte, da impossibilidade de formação de um precedente – ou, então, da formação de um precedente abstrato, afastado de quaisquer considerações fáticas –.

---

24. LOPES FILHO, Juraci Mourão. Op. cit. p. 277.

25. Por efeito formalmente vinculante forte, refere-se a precedentes os quais, acaso não observados, possibilitam o manejo de impugnações autônomas extraordinárias – no direito brasileiro, a reclamação –.

26. Art. 988. Caberá reclamação da parte interessada ou do Ministério Público para: (...)
III – garantir a observância de enunciado de súmula vinculante e de decisão do Supremo Tribunal Federal em controle concentrado de constitucionalidade;
IV – garantir a observância de acórdão proferido em julgamento de incidente de resolução de demandas repetitivas ou de incidente de assunção de competência; (...)

Não é isso, todavia, que se constata. Muito embora não seja possível, de fato, identificar um caso *concreto* no processo de controle concentrado de constitucionalidade, há de se reconhecer a discussão de situações-padrão de aplicação, ou seja, situações fáticas sobre as quais a norma cuja adequação constitucional se discute ordinariamente irá incidir, vislumbrando-se um caso do qual não se pode desprender a decisão[27].

As decisões proferidas em controle concentrado de constitucionalidade são tomadas, portanto, em atenção a casos padrão ou hipotéticos, e formam precedentes os quais devem ser analisados em atenção às situações fáticas padrão consideradas em sua formação.

Não é suficiente, entretanto, afirmar a formação de precedentes judiciais nos processos de controle concentrado de constitucionalidade – certamente, a conclusão mais fácil do presente trabalho –, sendo fundamental ir além, analisando como se dá o seu processo de formação, com vistas a determinar – se é que isto é possível – qual o conteúdo dos precedentes firmados em sede de controle concentrado de constitucionalidade, diante das idiossincrasias do processo decisório do Supremo Tribunal Federal brasileiro.

3. O PRINCÍPIO DA COLEGIALIDADE NA ORDEM JURÍDICA BRASILEIRA

O direito a um julgamento colegiado consiste em princípio constitucional, decorrente da própria organização do Judiciário em Juízos Singulares e Tribunais, cujo conteúdo essencial é a garantia, em favor dos jurisdicionados, de que os julgamentos realizados pelos Tribunais, salvo exceções legais[28], sejam decididos por uma pluralidade de julgadores.

A menção à colegialidade como princípio, no presente trabalho, não é sem razão de ser. Esta norma se adequa, com efeito, à definição de normas-princípio adotada, qual seja, a de mandamentos de otimização, os quais podem ser satisfeitos em graus variados, a depender das possibilidades jurídicas[29].

Acaso se entendesse que o direito a um julgamento colegiado se esgotaria na circunstância de, em certas hipóteses, o órgão jurisdicional competente para fornecer a prestação jurisdicional dever ser composto por uma pluralidade de julgadores, conclusão necessária seria a de que a colegialidade se trataria de

---

27.   LOPES FILHO, Juraci Mourão. Op. cit. p. 278.

28.   Restrições ao princípio da colegialidade pela via legislativa são possíveis, desde que não resultem em limitação desproporcional ao direito a um julgamento colegiado.

29.   ALEXY, Robert. **Teoria dos direitos fundamentais**. Traduzido por Virgílio Afonso da Silva. 2. ed. São Paulo: Malheiros, 2015. p. 90.

norma-regra. Seria, portanto, satisfeita ou não, a depender da observância deste critério formal referente à composição do órgão responsável pelo proferimento da decisão judicial.

Vislumbra-se, contudo, dimensão adicional desta norma, atinente ao dever jurídico dos componentes do órgão jurisdicional de efetivamente realizar o seu processo decisório de forma integrada, e que pode ser atingida em maior ou menor grau, devendo ser sopesada, em sua aplicação, com outras normas-princípio eventualmente colidentes no caso concreto.

Isto é, o direito ao julgamento colegiado, para além de se resumir a uma dimensão formal, garantia de que certas decisões sejam tomadas por órgãos compostos por mais de um julgador, revela, igualmente, uma dimensão material, correspondente ao direito de que estas decisões sejam alcançadas mediante uma atividade dialética e cooperativa entre estes julgadores[30].

Decorrem do princípio da colegialidade, em sua dimensão material, diversos deveres dos julgadores, tais como o dever de estabelecimento conjunto das premissas necessárias ao julgamento do feito; o dever de efetivo debate das questões fáticas e jurídicas relevantes; o dever de participação conjunta na formação da tese prevalecente[31]; e o dever de alcançar um fator mínimo de convergência entre os fundamentos apresentados.

Esclarecida a natureza de norma-princípio do direito a um julgamento colegiado, imperioso se apontar o porquê de se identificar a sua origem direta na Constituição Federal de 1988.

Entende-se que a opção do legislador constituinte em organizar o Poder Judiciário em Juízos Singulares, nos quais as decisões são proferidas de forma singular, e Tribunais, órgãos em que, via de regra, os julgamentos ocorrem de forma conjunta, não se trata de mera coincidência, mas sim escolha consciente de um modelo de decisão, em casos específicos.

Reforçando esse posicionamento, tem-se o fato de que as hipóteses de atuação dos Tribunais, no Brasil, correspondem aos julgamentos de maior relevância, seja por se inserirem na instância recursal, na qual o Judiciário é convocado por uma das partes a reparar equívocos na apreciação dos fatos ou no manejo do

---

30. Para fins de conferir maior clareza ao trabalho, mas sem quaisquer pretensões de realizar uma sistematização dogmática da matéria, divide-se o princípio da colegialidade em suas dimensões formal e material.

31. Este dever se estende, importa destacar, aos julgadores vencidos, os quais, inobstante mantendo suas posições, devem contribuir para que a decisão exprima os fundamentos essenciais para a resolução do caso, ainda que por meio do esclarecimento das distinções entre as suas posições minoritárias e aquelas que se sagraram vencedoras.

Direito, seja por se referirem aos processos de competência originária, que tratam de matérias sensíveis do ponto de vista jurídico ou político[32].

O princípio constitucional da colegialidade tem por funções a proteção da independência dos julgadores, os quais, ao menos em tese, são menos suscetíveis a sucumbir a pressões diante do constrangimento exercido pelos demais partícipes do julgamento; garantir maior igualdade, por não representarem os julgamentos colegiados o posicionamento de apenas um, mas de vários intérpretes do direito; estimular decisões mais refletidas e moderadas; e conferir maior legitimidade às decisões judiciais, por resultar em uma aplicação mais plural e diversa das normas jurídicas[33].

Nas últimas décadas, com vistas, sobretudo, a alcançar celeridade no julgamento dos processos em grau recursal, o direito ao julgamento colegiado tem sido restringido por inovações legislativas que intencionam aumentar o protagonismo dos relatores dos processos, possibilitando a estes, em diversas hipóteses, o julgamento monocrático dos casos submetidos à apreciação dos Tribunais[34].

Cumpre esclarecer que não é apenas no Brasil que o princípio da colegialidade tem sofrido mitigações[35]. Na Itália, por exemplo, em que historicamente mesmo as decisões de primeira instância são tomadas por órgãos colegiados, a Reforma Processual de 1990 (*legge n. 353/1990*) instituiu diversas hipóteses de julgamento singular, notadamente para os processos de menor complexidade[36].

Contudo, enquanto o processo de restrição à colegialidade dos julgamentos observado em outras ordens jurídicas tem se dado em um contexto de resposta ao aumento no número de processos, objetivando a manutenção da celeridade processual[37], esforço o qual, apesar de não ser isento de críticas[38], afigura-se compreensível, no Brasil, para além das tentativas de conter a explosão de novos processos, também constatadas, verifica-se, preocupantemente, fortes mitigações

---

32. Em sentido semelhante, concluindo pelo matiz constitucional do princípio da colegialidade, Cf. MENDONÇA, Henrique Guelber de. O princípio da colegialidade e o papel do relator no processo civil brasileiro. **Revista Eletrônica de Direito Processual**, ano 1, v. 1, p. 207-225, out./dez., 2007. 209-210.

33. GRECO, Leonardo. Princípios de uma teoria geral dos recursos. **Revista Eletrônica de Direito Processual**, ano 4, v. 5, p. 5-62, jan./jun., 2010. p. 36.

34. MENDONÇA, Henrique Guelber de. Op. cit. p. 212-215.

35. GRECO, Leonardo. Op. cit. p. 36-37.

36. VACCARELLA, Romano. Trattazione generale. In: _____; CAPPONI, Bruno; CECCHELLA, Claudio. **Il processo civile dopo le riforme**. Torino: Giappichelli, 1992. p. 265-266.

37. GRECO, Leonardo. Op. cit. p. 36-37.

38. VALCAVI, Giovanni. La inutile illusione di accelerare il processo attraverso il giudice monocrático e la esecutorietà della sentenza di primo grado. In: _____. **Problemi atuali e prospettive di riforma del processo civile**. Milano: CEDAM, 1994. p. 131-133.

ao princípio da colegialidade em processos que são, formalmente, decididos em conjunto por mais de um julgador.

Faz-se referência, nesta oportunidade, não às questionáveis decisões monocráticas[39] que, ora desrespeitam precedentes de órgãos colegiados[40], ora decidem questões sensíveis sem a participação dos demais julgadores[41]. Pelo contrário, o fenômeno ao qual se alude é o que se tem chamado de "pseudocolegialidade"[42], ou seja, julgamentos realizados por órgãos colegiados, os quais, formalmente, têm definidos seus resultados mediante verificação da posição prevalecente na maioria dos votos, mas que, na prática, não apresentam qualquer tipo de atuação conjunta dos julgadores na formação de seus convencimentos. Tratam-se, em verdade, de um conjunto de várias decisões individuais.

É possível se apontar, nesses casos, mitigação ao princípio da colegialidade, pois, consoante exposto, esta norma não estabelece meramente uma exigência de que certas decisões judiciais sejam tomadas por mais de um julgador, impondo, por outro lado, o dever de que estes realizem de forma conjunta e integrada – colegiada, em síntese – o processo decisório.

Para que uma decisão se repute colegiada, portanto, não basta ser proferida por órgão composto por mais de um julgador, sendo essencial que estes se desincumbam de deveres tais como o estabelecimento comum das premissas necessárias para o julgamento do feito, com as questões fáticas e jurídicas relevantes a serem discutidas, o efetivo debate dessas questões e a participação de todos os julgadores, inclusive daqueles vencidos, na formação da tese prevalecente.

As decisões que ofendem o princípio da colegialidade por terem sido tomadas de modo "pseudocolegiado" são especialmente alarmantes.

---

39. Quanto à prevalência de decisões monocráticas em detrimento dos julgamentos colegiados, Cf. FALCÃO, Joaquim; ARGUELHES, Diego Werneck. Onze supremos: todos contra o plenário. In: _____; _____, RECONDO, Felipe (Org.). **Onze supremos**: o supremo em 2016. Belo Horizonte: Letramento, 2017.

40. Exemplo dessa espécie de decisão é a proferida pelo Ministro Celso de Mello, o qual deferiu, monocraticamente, medida liminar em Habeas Corpus para fins de impedir o cumprimento da pena após o julgamento em segunda instância, de forma contrária a entendimento recente do plenário do STF. Vale ressaltar que, ao julgar o mérito do Habeas Corpus, o Ministro Celso de Mello, ressaltando expressamente a necessária prevalência do princípio da colegialidade, consignou a sua posição pessoal minoritária, mas fez valer o precedente do STF quanto à matéria, indeferindo o pedido e tornando sem efeito a liminar anteriormente concedida. Cf. STF. MC no HC 135.100/MG, Min. Rel. Celso de Mello, julgado em 01/06/2016, DJe 01/08/2016; STF. HC 135.100/MG, Min. Rel. Celso de Mello, Segunda Turma, julgado em 05/06/2017, DJe 09/06/2017.

41. Cita-se, a título de exemplo, medida liminar monocraticamente concedida pelo Ministro Luiz Fux determinando o pagamento de auxílio-moradia a todos os juízes do Brasil, com impacto orçamentário de mais de 800 (oitocentos) milhões de reais por ano. Cf. STF. MC na AO 1.773/DF, Min. Rel. Luiz Fux, Primeira Turma, julgado em 15/09/2014, DJe 18/09/2014.

42. NUNES, Dierle. Colegialidade corretiva, precedentes e vieses cognitivos: algumas questões do CPC-2015. **Revista Brasileira de Direito Processual**, ano 23, n. 92, p. 61-81, out./dez., 2015. p. 64-65.

Em primeiro lugar, transmitem uma (falsa) aparência de normalidade institucional. Se, de um lado, é gritante a impropriedade de uma decisão monocrática acerca de temática de elevada relevância, de outro, é muito menos claro quando um julgamento no qual participaram vários julgadores não se pode considerar efetivamente colegiado, por carecer de influência mútua de cada um destes em seus processos decisórios.

Além dessa problemática, observa-se outra, da qual se ocupa o presente trabalho. Em se tratando de decisões que são alçadas pelo direito positivo à condição de precedentes obrigatórios, como são as proferidas em sede de controle concentrado de constitucionalidade, surge a dificuldade em se determinar qual a *ratio decidendi* do precedente, isto é, os fundamentos essenciais à decisão do caso[43].

Como determinar, se é que isso é possível, quais os fundamentos que levaram à decisão, essenciais para a interpretação do precedente, se as conclusões jurídicas do órgão jurisdicional competente, apesar de alcançadas, formalmente, de forma colegiada, resumem-se a uma série de decisões individuais, muitas destas, apesar de obtendo o mesmo resultado (procedência/improcedência, provimento/improvimento, deferimento/indeferimento), com fundamentações absolutamente díspares?

Nos tópicos seguintes, é analisado precedente do Supremo Tribunal Federal na Ação Declaratória de Inconstitucionalidade nº 4.983/CE – o qual, conforme se demonstrará, padece do vício da pseudocolegialidade –, sendo investigada a possibilidade ou não de se determinar uma *ratio decidendi* da decisão, bem como se discutindo o melhor método, acaso existente, para tanto.

4. O JULGAMENTO DA ADI 4983/CE: ANÁLISE DA(S) DECISÃO(ÕES)

A vaquejada, arraigada em diversas localidades da região Nordeste, consiste em competição entre dois vaqueiros, que, montados em cavalos, tentam derrubar um boi pelo rabo, em uma área determinada. É considerada como um elemento da cultura da região, que remonta a antiga prática de apartação, reunião do gado espalhado por campos indivisos (ou seja, não cercados) no período do inverno pelos vaqueiros, para ser identificado pelos patrões destes indivíduos[44]. Durante a fase de reunião, os vaqueiros tinham de laçar o gado para trazê-lo de volta à fazenda, daí a origem da vaquejada.

---

43. GOODHART, Arthur. Determining the ratio decidendi of a case. **Yale Law Journal**, v. 40, n. 2, p.161-183, dez., 1930. p. 161.

44. CASCUDO, Luís da Câmara. **Vaqueiros e cantadores:** folclore poético do sertão de Pernambuco, Paraíba, Rio Grande do Norte e Ceará. Rio de Janeiro: Ediouro, 1968. p. 78.

É tida como manifestação popular dos nordestinos, por ser ritual que "afirma a força, a vitalidade, a energia do homem sertanejo"[45]. Além disso, os defensores desta prática argumentam que os torneios, que têm viés esportivo, possuem grande retorno econômico para a região onde ocorrem, com o aumento do turismo e geração de empregos.

Todavia, há também a corrente que defende ser a vaquejada uma atividade que gera maus tratos aos animais, conduta rechaçada pelo legislador constitucional e criminalizada na legislação ordinária.[46] A utilização de choques, pancadas, encurralamento e agressões, além da perseguição ao animal, culminando com a derrubada pelo rabo[47], são condutas que simbolizam um certo descaso em relação ao bem-estar do animal.

Desse modo, fixa-se a controvérsia: seria a vaquejada uma prática que, apesar de manifestação cultural, promove crueldade aos animais?[48]

Nesse contexto, foi intentada a ADI 4983/CE, pelo Procurador Geral da República em face da Lei nº 15.299/CE (regulamenta a vaquejada como prática desportiva e cultural)[49]. Esta ação de controle concentrado teve como fundamento a

---

45. MENEZES, Sonia de Souza Mendonça. ALMEIDA, Maria Geralda. Vaquejada: a pega de boi na caatinga resiste no sertão sergipano. **Vivência**, n. 34, 2008. p. 184.

46. Lei Federal nº 9.605/98

    Art. 32. Praticar ato de abuso, maus-tratos, ferir ou mutilar animais silvestres, domésticos ou domesticados, nativos ou exóticos:

    Pena – detenção, de três meses a um ano, e multa.

    § 1º Incorre nas mesmas penas quem realiza experiência dolorosa ou cruel em animal vivo, ainda que para fins didáticos ou científicos, quando existirem recursos alternativos.

    § 2º A pena é aumentada de um sexto a um terço, se ocorre morte do animal.

47. GORDILHO, Heron José de Santana. FIGUEIREDO, Francisco José Garcia. A vaquejada à luz da constituição federal. **Revista de Biodireito e Direito dos Animais**. Curitiba. v. 2. n. 2. p. 78-96, Jul./Dez. 2016. p. 89.

48. Em seu voto vista, o Ministro Barroso sintetizou: "A solução do caso reclama o equacionamento de duas questões principais: (i) a vaquejada consiste em prática que submete animais a crueldade? (ii) Ainda que submeta animais a crueldade, a vaquejada é protegida pela Constituição, haja vista ser uma manifestação cultural?

49. Lei Estadual nº 15.299/2013

    Art. 1º. Fica regulamentada a vaquejada como atividade desportiva e cultural no Estado do Ceará.

    Art. 2º. Para efeitos desta Lei, considera-se vaquejada todo evento de natureza competitiva, no qual uma dupla de vaqueiro a cavalo persegue animal bovino, objetivando dominá-lo.

    § 1º. Os competidores são julgados na competição pela destreza e perícia, denominados vaqueiros ou peões de vaquejada, no dominar animal.

    § 2º. A competição deve ser realizada em espaço físico apropriado, com dimensões e formato que propiciem segurança aos vaqueiros, animais e ao público em geral.

    § 3º. A pista onde ocorre a competição deve, obrigatoriamente, permanecer isolada por alambrado, não farpado, contendo placas de aviso e sinalização informando os locais apropriados para acomodação do público.

violação o art. 225, §1º, VII[50] da Constituição Federal, que visa à proteção da fauna e veda a crueldade contra os animais. O julgamento se deu em outubro de 2016, já na vigência do CPC/15, e seu acórdão será adiante analisado.

O julgamento da ADI 4983/CE[51] iniciou-se em 2015 e foi finalizado em outubro de 2016, tendo ocorrido dois pedidos de vista: um do Ministro Barroso, seguindo o relator, e o outro do Ministro Toffoli, seguindo a divergência. O resultado foi a procedência da ação direta, com a declaração de inconstitucionalidade da Lei nº 15.299/CE, por seis votos a cinco.

O primeiro a votar foi o relator, Ministro Marco Aurélio, que concluiu pela inconstitucionalidade da lei cearense, por entender que o caso da vaquejada se encontra no mesmo padrão decisório dos casos da farra do boi e da rinha de galo, anteriormente decididos pelo STF, nos quais foi declarada a incompatibilidade entre manifestações culturais que maltratam animais e a constituição. A semelhança estaria no fato de que a crueldade é inerente à prática da vaquejada, sendo impossível realizá-la sem que haja maus tratos.

A seguir, votou o Ministro Edson Fachin, o qual abriu a divergência. Sinaliza que mesmo o MPF, em sua inicial, reconhece se tratar a vaquejada de uma manifestação cultural, o que coaduna com seu voto, baseado nas disposições do art. 215 da CF/88[52]. Além disso, destaca a distinção com os casos da farra do boi e da

---

Art. 3o. A vaquejada poderá ser organizada nas modalidades amadora e profissional, mediante inscrição dos vaqueiros em torneio patrocinado por entidade pública ou privada.

Art. 4o. Fica obrigado aos organizadores da vaquejada adotar medidas de proteção à saúde e à integridade física do público, dos vaqueiros e dos animais.

§ 1o. O transporte, o trato, o manejo e a montaria do animal utilizado na vaquejada devem ser feitos de forma adequada para não prejudicar a saúde do mesmo.

§ 2o. Na vaquejada profissional, fica obrigatória a presença de uma equipe de paramédicos de plantão no local durante a realização das provas.

§ 3o. O vaqueiro que, por motivo injustificado, se exceder no trato com o animal, ferindo-o ou maltratando-o de forma intencional, deverá ser excluído da prova.

Art. 5o. Esta Lei entra em vigor na data de sua publicação.

Art. 6o. Revogam-se as disposições em contrário.

50. Art. 225. Todos têm direito ao meio ambiente ecologicamente equilibrado, bem de uso comum do povo e essencial à sadia qualidade de vida, impondo-se ao Poder Público e à coletividade o dever de defendê-lo e preservá-lo para as presentes e futuras gerações.

§ 1o Para assegurar a efetividade desse direito, incumbe ao Poder Público: (...)

VII – proteger a fauna e a flora, vedadas, na forma da lei, as práticas que coloquem em risco sua função ecológica, provoquem a extinção de espécies ou submetam os animais a crueldade.

51. ADI 4983. Relator: Min. Rel. Marco Aurélio Mello, Tribunal Pleno, julgado em 06/10/2016, DJe 27/04/2017.

52. Art. 215. O Estado garantirá a todos o pleno exercício dos direitos culturais e acesso às fontes da cultura nacional, e apoiará e incentivará a valorização e a difusão das manifestações culturais.

§ 1o O Estado protegerá as manifestações das culturas populares, indígenas e afro-brasileiras, e das de outros grupos participantes do processo civilizatório nacional.

rinha de galo, pois os laudos relativos à vaquejada não mostraram a presença de crueldade. Assim sendo, votou pela improcedência do pedido.

O próximo a votar foi o Ministro Gilmar Mendes. Para ele, a vaquejada consiste numa prática desportiva, amparada pelo art. 217 da CF/88[53], não sendo a lesão ao boi a regra, como ocorre na farra do boi e na rinha de galo. Porém, mesmo havendo lesão, não se pode proibir a prática, mas apenas criar medidas para cumprir o desejo da constituição, o que foi o objetivo da Lei nº 15.299/CE.

Ao final do julgamento (outubro de 2016), Gilmar Mendes requereu juntada de considerações ao seu voto, proferido ainda em 2015, antes do primeiro pedido de vista. Nelas, o Ministro evocou a questão cultural, entendendo que a situação analisada é um conflito de visões de mundo, em que não é possível recair no tudo ou nada: nem se pode impor uma cultura sobre a outra nem se pode impedir a manifestação de uma cultura com a qual não se compartilha. Tratando-se a vaquejada de festa genuinamente brasileira, com mais de 100 anos de existência, é inequívoco seu caráter cultural.

Opina, ainda, que, se o mero fato de derrubar um boi numa faixa de espaço pré-determinada configurar maus tratos, estaria também proibida a montaria de ser humanos em cavalos ou o uso do animal em treinos e competições, condutas que geram demasiado esforço físico ao equino. Não se poderia comparar a possibilidade de ocorrência de ferimentos pelas condutas anteriormente mencionadas

---

§ 2º A lei disporá sobre a fixação de datas comemorativas de alta significação para os diferentes segmentos étnicos nacionais.

§ 3º A lei estabelecerá o Plano Nacional de Cultura, de duração plurianual, visando ao desenvolvimento cultural do País e à integração das ações do poder público que conduzem à:

I defesa e valorização do patrimônio cultural brasileiro;

II produção, promoção e difusão de bens culturais;

III formação de pessoal qualificado para a gestão da cultura em suas múltiplas dimensões;

IV democratização do acesso aos bens de cultura;

V valorização da diversidade étnica e regional.

53. Art. 217. É dever do Estado fomentar práticas desportivas formais e não-formais, como direito de cada um, observados:

I – a autonomia das entidades desportivas dirigentes e associações, quanto a sua organização e funcionamento;

II – a destinação de recursos públicos para a promoção prioritária do desporto educacional e, em casos específicos, para a do desporto de alto rendimento;

III – o tratamento diferenciado para o desporto profissional e o não- profissional;

IV – a proteção e o incentivo às manifestações desportivas de criação nacional.

§ 1º O Poder Judiciário só admitirá ações relativas à disciplina e às competições desportivas após esgotarem-se as instâncias da justiça desportiva, regulada em lei.

§ 2º A justiça desportiva terá o prazo máximo de sessenta dias, contados da instauração do processo, para proferir decisão final.

§ 3º O Poder Público incentivará o lazer, como forma de promoção social.

com a rinha de galo e a farra do boi, porque naquelas não há o objetivo pressuposto de mutilar ou matar os animais envolvidos.

Considera, também, a declaração de inconstitucionalidade lei cearense como verdadeira punição, pois o objetivo do legislador era justamente compatibilizar a prática da vaquejada com os ditames constitucionais, prevendo condutas a serem observadas e punições aos infratores. A proibição da vaquejada, além de afronta ao art. 215, penaliza a parcela da população que dela tira seu sustento e sua fonte de lazer.

Após o voto do Ministro Gilmar Mendes, o Ministro Luís Roberto Barroso fez pedido de vista, prolatando seu voto em junho de 2016.

Inicialmente, discorreu sobre o histórico da vaquejada e suas origens e como se obteve o status de prática esportiva que possui hoje, trouxe seu regulamento e explanou os procedimentos realizados durante a atividade e os critérios de pontuação (que segundo o ministro, por si só já demonstram crueldade). Tratou, também, do histórico da relação entre homens e animais, além de trazer as visões de dois movimentos: o bem-estar animal, amparado pela senciência (o animal teria interesses a partir do momento que possa sofrer ou sentir prazer), e o movimento dos direitos dos animais, o qual indica que o uso dos animais para satisfazer necessidade humanas é errado por uma questão principiológica, devendo esse tipo de utilização, então, ser abolido.

No âmbito da CF/88, Barroso relata que constituinte adotou um antropocentrismo de cunho moderado e vedou expressamente a crueldade contra animais, disposição esta que vem sendo entendida como dependente do direito ambiental, interpretação com a qual o Ministro discorda. Para ele, trata-se de norma autônoma ao direito ambiental, ou seja, ela não é somente justificada por uma visão ecológica ou preservacionista, mas pela ideia de que o sofrimento animal importa por si só, independentemente da "função ecológica ou de sua importância para a preservação do meio ambiente". Mencionando a farra do boi e a rinha de galo, o Ministro entende que elas não são capazes de desequilibrar o meio ambiente ou provocar a extinção das espécies. Sua proibição se deu pelo único motivo de crueldade com os animais.

Quanto à questão da crueldade, o ministro lista as condutas praticadas na vaquejada[54] que por só já indicam violência, mesmo que, segundo estudos, haja

---

54. "(1) os animais são enclausurados antes do momento em que são lançados à pista e, enquanto aguardam, são acoitados e instigados para que possam sair em disparada após aberto o portão do "brete"; (2) os cavalos utilizados pelos vaqueiros podem sofrer um conjunto de lesões decorrentes do esforço físico dispensado na corrida atrás do boi; e, por fim, (3) os gestos bruscos de tracionar e torcer a cauda do boi, bem como seu tombamento, podem acarretar sérias lesões aos animais. "

diferentes formas de manifestação da dor nos bovinos e nem sempre essa dor é sentida de modo imediato, podendo vir até 9 horas após o dano. Assim, apesar de, na briga de galo e na farra do boi, ser mais óbvia a crueldade, ela também é inerente à vaquejada.

Por isso, a vaquejada não pode ser regulamentada. Nenhuma regulamentação vai conseguir evitar o sofrimento dos animais, porque não se pode proibir a puxada do boi pela cauda nem evitar o tombamento sem descaracterizar prática da vaquejada.

Votou, portanto, pela procedência da ação, com a proposta da seguinte tese:

> manifestações culturais com características de entretenimento que submetem animais a crueldade são incompatíveis com o art. 225, § 10, VII, da Constituição Federal, quando for impossível sua regulamentação de modo suficiente para evitar práticas cruéis, sem que a própria prática seja descaracterizada.

O Ministro Teori Zavascki foi o próximo a votar, acompanhando a divergência por uma questão processual: a análise da constitucionalidade não é da vaquejada em si, mas de uma lei que a regulamenta. Sendo a lei declarada inconstitucional, não há a proibição da vaquejada, mas apenas o prosseguimento da prática sem uma lei que a regulamente, uma legislação que busca justamente evitar a vaquejada cruel.

Além disso, segundo o Ministro, haveria vaquejadas cruéis e vaquejadas não cruéis, o que põe em dúvida o argumento dos votos pela procedência da ação, que consideram a violência e a crueldade como elementos ínsitos à vaquejada.

Logo após, votou a Ministra Rosa Weber, no mesmo sentido do voto do relator e do voto-vista. Para a ministra, a Constituição, apesar de incentivar manifestações culturais (art. 215) também não tolera crueldade contra animais (225, §1º, VII), o que é a orientação vigente no STF (mencionou os precedentes da farra do boi e da rinha de galo). Sendo a crueldade uma característica inerente à vaquejada, não é possível, enquanto entretenimento, ser considera manifestação cultural que encontra guarida no art. 215 e também se mostra a regulamentação como meio inviável para coibir a violência.

O Ministro Luiz Fux inicia seu voto diferenciando a ponderação judicial e a legislativa. Esta prevaleceria, porque legislador avaliou "todas as condições dessa prática esportiva – porque é considerada uma competição – e verificou que, com esses cuidados, é possível a realização da vaquejada."

A seguir, o Ministro faz uma descrição bem gráfica de como se dá a criação e todo o processamento do boi para o abate, claramente uma prática cruel, e declara: " Eu pergunto a Vossas Excelências, no plano empírico: existe meio mais cruel de tratamento do animal do que o abate tradicional no Brasil, que não é vedado pela Constituição?". Assim, levando em consideração que não há nada mais cruel do que o abate do boi para alimentação da população, que é um direito social garantido pela constituição, o Ministro Fux decide seguir a divergência, votando pela improcedência da ação.

O próximo a votar seria o Ministro Dias Toffoli, que pediu vista dos autos. Então, o Ministro Celso de Mello resolve antecipar seu voto. Colacionou doutrina do direito ambiental, demonstrando que, para ele, é por este viés que a questão deve ser analisada. Relatou que que seu entendimento segue os precedentes da corte (briga de galo e farra do boi) e discordou do tratamento da vaquejada como atividade desportiva, prática cultural ou expressão folclórica, numa tentativa de fraudar a proteção constitucional a fauna. O sofrimento animal não pode ser considerado atividade cultural. Desse modo, seguiu o relator, entendendo pela declaração de inconstitucionalidade.

Retomado o julgamento em outubro de 2016, foi proferido o segundo voto-vista, de autoria do Ministro Dias Toffoli. Nele, o magistrado afirma que há elementos de distinguishing entre os casos da farra do boi e da rinha de galo com o da vaquejada, o que impede a aplicação daqueles precedentes a este caso.

Na farra do boi, não há exigência de profissionais habilitados nem treinamento específico, como a vaquejada. Esta, então não poderia se tratar de atividade clandestina. Na briga de galo, os animais são postos em arena para matar ou morrer, o que não é o objetivo da vaquejada. Eis a distinção.

Para ele, não há prova cabal que os animais seja sistematicamente vítimas de abusos. A própria legislação atacada, preocupada em organizar o esporte, de modo que se evitassem os maus tratos aos animais, veda essas práticas. Assim, acompanhou a divergência, entendendo pela constitucionalidade lei atacada.

O Ministro Lewandowski, em um voto muito sucinto, parte de uma interpretação biocêntrica do art. 225, com base na Carta da Terra, pugnando que, atualmente, devem ser adotados os princípios do in dubio pro natura, da precaução e do cuidado. Assim, segue o relator na opinião de que a "atividade da vaquejada, aqui impugnada, revela *inequívoco envolvimento de prática cruéis contra bovinos*" e vota pela procedência do pedido.

Por fim, o voto de desempate foi proferido pela Ministra Carmem Lúcia, presidente da corte. Também de forma sintética, a Ministra votou pela procedência da ação, argumentando que não se convenceu de que a legislação buscava dar um maior cuidado e tratamento mais zeloso aos animais. Além disso, enfatizou: "cultura se muda, e muitas culturas foram levadas nesta condição até que houvesse um outro modo de ver a vida".

Assim restou o dispositivo:

> **Decisão:** O Tribunal, por maioria e nos termos do voto do Relator, julgou procedente o pedido formulado para declarar a inconstitucionalidade da Lei no 15.299/2013, do Estado do Ceará, vencidos os Ministros Edson Fachin, Gilmar Mendes, Teori Zavascki, Luiz Fux e Dias Toffoli. Ausentes, justificadamente, os Ministros Celso de Mello e Gilmar Mendes, que proferiram votos em assentada anterior. Presidiu o julgamento a Ministra Cármen Lúcia. Plenário, 06.10.2016.

Analisando os onze votos não é possível constatar qual é de fato a opinião da corte, pois, apesar de no dispositivo constar que "O Tribunal, (...), nos termos do relator, julgou procedente o pedido (...)", cada ministro proferiu em seu respectivo voto opiniões diferentes. É esta a questão a ser analisada no próximo tópico.

5. O PRECEDENTE FORMADO NO JULGAMENTO DA ADI 4983/CE

O STF, sendo corte suprema[55], tem como sua missão principal a formação de precedentes[56], que conforme mencionado anteriormente, são entendidos como decisões que, além de resolver o caso apresentado, refletem ganho hermenêutico e podem ser utilizadas como parâmetro de julgamento em casos futuros. No âmbito do controle concentrado de constitucionalidade, além da vinculação forte, conferida pelo art. 927 do CPC/15, deve-se atentar para o fato de que, apesar de se trabalhar com uma situação abstrata, discutem-se cenários fáticos nos quais a norma analisada irá incidir, o que torna possível a formação de um precedente.

O status de corte também evoca como característica o julgamento colegiado, ou seja, como regra geral, a apreciação da controvérsia deve ser realizada por um grupo de magistrados, os quais devem estabelecer conjuntamente as premissas que permitirão o julgamento da controvérsia e as questões fáticas e jurídicas que deverão ser apreciadas e debatidas por todos os julgadores, inclusive aqueles vencidos, para a formação da tese prevalecente. Desse modo, a decisão monocrática pelo relator deve ser uma exceção.

Nesse contexto, pode-se falar em formação de precedente no julgamento da ADI 4983/CE?

Inicialmente, é necessária uma compreensão do que foi efetivamente decidido no julgamento do caso da vaquejada. O fato do dispositivo mencionar que

---

55. Cuja razão de ser é justamente a vinculação de sua interpretação para os demais juízos. MITIDIERO Daniel. **Cortes superiores e cortes supremas**: do controle à interpretação, da jurisprudência ao precedente. 2. ed. São Paulo: Revista dos Tribunais, 2014. p. 74.

56. MITIDIERO Daniel. **Cortes superiores e cortes supremas**: do controle à interpretação, da jurisprudência ao precedente. 2. ed. São Paulo: Revista dos Tribunais, 2014. p. 74.

houve decisão pela procedência, nos termos do voto do relator, não nos ajuda muito, pois cada ministro que concordou com o relator Marco Aurélio o fez de acordo com fundamentos diversos.

Por exemplo, o Ministro Barroso, apesar de concordar com a inerência da violência à vaquejada, vai além e sinaliza que não é possível regulamentar a sua prática, o que não é mencionado pelo Ministro relator (mas é também a opinião da Ministra Rosa Weber). Outro aspecto relevante sobre o voto do Ministro Barroso é que ele considera a norma do art. 225, §1º, VII como autônoma ao direito ambiental, enquanto o Ministro Celso de Mello, de modo diametralmente oposto, fundamentou toda a sua exposição com base na doutrina ambiental, assim como também o fez o Ministro Ricardo Lewandowski.

Ainda nesse contexto, a Ministra Rosa Weber, ao contrário dos votos supracitados, explicita que a vaquejada não pode ser considerada manifestação cultural, a qual também foi a opinião do Ministro Celso de Mello.

Pode-se atestar, portanto, que não obstante o dispositivo ser o mesmo – voto pela procedência do pedido de declaração de inconstitucionalidade – não há efetivamente uma identidade na fundamentação das decisões que chegaram a uma mesma conclusão.

Nos votos divergentes, a mesma circunstância é constatada. Iniciada pelo Ministro Fachin, a divergência se concentra na opinião de que a violência não é inerente à prática da vaquejada, a qual se trata de manifestação cultural. Este é o cenário que pode ser extraído de todos os votos pela improcedência. Entretanto, alguns ministros, como Gilmar Mendes, Luiz Fux e Dias Toffoli consideram a vaquejada como esporte, e, os dois primeiros usam, também, como razão do voto a ideia de que o fundamento para proibir a vaquejada seria o mesmo para vedar a montaria em cavalos e o abate de animais para alimentação, pois haveria crueldade em ambos os casos.

Além disso, são citados os casos da farra do boi e da rinha de galo como precedentes que sustentam a decisão sobre a vaquejada tanto para declarar a lei inconstitucional quanto para mantê-la no ordenamento.

Pode-se atestar, desse modo, que há um déficit de colegialidade no acórdão analisado, pois não se consegue aferir com precisão quais os fundamentos que levaram à tomada de decisão, apesar de perceber-se uma influência mútua entre os votos e uma relativa dialeticidade. A fundamentação é deficiente, não por falta de argumentos, mas pela ausência de convergência entre alguns deles. Só há uniformidade no dispositivo.

O precedente, porém, não pode ser limitado apenas ao comando da decisão, o qual se restringe à declaração da lei como constitucional ou inconstitucional.

Seu aspecto mais relevante são as razões que levaram os julgadores a decidir de determinada forma, ou seja, a *ratio decidendi*.

Segundo Arthur Goodhart, a *ratio decidendi* é o princípio que se faz necessário para de decisão de determinado caso[57]. Esta é extraída de cada pronunciamento judicial, somente correspondendo àquilo que for essencial para se chegar ao resultado obtido no julgamento; todo o resto seria *obter dictum*. A *ratio* é, portanto, a parcela do precedente que efetivamente vincula as partes[58,59], pois corresponde à norma utilizada para decidir o caso.

Entretanto, estes conceitos são flexíveis entre si, pois a cada nova aplicação do precedente pode ser extraída uma *ratio* diversa da utilizada na aplicação posterior – inclusive com a possibilidade do que era *ratio decidendi* ser considerado *obter dictum* e vice-versa -[60], já que se trata a utilização de precedente de ato eminentemente interpretativo[61].

Assim, no caso analisado, pode-se atestar que o elemento essencial o qual levou à decisão pela inconstitucionalidade foi a inerência da crueldade às condutas que caracterizam a prática da vaquejada, principalmente a derrubada do boi pelo rabo[62]. Os que entenderam pela constitucionalidade o fizeram justamente pelo fato de não acreditarem que havia uma violência ínsita durante a realização da vaquejada. Esta violência foi, em vários votos, comparada à ocorrida durante a farra do boi e a briga de galo, o que justificaria a aplicação de tais precedentes a este caso específico.

Este foi o fato considerado material, mesmo que implicitamente, pelos julgadores. Neste julgamento, há várias opiniões que concordam quanto ao resultado final, mas sob fundamentações diversas. Quando isso ocorre, deve-se, segundo Goodhart, ter como *ratio decidendi* a soma dos fatos que foram considerados materiais pelos vários julgadores[63], que, no caso em tela, corresponde à crueldade com os animais ser ou não característica inerente à vaquejada.

---

57. GOODHART, Arthur. Determining the ratio decidendi of a case. **Yale Law Journal**, Yale, v. 40, n. 2, p.161-183, Dez. 1930. p. 161.

58. MACÊDO, Lucas Buril de. Contributo para a definição de *ratio decidendi* na teoria brasileira dos precedentes judiciais. *In*: DIDIER JR., Fredie *et al* (coord.). **Precedentes**. Salvador: Juspodivm, 2015. p. 215.

59. O Enunciado 319 do Fórum Permanente de Processualistas Civis sinaliza: "Os fundamentos não adotados ou referendados pela maioria dos membros do órgão julgador não possuem efeito de precedente vinculante".

60. LOPES FILHO, Juraci Mourão. **Os precedentes judiciais no constitucionalismo brasileiro contemporâneo**. 2. ed. Salvador: Juspodivm, 2016. p. 167.

61. Cf. STRECK, Lênio Luiz. ABBOUD, Georges. **O que é isto – o precedente judicial e as súmulas vinculantes**. 2. ed. Porto Alegre: Livraria do Advogado, 2014. p. 111-116.

62. . Cf. GOODHART, Arthur. Determining the ratio decidendi of a case. **Yale Law Journal**, Yale, v. 40, n. 2, p.161-183, Dez. 1930. p. 182.

63. GOODHART, Arthur. Determining the ratio decidendi of a case. **Yale Law Journal**, Yale, v. 40, n. 2, p.161-183, Dez. 1930. p. 183.

Há, assim, um fator de convergência mínima, o qual demonstra que, neste caso, apesar do déficit de colegialidade, é possível extrair uma *ratio decidendi*. Contudo, é possível se cogitarem hipóteses em que não há nem mesmo um ponto mínimo de convergência. Em tais casos, não há ratio decidendi, nem formação de precedente[64,65]. Essa situação não muda o resultado formal da decisão – que retira a lei, em caso de inconstitucionalidade, da ordem jurídica, ou confirma a constitucionalidade, em caso de decisão de constitucionalidade -, mas impede que a decisão sirva de elemento de economia argumentativa, o qual elimina a necessidade de construção de nova argumentação, como se o caso nunca antes tivesse sido apreciado[66].

Portanto, a constatação da presença de violência como característica intrínseca à prática da vaquejada, a qual viola o preceito do art. 225, §1º, VII da CF/88 é única *ratio decidendi* possível de ser extraída do julgamento da ADI 4983/CE.

Sendo assim, segundo o método adotado, em atenção às contribuições de Arthur Goodhart, pelo fato de a única razão presente em todos os votos ter sido a questão da existência ou não da crueldade com os animais no âmbito da vaquejada, os demais argumentos, por exemplo, se a questão trata ou não de direito ambiental ou se a vaquejada corresponde a um esporte/elemento cultural de um povo, não foram essencialmente relevantes para a decisão final, além de não terem sido contemplados em todos os votos, podendo ser considerados *obter dictum*.

Desse modo, tais argumentos não fazem parte do conteúdo do precedente, isto é, de sua *ratio decidendi*, por não ter havido um fator mínimo de convergência quanto a eles. Em se tratando de órgãos jurisdicionais colegiados, fundamentos nos quais se constata déficit de colegialidade não podem ser considerados na formação do precedente.

6. CONSIDERAÇÕES FINAIS

Neste trabalho, buscou-se analisar a formação de precedentes em sede de controle concentrado de constitucionalidade, utilizando-se como pano de fundo

---

64. Cf. PEIXOTO, Ravi. Enunciado 317. *In*: PEIXOTO, Ravi (org.). **Enunciados FPPC**: organizados por assunto, anotados e comentados. Salvador: Juspodivm, 2018. p. 600. "De toda forma, quando não for possível, não se deve "forçar" a existência de uma ratio decidendi, sendo viável e, por vezes, até recomendável, que ela não venha a existir em certos casos".

65. Como exemplo, é possível mencionar a ADPF 54, que analisou a interrupção gestacional em casos de feto anencéfalo. Neste caso, apesar da declaração de inconstitucionalidade de certas interpretações de determinados artigos do Código Penal, não foi possível extrair uma *ratio decidendi* pela absoluta falta de convergência entre os votos dos julgadores. ADPF 54. Relator: Min. Rel. Marco Aurélio Mello, Tribunal Pleno, julgado em 24/04/2012, DJe 30/04/2013.

66. LOPES FILHO, Juraci Mourão. **Os precedentes judiciais no constitucionalismo brasileiro contemporâneo**. 2. ed. Salvador: Juspodivm, 2016. p. 395.

a ADI 4.983, em que foi apreciada lei do estado do Ceará a qual regulamentava a prática da vaquejada.

Inicialmente, conceituou-se precedente judicial como resposta a caso submetido ao Judiciário, a qual gera ganho hermenêutico, servindo de ponto de partida e direcionamento para a resolução de outros casos. Há, contudo, um critério hierárquico-institucional para que uma decisão seja considerada precedente. Desse modo, ele somente vinculará tribunais e juízos que sejam hierarquicamente subordinados àquele que proferiu a decisão. Em outras situações, tratar-se-á de apenas mais um elemento persuasivo a ser utilizado pelo julgador.

Em seguida, tratou-se do princípio da colegialidade, o qual é formado por duas dimensões: uma formal e uma material. No âmbito formal, o julgamento colegiado é a garantia que determinadas decisões sejam tomadas por um grupo de julgadores, ao invés de por um só juiz, de forma monocrática.

Já o escopo material do princípio da colegialidade corresponde ao direito do jurisdicionado de que as decisões colegiadas sejam alcançadas mediante uma atividade dialética e cooperativa entre estes julgadores. Deste escopo, foram extraídos quatro deveres, em rol que não se pretende exaustivo, quais sejam: o dever de estabelecimento conjunto das premissas necessárias ao julgamento do feito; o dever de efetivo debate das questões fáticas e jurídicas relevantes; o dever de participação conjunta na formação da tese prevalecente; e o dever de alcançar um fator mínimo de convergência entre os fundamentos apresentados.

Estabelecidas estas premissas, foi possível a análise dos autos da ADI 4.983, julgada procedente pelo pleno do STF, por seis votos a cinco. Assim, constatou-se que, há déficit de colegialidade, diante da falta de convergência entre a maioria dos fundamentos dos votos. Somente foi possível verificar um princípio – no sentido de Goodhart – que fosse essencial para o alcance do resultado obtido, qual seja, a demonstração da existência de violência como característica inerente à vaquejada. Ressaltou-se, contudo, que o déficit de colegialidade, apesar de não modificar o resultado formal da decisão – pela constitucionalidade ou pela inconstitucionalidade –, impede que a decisão sirva como elemento de economia argumentativa.

7. REFERÊNCIAS BIBLIOGRÁFICAS

ALEXY, Robert; DREIER, Ralf. Precedent in the Federal Republic of Germany. In: MACCORMICK, Neil; SUMMERS, Robert; GOODHART, Arthur. **Interpreting precedents**: a comparative study. 2. ed. New York: Routledge, 2016.

ALEXY, Robert. **Teoria dos direitos fundamentais**. Traduzido por Virgílio Afonso da Silva. 2. ed. São Paulo: Malheiros, 2015.

AUSTIN; John Langshaw. The meaning of a word. In: _____. **Philosophical Papers**. Oxford: Oxford University Press, 1970.

_____. Performative utterances. In: _____. **Philosophical Papers**. Oxford: Oxford University Press, 1970.

BRASIL. **Anteprojeto do Novo Código de Processo Civil**. Brasília: Senado Federal, 2010.

CASCUDO, Luís da Câmara. **Vaqueiros e cantadores**: folclore poético do sertão de Pernambuco, Paraíba, Rio Grande do Norte e Ceará. Rio de Janeiro: Ediouro, 1968.

DWORKIN, Ronald. **Law's empire**. Cambridge: Harvard University Press, 1986.

FALCÃO, Joaquim; ARGUELHES, Diego Werneck. Onze supremos: todos contra o plenário. In: _____; _____, RECONDO, Felipe (Org.). **Onze supremos**: o supremo em 2016. Belo Horizonte: Letramento, 2017.

GOODHART, Arthur. Determining the ratio decidendi of a case. **Yale Law Journal**, Yale, v. 40, n. 2, p.161-183, Dez. 1930.

GORDILHO, Heron José de Santana. FIGUEIREDO, Francisco José Garcia. A vaquejada à luz da constituição federal. **Revista de Biodireito e Direito dos Animais**. Curitiba. v. 2. n. 2. p. 78-96, Jul./Dez. 2016.

GRECO, Leonardo. Princípios de uma teoria geral dos recursos. **Revista Eletrônica de Direito Processual**, ano 4, v. 5, p. 5-62, jan./jun., 2010.

LOPES FILHO, Juraci Mourão. **Os precedentes judiciais no constitucionalismo brasileiro contemporâneo**. 2. ed. Salvador: Juspodivm, 2016.

LUMIA, Giuseppe. **Lineamenti di teoria e ideologia del diritto**. 3. ed. Milano: Giuffrè, 1981.

MACÊDO, Lucas Buril de. Contributo para a definição de ratio decidendi na teoria brasileira dos precedentes judiciais. In: DIDIER JR., Fredie et al (coord.). **Precedentes**. Salvador: Juspodivm, 2015, p. 215-238.

MENDONÇA, Henrique Guelber de. O princípio da colegialidade e o papel do relator no processo civil brasileiro. **Revista Eletrônica de Direito Processual**, ano 1, v. 1, p. 207-225, out./dez., 2007.

MENEZES, Sonia de Souza Mendonça. ALMEIDA, Maria Geralda. Vaquejada: a pega de boi na caatinga resiste no sertão sergipano. **Vivência**, n. 34, 2008, p. 181-193.

MITIDIERO, Daniel. **Cortes superiores e cortes supremas**: do controle à interpretação, da jurisprudência ao precedente. 2. ed. São Paulo: Revista dos Tribunais, 2014.

NUNES, Dierle. Colegialidade corretiva, precedentes e vieses cognitivos: algumas questões do CPC-2015. **Revista Brasileira de Direito Processual**, ano 23, n. 92, p. 61-81, out./dez., 2015.

PEIXOTO, Ravi. **Superação do precedente e segurança jurídica**. 2. ed. Salvador: Juspodivm, 2016.

_____. Enunciado 317. In: _____ (org.). **Enunciados FPPC**: organizados por assunto, anotados e comentados. Salvador: Juspodivm, 2018.

STRECK, Lênio Luiz. ABBOUD, Georges. **O que é isto – o precedente judicial e as súmulas vinculantes?**. 2. ed. Porto Alegre: Livraria do Advogado, 2014.

TARUFFO, Michele. Institutional factors influencing precedents. In: MACCORMICK, Neil; SUMMERS, Robert; GOODHART, Arthur. **Interpreting precedents**: a comparative study. 2. ed. New York: Routledge, 2016.

TARUFFO, Michele. LA TORRE, Massimo. Precedent in Italy. In: MACCORMICK, Neil; SUMMERS, Robert; GOODHART, Arthur. **Interpreting precedents**: a comparative study. 2. ed. New York: Routledge, 2016.

VACCARELLA, Romano. Trattazione generale. In: _____; CAPPONI, Bruno; CECCHELLA, Claudio. **Il processo civile dopo le riforme**. Torino: Giappichelli, 1992.

ZANETI JR., Hermes. **O valor vinculante dos precedentes**: teoria dos precedentes normativos formalmente vinculantes. 2. ed. Salvador: Juspodivm, 2016.

CAPÍTULO 5

Reflexões sobre a intervenção de terceiros no processo de controle concentrado de constitucionalidade – a intervenção do particular, do colegitimado e do "amicus curiae" na ADI, ADC e ADPF

Dirley da Cunha Júnior

SUMÁRIO: 1. INTRODUÇÃO; 2. A INTERVENÇÃO DO PARTICULAR; 3. A INTERVENÇÃO DO COLEGITIMADO; 4. A INTERVENÇÃO DO *AMICUS CURIAE*; 5. A INTERVENÇÃO DO *AMICUS CURIAE* NO CPC/2015; 6. CONCLUSÃO; 7. REFERÊNCIAS BIBLIOGRÁFICAS

1. INTRODUÇÃO

Durante muito tempo se questionou acerca da possibilidade da intervenção de terceiros no processo de controle abstrato de constitucionalidade. O Supremo Tribunal Federal, reconhecendo a natureza *objetiva* desse tipo de processo, dada a circunstância de que nele não se discute interesses ou direitos subjetivos e, em consequência, não há partes em litígio nem caso concreto a acertar, fixou seu entendimento no sentido de que não é aceitável a aludida intervenção.

A Lei nº 9.868, de 10 de novembro de 1999, que dispõe sobre o processo e julgamento da ADI, da ADO e da ADC perante o STF, acolhendo a posição da Suprema Corte, positivou, no art. 7º (para a ADI) e no art. 18 (para a ADC), regra proibitiva segundo a qual não se admitirá intervenção de terceiros no processo de ação direta de inconstitucionalidade e no processo de ação declaratória de constitucionalidade.

A legislação em referência, todavia, abrandou o rigor das vedações mencionadas, quando permitiu ao relator, explicitamente na hipótese da ADI, admitir a intervenção de outros órgãos ou entidades, tendo por parâmetro decisório a relevância da matéria e a representatividade dos postulantes (§ 2º do art. 7º).

Pois bem, nas linhas que se seguem, pretende-se enfrentar essa questão da intervenção de terceiros no processo objetivo de controle de constitucionalidade, abordando o tema em relação à intervenção do particular, do colegitimado ativo e do *amicus curiae*.

2. A INTERVENÇÃO DO PARTICULAR

O terceiro, na condição de particular *subjetivamente* interessado, não tem legitimidade para intervir nos processos de controle abstrato de constitucionalidade. Tal entendimento, fruto da pacífica jurisprudência do Supremo Tribunal Federal[1], é o resultado da exata intelecção dos arts. 7º e 18 da Lei nº 9.868/99. E as razões são óbvias. Vejamo-las, em breve síntese.

Como de conhecimento geral, a partir da Constituição de 1946, em razão da EC nº 16, de 26 de novembro de 1965, que inseriu naquela Carta a ação direta de inconstitucionalidade (na época denominada representação de inconstitucionalidade de lei ou ato normativo), foi acrescentado no sistema brasileiro de controle de constitucionalidade – até então organizado à semelhança do modelo norte-americano do controle *difuso-incidental* – o controle *concentrado-principal*, de procedência europeia[2]. Tais modelos distinguem-se fundamentalmente quanto ao modo de manifestação da atividade de fiscalização da constitucionalidade. Com efeito, enquanto no modelo incidental a questão constitucional (inconstitucionalidade ou constitucionalidade do ato estatal) apresenta-se apenas como causa de pedir ou fundamento jurídico do pedido (este relacionado a qualquer bem da vida) e, em consequência, como questão prejudicial, no controle principal ela representa o próprio pedido. Daí se conclui que, no controle incidental, a atividade de fiscalização da constitucionalidade é exercida num caso concreto, como incidente dele, onde controvertem partes adversas acerca de interesses ou direitos subjetivos; já no controle principal, a atividade de sindicância manifesta-se abstratamente, no âmbito de ações diretas e especiais, com o confronto, em tese, do ato estatal impugnado ou questionado e a norma constitucional parâmetro, independente de caso concreto.

Verifica-se, desse modo, que o controle incidental ou concreto de constitucionalidade tem por finalidade a defesa de um interesse ou direito *subjetivo* da

---

1. ADIN 1191-0, Rel. Min. Ilmar Galvão, DJ de 08.03.1995, p. 4593; ADIN 1254-MC, Rel. Min. Celso de Mello, DJ de 19.09.1997; ADIN 1350-5, Rel. Min. Celso de Mello, j. 27.06.95, DJ de 07.08.1996, p. 26.666/7. Ademais, o Regimento Interno do STF, no art. 169, § 2º já vedava a assistência a qualquer das partes.

2. Mais conhecido por modelo austríaco, em face de ter sido adotado pela primeira vez, por sugestão de Hans Kelsen, pela Constituição da Áustria, de 01 de outubro de 1920 (denominada de *Oktoberverfassung*).

parte que o suscita, ao passo que o controle principal ou abstrato destina-se à defesa *objetiva* da Constituição. Em consequência disto, leciona-se, com frequência, que o processo de controle incidental ou concreto de constitucionalidade é *subjetivo* e o processo de controle principal ou abstrato de constitucionalidade é *objetivo*[3], haja vista que, enquanto aquele está direcionado à resolução de controvérsia ou litígio travado entre partes definidas ante um caso concreto, este está vocacionado, *pura e simplesmente*, à defesa da supremacia constitucional, *objetivamente* de interesse de toda a coletividade.

Por tais motivos, não há falar em intervenção de terceiro, inclusive a assistencial, quando este se apresenta na qualidade de particular *subjetivamente* interessado, nos processos de controle principal ou abstrato de constitucionalidade, uma vez que nestes processos, de manifesto caráter objetivo, não se discutem interesses subjetivos a ensejarem esta intervenção.

Por fim, não obstante a Lei nº 9.882/99 (Lei que regula o processo e julgamento da ADPF) nada disponha a respeito, é necessário reconhecer, na linha da jurisprudência do Supremo Tribunal Federal construída em derredor da ação direta de inconstitucionalidade, que também não se admitirá a intervenção de terceiros, na condição de particular, no processo de arguição de descumprimento de preceito fundamental, em decorrência, decerto, da reconhecida natureza objetiva deste processo de controle abstrato de constitucionalidade[4]. Mas como a Lei nº 9.882/99

---

3. Na ADC n. 1-1/DF, o Relator, Min. Moreira Alves, assim asseverou: "Esta Corte já firmou o entendimento, em vários julgados, de que a ação direta de inconstitucionalidade se apresenta como *processo objetivo*, por ser processo de controle de normas em abstrato, em que não há prestação de jurisdição em conflitos de interesses que pressupõem necessariamente partes antagônicas, mas em que há, sim, a prática, por fundamentos jurídicos, do ato político de fiscalização dos Poderes constituídos decorrente da aferição da observância, ou não, da Constituição pelos atos normativos deles emanados" (In: *Ação Declaratória de Constitucionalidade*. Coords. Ives Gandra da Silva Martins; Gilmar Ferreira Mendes. São Paulo: Saraiva, 1995, p. 196). Na ADIN-MC 1434, Rel. Min. Celso de Mello, j. em 20.08.1996, DJ de 22.11.1996, p. 45.684, ficou assentado o seguinte: "(...) CONTROLE ABSTRATO DE CONSTITUCIONALIDADE – PROCESSO DE CARATER OBJETIVO – IMPOSSIBILIDADE DE DISCUSSAO DE SITUACOES INDIVIDUAIS E CONCRETAS. – O controle normativo de constitucionalidade qualifica-se como típico processo de caráter objetivo, vocacionado exclusivamente a defesa, em tese, da harmonia do sistema constitucional. A instauração desse processo objetivo tem por função instrumental viabilizar o julgamento da validade abstrata do ato estatal em face da Constituição da República. O exame de relações jurídicas concretas e individuais constitui matéria juridicamente estranha ao domínio do processo de controle concentrado de constitucionalidade. A tutela jurisdicional de situações individuais, uma vez suscitada a controvérsia de índole constitucional, há de ser obtida na via do controle difuso de constitucionalidade, que, supondo a existência de um caso concreto, revela-se acessível a qualquer pessoa que disponha de interesse e legitimidade (CPC, art. 30). (...)". Em doutrina, vide, por todos, J. J. Gomes Canotilho, *Direito Constitucional e Teoria da Constituição*, op. cit., p. 835: "O controle abstracto de normas não é um processo contraditório de partes; é, sim, um processo que visa sobretudo a 'defesa da constituição' e da 'legalidade democrática' através da eliminação de actos normativos contrários à constituição".

4. Como já asseverado, relativamente à ADIN e à ADC, a Lei 9.868/99 dispõe de regra clara a respeito (arts. 7º e 18, respectivamente), vedando a intervenção de terceiros.

prevê duas modalidades de ADPF, quais sejam, a arguição *autônoma ou abstrata* e a *arguição incidental ou concreta*, a vedação em comento, segundo aqui se defende, apenas se aplica à primeira modalidade. Isto porque, o entendimento acima não se justifica em sede de arguição incidental, posto que esta modalidade de arguição tem natureza predominantemente subjetiva, porquanto suscitada como um incidente no âmbito de um processo concreto. Por esse raciocínio, presente o interesse subjetivo na solução da controvérsia constitucional, é de se admitir a intervenção de terceiros, inclusive a intervenção assistencial[5].

3. A INTERVENÇÃO DO COLEGITIMADO

Destaca-se, aqui, o interesse em saber se o colegitimado para propositura das ações diretas (ADI, ADC e ADPF) pode intervir no processo de controle abstrato de constitucionalidade para assistir o proponente. Ou seja, cumpre descortinar se é possível a assistência entre os próprios legitimados ativos (aqueles previstos no art. 103 da CF para a ADI e ADC; e art. 2º da Lei 9.882/99 para a ADPF).

Entendemos que sim e a razão é simples. Se o colegitimado pode propor a ação direta, pode, obviamente, intervir na ação já proposta, para figurar como assistente litisconsorcial. Nesse caso, é de se aplicar o prolóquio segundo o qual *quem pode o mais* (mover a ação direta) *pode o menos* (intervir em ação direta movida por outrem). Nesse sentido, colhem-se os magistérios de FREDIE DIDIER JR., NELSON NERY JÚNIOR e ROSA MARIA ANDRADE NERY. Segundo o jovem processualista baiano, DIDIER JR., "Embora não haja interesse subjetivo a ser defendido, a circunstância da colegitimado deve ser levada em consideração para que se verifique a admissibilidade da intervenção, pois quem pode o mais (ingressar com a demanda), deveria poder o menos (intervir como assistente)"[6]. Na mesma direção, confirmam NERY JÚNIOR e NERY que "A possibilidade de haver intervenção de qualquer dos colegitimado da CF 103 ou da LADIn 2º, na qualidade assemelhada à do 'assistente litisconsorcial' (CPC 54), na Ação Direta de Inconstitucionalidade ajuizada por outro colegitimado é medida de rigor. Quem pode o mais (mover a Ação Direta de Inconstitucionalidade) pode, por óbvio, o menos (intervir em Ação Direta de Inconstitucionalidade movida por outrem)"[7].

Sob outro fundamento, pode-se assegurar que, ao ampliar o rol das pessoas ativamente legitimadas para o exercício da ação direta de inconstitucionalidade

---

5. Assim defendemos no nosso livro *Controle Judicial das Omissões do Poder Público: Em busca de uma dogmática constitucional transformadora à luz do direito fundamental à efetivação da Constitucional*, ed. Saraiva, p. 584 e *Controle de Constitucionalidade: teoria e prática*, ed. JusPodivm.

6. *Recurso de Terceiro: Juízo de admissibilidade*, p. 74.

7. *Código de Processo Civil comentado e legislação processual civil extravagante em vigor*, p. 1.599.

ou constitucionalidade, a Constituição Federal tornou viável a formação de *litis-consórcio ativo* no *processo objetivo* de controle abstrato de constitucionalidade. Ou seja, a intervenção do colegitimado nos processos de controle abstrato de constitucionalidade é providência admitida pela própria Constituição de 1988.

Tal constatação não pode ser afastada, à evidência, pelo veto presidencial[8] aposto aos §§ 1º dos arts. 7º e 18 da Lei 9.868/99, que permitiam a manifestação escrita dos colegitimado, respectivamente, sobre o objeto da ADI e da ADC, inclusive para juntarem documentos e apresentarem memoriais. As razões do veto não resistem a uma superficial análise. Com efeito, a intervenção do colegitimado nem compromete a marcha célere do processo nem se confunde com a figura do "amicus curiae". Aliás, relativamente à celeridade, o próprio dispositivo vetado já fixava um prazo (o correspondente à prestação das informações) para a manifestação e a eventual juntada de documentos ou apresentação de memoriais pelo colegitimado.

Convém revelar que o Supremo Tribunal Federal vem admitindo a assistência entre os legitimados ativos, com exceção daquele legitimado que, eventualmente, encontre-se figurando como requerido no processo de controle abstrato de constitucionalidade. Deveras, resolvendo questão de ordem na ADI 807-2, Rel. Min. Celso Mello, j. em 27.05.1993, DJ de 11.06.1993, a Corte firmou o seguinte entendimento:

> *"NOVAÇÃO SUBJETIVA DA RELAÇÃO PROCESSUAL – QUESTÃO DE ORDEM. Por votação unânime, o Tribunal, resolvendo questão de ordem proposta pelo Relator, indeferiu a admissão do Governador do Estado do Rio Grande do Sul como litisconsorte ativo, e não conheceu do pedido de medida cautelar por ele formulado. Votou o Presidente. – Plenário, 27.05.93. "... O Governador do Estado, contudo, não obstante a sua condição formal de sujeito passivo da presente relação processual, eis que sancionou o projeto que se converteu na Lei nº 9123 / 90, pleiteia o seu ingresso nesta causa; na qualidade de litisconsorte ativo do Procurador-Geral da República. ... – postula, ainda, a suspensão cautelar – NÃO REQUERIDA PELO AUTOR – da eficácia das normas impugnadas. ... A nova Carta Política, ao ampliar o rol das pessoas ativamente legitimadas para o exercício da ação direta de inconstitucionalidade, tornou*

---

8. Mensagem nº 1.674, de 10 de novembro de 1999. Razões do veto: "A aplicação deste dispositivo poderá importar em prejuízo à celeridade processual. A abertura pretendida pelo preceito ora vetado já é atendida pela disposição contida no § 2º do mesmo artigo. Tendo em vista o volume de processos apreciados pelo STF, afigura-se prudente que o relator estabeleça o grau da abertura, conforme a relevância da matéria e a representatividade dos postulantes. Cabe observar que o veto repercute na compreensão do § 2º do mesmo artigo, na parte em que este enuncia 'observado o prazo fixado no parágrafo anterior'. Entretanto, eventual dúvida poderá ser superada com a utilização do prazo das informações previsto no parágrafo único do art. 6º."

viável ... a formação de LITISCONSÓRCIO ATIVO no PROCESSO OBJETIVO de controle normativo abstrato ... Quando, no entanto, o ato normativo impugnado em sede de fiscalização abstrata tiver emanado também do Chefe do Poder Executivo ... e este figurar, em consequência, no pólo passivo da relação processual, tornar-se-á juridicamente impossível o seu ingresso em condição subjetiva diversa daquela que já ostenta no processo. Vale dizer, o órgão estatal responsável pela edição do ato questionado não pode, em processo de controle abstrato JÁ INSTAURADO POR TERCEIRO, figurar como seu litisconsorte ativo. ... O reconhecimento pelo Governador do Estado do pedido formulado pelo Procurador-Geral da República – ato processual que, embora possível, nenhuma eficácia jurídica possui em sede de controle abstrato, onde se controverte sobre situações normativas INDISPONÍVEIS – não legitima a novação subjetiva da relação processual, tal como pretendida pelo órgão público de que também emanou o ato impugnado. ... Resta, ainda, uma indagação: pode o SUJEITO PASSIVO da relação processual instaurada com o ajuizamento de ação direta de inconstitucionalidade requerer a suspensão cautelar da eficácia das normas impugnadas, QUANDO NÃO O FEZ O PRÓPRIO AUTOR ? Entendo que não. ... Somente aquele que fez instaurar o processo de controle normativo abstrato, e nele figure, validamente, como autor, dispõe de legitimidade ativa para requerer a concessão de medida cautelar em ação direta de inconstitucionalidade. ..." EMENTA: AÇÃO DIRETA DE INCONSTITUCIONALIDADE – LEGITIMIDADE ATIVA – IMPOSSIBILIDADE DE O GOVERNADOR DO ESTADO, QUE JÁ FIGURA COMO ÓRGÃO REQUERIDO, PASSAR A CONDIÇÃO DE LITISCONSORTE ATIVO – MEDIDA CAUTELAR NÃO REQUERIDA PELO AUTOR – PEDIDO ULTERIORMENTE FORMULADO PELO SUJEITO PASSIVO DA RELAÇÃO PROCESSUAL – IMPOSSIBILIDADE – NÃO CONHECIMENTO. – O órgão estatal que já figure no pólo passivo da relação processual não pode ostentar, simultaneamente, a condição de litisconsorte ativo no processo de controle abstrato instaurado por iniciativa de terceiro. A circunstância de o Governador do Estado poder questionar autonomamente, a validade jurídica de uma espécie normativa local em sede de ação direta, fazendo instaurar, por iniciativa própria, o concernente controle concentrado de constitucionalidade, não lhe confere a prerrogativa de, uma vez iniciada a fiscalização abstrata por qualquer dos outros ativamente legitimados – e constando ele como órgão requerido na ação direta – , buscar a sua inclusão no pólo ativo. – O órgão do Poder Público que formalmente atue como sujeito passivo no processo de controle normativo abstrato não dispõe de legitimidade para requerer a suspensão cautelar do ato impugnado, ainda que tenha expressamente reconhecido a procedência do pedido. Acórdão, DJ 11.06.93."

Ainda acerca da questão, foi publicada a Lei nº 12.063, de 27 de outubro de 2009, que acrescentou à Lei nº 9.868, de 10 de novembro de 1999, o **Capítulo II-A**, que estabelece a disciplina processual da ação direta de inconstitucionalidade por omissão (ADO). O § 1º do novo art. 12-E, inserido na Lei nº 9.868/99, prevê que os demais legitimados ativos da ação referidos no art. 2º da Lei poderão manifestar-se, por escrito, sobre o objeto da ação e pedir a juntada de documentos reputados úteis para o exame da matéria, no prazo das informações, bem como apresentar memoriais.

4. A INTERVENÇÃO DO *AMICUS CURIAE*

A intervenção de terceiro no processo de controle abstrato de constitucionalidade, na condição de *amicus curiae*, foi admitida pelo § 2º do art. 7º da Lei 9.868/99, consoante o qual "O relator, considerando a relevância da matéria e a representatividade dos postulantes, poderá, por despacho irrecorrível, admitir, observado o prazo fixado no parágrafo anterior, a manifestação de outros órgãos ou entidades"[9].

O *amicus curiae*, cuja origem está relacionada ao direito anglo-saxão, é um *terceiro especial*[10] ou colaborador informal que pode intervir no feito para auxiliar a Corte, desde que demonstre um *interesse objetivo* relativamente à questão jurídico-constitucional em discussão, até porque a pertinência temática também é requisito para a admissão de *amicus curiae*[11]. É amigo da Corte, consoante ressoa de sua tradução mais fiel, podendo ser qualquer pessoa, humana ou jurídica, inclusive os legitimados não proponentes da ação. Apresenta-se como um verdadeiro instrumento democrático que franqueia o cidadão a penetrar no mundo fechado, estreito e objetivo do processo de controle abstrato de constitucionalidade para debater temas jurídicos que vão afetar toda a sociedade. Por

---

9. O "amicus curiae" não é figura de todo desconhecida no direito brasileiro. É certo que, não obstante inovadora em tema de controle abstrato de constitucionalidade, a disciplina legal pertinente ao ingresso formal do "amicus curiae" já se achava contemplada, desde 1976, no art. 31 da Lei nº 6.385, de 07/12/76, que permite a intervenção da Comissão de Valores Mobiliários (CVM) em processos judiciais de caráter meramente subjetivo, nos quais se discutam questões de direito societário, sujeitas, no plano administrativo, à competência dessa entidade autárquica federal. A Lei nº 8.884/94, no seu art. 89, também prevê a intervenção do Conselho Administrativo de Defesa Econômica (CADE) nos processos em que se discuta a aplicação das normas da referida legislação.

10. Nesse particular, dissentimos de Fredie Didier Jr., que nega a qualidade de terceiro ao "amicus curiae" no seu trabalho 'Possibilidade de Sustentação Oral do *Amicus Curiae*'. In: *Revista Dialética de Direito Processual* nº 8, out./2003, p. 36/37. O "amicus curiae" é terceiro, sim, que pode intervir, a critério do relator, no processo objetivo de controle de constitucionalidade para defender *interesse objetivo* relacionado à questão constitucional controvertida.

11. ADI 393/DF, Min. CÁRMEN LÚCIA, DJe-154 PUBLIC 19/08/2008: "A pertinência temática também é requisito para a admissão de amicus curiae e a Requerente não o preenche. Reduzir a pertinência temática ao que disposto no estatuto das entidades sem considerar a sua natureza jurídica colocaria o Supremo Tribunal Federal na condição submissa de ter que admitir sempre qualquer entidade em qualquer ação de controle abstrato de normas como amicus curiae, bastando que esteja incluído em seu estatuto a finalidade de defender a Constituição da República".

meio desse instituto, o Tribunal Constitucional mantém permanente *diálogo* com a opinião pública, como forma de legitimar o exercício da jurisdição constitucional.

Consoante já decidiu o Supremo Tribunal Federal, "a admissão do *terceiro, na condição de amicus curiae*, no processo objetivo de controle normativo abstrato, qualifica-se como fator de legitimação social das decisões do Tribunal Constitucional, viabilizando, em obséquio ao postulado democrático, a abertura do processo de fiscalização concentrada de constitucionalidade, em ordem a permitir que nele se realize a possibilidade de participação de entidades e de instituições que efetivamente representem os interesses gerais da coletividade ou que expressem os valores essenciais e relevantes de grupos, classes ou estratos sociais"[12](grifos nossos).

---

12. ADIN-MC 2.130-SC, Rel. Min. Celso de Mello, j. em 20.12.2000, DJ de 02.02.2001, p. 00145. Conferir o inteiro teor da decisão: "EMENTA: AÇÃO DIRETA DE INCONSTITUCIONALIDADE. INTERVENÇÃO PROCESSUAL DO AMICUS CURIAE. POSSIBILIDADE. LEI Nº 9.868/99 (ART. 7º, § 2º). SIGNIFICADO POLÍTICO-JURÍDICO DA ADMISSÃO DO AMICUS CURIAE NO SISTEMA DE CONTROLE NORMATIVO ABSTRATO DE CONSTITUCIONALIDADE. PEDIDO DE ADMISSÃO DEFERIDO. – No estatuto que rege o sistema de controle normativo abstrato de constitucionalidade, o ordenamento positivo brasileiro processualizou a figura do amicus curiae (Lei nº 9.868/99, art. 7º, § 2º), permitindo que terceiros – desde que investidos de representatividade adequada – possam ser admitidos na relação processual, para efeito de manifestação sobre a questão de direito subjacente à própria controvérsia constitucional. – A admissão de terceiro, na condição de amicus curiae, no processo objetivo de controle normativo abstrato, qualifica-se como fator de legitimação social das decisões da Suprema Corte, enquanto Tribunal Constitucional, pois viabiliza, em obséquio ao postulado democrático, a abertura do processo de fiscalização concentrada de constitucionalidade, em ordem a permitir que nele se realize, sempre sob uma perspectiva eminentemente pluralística, a possibilidade de participação formal de entidades e de instituições que efetivamente representem os interesses gerais da coletividade ou que expressem os valores essenciais e relevantes de grupos, classes ou estratos sociais. Em suma: a regra inscrita no art. 7º, § 2º, da Lei nº 9.868/99 – que contém a base normativa legitimadora da intervenção processual do amicus curiae – tem por precípua finalidade pluralizar o debate constitucional. DECISÃO: A Associação dos Magistrados Catarinenses – AMC, invocando a sua "condição de entidade representativa dos Magistrados Catarinenses" (fls. 255), requer, nos termos do art. 7º, § 2º, da Lei nº 9.868/99, seja admitida, formalmente, a manifestar-se na presente causa. Passo a apreciar o pedido ora formulado pela entidade de classe em questão. Como se sabe, o pedido de intervenção assistencial, ordinariamente, não tem cabimento em sede de ação direta de inconstitucionalidade, eis que terceiros não dispõem, em nosso sistema de direito positivo, de legitimidade para intervir no processo de controle normativo abstrato (RDA 155/155 – RDA 157/266 – ADI 575-PI (AgRg), Rel. Min. CELSO DE MELLO, v.g.). A Lei nº 9.868/99, ao regular o processo de controle abstrato de constitucionalidade, prescreve que "Não se admitirá intervenção de terceiros no processo de ação direta de inconstitucionalidade" (art. 7º, caput). A razão de ser dessa vedação legal – adverte o magistério da doutrina (OSWALDO LUIZ PALU, "Controle de Constitucionalidade", p. 216/217, 1999, RT; ZENO VELOSO, "Controle Jurisdicional de Constitucionalidade", p. 88, item n. 96, 1999, Cejup; ALEXANDRE DE MORAES, "Direito Constitucional", p. 571, 6ª ed., 1999, Atlas, v.g.) – repousa na circunstância de o processo de fiscalização normativa abstrata qualificar-se como processo de caráter objetivo (RTJ 113/22 – RTJ 131/1001 – RTJ 136/467 – RTJ 164/506-507). Não obstante todas essas considerações, cabe ter presente a regra inovadora constante do art. 7º, § 2º, da Lei nº 9.868/99, que, em caráter excepcional, abrandou o sentido absoluto da vedação pertinente à intervenção assistencial, passando, agora, a permitir o ingresso de entidade dotada de representatividade adequada no processo de controle abstrato de constitucionalidade. A norma legal em questão, ao excepcionalmente admitir a possibilidade de ingresso formal de terceiros no processo de controle normativo abstrato, assim dispõe: "O relator, considerando a relevância da matéria e a representatividade dos postulantes, poderá, por despacho irrecorrível, admitir, observado

A intervenção do "amicus curiae" no processo objetivo de controle de constitucionalidade pluraliza o debate dos principais temas de direito constitucional e propicia uma maior abertura no seu procedimento e na interpretação constitucional, nos moldes sugeridos por PETER HÄBERLE em sua sociedade aberta dos

---

o prazo fixado no parágrafo anterior, a manifestação de outros órgãos ou entidades." (grifei) No estatuto que rege o sistema de controle normativo abstrato de constitucionalidade, o ordenamento positivo brasileiro processualizou, na regra inscrita no art. 7º, § 2º, da Lei nº 9.868/99, a figura do amicus curiae, permitindo, em consequência, que terceiros, investidos de representatividade adequada, sejam admitidos na relação processual, para efeito de manifestação sobre a questão de direito subjacente à própria controvérsia constitucional. A regra inscrita no art. 7º, § 2º da Lei nº 9.868/99 – que contém a base normativa legitimadora da intervenção processsual do amicus curiae – tem por objetivo pluralizar o debate constitucional, permitindo que o Supremo Tribunal Federal venha a dispor de todos os elementos informativos possíveis e necessários à resolução da controvérsia. É certo que, embora inovadora em tema de controle abstrato de constitucionalidade (que faz instaurar processo de natureza marcadamente objetiva), a disciplina legal pertinente ao ingresso formal do amicus curiae já se achava contemplada, desde 1976, no art. 31 da Lei nº 6.385, de 07/12/76, que permite a intervenção da Comissão de Valores Mobiliários (CVM) em processos judiciais de caráter meramente subjetivo, nos quais se discutam questões de direito societário, sujeitas, no plano administrativo, à competência dessa entidade autárquica federal. Cabe registrar, por necessário, que a intervenção do amicus curiae, para legitimar-se, deve apoiar-se em razões que tornem desejável e útil a sua atuação processual na causa, em ordem a proporcionar meios que viabilizem uma adequada resolução do litígio. Na verdade, consoante ressalta PAOLO BIANCHI, em estudo sobre o tema ("Un'Amicizia Interessata: L'amicus curiae Davanti Alla Corte Suprema Degli Stati Uniti", in "Giurisprudenza Costituzionale", Fasc. 6, nov/dez de 1995, Ano XI, Giuffré), a admissão do terceiro, na condição de amicus curiae, no processo objetivo de controle normativo abstrato, qualifica-se como fator de legitimação social das decisões do Tribunal Constitucional, viabilizando, em obséquio ao postulado democrático, a abertura do processo de fiscalização concentrada de constitucionalidade, em ordem a permitir que nele se realize a possibilidade de participação de entidades e de instituições que efetivamente representem os interesses gerais da coletividade ou que expressem os valores essenciais e relevantes de grupos, classes ou estratos sociais. Presente esse contexto, entendo que a atuação processual do amicus curiae não deve limitar-se à mera apresentação de memoriais ou à prestação eventual de informações que lhe venham a ser solicitadas. Cumpre permitir-lhe, em extensão maior, o exercício de determinados poderes processuais, como aquele consistente no direito de proceder à sustentação oral das razões que justificaram a sua admissão formal na causa. Reconheço, no entanto, que, a propósito dessa questão, existe decisão monocrática, em sentido contrário, proferida pelo eminente Presidente desta Corte, na Sessão de julgamento da ADI 2.321-DF (medida cautelar). Tenho para mim, contudo, na linha das razões que venho de expor, que o Supremo Tribunal Federal, em assim agindo, não só garantirá maior efetividade e atribuirá maior legitimidade às suas decisões, mas, sobretudo, valorizará, sob uma perspectiva eminentemente pluralística, o sentido essencialmente democrático dessa participação processual, enriquecida pelos elementos de informação e pelo acervo de experiências que o amicus curiae poderá transmitir à Corte Constitucional, notadamente em um processo – como o de controle abstrato de constitucionalidade – cujas implicações políticas, sociais, econômicas, jurídicas e culturais são de irrecusável importância e de inquestionável significação. Tendo presentes as razões ora expostas – e considerando o que dispõe o art. 7º, § 2º, da Lei nº 9.868/99 -, entendo que se acham preenchidos, na espécie, os requisitos legitimadores da pretendida admissão formal, da ora interessada, nesta causa: a relevância da matéria em exame, de um lado, e a representatividade adequada da entidade de classe postulante, de outro. Sendo assim, admito, na presente causa, a manifestação da Associação dos Magistrados Catarinenses – AMC, que nela intervirá na condição de amicus curiae, anotando-se, ainda, na autuação os nomes de seus ilustres procuradores (fls. 271). 2. O pedido de medida cautelar será submetido à apreciação do Plenário desta Corte, em uma das Sessões que o Supremo Tribunal Federal fará realizar na primeira quinzena do mês de fevereiro de 2001. 3. Depois que se proceder à juntada desta decisão ao processo, voltem-me conclusos, imediatamente, os presentes autos."

DIRLEY DA CUNHA JÚNIOR

intérpretes da constituição[13]. Através do "amicus curiae", a Corte Constitucional ausculta o cidadão, de modo a permitir que este interfira na formação da decisão final. A dizer, de simples destinatário das normas constitucionais, o cidadão passa à condição de seu intérprete.

Nessa perspectiva, se a intervenção do "amicus curiae" é uma necessidade do regime democrático e um imperativo na solução dos principais temas constitucionais, afigura-se coerente permiti-lo manifestar-se no processo das mais variadas formas, seja por escrito, seja oralmente, com amplos poderes processuais[14]. A propósito disto, o Supremo Tribunal Federal, num primeiro momento, resolvendo questão de ordem na ADIN 2.223, Rel. Min. Marco Aurélio, não admitiu, por maioria, a sustentação oral do "amicus curiae[15].

Contudo, revendo sua posição, o Supremo Tribunal Federal, também resolvendo questão de ordem nas ADIN's 2675/PE e 2777/SP, em decisão de 26 e 27 de novembro de 2003, admitiu a possibilidade de realização de sustentação oral por terceiros admitidos no processo abstrato de constitucionalidade, na qualidade de "amicus curiae"[16].

---

13. Peter Häberle. *Hermenêutica Constitucional. A Sociedade Aberta dos Intérpretes da Constituição: Contribuição para a Interpretação Pluralista e "Procedimental" da Constituição*. Trad. Gilmar Ferreira Mendes. Porto Alegre: Sergio Antonio Fabris Editor, 1997.

14. No mesmo sentido, conferir Fredie Didier Jr., Possibilidade de Sustentação Oral do *Amicus Curiae*. In: *Revista Dialética de Direito Processual nº 8*, out./2003.

15. Informativo nº 246: "Submetida ao referendo do Plenário a decisão do Min. Marco Aurélio que, apreciando o pedido de medida liminar em ação direta ajuizada pelo Partido dos Trabalhadores – PT no período de férias forenses (RISTF, art. 37, I), suspendera cautelarmente dispositivos da Lei 9.932/99, que dispõe sobre a transferência de atribuições do IRB – Brasil Resseguros S/A – IRB-BRASIL RE para a Superintendência de Seguros Privados – SUSEP. Inicialmente, o Tribunal, por maioria, resolvendo questão de ordem, entendeu não ser possível a sustentação oral de terceiros admitidos no processo de ação direta de inconstitucionalidade na qualidade de amicus curiae, cuja manifestação há de ser feita por escrito [Lei 9.868/99, art. 7º: "Não se admitirá intervenção de terceiros no processo de ação direta de inconstitucionalidade. ... § 2º O relator, considerando a relevância da matéria e a representatividade dos postulantes, poderá por despacho irrecorrível, admitir (...) a manifestação de outros órgãos ou entidades."]. Salientou-se que a Lei 9.868/99 prevê expressamente que, no julgamento do pedido de medida cautelar, será facultada sustentação oral aos representantes judiciais do requerente e das autoridades ou órgãos responsáveis pela expedição do ato (§ 2º do art. 10). Vencidos os Ministros Nelson Jobim, Celso de Mello e Marco Aurélio, que assentavam o direito à sustentação oral. Em seguida, o julgamento foi suspenso.

16. Informativo nº 331: Iniciado o julgamento das ações diretas de inconstitucionalidade nºs 2675/PE (Rel. Min. Carlos Velloso) e 2777/SP (Rel. Min. Cezar Peluso) ajuizadas, respectivamente, pelos Governadores dos Estados de Pernambuco e de São Paulo, contra dispositivos de leis dos referidos Estados que asseguram a restituição do ICMS pago antecipadamente no regime de substituição tributária, nas hipóteses em que a base de cálculo da operação for inferior à presumida, o Tribunal, preliminarmente, por maioria, resolvendo questão de ordem suscitada no julgamento das ações diretas acima mencionadas, **admitiu, excepcionalmente, a possibilidade de realização de sustentação oral por terceiros admitidos no processo abstrato de constitucionalidade, na qualidade de amicus curiae.** Os Ministros Celso de Mello e Carlos Britto, em seus votos, ressaltaram que o § 2º do art. 7º da Lei 9.868/99, ao admitir a manifestação de terceiros no processo objetivo de constitucionalidade, não limita a atuação destes à mera apresentação

A intervenção do "amicus curiae", como terceiro *objetivamente* interessado, entretanto, está condicionada à verificação, por parte do relator da ação, da relevância da matéria e da representatividade do postulante, com o que se fixou uma espécie de "filtro" por meio do qual o relator admitirá ou não, a seu critério, a manifestação do amigo da corte. Nada obstante, a tendência será sempre admitir, em face das razões que animaram a consagração do instituto no direito brasileiro.

Quanto ao prazo para a intervenção, apesar da razoabilidade do entendimento de que esse prazo corresponde ao da prestação das informações, parece-nos que a melhor posição é aquela que fixa como termo final a data anterior ao julgamento da ação[17]. Em Sessão Plenária de 22.4.2009, o Supremo Tribunal Federal entendeu ser incabível a admissão de *amicus curiae* após a inclusão do processo na pauta de julgamento, conforme registrado no Informativo nº 543/2009[18].

---

de memoriais, mas abrange o exercício da sustentação oral, cuja relevância consiste na abertura do processo de fiscalização concentrada de constitucionalidade; na garantia de maior efetividade e legitimidade às decisões da Corte, além de valorizar o sentido democrático dessa participação processual. O Min. Sepúlveda Pertence, de outra parte, considerando que a Lei 9.868/99 não regulou a questão relativa à sustentação oral pelos amicus curiae, entendeu que compete ao Tribunal decidir a respeito, através de norma regimental, razão por que, excepcionalmente e apenas no caso concreto, admitiu a sustentação oral. Vencidos os Ministros Carlos Velloso e Ellen Gracie, que, salientando que a admissão da sustentação oral nessas hipóteses poderia implicar a inviabilidade de funcionamento da Corte, pelo eventual excesso de intervenções, entendiam possível apenas a manifestação escrita (Lei 9.868/99, art. 7º, § 2º: "Não se admitirá intervenção de terceiros no processo de ação direta de inconstitucionalidade. ... § 2º O relator, considerando a relevância da matéria e a representatividade dos postulantes, poderá por despacho irrecorrível, admitir ... a manifestação de outros órgãos ou entidades.").

17. ADIN 1104/DF, Rel. Min. Gilmar Mendes, j. 21.10.2003, DJ 29.10.2003, p. 00033: "Não obstante a plausibilidade da interpretação adotada na decisão de fl. 73, no sentido de que o prazo das informações seria o marco para a abertura procedimental prevista no art. 7º, § 2º, da Lei nº 9.868, de 1999, cabe reconhecer que a leitura sistemática deste diploma legal remete o intérprete a uma perspectiva pluralista do controle abstrato de normas. Assim, consideradas as circunstâncias do caso concreto, reconsidero a decisão de fl. 73, para admitir a manifestação da Companhia Energética de Brasília, que intervirá no feito na condição de amicus curiae."

18. "A possibilidade de intervenção do *amicus curiae* **está limitada à data da remessa dos autos à mesa para julgamento.** (...) Preliminarmente, o Tribunal, também por maioria, rejeitou o pedido de intervenção dos *amici curiae*, porque apresentado após a liberação do processo para a pauta de julgamento. Considerou-se que o relator, ao encaminhar o processo para a pauta, já teria firmado sua convicção, razão pela qual os fundamentos trazidos pelos *amici curiae* pouco seriam aproveitados, e dificilmente mudariam sua conclusão. Além disso, entendeu-se que permitir a intervenção de terceiros, que já é excepcional, às vésperas do julgamento poderia causar problemas relativamente à quantidade de intervenções, bem como à capacidade de absorver argumentos apresentados e desconhecidos pelo relator. Por fim, ressaltou-se que a regra processual teria de ter uma limitação, sob pena de se transformar o *amicus curiae* em regente do processo. Vencidos, na preliminar, os Ministros Cármen Lúcia, Carlos Britto, Celso de Mello e Gilmar Mendes, Presidente, que admitiam a intervenção, no estado em que se encontra o processo, inclusive para o efeito de sustentação oral. Ao registrar que, a partir do julgamento da ADI 2777 QO/SP (j. em 27.11.2003), o Tribunal passou a admitir a sustentação oral do *amicus curiae* — editando norma regimental para regulamentar a matéria —, salientavam que essa intervenção, sob uma perspectiva pluralística, conferiria legitimidade às decisões do STF no exercício da jurisdição constitucional. Observavam, entretanto,

Ao fim, cumpre apresentar três esclarecimentos.

Primeiro, que apesar do veto ao § 2º do art. 18 da Lei 9.868/99, que previa a intervenção do "amicus curiae" na ADC, não temos dúvida da possibilidade de intervenção de terceiro objetivamente interessado, na condição de amigo da corte, no processo da ação declaratória de constitucionalidade. Aliás, o próprio veto chega a se coadunar com esse raciocínio, quando elucida que "Resta assegurada, todavia, a possibilidade de o Supremo Tribunal Federal, por meio de interpretação sistemática, admitir no processo da ação declaratória a abertura processual prevista para a ação direta no § 2º do art. 7º".

Segundo, não aderimos à opinião que recusa a legitimidade do "amicus curiae" para recorrer[19]. O STF recusa a legitimidade recursal do *amicus curiae*[20], somente admitindo a interposição de recurso, na linha capitaneada pelo Ministro Celso de Mello, contra a decisão que **indefere** o ingresso como o *amicus curiae*,

---

que seria necessário racionalizar o procedimento, haja vista que o concurso de muitos *amici curiae* implicaria a fragmentação do tempo disponível, com a brevidade das sustentações orais. Ressaltavam, ainda, que, tendo em vista o caráter aberto da *causa petendi*, a intervenção do *amicus curiae*, muitas vezes, mesmo já incluído o feito em pauta, poderia invocar novos fundamentos, mas isso não impediria que o relator, julgando necessário, retirasse o feito da pauta para apreciá-los. ADI 4071 AgR/DF, rel. Min. Menezes Direito, 22.4.2009. (ADI-4071). No mesmo sentido: ADI 2.669, Rel. Min. Presidente Gilmar Mendes, decisão monocrática, julgamento em 25-5-09, DJE 2-6-09.

19. No AgR na ADIN 2581, Rel. Min. Maurício Carrêa, j. em 11.04.2002, DJ de 18.04.2002, foi decidido pela pena do em. relator o seguinte: "O Governador do Estado de São Paulo, à fl. 568, requereu fosse desconsiderado o pedido de concessão de liminar formulado na presente ação, por entender que, tendo sido exonerada a Procuradora-Geral do Estado, desapareceram as condições que implicavam na urgência da apreciação cautelar. 3. Indeferi a pretensão deduzida (fls. 616), em razão do firme entendimento desta Corte de que "o princípio da indispensabilidade, que rege o processo de controle normativo abstrato, impede que o autor da ação direta de inconstitucionalidade venha a desistir do pedido de medida cautelar por ele eventualmente formulado" (ADI 892-7-RS, Celso de Mello, DJ de 07.11.97; ADI (Questão de Ordem) 2.188-5/ RJ, Néri da Silveira, DJ de 09.03.01). 4. Inconformados, a Associação Nacional dos Procuradores de Estado – ANAPE e outros interpuseram o presente agravo regimental, insistindo na necessidade de ser desconsiderado o pedido de concessão de medida liminar. 5. Importa ressaltar, contudo, que a intervenção processual do amicus curiae em ação direta de inconstitucionalidade é admitida em nosso ordenamento jurídico 'para efeito de manifestação sobre a questão de direito subjacente à própria controvérsia constitucional' e 'tem por objetivo pluralizar o debate constitucional, permitindo que o Supremo Tribunal Federal venha a dispor de todos os elementos informativos possíveis e necessários à resolução da controvérsia' (ADIMC 2130-SC, Celso de Mello, DJ de 02.02.01). A sua atuação nesta via processual 'como colaborador informal da Corte' não configura, tecnicamente, hipótese de intervenção ad coadjuvandum (AGRADI 748-RS, Celso de Mello, DJ de 18.11.94). 6. Assim, como mero colaborador informal, o amicus curiae não está legitimado para recorrer das decisões proferidas em ação direta. Ante o exposto, com base no artigo 21, § 1º, do RISTF, indefiro liminarmente o agravo regimental." Na doutrina, opõe-se à legitimidade recursal do "amicus curiae", Fredie Didier Jr., *Recurso de Terceiro: Juízo de admissibilidade*, p. 157/158.

20. Agravo regimental no recurso extraordinário com agravo. Insurgência oposta pelo *amicus curiae* admitido nos autos. Inadmissibilidade. Posição processual que não lhe permite interpor recursos contra as decisões proferidas no respectivo processo. 1. É pacífica a jurisprudência desta Corte no sentido de que o *amicus curiae*, conquanto regularmente admitido nos autos, carece de legitimidade para a interposição de recursos nas ações de controle concentrado de constitucionalidade. 2. Agravo regimental a que se nega provimento. (ARE 857753 AgR, Relator(a): Min. DIAS TOFFOLI, Segunda Turma, DJe 22-05-2017).

pelo próprio requerente que teve o pedido rejeitado (cf. RE 597.165 AgR, rel. Min. Celso de Mello). Defendemos a ampla legitimidade recursal do amigo da corte. De feito, se o "amicus curiae" é terceiro objetivamente interessado no deslinde da relevante controvérsia constitucional e, consequentemente, pode manifestar-se para que a decisão exaranda seja nesse ou naquele sentido, não há como lhe negar o direito processual de recorrer quando a decisão proferida não foi, a seu sentir, a mais adequada.

E, terceiro, é oportuno asseverar que, como já sustentamos noutra oportunidade,

> "Consideramos ainda ser cabível na arguição de descumprimento de preceito fundamental, em que pese o silêncio do legislador (que não se apresenta como silêncio eloquente), a figura do amicus curiae (amigo da Corte), por aplicação analógica da regra insculpida no § 2o do art. 7o da Lei no 9.868/99, segunda a qual o relator, considerando a relevância da matéria e a representatividade dos postulantes, poderá admitir a manifestação de outros órgãos ou entidades. E é bom que assim seja, pois a possibilidade de intervenção de outros órgãos e entidades representativas, que não os próprios legitimados ativos, no processo abstrato de arguição de descumprimento, confere uma coloração democrática a estes processos constitucionais, permitindo uma maior abertura no seu procedimento e na interpretação constitucional, nos moldes sugeridos por HÄBERLE. Ter-se-á, aí, uma participação direta do cidadão na resolução dos principais problemas constitucionais. Tal raciocínio é corroborado pela norma insculpida no § 2o do art. 6o da Lei 9.882/99, que faculta ao relator autorizar sustentação oral e juntada de memoriais, por requerimento dos interessados no processo. A expressão "interessados" deve ser interpretada para abranger todos aqueles órgãos e entidades de representatividade social e política dos quais fala o § 2o do art. 7o da Lei 9.868/99, inclusive o Advogado-Geral da União e o Procurador-Geral da República, e não somente os legitimados ativos da arguição."[21]

5. A INTERVENÇÃO DO *AMICUS CURIAE* NO CPC/2015

O CPC/2015 também consagrou a figura do *amicus curiae* no art. 138, de acordo com o qual "O juiz ou o relator, considerando a relevância da matéria, a especificidade do tema objeto da demanda ou a repercussão social da controvérsia, poderá, por decisão irrecorrível, de ofício ou a requerimento das

---

21. Conforme o nosso *Controle Judicial das Omissões do Poder Público: Em busca de uma dogmática constitucional transformadora à luz do direito fundamental à efetivação da Constitucional*, p. 584/585.

partes ou de quem pretenda manifestar-se, solicitar ou admitir a participação de pessoa natural ou jurídica, órgão ou entidade especializada, com representatividade adequada, no prazo de 15 (quinze) dias de sua intimação.".

Ademais, em conformidade com o § 1º, a intervenção do amigo da corte não autoriza a interposição de recursos, ressalvada a oposição de embargos de declaração, cabendo ao juiz ou ao relator, na própria decisão que solicitar ou admitir a intervenção, e nos termos do § 2º, definir os poderes do *amicus curiae*.

O novo CPC, como se percebe, ampliou consideravelmente a intervenção do amigo da corte, para permitir a aplicação desse instituto em qualquer tipo de processo, seja subjetivo ou objetivo, assim como nos juízos de primeiro grau e a participação de pessoas naturais, de órgãos ou entidades especializadas, além de pessoas jurídicas. Ademais, intervenção pode se dar de ofício (por solicitação do juiz ou relator) ou a requerimento das partes ou de quem pretenda manifestar-se (por admissão por juiz ou relator).

O CPC/2015, adotando a jurisprudência pacífica do STF, não autoriza a interposição de recursos pelo *amicus curiae*, ressalvadas a oposição de embargos de declaração e de recurso da decisão que julgar o incidente de resolução de demandas repetitivas. O novo CPC traz outra novidade, ao possibilitar ao juiz ou relator, na decisão que solicitar ou admitir a intervenção, definir os poderes do amigo da corte (como, por exemplo, permitir que o *amicus* produza provas, participe de audiências ou se manifeste oralmente nas audiências ou sessões de julgamento).

6. CONCLUSÃO

Concluindo, pode-se afirmar que a vedação legal (arts. 7º e 18 da Lei nº 9.868/99) da intervenção de terceiro no processo de controle abstrato de constitucionalidade só atinge o particular, ante a circunstância de que inexiste, nesse processo de acentuada natureza objetiva, qualquer interesse subjetivo concreto a legitimar sua intervenção.

Todavia, é legítima a intervenção do colegitimado para o manejo das ações diretas, que passa a assumir a condição de assistente litisconsorcial do proponente da ação, haja vista que, com o advento da Constituição de 1988, que ampliou o rol de legitimados para a ADI, ADC e ADPF, tornou-se viável a formação de litisconsórcio ativo no processo objetivo de controle de constitucionalidade. Ademais, quem pode o mais (propor a ação direta), pode, evidentemente, o menos (intervir em ação direta já proposta por outro legitimado).

Por derradeiro, o direito brasileiro positivou a figura do *amicus curiae* (§ 2º do art. 7º da Lei nº 9.868/99 e art. 138 do CPC/2015), para admitir, a critério do relator da ação direta, a sua intervenção no processo de fiscalização abstrata de constitucionalidade, como terceiro objetivamente interessado no desate de relevantes controvérsias constitucionais, cujo objetivo é auxiliar a Corte na interpretação constitucional, podendo exercer amplos poderes processuais, inclusive realizar sustentação oral e recorrer acerca da matéria jurídica dirimida pelo Tribunal.

7. REFERÊNCIAS BIBLIOGRÁFICAS

CANOTILHO, J. J. Gomes. *Direito Constitucional e Teoria da Constituição*. 3ª ed., Coimbra: Almedina, 1997.

CUNHA JÚNIOR, Dirley da. *Controle Judicial das Omissões do Poder Público: Em busca de uma dogmática constitucional transformadora à luz do direito fundamental à efetivação da Constitucional*. São Paulo: Saraiva, 2004.

_____. *Controle de Constitucionalidade: teoria e prática*. 9ª ed. Salvador: ed. JusPodivm, 2017.

DIDIER JR., Fredie. *Recurso de Terceiro: Juízo de admissibilidade*. São Paulo: Rt, 2002.

_____. Possibilidade de Sustentação Oral do *Amicus Curiae*. In: *Revista Dialética de Direito Processual* nº 8, out./2003, p. 33-38.

HÄBERLE, Peter. *Hermenêutica Constitucional. A Sociedade Aberta dos Intérpretes da Constituição: Contribuição para a Interpretação Pluralista e "Procedimental" da Constituição*. Trad. Gilmar Ferreira Mendes. Porto Alegre: Sergio Antonio Fabris Editor, 1997.

NERY JÚNIOR, Nelson; NERY, Rosa Maria Andrade. Código de Processo Civil comentado e legislação processual civil extravagante em vigor. 5ª ed., São Paulo: RT, 2001.

CAPÍTULO 6

Os pronunciamentos do STF sobre questões constitucionais e sua repercussão sobre a coisa julgada (impugnação ao cumprimento do título executivo inconstitucional e a regra especial sobre prazo de ação rescisória)

Eduardo Talamini

SUMÁRIO: 1. INTRODUÇÃO; 2. SENTIDO E FINALIDADE DA NORMA; 3. IMPUGNAÇÃO COM CARÁTER RESCISÓRIO; 4. A ORIGEM, NO DIREITO COMPARADO; 5. CONSTITUCIONALIDADE DA REGRA; 6. HIPÓTESE DE INCIDÊNCIA; 6.1. PRONUNCIAMENTO DO PLENÁRIO DO STF; 6.2. ENFRENTAMENTO DIRETO E RELEVANTE DA QUESTÃO (*RATIO DECIDENDI*) PELO PLENÁRIO; 6.3. DECISÃO REVESTIDA DE EFICÁCIA VINCULANTE *ERGA OMNES*; 6.4. DECISÃO DE CONSTITUCIONALIDADE, INCONSTITUCIONALIDADE OU DE INTERPRETAÇÃO CONFORME; 6.5. DECISÃO ANTERIOR À FORMAÇÃO DO TÍTULO EXECUTIVO JUDICIAL; 7. MODULAÇÃO DE EFEITOS; 8. DESCONSTITUIÇÃO DO *DECISUM* ANTERIOR E NOVO JULGAMENTO; 9. IMPRESCINDIBILIDADE DA IMPUGNAÇÃO AO CUMPRIMENTO; 10. INAPLICABILIDADE ÀS DECISÕES DECLARATÓRIAS E CONSTITUTIVAS; 11. LIMITES DE APLICABILIDADE DA AÇÃO RESCISÓRIA PREVISTA NOS ARTS. 525, § 12, E 535, § 5º; 12. DIREITO INTERTEMPORAL;13. REFERÊNCIAS BIBLIOGRÁFICAS

1. INTRODUÇÃO

Nos termos do § 12 do art. 525 do CPC/2015, "considera-se também inexigível" – para o fim de autorizar-se a impugnação ao cumprimento de sentença – "a obrigação reconhecida em título executivo judicial fundado em lei ou ato normativo considerado inconstitucional pelo Supremo Tribunal Federal, ou fundado em aplicação ou interpretação da lei ou do ato normativo tido pelo Supremo Tribunal Federal como incompatível com a Constituição Federal, em controle de constitucionalidade concentrado ou difuso". Idêntica disposição é veiculada também no art. 535, § 5º, tratando especificamente da impugnação à execução (por quantia) do título judicial contra a Fazenda Pública.

A regra não é de todo nova. Desde a MP 1.997-37, de 11.04.2000, permite-se que o executado oponha-se à execução do título judicial que esteja em desconformidade com pronunciamentos do STF. No entanto, o CPC/2015 ampliou significativamente o alcance desse instrumento.

Tive a oportunidade de examinar o tema, em mais de uma ocasião, sob a égide da legislação anterior.[1] Em larga medida, as considerações antes desenvolvidas continuam aplicáveis – e quando não o são, permitem um útil cotejo com a disciplina atual. O presente texto dialoga com esses escritos anteriores, propondo-se a atualizá-los. Em vista dessa específica finalidade, e tomando em conta as exigências de concisão e objetividade da coletânea a que este artigo se destina,[2] opto aqui, em muitos pontos, por remeter a referências doutrinárias e jurisprudenciais e premissas contidas em meus ensaios anteriores.

2. SENTIDO E FINALIDADE DA NORMA

A hipótese dos arts. 525, § 12, e 535, § 5º, não é verdadeiramente de "inexigibilidade da obrigação". O preceito executivo existe e é exigível, pois a decisão jurisdicional inconstitucional não é juridicamente inexistente nem absolutamente ineficaz: ela precisa ser desconstituída, rescindida, pela via adequada –[3] sem o que, continuará sendo exigível.

Mas o que importa é que também se permite o uso da impugnação nesse caso. A equiparação à inexigibilidade ("considera-se também inexigível...") foi o artifício adotado pelo legislador para estender a essa hipótese o regime jurídico da impugnação ao cumprimento ("para o efeito do disposto no inc. III do §

---

1. TALAMINI, Eduardo. *Coisa julgada e sua revisão*. São Paulo: Revista dos Tribunais, 2005, cap. 8, e; "Embargos à execução de título judicial eivado de inconstitucionalidade", em *Revista de Processo*, v. 106, 2002, disponível em www.revistadostribunais.com.br, acesso em 05.02.2017. Outras premissas relevantes para o exame do tema foram por mim desenvolvidas em "Efeitos da declaração de inconstitucionalidade", em CLÈVE, Clémerson Merlin (coord.). *Direito constitucional brasileiro*, São Paulo: Revista dos Tribunais, 2014, v. 2, *passim*; e "Objetivação do controle incidental de constitucionalidade e força vinculante (ou 'devagar com o andor que o santo é de barro')", em ALVIM, Teresa Arruda; NERY JR., Nelson (org.). *Aspectos polêmicos e atuais dos recursos cíveis*. São Paulo: Revista dos Tribunais, 2011, v. 12, *passim*. A exposição que segue constitui detalhamento e aprofundamento daquilo que escrevi em *Curso avançado de processo civil* (em coop. c/ L. R. Wambier). 16ª ed. São Paulo: Revista dos Tribunais, 2017, v. 3, n. 19.5.

2. Este artigo foi originalmente destinado a coletânea em homenagem à Professora Teresa Arruda Alvim. O tema aqui abordado, como tantos outros, foi enfrentado com maestria pela homenageada (*O dogma da coisa julgada*, em coop. c/ J. M. Medina, São Paulo, RT, 2003, n. 2.3.3, p. 72 e seguintes).

3. Conforme a orientação assente do STF: RMS 17.976-SP, rel. Min. Amaral Santos, j. 13.09.1968, em RTJ 55/744; RE 86.056, rel. Min. Rodrigues Alckmin, j. 31.05.1977, DJU 01/07/1977; Recl. 148, rel. Min. Moreira Alves, j. 17.06.1983, em RTJ 109/463; Ag no RE 592.912, 2ª T., rel. Min. Celso de Mello, DJe 21.11.2012; RE 730.462 (repercussão geral), Pleno, v.u., rel. Min. Teori Zavascki, j. 25.5.15, DJe 09.09.2015. Ver TALAMINI, Eduardo, *Coisa julgada e sua revisão*, cit., n. 8.22, p. 435-437; e "Embargos à execução...", cit., n. 2.

1º...". Nesse sentido, tem-se uma ficção jurídica: a equiparação formal de uma situação a outra, diversa, para que se submetam ambas a uma mesma norma, originalmente concebida para apenas uma delas.[4] O mesmo resultado normativo poderia ser produzido mediante a simples inclusão da hipótese ora em exame diretamente no elenco de situações que autorizam o emprego da impugnação ao cumprimento. Não há inconstitucionalidade nessa regra, como se vê adiante.

3. IMPUGNAÇÃO COM CARÁTER RESCISÓRIO

A impugnação ao cumprimento da decisão inconstitucional, assim como aquela dos arts. 525, § 1º, I, e 535, I, concerne a um defeito anterior ao trânsito em julgado do pronunciamento que serve de título executivo. A diferença está em que, na hipótese dos arts. 525, § 1º, I, e 535, I, tem-se uma "inexistência jurídica" (ou uma ineficácia absoluta, conforme a concepção que se adote) – de modo que não há verdadeiramente trânsito em julgado nem coisa julgada.[5] Já na hipótese objeto deste breve ensaio, a decisão, em princípio, é juridicamente existente, e transitou em julgado.[6] A impugnação assume verdadeira função *rescisória*.

A impugnação será admitida mesmo que a decisão que constitui o título executivo revista-se de coisa julgada material – e ainda que já se tenha encerrado o prazo para ajuizamento de ação rescisória. Assim, trata-se de modalidade típica de revisão da coisa julgada.

4. A ORIGEM, NO DIREITO COMPARADO

A medida inspira-se no direito alemão. Quando julgada inconstitucional uma lei pelo Tribunal Federal Constitucional da Alemanha, em princípio, as decisões judiciais que a aplicaram permanecem válidas e eficazes. Apenas poderão ser desconstituídas (a) as condenações criminais e (b) as sentenças condenatórias cíveis que ainda não tenham sido executadas (Lei do Tribunal Constitucional, § 79, n. 2). Para essa segunda hipótese é que lá se prevê a impugnação à execução em moldes similares à hipótese ora examinada (ZPO, § 767).

Mas há uma diferença relevante. Na Alemanha, esse é o único mecanismo apto a desconstituir a coisa julgada proferida no processo civil sob o fundamento

---

4. MOREIRA, José Carlos Barbosa. "As presunções e a prova". In: *Temas de direito processual: primeira série*. 2ª ed. São Paulo: Saraiva, 1988, n. 6, p. 64-65.

5. Ver TALAMINI, Eduardo. *Coisa julgada e sua revisão*, cit., n. 5.8.2, p. 337 e seguintes.

6. Ver nota 3, acima.

de que a sentença adotou solução inconstitucional. No Brasil, esse é um instrumento adicional de rescisão da coisa julgada. Cabe também, observado seu prazo e demais pressupostos específicos, a ação rescisória. Essa superfetação dos meios rescisórios da coisa julgada, no direito brasileiro, precisa ser tomada em conta, quando se investiga o alcance de cada um deles e sua interação.

5. CONSTITUCIONALIDADE DA REGRA

É constitucionalmente legítima a previsão de impugnação ao cumprimento apta a rescindir a própria coisa julgada material. Em sua essência, a coisa julgada é uma garantia constitucional. Mas é conferida ao legislador infraconstitucional a competência para definir os limites da coisa julgada e os meios e hipóteses de sua rescisão. Não há nenhuma imposição constitucional de que a ação rescisória seja o meio único e exclusivo para essa finalidade – e nem há a predefinição constitucional dos casos que justificam o desfazimento da coisa julgada (tanto é assim que as hipóteses de cabimento da ação rescisória podem mudar, de uma lei para outra – como mudaram nos vários Códigos, desde o CPC/1939 até o CPC/2015). Assim, a lei infraconstitucional pode criar novos instrumentos rescisórios, como é o caso.

Aliás, o direito brasileiro já havia contemplado no passado hipóteses de oposição à execução com caráter rescisório da coisa julgada: a descoberta de "documento novo" ("prova nova", no CPC/2015), que passou a autorizar ação rescisória a partir do CPC/1973, era hipótese de embargos à execução da sentença no Regulamento 737 e em alguns Códigos de Processo Civil estaduais.[7] E antes, ainda, nas Ordenações do Reino, várias hipóteses de "sentença nenhuma" (que, ao contrário do que o nome possa sugerir, não eram sentenças inexistentes, mas eivadas de vício rescisório) podiam ser alegadas em embargos à execução, que eram então ditos "infringentes do julgado".[8]

A constitucionalidade do mecanismo em exame foi reconhecida pelo STF, ao julgar improcedente ação direta de inconstitucionalidade promovida contra a regra que tratava do tema antes do CPC/2015.[9]

Mas há um limite imposto pela Constituição, no que tange ao direito intertemporal, de que se trata adiante (v. n.).

---

7.   Santa Catarina (art. 1.808, VII, b), Paraná (art. 662, 3), São Paulo (art. 1.056, 11), Minas Gerais (art. 1.400, 3), Bahia (art. 1.192, 4), Pernambuco (art. 1.393, 5). Os Códigos pernambucano (art. 173, 6) e cearense (art. 1.303, IV) previam já essa hipótese como fundamento de ação rescisória.

8.   Para amplo panorama do tema, v. TALAMINI, Eduardo, *Coisa julgada e sua revisão*, cit., cap. 4.

9.   STF, ADI 2418, Pleno, v.m., rel. Min. Teori Zavascki, 04.05.2016, DJe 16.11.2016.

6. HIPÓTESE DE INCIDÊNCIA

Não é qualquer decisão judicial reputando inconstitucional a norma em que se embasou o título executivo (ou adotando interpretação diversa da adotada pelo título) que permitirá a impugnação fundada nos arts. 525, § 12, e 535, § 5º. Há limites, extraíveis não apenas diretamente desses dispositivos como da consideração sistemática de outras normas.

6.1. Pronunciamento do plenário do STF

O pronunciamento judicial que justifica o emprego dessa medida tem de ser do STF, pois a essa Corte cabe a função essencial de guarda da Constituição, e apenas ela profere decisões com força vinculante *erga omnes* acerca de questões constitucionais. Essa tarefa incumbe ao plenário do STF.[10]

6.2. Enfrentamento direto e relevante da questão (*ratio decidendi*) pelo Plenário

Mais ainda: não basta qualquer pronunciamento do STF sobre questão constitucional.

No controle direto de constitucionalidade, a manifestação da Suprema Corte deve constituir o próprio *decisum* – ainda que necessariamente compreendido à luz da sua fundamentação determinante.[11]

O CPC/2015 inovou, em relação à disciplina anterior, ao autorizar que também pronunciamentos proferidos pelo STF no controle incidental de constitucionalidade sirvam de base para o emprego da impugnação ora em exame. Antes, apenas as decisões de controle direto tinham essa eficácia, por si sós. As decisões de inconstitucionalidade proferidas no controle incidental dependiam da intervenção do Senado (CF, art. 52, X).[12] A inovação está em consonância com a atribuição de maior

---

10. Enunciado 58 do FPPC: "As decisões de inconstitucionalidade a que se referem os art. 525, §§ 12 e 13 e art. 535 §§ 5º e 6º devem ser proferidas pelo plenário do STF".

11. Nas decisões de controle direto, a fundamentação assume papel essencial para a identificação do *decisum*, não apenas em um grau mais intenso, mas com uma qualidade diversa daquela que seria a relevância padrão dos fundamentos para a interpretação do comando decisório, a que alude o art. 504, I, do CPC/2015. Mais uma vez, remeto ao que escrevi em "Embargos à execução...", cit., n. 4, e *Coisa julgada e sua revisão*, cit., n. 8.4, p. 451-456.

12. TALAMINI, Eduardo. *Coisa julgada e sua revisão*, cit., n. 8.5, p. 457-460, e "Embargos à execução...", cit., n. 5; ALVIM, Teresa Arruda; MEDINA, José Miguel. *O dogma da coisa julgada*. São Paulo: Revista dos Tribunais, 2003, n. 2.3.3, p. 75-76; ASSIS, Araken de. "Eficácia da coisa julgada inconstitucional", em *Revista Jurídica*, v. 301, 2002, n. 3.7, p. 25; DINAMARCO, Cândido. *Instituições de direito processual civil*. 3ª ed. São Paulo: Malheiros, 2009, v. IV, n. 1.764, p. 793; BUENO, Cassio Scarpinella. "'Coisa julgada inconstitucional': uma homenagem a

força vinculante para determinadas decisões proferidas pelos tribunais, também empreendida pelo CPC/2015 (v. n.   , a seguir). São precisamente essas decisões de controle incidental que ora também autorizam o emprego da impugnação ao cumprimento, como se vê em seguida. Mas, mesmo nessas decisões de controle incidental com força vinculante, o juízo sobre a questão constitucional precisa ter sido proferido pelo Plenário, em enfrentamento direto – e não em exame meramente tangencial, casual. É imprescindível que o juízo de constitucionalidade constitua, na decisão, um fundamento que é decisivo para o resultado do julgado; um motivo que, se fosse afastado ou suprimido, conduziria, em termos lógicos, a resultado diverso daquele a que se chegou no *decisum*. Vale dizer: tal juízo tem de cumprir o papel, na decisão, de *ratio decidendi*. Não pode ser mero *obiter dictum*.[13]

6.3. Decisão revestida de eficácia vinculante *erga omnes*

Como indicado, a decisão precisa ter sido tomada em um procedimento apto à produção de comandos com força vinculante de caráter geral (*erga omnes*) em sentido estrito (i.e., "vinculação forte")[14] – procedimento esse que, em vista de sua finalidade, permitirá a ampla participação de todos os possíveis grupos afetados pela questão, em regime de contraditório, como *amici curiae*.

Nem toda a decisão do Supremo em matéria constitucional reveste-se dessa eficácia. Ela está presente nas decisões do STF proferidas nos processos de controle direto e concentrado (ADI, ADC, ADPF). Quando instituída a hipótese de

---

Araken de Assis", em ALVIM, Arruda; ALVIM, Eduardo Arruda; BRUSCHI, Gilberto Gomes; CHECHI, Mara Larsen; COUTO, Mônica Bonetti (coord.). *Execução civil e temas afins – do CPC/1973 ao novo CPC: estudos em homenagem ao Professor Araken de Assis*. São Paulo: Revista dos Tribunais, 2014, n. 4.2, p. 153.

13.   Tais categorias, amplamente desenvolvidas e utilizadas no *Common Law* (v. p. ex. INGMAN, Terence. *The English Legal Process*. 13ª ed. Oxford: Oxford University Press, 2011, n. 5.4 e 5.5, p. 214-222), são úteis ao direito brasileiro, desde que não se perca de vista a essencial diversidade dos dois sistemas. No Brasil, sobre a distinção entre *obiter dictum* e *ratio decidendi*, ver, entre outros: ZANETI JR., Hermes. "Da ordem dos processos e dos processos de competência originária dos tribunais: disposições gerais", em CABRAL, Antonio do Passo; CRAMER, Ronaldo (coord.). *Comentários ao novo Código de Processo Civil*. 2ª ed. Rio de Janeiro: Forense, 2016, p. 1.330 e seguintes; CRAMER, Ronaldo. *Precedentes judiciais: teoria e dinâmica*. Rio de Janeiro: Forense, 2016, n. 4.6, p. 102-113; MITIDIERO, Daniel. *Precedentes: da persuasão à vinculação*. São Paulo: Revista dos Tribunais, 2016, n. 6, p. 115 e seguintes; PEIXOTO, Ravi. *Superação do precedente e segurança jurídica*. 2ª ed. Salvador: JusPodivm, 2016, n. 3.3, p. 151-169; MACÊDO, Lucas Buril de. *Precedentes judiciais e o direito processual civil*. 2ª ed. Salvador: JusPodivm, 2017, n. 5.5, p. 231-256; DIDIER JR., Fredie; BRAGA, Paula Sarno; ALEXANDRIA, Rafael de Oliveira. *Curso de direito processual civil*. 11ª ed. Salvador: JusPodivm, 2016, v. 2, cap. 11, n. 1, p. 455-463; CÂMARA, Alexandre Freitas. *O novo processo civil brasileiro*. 3ª ed. São Paulo: Atlas, 2017, p. 439 e 446.

14.   Sobre os graus de força vinculante, v. TALAMINI, Eduardo. "Objetivação...", cit., n. 3, p. 144-148. A força vinculante em sentido estrito (ou vinculação forte) consiste na obrigatoriedade da observância do pronunciamento que dela se reveste, pelos demais órgãos aplicadores do direito (submetidos hierarquicamente àquele que emitiu o pronunciamento), na generalidade dos casos em que a mesma questão jurídica se puser – sob pena de afronta à autoridade do tribunal emissor daquela decisão (o que autoriza, inclusive, a formulação de reclamação perante essa tribunal, para a preservação de sua autoridade).

impugnação do título judicial ora em exame, eram basicamente essas decisões que autorizavam o emprego da medida.

As decisões de inconstitucionalidade tomadas no controle incidental antes só assumiam força vinculante geral se e quando o Senado Federal, no exercício da competência prevista no art. 52, X, da CF, retirasse a norma do ordenamento.[15] Posteriormente, instituiu-se a Súmula Vinculante – e a partir de então orientações consolidadas sobre questões constitucionais no controle incidental também passaram a receber eficácia vinculante *erga omnes* por essa via.

O CPC/2015 dá um passo além, ao consagrar a força vinculante geral das decisões de controle incidental de constitucionalidade proferidas em procedimento em que se reconhece a repercussão geral da questão constitucional e o caráter repetitivo do recurso extraordinário (arts. 988, § 5º, II, 1.039 e 1.040). Em consonância com tal nova diretriz, os arts. 525, § 12, e 535, § 5º, do CPC/2015 passaram a aludir, ao tratar dessa modalidade de impugnação ao cabimento, a "controle de constitucionalidade concentrado ou difuso". Tal disposição tem de ser compreendida nos limites das normas extraíveis dos arts. 988, § 5º, II, 1.039 e 1.040.[16]

Então, é estritamente esse conjunto de decisões de controle direto ou incidental aqui destacadas que viabiliza o emprego da impugnação ora em exame.

Note-se que continuam existindo decisões do STF, no controle de constitucionalidade incidental, que não assumem, por si sós, eficácia *erga omnes* (p. ex., a resolução incidental de uma questão constitucional no julgamento de um recurso ordinário ou de um *habeas corpus* ou mandado de segurança originários). Nesses casos, apenas a emissão da Súmula Vinculante, após reiteradas decisões, ou a intervenção do Senado, na hipótese do art. 52, X, da CF, ou, ainda, a instauração de um incidente de resolução de demandas repetitivas ou de um incidente de assunção de competência serão aptos a produzir aquele efeito (arts. 947, § 3º, 985 e 988, IV).[17]

---

15. V., entre outros pronunciamentos do STF: MS 16.519, rel. Min. Luiz Galotti, j. 20.06.1966, *DJU* 09.11.1966; RE 108.873, rel. Min. Djaci Falcão, j. 08.09.1987, *DJU* 09.10.1997; RCL 10.392, Pleno, v.u., rel. Min. Cármen Lúcia, j. 02.03.2011, *DJe* 12.04.2011; RCL 14.638, Pleno, v.u., rel. Min. Dias Toffoli, j. 19.09.2013, *DJe* 14.11.2013. Essa orientação foi reafirmada pelo STF no julgamento da Rcl 4.335, ao contrário do que a ementa parece sugerir. Em tal caso, a decisão atacada pela reclamação havia desconsiderado juízo de inconstitucionalidade emitido pelo STF incidentalmente em julgamento de *habeas corpus*. A reclamação apenas foi acolhida porque somaram-se aos votos da corrente minoritária (que atribuía força vinculante à decisão dada no controle incidental) os votos dos que consideraram a superveniência de Súmula Vinculante que encampou a mesma orientação adotada no julgamento daquele *habeas corpus* (Pleno, v.m., rel. Min. Gilmar Mendes, j. 20.03.2014, *DJe* 21.10.2014). Ou seja, o que importou foi a vinculação em sentido estrito extraível da Súmula Vinculante, e não da decisão do *habeas corpus*.

16. Em sentido similar, aludindo à repercussão geral do recurso extraordinário, ASSIS, Araken de. *Manual da execução*. 19ª ed. São Paulo: Revista dos Tribunais, 2017, n. 5.8.2.7, p. 1.758.

17. Não há o que impeça o emprego desses incidentes no STF e no STJ, quando os casos repetitivos não estão veiculados em recurso extraordinários e recursos especiais, respectivamente – mas, sim, em ações ou incidentes de competência originária ou em recursos de caráter ordinário.

6.4. Decisão de constitucionalidade, inconstitucionalidade ou de interpretação conforme

O contraste entre a decisão exequenda e o pronunciamento do STF pode consistir em: (i) aplicação pela decisão exequenda de uma norma declarada inconstitucional pelo STF; (ii) afirmação de inconstitucionalidade, pela decisão exequenda, de uma norma declarada constitucional pelo STF; (iii) adoção, pela decisão exequenda, de uma interpretação considerada, pelo STF, incompatível com a Constituição.

6.5. Decisão anterior à formação do título executivo judicial

Ademais, a decisão do STF precisa ser anterior ao trânsito em julgado da decisão que constitui o título executivo que se pretende impugnar (art. 525, § 14, e 535, § 7º). Essa foi também uma inovação do CPC/2015. Antes, era irrelevante que a decisão do STF fosse posterior ou anterior à formação do título executivo.[18]

No sistema do Código atual, quando houver desconformidade entre a decisão exequenda e um posterior pronunciamento do STF (revestido das características acima indicadas) o remédio cabível será a ação rescisória (art. 525, § 15, e 535, § 8º – v. n. , abaixo). Essa regra constituiu uma novidade trazida pelo CPC/2015, pois antes, o termo inicial do prazo rescisório era sempre definido pela data do trânsito em julgado da decisão rescindenda – o que, de resto, continua sendo a regra geral no diploma vigente (art. 975, *caput*).

Quando a decisão do STF for anterior ao trânsito em julgado do título executivo, também cabe, além da impugnação ao cumprimento, ação rescisória, por manifesta violação: (1º) da norma constitucional ignorada ou mal aplicada pela decisão exequenda, tendo-se a aplicação ou interpretação adotada na decisão do STF; (2º) das normas que atribuem força vinculante à decisão do STF. Mas o prazo da ação rescisória, nessa hipótese, conta-se do trânsito em julgado da decisão rescindenda (art. 975, *caput*).

7. MODULAÇÃO DE EFEITOS

É possível que o STF module os efeitos de sua decisão sobre a questão constitucional, de modo a limitar sua retroação, excluir dela determinadas situações ou até mesmo conferir eficácia prospectiva (de modo a só começar a produzir efeitos num momento futuro). No controle direto, essa possibilidade,

---

18.   Como então notava ZAVASCKI, Teori. "Embargos à execução com eficácia rescisória: sentido e alcance do art. 741, parágrafo único do CPC", em *Revista de Processo*, v. 125, 2005, n. 5.

sempre reconhecida pela jurisprudência da Suprema Corte, está expressamente consagrada no art. 27 da Lei 9.868/1999 (ações direta de inconstitucionalidade e declaratória de constitucionalidade), no art. 11 da Lei 9.882/1999 (arguição de descumprimento de preceito fundamental) e no art. 4º da Lei 11.417/2006 (súmula vinculante).[19]

Mas a modulação dos efeitos pode também ocorrer no controle incidental desenvolvido pelo STF. A jurisprudência daquela Corte é também pacífica quanto a isso – reputando tratar-se de poder intrínseco ao controle de constitucionalidade concentrado ou difuso.[20] De resto, quando a força vinculante geral advém do ato previsto no art. 52, X, da CF, tal resolução do Senado pode também limitar os efeitos da retirada da norma inconstitucional do ordenamento.[21]

Então, por ocasião do emprego da impugnação do art. 525, § 12, e 535, § 5º, também será preciso verificar se o Supremo ou o Senado limitaram os efeitos da declaração de inconstitucionalidade – hipótese em que a impugnação em questão apenas será cabível se os fatos da causa tiverem ocorrido no período abrangido pelos efeitos da decisão do STF. Por exemplo, se o Supremo Tribunal declarar uma norma inconstitucional, mas ressalvar efeitos já produzidos por ela,

---

19. Sobre o tema, remeto ao que expus em *Coisa julgada e sua revisão*, cit., n. 8.2, p. 426-446, e "Embargos à execução...", cit., n. 2.

20. STF, RE 197.917, Pleno, v.m., rel. Min. Maurício Corrêa, j. 24.03.2004, *DJU* 07.05.2004; HC, Pleno, rel. Min. Marco Aurélio, j. 23.02.2006, *DJU* 01.09.2006; RE 353.657, Pleno, rel. Min. Marco Aurélio, j. 25.06.2007, *DJE* 07.03.2008. Para exame mais detalhado desses precedentes, v. TALAMINI, Eduardo, "Efeitos da declaração...", cit., n. 7, p. 683-688.

21. Pacificou-se o entendimento de que é política, discricionária, a competência do Senado nessa hipótese: ele não está obrigado a retirar do ordenamento a norma incidentalmente declarada inconstitucional pelo STF (MS 16.512-DF, rel. Min. Oswaldo Trigueiro, j. 25.05.1966, em *RTJ* 38/5; RCL 691, rel. Min. Medeiros Silva, j. 25.05.1966, *DJU* 24.08.1966; MS 16.519, rel. Min. Luiz Galotti, j. 20.06.1966, *DJU* 09.11.1966; voto do relator, Min. Moreira Alves, na Rp. 1016-SP, j. 20.09.1979, *RTJ* 95/993. Na doutrina: CAVALCANTI, Themistocles. *Do contrôle da constitucionalidade*. Rio de Janeiro: Forense, 1966, cap. XV, p. 170; MELLO, Oswaldo Aranha Bandeira de. *A teoria das constituições rígidas*. São Paulo: Bushatsky, 1980, n. 5.10.2, p. 207; TEMER, Michel. *Elementos de direito constitucional*. 9ª ed. São Paulo: Malheiros, 1992, parte I, cap. III, p. 44; ALVES, José Carlos Moreira. "A evolução do controle de constitucionalidade no Brasil", em TEIXEIRA, Sálvio de Figueiredo (org.). *As garantias do cidadão na Justiça*. São Paulo: Saraiva, 1993, n. 1, p. 5; MENDES, Gilmar Ferreira. *Controle de constitucionalidade: aspectos jurídicos e políticos*. São Paulo: Saraiva, 1990, tít. III, cap. II, p. 214-216; CLÈVE, Clèmerson Merlin. *A fiscalização abstrata de constitucionalidade no direito brasileiro*. 2ª ed. São Paulo: Revista dos Tribunais, 2000, n. 2.2.1.7, p. 121-122; BARROSO, Luís Roberto. "Conceitos fundamentais sobre o controle de constitucionalidade e a jurisprudência do Supremo Tribunal Federal", em SARMENTO, Daniel (org.). *O controle de constitucionalidade e a Lei 9.868/99*. Rio de Janeiro: Lumen Juris, 2001, n. 7 p. 250). Como decorrência do seu caráter político, a "suspensão da execução" pode ser *parcial* (TEMER, Michel. *Elementos...*, cit., parte I, cap. III, p. 44; CLÈVE, Clèmerson Merlin. *A fiscalização...*, cit., n. 2.2.1.7, p. 121). Consequentemente, o Senado pode modular a eficácia da retirada da norma do ordenamento. Se lhe é dado até recusar a retirada da norma, nada impede que a retire com eficácia *ex nunc* ou fixando algum outro termo que não o do surgimento da inconstitucionalidade. A expressa menção à possibilidade de retirada "em parte" certamente abrange o aspecto temporal (Eduardo Talamini, *Coisa julgada e sua revisão*, cit., n. 8.3, p. 448-449).

a impugnação ao cumprimento não poderá ser utilizada em casos que estejam inseridos no período objeto da ressalva.

Mas não bastasse isso, o § 13 do art. 525 prevê também que, para os fins da aplicação do § 12 do mesmo artigo, "os efeitos da decisão do STF poderão ser modulados no tempo, em atenção à segurança jurídica". Idêntica disposição é reiterada no § 6º do art. 535, relativamente ao § 5º do mesmo artigo. Mas tais disposições não se referem apenas nem essencialmente à modulação a ser feita pelo próprio Supremo – já autorizada por força de outras normas e princípios. A função do art. 525, § 13, e do art. 535, § 6º, é outra: destacar *a possibilidade de o próprio juiz que julga a impugnação ao cumprimento vir a proceder a alguma modulação no próprio caso concreto.*[22]

Isso também é admitido pela jurisprudência do STF. A Suprema Corte reconheceu que pode haver circunstâncias concretas a serem ponderadas pelo juiz da causa, a despeito de não ter havido a modulação no controle direto.[23] Ou seja, o poder de modulação em caráter geral e abstrato, do STF, não exclui o poder do juiz no caso concreto. Há apenas um limite: o juiz do caso concreto não pode insistir em proceder a uma modulação relativamente a uma situação ou período ou por um determinado fundamento que já tenham sido enfrentados e negados pelo STF.[24]

8. DESCONSTITUIÇÃO DO *DECISUM* ANTERIOR E NOVO JULGAMENTO

Pode haver casos em que com o acolhimento da impugnação fundada no art. 525, § 12, ou no art. 535, § 5º, surge a necessidade de um novo julgamento para a causa (p. ex., para examinar-se um pedido cumulado alternativamente que, antes, havia ficado prejudicado com o acolhimento do primeiro pedido feito – e agora, com a desconstituição desse julgamento de procedência, precisa ser enfrentado). Na impugnação ao cumprimento apenas se desconstitui o comando decisório inconstitucional. Não se rejulga a causa. Ou seja, só há juízo rescindente

---

22. Nesse mesmo sentido: BUENO, Cassio Scarpinella. *Manual de direito processual civil*, São Paulo: Saraiva, 2015, cap. 13, n. 4.3.1.3, p. 406; NEVES, Daniel Amorim Assumpção. *Manual de direito processual civil*. 9ª ed. Salvador: JusPodivm, 2017, n. 25.10.2, p. 901.

23. RE 442.683/RS, 2ª T., v.u., rel. Min Carlos Velloso, j. 13.12.2005, DJU 24.03.2006. Em oportunidade anterior, o STF reputou que, no processo objetivo de ação direta não caberia "confrontar ou considerar, em sua individualidade concreta, casos, situações ou efeitos particulares". Reconheceu expressamente a possibilidade de a norma que então estava sendo julgada inconstitucional (com expressa indicação de eficácia *ex tunc*) haver gerado situações concretas que eventualmente mereceriam ser preservadas. Mas considerou que tal preservação dependeria de uma avaliação "*em concreto, por vez, em cada caso*" (Rep. 1.418, Pleno, v.u., rel. Min. Néri da Silveira, j. 24.02.1988, DJU 25.03.1988).

24. Especificamente sobre esse aspecto da questão, v. TALAMINI, Eduardo. "Efeitos da declaração...", cit., n. 7.3 a 7.5, p. 685-688.

(*iudicium rescindens*) e não juízo rescisório (*iudicium rescissorium*). Nisso, a impugnação difere da ação rescisória.

Então, nesses casos, o processo (ou fase cognitiva) em que se formou o título precisará ser reaberto, a fim de que nova decisão se profira.[25]

9. IMPRESCINDIBILIDADE DA IMPUGNAÇÃO AO CUMPRIMENTO

Como visto antes, a despeito de a lei equiparar a hipótese aos casos de "inexigibilidade", não se trata absolutamente de um caso em que o comando sentencial seja de plano ineficaz, inexigível. É necessário desconstituir-lhe a eficácia.

Então, a matéria prevista nos arts. 525, § 12, e 535, § 5º, não pode ser arguida em mera objeção à execução ("exceção de pré-executividade"). Depende necessariamente de impugnação ao cumprimento, a ser oposto na forma e prazo legalmente previstos). A desconstituição da coisa julgada não é medida que se possa tomar de modo meramente incidental e mediante cognição sumária, que é o que se tem na objeção à execução.

Nem se diga que a equiparação à inexigibilidade teria o condão de permitir a alegação do defeito dentro a própria execução, a todo o tempo, como ocorre para a inexigibilidade propriamente dita. A equiparação é feita – reitere-se – unicamente "*para o efeito do inc. III do § 1º*" do art. 525, i.e., *para caber impugnação*.

Como indicado, o mecanismo ora em exame é claramente inspirado em dispositivo do ordenamento alemão segundo o qual "não é *admissível*" a execução da sentença que houver aplicado lei inconstitucional. Talvez se pudesse pretender que uma tal *inadmissibilidade* implicaria carência de ação executiva, arguível na própria execução. No entanto, a mesma regra do direito alemão que alude à inadmissibilidade desautoriza essa conclusão, na medida em que expressamente indica a via cabível para a arguição do defeito: a medida prevista no § 767 do diploma processual civil alemão (ZPO). É a "ação de oposição (embargos) à execução", meio adequado para veicular "as objeções *que afetam a própria pretensão determinada pela sentença*" (§ 767, 1). Vale dizer: objeções ao próprio conteúdo da pretensão – matéria típica de embargos em nosso sistema. Portanto, tampouco o direito comparado oferece subsídios para a tese de que a matéria dos arts. 525, § 12, e 535, § 5º, poderia ser discutida na própria execução.[26]

---

25. V. amplamente em TALAMINI, Eduardo. *Coisa julgada e sua revisão*, cit., n. 8.8, p. 468-473; e "Embargos à execução...", cit., n. 8.

26. Manifestei-me anteriormente nesses termos em *Coisa julgada e sua revisão*, cit., n. 8.9, p. 473-476, e "Embargos à execução...", cit., n. 9. Aderiram expressamente a esse posicionamento: PIMENTA, Paulo Lyrio. "Embargos à execução e decisão de inconstitucionalidade – relatividade da coisa julgada – CPC art. 741,

10. INAPLICABILIDADE ÀS DECISÕES DECLARATÓRIAS E CONSTITUTIVAS

O mecanismo em questão só é aplicável às decisões que ensejam cumprimento, vale dizer, as decisões condenatórias ao pagamento de quantia ou impositivas de dever de fazer, de não fazer ou de entrega de coisa. Afinal, só nesses casos caberá impugnação ao cumprimento, que então permitirá a aplicação do art. 525, § 12, ou do art. 535, § 5º.

Os capítulos decisórios declaratórios e constitutivos não são objeto de execução. Eles produzem seus efeitos de modo automático – sem a necessidade de uma conduta voluntária de cumprimento por parte do sucumbente ou de qualquer providência estatal executiva. Logo, nesses casos, a regra dos art. 525, § 12, e 535, § 5º, é inaplicável. O único modo de desconstituir tais decisões, depois de transitadas em julgado, é a ação rescisória, no termo do art. 975, *caput*.[27]

11. LIMITES DE APLICABILIDADE DA AÇÃO RESCISÓRIA PREVISTA NOS ARTS. 525, § 12, E 535, § 5º

O mesmo campo restrito de incidência vale para a regra sobre termo inicial do prazo de ação rescisória previsto nos arts. 525, § 15, e 535, § 8º. A contagem do prazo da ação rescisória a partir do trânsito em julgado da decisão do STF – e não, nos termos da norma geral (art. 975, *caput*), a partir da decisão rescindenda – *só se aplica aos capítulos decisórios condenatórios, mandamentais ou executivos ainda não cumpridos espontaneamente nem executados.*

Os capítulos decisórios declaratórios e constitutivos que já haviam transitado em julgado e, portanto, produzido desse logo seus efeitos, antes do pronunciamento do STF, não se submetem a tal termo inicial do prazo rescisório. Para eles, o prazo da rescisória conta-se a partir do seu próprio transito em julgado – e não a partir do trânsito em julgado da decisão do STF. O mesmo se diga dos capítulos decisórios condenatórios, mandamentais e executivos que já haviam transitado

---

parágrafo único – MP 2.180", em *Revista Dialética de Direito Processual*, v. 2, 2003, n. 7, p. 105; LUCON, Paulo Henrique dos Santos, "Dos embargos à execução contra a Fazenda Pública", em MARCATO, Antonio Carlos (coord.). *Código de Processo Civil interpretado*. São Paulo: Atlas, 2004, n. 9 ao art. 741, p. 2.102. Na jurisprudência, afirmando que a regra em exame permite a arguição da inconstitucionalidade unicamente em impugnação ao cumprimento (na época, embargos de executado): STJ, REsp 915.150, 1ª T., v.u., rel. Min. Luiz Fux, j. 19.05.2009, DJe 25.06.2009. Contra: ASSIS, Araken de. "Eficácia...", cit., n. 3.8, p. 26, por reputar que o caso é de simples "ineficácia" da sentença.

27. Longe de ser caprichoso, esse tratamento diferenciado para os pronunciamentos sem eficácia preponderante dotada de "repercussão prática" tem fundamentos bastante razoáveis – explicitados, aliás, na ordem constitucional alemã, que serviu de inspiração para o instrumento em exame. Mais uma vez, remeto ao quanto escrevi em *Coisa julgada e sua revisão*, cit., 8.12, p. 483-485, e "Embargos à execução...", cit., n. 12. Tal orientação foi adotada pelo STJ, no já referido REsp 915.150, 1ª T., v.u., rel. Min. Luiz Fux, j. 19.05.2009, DJe 25.06.2009.

em julgado e produzido seus efeitos – seja pelo cumprimento espontâneo do sucumbente, seja por força de execução judicial – quando proferida a decisão do STF. Para eles, não se conta o prazo rescisório a partir da decisão do Supremo Tribunal, mas sim nos termos da regra geral do art. 975, *caput*.

Não há nada de contraditório nem paradoxal nessa diversidade de regimes. Como dito, o mecanismo em exame inspira-se no direito alemão. Como já exposto, lá, as próprias normas constitucionais ocupam-se em estabelecer que, diante da declaração de inconstitucionalidade de uma norma, as sentenças proferidas em processo civil que tenham aplicado tal norma, em geral, permanecem válidas e eficazes. Apenas a condenações civis ainda não cumpridas espontaneamente nem executadas é que poderão ser desconstituídas (Lei do Tribunal Constitucional alemão, § 79, 2). A ideia subjacente a tal distinção é a de que seria muito sacrificante para as partes e geraria maiores transtornos para a ordem jurídica desfazer decisões cujos efeitos já se produziram. Então, a rescisão é reservada apenas às decisões que ainda não produziram seus efeitos, no momento do surgimento da decisão da Corte Constitucional.

Entre nós, até se admite a rescisão da coisa julgada incidente sobre decisões que já produziram seus efeitos. Mas isso, então, há de ser feito nos limites gerais do art. 975 – e não no prazo, que pode ser extremamente dilatado, dos arts. 525, § 15, e 535, § 8º.

De resto, a letra da lei e a consideração topológica dos dispositivos pertinentes afastam qualquer dúvida. O § 15 do art. 525 e o § 8 do art. 535 aludem à ação rescisória contra a "decisão *exequenda*", isso é, uma decisão condenatória, mandamental ou executiva que ainda precisa ser executada.[28] Não bastasse isso, cabe considerar que, se o escopo da norma fosse criar um termo inicial rescisório aplicável a toda e qualquer decisão, essa disposição certamente estaria contida

---

28. Em termos similares, Heitor Sica sustenta que, "por se tratar de uma norma especial a reger a ação rescisória, ela se presta apenas para a rescisão parcial do título executivo, isto é, para eliminar a exigibilidade da obrigação nele reconhecida, mas não para excluir do mundo jurídico o comando declaratório contido na decisão" ("Cumprimento da sentença", em CABRAL, Antonio do Passo; CRAMER, Ronaldo (coord.). *Comentários ao novo Código de Processo Civil*. 2ª ed. Rio de Janeiro: Forense, 2016, n. 7.2 ao art. 525, p. 833; no mesmo sentido; GAJARDONI, Fernando; DELLORE, Luiz; ROQUE, André e OLIVEIRA JR., Zulmar Duarte de. *Processo de conhecimento e cumprimento de sentença: comentários ao CPC de 2015*. São Paulo: Método, 2016, n. 17 ao art. 525, p. 749-750). Faço apenas duas ressalvas a essa formulação. A rescisória dos arts. 525, § 15, e 535, § 8º, com efeito, não serve para desconstituir capítulos com eficácia preponderante declaratória ou constitutiva. Contudo, quando desconstitui capítulos preponderantemente condenatórios, mandamentais ou executivos, tal rescisão atinge também a declaração que esteja indissociavelmente ligada ao comando de repercussão prática (e assim o é, inclusive, para permitir-se a reabertura do processo em que se formou o título inconstitucional, para a apreciação de outras demandas cumuladas alternativamente que não chegaram a ser examinadas – v. n. , acima). Em segundo lugar, não é qualquer comando de repercussão prática que pode ser objeto da ação rescisória ora em exame, mas apenas aquele ainda não cumprido espontaneamente nem executado (ou seja, uma "decisão exequenda").

no capítulo da ação rescisória – e não, como está, num artigo que apenas trata da impugnação de decisões que estão sendo ainda executadas.

Além disso, aplicam-se à ação rescisória as balizas atinentes à modulação dos efeitos, acima mencionadas (n.).

Por outro lado, note-se que o art. 525, § 15, e o art. 535, § 8º, apenas preveem uma regra especial de prazo rescisório. Eles não estabelecem um fundamento rescisório novo, em relação ao elenco previsto no art. 966. A ação rescisória, nessa hipótese, fundar-se-á em violação manifesta de norma jurídica (art. 966, V) – no caso, violação da norma constitucional ignorada ou mal aplicada pela decisão exequenda, tendo-se em vista a aplicação ou interpretação adotada na decisão do STF.

12. DIREITO INTERTEMPORAL

Regras que alteram o regime rescisório da coisa julgada apenas podem ser aplicadas às decisões que transitem em julgado depois do início de sua vigência.[29]

Por isso, quando, em 2000, institui-se o mecanismo ora em exame, logo assentou-se o entendimento de que ele era aplicável apenas às coisas julgadas formadas após o início de vigência da Medida Provisória que o instituiu (STJ, Súm. 487).[30]

O mesmo princípio incide sobre as inovações trazidas pelo CPC/2015.

Assim, o emprego da impugnação ao cumprimento baseada em decisão do STF proferida no controle difuso (sem intervenção do Senado) – que antes não cabia – apenas se aplica às decisões transitadas em julgado depois do início de vigência do Código atual.

Do mesmo modo, como inovações que foram, também só se aplicam às coisas julgadas posteriores ao início de vigência do CPC/2015 (conforme expressamente prevê o art. 1.057): (i) a regra que limita o emprego da impugnação aos casos em que a decisão do STF é preexistente à formação do título e (ii) a regra que prevê prazo rescisório especial para as hipóteses em que a decisão do STF é posterior à decisão exequenda.

---

29.   Orientação assente no STF e demais tribunais, como se nota em NEGRÃO, Theotônio; GOUVÊA, José Roberto F.; BONDIOLI, Luis Guilherme A.; FONSECA, João Francisco N. da. *Código de Processo Civil e legislação processual em vigor*. 46ª ed. São Paulo: Saraiva, 2014, n. 8 ao art. 1.211, do CPC/1973, p. 1.131. O tema, muito examinado no início de vigência do CPC/1973, tornou a ser enfrentado pelo STF na ADI 1.753-2-MC, Pleno, v.u., rel. Min. Sepúlveda Pertence, j. 16.04.1998, *DJU* 12.06.98. Na doutrina, v. LACERDA, Galeno. *O novo direito processual civil e os feitos pendentes*. Rio de Janeiro: Forense, 1974, cap. V, p. 56; MOREIRA, José Carlos Barbosa. *Comentários ao CPC*. 11ª ed. Rio de Janeiro: Forense, 2003, v. V, n. 90, p. 155.

30.   Para exame amplo do tema, v. TALAMINI, Eduardo. *Coisa julgada e sua revisão*, cit., n. 8.11, p. 480-482 e; "Embargos à execução...", cit., n. 11.

13. REFERÊNCIAS BIBLIOGRÁFICAS

ALVES, José Carlos Moreira. "A evolução do controle de constitucionalidade no Brasil". In: TEIXEIRA, Sálvio de Figueiredo (org.). *As garantias do cidadão na Justiça.* São Paulo: Saraiva, 1993.

ALVIM, Teresa Arruda; MEDINA, José Miguel. *O dogma da coisa julgada.* São Paulo: Revista dos Tribunais, 2003.

ASSIS, Araken de. "Eficácia da coisa julgada inconstitucional". In: *Revista Jurídica,* v. 301, 2002.

_____. *Manual da execução.* 19ª ed. São Paulo: Revista dos Tribunais, 2017.

BARROSO, Luís Roberto. "Conceitos fundamentais sobre o controle de constitucionalidade e a jurisprudência do Supremo Tribunal Federal". In: SARMENTO, Daniel (org.). *O controle de constitucionalidade e a Lei 9.868/99.* Rio de Janeiro: Lumen Juris, 2001.

BUENO, Cassio Scarpinella. "'Coisa julgada inconstitucional': uma homenagem a Araken de Assis". In: ALVIM, Arruda; ALVIM, Eduardo Arruda; BRUSCHI, Gilberto Gomes; CHECHI, Mara Larsen; COUTO, Mônica Bonetti (org.). *Execução civil e temas afins – do CPC/1973 ao novo CPC: estudos em homenagem ao Professor Araken de Assis.* São Paulo: Revista dos Tribunais, 2014.

_____. *Manual de direito processual civil.* São Paulo: Saraiva, 2015.

CÂMARA, Alexandre Freitas. *O novo processo civil brasileiro.* 3ª ed. São Paulo: Atlas, 2017.

CAVALCANTI, Themistocles. *Do contrôle da constitucionalidade.* Rio de Janeiro: Forense, 1966.

CLÈVE, Clémerson Merlin. *A fiscalização abstrata de constitucionalidade no direito brasileiro.* 2ª ed. São Paulo: Revista dos Tribunais, 2000.

CRAMER, Ronaldo. *Precedentes judiciais: teoria e dinâmica.* Rio de Janeiro: Forense, 2016.

DIDIER JR., Fredie; BRAGA, Paula Sarno; OLIVEIRA, Rafael Alexandria de. *Curso de direito processual civil.* 11ª ed. Salvador: JusPodivm, 2016, v. 2.

DINAMARCO, Cândido. *Instituições de direito processual civil.* 3ª ed. São Paulo: Malheiros, 2009, v. IV.

GAJARDONI, Fernando; DELLORE, Luiz; ROQUE, André; OLIVEIRA JR., Zulmar. *Processo de conhecimento e cumprimento de sentença: comentários ao CPC de 2015.* São Paulo: Método, 2016.

INGMAN, Terence. *The English Legal Process*. 13ª ed. Oxford: Oxford University Press, 2011.

LACERDA, Galeno. *O novo direito processual civil e os feitos pendentes*. Rio de Janeiro: Forense, 1974.

LUCON, Paulo Henrique dos Santos. "Dos embargos à execução contra a Fazenda Pública". In: MARCATO, Antonio Carlos (coord.). *Código de Processo Civil interpretado*. São Paulo: Atlas, 2004.

MACÊDO, Lucas Buril de. *Precedentes judiciais e o direito processual civil*. 2ª ed. Salvador: JusPodivm, 2017.

MELLO, Oswaldo Aranha Bandeira de. *A teoria das constituições rígidas*. São Paulo: Bushatsky, 1980.

MENDES, Gilmar Ferreira. *Controle de constitucionalidade: aspectos jurídicos e políticos*. São Paulo: Saraiva, 1990.

MITIDIERO, Daniel. *Precedentes: da persuasão à vinculação*. São Paulo: Revista dos Tribunais, 2016.

MOREIRA, José Carlos Barbosa. "As presunções e a prova". In: *Temas de direito processual: primeira série*. 2ª ed. São Paulo: Saraiva, 1988.

_____. *Comentários ao CPC*. 11ª ed. Rio de Janeiro: Forense, 2003, v. V.

NEGRÃO, Theotônio; GOUVÊA, José Roberto F.; BONDIOLI, Luis Guilherme A.; FONSECA, João Francisco N. da. *Código de Processo Civil e legislação processual em vigor*. 46ª ed. São Paulo: Saraiva, 2014.

NEVES, Daniel Amorim Assumpção. *Manual de direito processual civil*. 9ª ed. Salvador: JusPodivm, 2017.

PEIXOTO, Ravi. *Superação do precedente e segurança jurídica*. 2ª ed. Salvador: JusPodivm, 2016.

PIMENTA, Paulo Lyryo. "Embargos à execução e decisão de inconstitucionalidade – relatividade da coisa julgada – CPC art. 741, parágrafo único – MP 2.180". In: *Revista Dialética de Direito Processual*, v. 2, 2003.

SICA, Heitor Vitor Mendonça. "Cumprimento da sentença". In: CABRAL, Antonio do Passo; CRAMER, Ronaldo (org.). *Comentários ao novo Código de Processo Civil*. 2ª ed. Rio de Janeiro: Forense, 2016.

TALAMINI, Eduardo. "Efeitos da declaração de inconstitucionalidade". In: CLÈVE, Clémerson Merlin (coord.). *Direito constitucional brasileiro*. São Paulo: Revista dos Tribunais, 2014, v. 2.

_____. "Embargos à execução de título judicial eivado de inconstitucionalidade". In: *Revista de Processo*, v. 106, 2002, disponível em www.revistadostribunais.com.br, acesso em 05.02.2017.

_____. "Objetivação do controle incidental de constitucionalidade e força vinculante (ou 'devagar com o andor que o santo é de barro')". In: ALVIM, Teresa Arruda; NERY JR., Nelson (org.). *Aspectos polêmicos e atuais dos recursos cíveis*. São Paulo: Revista dos Tribunais, 2011, v. 12.

_____. *Coisa julgada e sua revisão*. São Paulo: Revista dos Tribunais, 2005.

_____; WAMBIER, Luiz Rodrigues. *Curso avançado de processo civil*. 16ª ed. São Paulo: Revista dos Tribunais, 2017, v. 3.

TEMER, Michel. *Elementos de direito constitucional*. 9ª ed. São Paulo: Malheiros, 1992.

ZANETI JR., Hermes. "Da ordem dos processos e dos processos de competência originária dos tribunais: disposições gerais". In: CABRAL, Antonio do Passo; CRAMER, Ronaldo (coord.). *Comentários ao novo Código de Processo Civil*. 2ª ed. Rio de Janeiro: Forense, 2016.

ZAVASCKI, Teori. "Embargos à execução com eficácia rescisória: sentido e alcance do art. 741, parágrafo único do CPC". In: *Revista de Processo*, v. 125, 2005, disponível em www.revistadostribunais.com.br, acesso em 12.05.2017.

CAPÍTULO 7

O processo decisório no Supremo Tribunal Federal e o papel do ministro relator: notas a partir da aplicação do novo Código de Processo Civil no controle abstrato de constitucionalidade

Eneida Desiree Salgado
João Victor Archegas

SUMÁRIO: 1. O NOVO CÓDIGO DE PROCESSO CIVIL E O PAPEL DO RELATOR NOS TRIBUNAIS; 2. UMA VISÃO CRÍTICA DO PROCESSO DECISÓRIO NO STF; 3. O NOVO CÓDIGO DE PROCESSO CIVIL COMO POSSÍVEL VETOR DE TRANSFORMAÇÃO DO PAPEL DO RELATOR NO SUPREMO TRIBUNAL FEDERAL; 4. O ENVIO PARA CONCILIAÇÃO NO CONTROLE DE CONSTITUCIONALIDADE ABSTRATO: A ESTRATÉGIA DA NÃO DECISÃO SOBRE O AUXÍLIO MORADIA; 5. REFERÊNCIAS BIBLIOGRÁFICAS

1. O NOVO CÓDIGO DE PROCESSO CIVIL E O PAPEL DO RELATOR NOS TRIBUNAIS

O novo Código de Processo Civil de 2015 trouxe para o ordenamento jurídico brasileiro, incluindo o processo de controle concentrado de constitucionalidade pelo Supremo Tribunal Federal, uma série de inovações. Embora as consequências desse novo diploma sejam plúrimas, este artigo pretende se ater ao papel do ministro relator no Supremo Tribunal Federal e as possíveis lições a serem extraídas deste diploma processual civil.

Dessa forma, o presente capítulo engloba uma análise dos artigos do Código de Processo Civil que tratam do relator nos processos que tramitam perante os tribunais brasileiros. No segundo capítulo haverá espaço para uma análise crítica de como o processo decisório no Supremo Tribunal Federal é estruturado. Em seguida, algumas propostas de como utilizar as concepções do Código de Processo Civil para transformar o papel do relator na corte brasileira serão exploradas. Ao final, no quarto capítulo, será realizada uma análise de caso, de forma a sistematizar algumas dessas concepções na prática decisória do Supremo.

Inicialmente, uma análise comparativa entre o artigo 557 do Código de Processo Civil de 1973 e o artigo 932 do Código de Processo Civil de 2015 se faz necessária. Isso pois as hipóteses de julgamento monocrático pelo ministro relator foram diminuídas com o diploma processual de 2015, assentando-se a mudança mais sensível na supressão da hipótese do relator negar seguimento ou dar provimento a recurso que esteja de acordo ou não com a jurisprudência dominante do respectivo Tribunal, do Supremo Tribunal Federal ou do Superior Tribunal de Justiça. Embora essa regra não seja aplicável diretamente aos processos de controle concentrado de constitucionalidade, é um sinal de que o novo Código de Processo Civil se preocupa com o princípio da colegialidade, limitando o protagonismo do relator na condução dos processos.

Como se sabe, a jurisprudência dominante de um Tribunal, ao menos no Brasil, é um dado de difícil constatação. Assim sendo, permitir que o relator do processo decida monocraticamente apenas segundo o argumento de que há uma linha interpretativa majoritária (seja no Tribunal local, no Supremo Tribunal Federal ou no Superior Tribunal de Justiça) é abrir espaço para eventuais abusos, consolidando um individualismo que não deveria ter lugar num ambiente colegiado. Ainda, era de se argumentar se bastaria a simples menção a julgados anteriores ou se seria preciso demonstrar a formação e a consolidação de verdadeiros precedentes, com *ratio decidendi* comum.

O Código de Processo Civil de 2015, ao suprimir essa possibilidade, prestigiou o princípio da colegialidade. A manifestação monocrática do relator, a partir do artigo 932, inciso IV, do diploma processual, será dada naqueles momentos em que o reforço aos precedentes e à segurança jurídica torna-se necessário, como nos casos em que se apresentam (a) súmula do Supremo Tribunal Federal, do STJ ou do próprio Tribunal, (b) acórdão proferido pelo Supremo Tribunal Federal ou pelo STJ em julgamento de recursos repetitivos ou (c) entendimento firmado em incidente de resolução de demandas repetitivas ou de assunção de competência. É uma provisão de caráter dúplice: ao mesmo tempo em que prestigia o princípio da colegialidade, ao menos em relação ao código anterior, também dá concretude aos vetores que informam o novo Código de Processo Civil, quais sejam, o respeito aos precedentes e a garantia da segurança jurídica.[1]

Um primeiro problema que se identifica, no que diz respeito especificamente aos processos que tramitam perante o Supremo, é que ainda há resquícios do antigo Código de Processo Civil no regimento interno da mais alta corte do

---

1. Nas palavras de Marinoni, Arenhart e Mitidiero, "o que se procura prestigiar com a possibilidade de o relator negar provimento ao recurso é a força vinculante dos precedentes e da jurisprudência sumulada ou decorrente de julgamentos dos incidentes próprios." MARINONI, Luiz Guilherme. ARENHART, Sérgio Cruz. MITIDIERO, Daniel. *Novo Código de Processo Civil Comentado*. 2. ed. São Paulo: Editora Revista dos Tribunais, 2016, p. 998.

judiciário brasileiro. O artigo 21, § 1º, do Regimento Interno do Supremo Tribunal Federal se refere à possibilidade do relator negar seguimento a pedido ou recurso contrário à jurisprudência do Tribunal. Há nessa norma regulamentar, entretanto, um detalhe que não pode passar despercebido: enquanto o Código de Processo Civil, ao tratar dos poderes do relator, se atém principalmente aos recursos de competência dos tribunais, o Regimento Interno do Supremo Tribunal Federal insere a palavra "pedido", abarcando, além dos recursos, os processos originários julgados pelo tribunal, a exemplo das ações de controle concentrado de constitucionalidade.

Assim, embora o Código de Processo Civil de 2015 tenha inovado em matéria de poderes do relator, em homenagem à colegialidade, o Regimento Interno do Supremo Tribunal Federal ainda guarda consigo uma concepção inadequada de que o relator pode negar provimento a recurso ou a pedido meramente em razão de "jurisprudência do Tribunal", sem que o texto regimental tenha qualquer pretensão de definir este conceito amplo e indeterminado. Como será visto adiante, esse é mais um instrumento que o relator poderá usar não apenas para conduzir o processo, como se espera legitimamente de sua atuação em um Tribunal, mas para se assenhorar dos autos, decidindo isoladamente e chamando para si uma competência que deveria ser do colegiado.

O relator, ao menos aquele disciplinado pelo diploma processual civil, deve realizar um esforço de autocontenção. Mesmo quando decide monocraticamente, o relator está agindo como uma espécie de "delegado do colegiado", e deve atuar de forma a reforçar (e não esvaziar) a autoridade do colégio de magistrados. Em outras palavras, o relator, segundo a lógica do Código de Processo Civil de 2015 – e, também, da Constituição –, não pode suprimir a manifestação do colegiado, que é a regra e o objetivo final nos processos que tramitam nos tribunais.

Nas palavras de Marinoni, Arenhart e Mitidiero, o juiz natural nos tribunais é o órgão colegiado, ao passo que o relator representa um órgão fracionário, atuando mediante delegação de poder do colegiado.[2] Assim também se pronunciam Fredie Didier Jr. e Leonardo Carneiro da Cunha, entendendo que as decisões nos tribunais devem em princípio ser colegiadas. Essa é a função precípua de um tribunal, sendo que ao relator incumbe a tarefa de "examinar os autos e a controvérsia ali deduzida".[3]

---

2. MARINONI, Luiz Guilherme. ARENHART, Sérgio Cruz. MITIDIERO, Daniel. *Novo Código de Processo Civil Comentado.* 2. ed. São Paulo: Editora Revista dos Tribunais, 2016, p. 997.

3. DIDIER JR., Fredie. CUNHA, Leonardo Carneiro da. *Curso de direito processual civil:* o processo civil nos tribunais, recursos, ações de competência originária do tribunal e *querela nullitatis*, incidentes de competência originária de tribunal. 13. ed. Salvador: Editora JusPodivm, 2016, p. 48.

Cabe ao relator elaborar um relatório, que distribuirá aos demais julgadores, e apresentar seu voto, nos termos do artigo 931 do Código de Processo Civil. Daí a ideia de que cabe a ele "dirigir e ordenar o processo" (artigo 932, inciso I, do CPC), e não se assenhorar do processo e decidir monocraticamente segundo suas próprias convicções, como se estivesse titularizando uma vara de primeiro grau de jurisdição.

Conforme o artigo 4º do Código de Processo Civil, as partes têm direito à solução integral do mérito em tempo razoável. No caso dos processos em tribunais, a solução integral envolve a manifestação do colegiado, visto que mesmo nas hipóteses em que o relator pode decidir sozinho caberá agravo interno, consoante o disposto no artigo 1.021 do Código de Processo Civil. Ainda nesse sentido, os deveres do relator também englobam aqueles dispostos no artigo 139 do Código de Processo Civil, a exemplo do dever de zelar pela duração razoável do processo, esculpido pelo inciso II daquele dispositivo. Ou seja, o relator deve pautar a condução e a direção do processo tendo como norte indispensável o pronunciamento do colegiado, sempre em prazo razoável.

Realizado este breve panorama sobre o papel do relator no Código de Processo Civil, antes que seja possível criticar a posição adotada pelos ministros do Supremo, é preciso apresentar algumas nuances do processo decisório da corte suprema, principalmente no que diz respeito aos poderes individuais dos ministros. É o que se fará, assim, pelos próximos dois capítulos.

2. UMA VISÃO CRÍTICA DO PROCESSO DECISÓRIO NO STF

Compreender como o Supremo Tribunal Federal forma suas decisões é de suma importância, ainda mais considerando que o tribunal ocupa um papel de destaque na República Federativa do Brasil. A *judicialização da vida*, como apontada por Barroso,[4] e a *supremocracia*, na forma denunciada há uma década por Vieira,[5] são dois exemplos de fenômenos que ilustram a envergadura da corte brasileira dentro do cenário político nacional. A concentração de poder no Supremo Tribunal Federal não encontra precedentes na história, e a corte, cada vez mais, é chamada para se pronunciar nos temas de mais alta voltagem política.

O processo decisório do Supremo Tribunal Federal deve, então, fazer parte da agenda de investigação dos juristas e demais pesquisadores brasileiros.[6] Não

---

4. BARROSO, Luís Roberto. *A judicialização da vida e o papel do Supremo Tribunal Federal.* Belo Horizonte: Fórum, 2018.

5. VIEIRA, Oscar Vilhena. Supremocracia. *Revista Direito GV.* vol. 4. n. 2. São Paulo, 2008. p. 441 – 463.

6. A opção por incluir uma "cláusula de abertura", fazendo referência a "demais pesquisadores", se dá em razão do reconhecimento de que a avaliação do processo decisório do STF não é uma atividade

importa mais formular organogramas de como as decisões deveriam, na teoria, se formar dentro da corte; importa, sobremaneira, avaliar como as decisões do tribunal – do plenário, das duas turmas e dos onze ministros – realmente são moldadas e apresentadas ao público. Mais que os mecanismos formais que instruem a atuação decisória do Supremo, o sinal dos tempos pede por uma compreensão mais apurada dos mecanismos informais que estão à disposição da corte e de seus membros.

Um primeiro passo nesse sentido foi dado pelo texto seminal de Vojvodic, Machado e Cardoso,[7] onde as autoras enfrentam a falta de transparência no processo decisório do Supremo, o que, em suas palavras, contribuiria para a consolidação de um déficit democrático na corte. De forma a melhor elucidar o debate sobre o tema, passa-se a uma revisão das contribuições oferecidas por aquele artigo.

Há dois principais usos das decisões do Supremo Tribunal Federal: aquele feito em demandas repetitivas, no qual a corte realiza um controle do volume de processos que serão enfrentados, e aquele feito em julgamentos de maior relevância, que exigem dos ministros uma justificação mais extensa e exaustiva de suas posições individuais de forma a inaugurar um novo precedente (ou alterar um entendimento fixado anteriormente).[8]

Nas decisões tomadas em casos dessa segunda classe, entretanto, o que se percebe, analisando o processo decisório da corte, é uma dificuldade crescente de identificar quais são os argumentos determinantes para o julgamento (*ratio decidendi*, ou razão de decidir) e quais são as inferências feitas *en passant* pelos ministros (*obiter dictum*, ou aquilo que é "dito de passagem").[9]

Isso se deve ao fato de que os votos dos onze ministros, principalmente nesses casos inéditos e de maior complexidade, não dialogam entre si, sendo meramente somados para que se produza um acórdão com a decisão final, a

---

exclusivamente jurídica. Há muitos desdobramentos que podem (e devem) ser investigados pelo ponto de vista da ciência política, da sociologia e, até mesmo, da filosofia. Um exemplo é a influência direta que ministros, individualmente, podem exercer sobre os atores políticos que atuam junto ao poder legislativo – o que é de suma importância para os cientistas políticos.

7. VOJVODIC, Adriana de Moraes. MACHADO, Ana Mara França. CARDOSO, Evorah Lusci Costa. Escrevendo um romance, primeiro capítulo: precedentes e processo decisório no STF. *Revista Direito GV*. vol. 5. n. 1. São Paulo, 2009. p. 21 – 44.

8. VOJVODIC, Adriana de Moraes. MACHADO, Ana Mara França. CARDOSO, Evorah Lusci Costa. Escrevendo um romance, primeiro capítulo: precedentes e processo decisório no STF. *Revista Direito GV*. vol. 5. n. 1. São Paulo, 2009, p. 22 – 23.

9. VOJVODIC, Adriana de Moraes. MACHADO, Ana Mara França. CARDOSO, Evorah Lusci Costa. Escrevendo um romance, primeiro capítulo: precedentes e processo decisório no STF. *Revista Direito GV*. vol. 5. n. 1. São Paulo, 2009, p. 25.

qual, em regra, passa ao largo de refletir os argumentos mais importantes e que informaram a razão de decidir daquele precedente. Assim, mesmo decisões unânimes (p.ex., pela inconstitucionalidade de um ato normativo) não possuem uma só razão de decidir. Os ministros, muitas vezes, tomam caminhos distintos para chegar às suas conclusões individuais (esboçadas pelos seus votos). Isso implica numa unanimidade aparente, que é formada tão somente entorno do dispositivo da decisão, e não entorno da justificação feita pelos ministros.[10]

O fato do Supremo Tribunal Federal ocupar um papel de importância no cenário político nacional não pode ser criticado por si só, mas é preciso que a corte, ao exercer essa função de proeminência, esteja mais atenta ao seu próprio processo decisório e às consequências que daí seguem para a formação de precedentes. Em outras palavras, é preciso debater como o Tribunal forma suas decisões, e não apenas qual é a "dimensão material e fática do caso" em apreço.[11]

Uma das mais importantes conclusões que podem ser extraídas do processo decisório da corte, e que melhor reflete o desacerto institucional do Supremo Tribunal Federal, é o "alto grau de personalismo" contido nos julgamos do tribunal. Ou seja, muitas vezes o que há é uma *ratio do ministro*" ou um "precedente individual". O Supremo Tribunal Federal, visto de perto, carece de uma voz institucional.[12] Essa constatação abre um novo horizonte de possibilidades para a formação de precedentes na Corte: como há uma pluralidade de razões, a linha argumentativa que irá prevalecer só será selecionada em um momento futuro, uma vez que não é possível, no instante de publicação do acórdão, identificar uma única razão de decidir que leve consigo o carimbo institucional do tribunal.[13]

Isso não significa dizer que as várias razões de decidir que compõem os julgamentos do Supremo Tribunal Federal levem, invariavelmente, à consolidação de um déficit de legitimidade da corte. É preciso, entretanto, deslocar o debate sobre o processo decisório da corte em direção à sociedade. Fazendo com que a forma da tomada de decisão pela Corte seja mais transparente, o público poderá

---

10. VOJVODIC, Adriana de Moraes. MACHADO, Ana Mara França. CARDOSO, Evorah Lusci Costa. Escrevendo um romance, primeiro capítulo: precedentes e processo decisório no STF. *Revista Direito GV.* vol. 5. n. 1. São Paulo, 2009, p. 31.

11. VOJVODIC, Adriana de Moraes. MACHADO, Ana Mara França. CARDOSO, Evorah Lusci Costa. Escrevendo um romance, primeiro capítulo: precedentes e processo decisório no STF. *Revista Direito GV.* vol. 5. n. 1. São Paulo, 2009, p. 26 – 27.

12. VOJVODIC, Adriana de Moraes. MACHADO, Ana Mara França. CARDOSO, Evorah Lusci Costa. Escrevendo um romance, primeiro capítulo: precedentes e processo decisório no STF. *Revista Direito GV.* vol. 5. n. 1. São Paulo, 2009, p. 31.

13. VOJVODIC, Adriana de Moraes. MACHADO, Ana Mara França. CARDOSO, Evorah Lusci Costa. Escrevendo um romance, primeiro capítulo: precedentes e processo decisório no STF. *Revista Direito GV.* vol. 5. n. 1. São Paulo, 2009, p. 38.

discutir o desenho institucional do tribunal, e não apenas os casos concretos decididos pelos onze ministros. Há aqui um potencial democrático a ser explorado.[14]

A partir dos argumentos traçados pelas autoras, é possível concluir, preliminarmente, que não há um sentimento de colegialidade entre os ministros do Supremo Tribunal Federal (ao menos naqueles casos de maior projeção política, social e constitucional). As consequências dessa constatação para a legitimidade do tribunal, por sua vez, são melhor exploradas por Virgílio Afonso da Silva.[15] Seus argumentos, então, serão apresentados na sequência.

O processo de formação de uma decisão no Supremo segue o modelo agregativo, ou seja, cada ministro confecciona um voto escrito e todos são publicados como peças de uma decisão maior. Não há, na verdade, uma "opinião da corte", mas sim onze opiniões com razões de decidir distintas entre si.

O fato de não existir uma legítima deliberação entre os ministros pode ser explicada por três principais fatores: o papel quase irrelevante do ministro relator – que apenas produz um relatório e o distribui aos colegas, sem informá-los sobre sua opinião ou quaisquer *insights* que tenha tido ao avaliar os autos –, a maneira pela qual os ministros interagem uns com os outros no momento do julgamento – apenas lendo seus votos que já foram formulados anteriormente, sem qualquer forma de interação mais expressiva entre as opiniões e os argumentos levantados – e a possibilidade de cada ministro pedir vista do processo antes que todos tenham se manifestado – o que apenas reforça a desunião entre os ministros, estando ausente a disposição de trabalhar como uma só instituição.[16]

A troca de informações entre os ministros, que certamente pode contribuir para a formação de uma decisão mais acertada por parte do tribunal, é desgastada por três razões.[17]

Primeiramente, os fatos e os argumentos manejados por um ministro (com a ajuda de seu gabinete) não são capazes de influenciar a tomada de decisão de seus pares, visto que todos ingressam nesse processo intelectual e investigativo ao mesmo tempo – na maioria dos casos, os ministros só se deparam com a opinião dos demais no momento da tomada de decisão em plenário.

---

14. VOJVODIC, Adriana de Moraes. MACHADO, Ana Mara França. CARDOSO, Evorah Lusci Costa. Escrevendo um romance, primeiro capítulo: precedentes e processo decisório no STF. *Revista Direito GV*. vol. 5. n. 1. São Paulo, 2009, p. 38 – 40.

15. SILVA, Virgílio Afonso da. Deciding without Deliberating. *International Journal of Constitutional Law*. ICON v. 11. July 2013, p. 557 – 584.

16. SILVA, Virgílio Afonso da. Deciding without Deliberating. *International Journal of Constitutional Law*. ICON v. 11. July 2013, p. 571 – 578.

17. SILVA, Virgílio Afonso da. Deciding without Deliberating. *International Journal of Constitutional Law*. ICON v. 11. July 2013, p. 578 – 582.

Em segundo lugar, cada ministro possui experiências profissionais e acadêmicas – *backgrounds* – que divergem das de seus pares, o que poderia contribuir com o enriquecimento do ponto de vista dos demais, embora tal diversificação seja afastada pelas mesmas razões apontadas acima.

Em terceiro e último lugar, o processo agregativo de decisão não permite que os ministros conheçam quais seriam as segundas ou terceiras preferências de seus colegas em um dado caso. Em outras palavras, é possível que a preferência de uma maioria simples de ministros não corresponda à decisão adotada pela corte, justamente pelo modelo agregativo não permitir uma maior troca de informações entre os votos. Afirma Roberta Maia Gresta que este modelo de decisão não permite o controle nem crítica pelos destinatários, sustentando-se apenas pela força da autoridade que a emite. E é enfática: "há um déficit de legitimidade decisória que se instala do vazio jurídico do pronunciamento da autoridade".[18]

Além disso, os ministros do Supremo Tribunal Federal, inseridos nesse contexto decisional, acabam por atuar como advogados, omitindo informações que sejam contrárias à tese que estão defendendo e apresentando ostensivamente os dados que reforçam a sua argumentação. Mais que colegas, os ministros acabam agindo como adversários, como agentes estratégicos que possuem objetivos distintos em cada caso a ser apreciado pelo tribunal. É como se não importasse atingir a decisão que melhor resolva o litígio apresentado, mas apenas ver sua opinião individual se consagrar como a vencedora.[19]

Embora a preocupação precípua de Virgílio Afonso da Silva seja com o desempenho deliberativo do Supremo, uma das conclusões que podemos tirar de seu texto é a seguinte: o Supremo Tribunal Federal é uma corte individualista; seus juízes não cooperam entre si.

Uma das hipóteses para explicar esse individualismo extremo diz respeito ao fato de que os ministros, enquanto estão lendo seus votos, almejam atingir um público externo ao tribunal. Isso acaba engessando a posição dos julgadores que, após terem lido seus votos, dificilmente mudarão de opinião[20] – já que não

---

18. GRESTA, Roberta Maia. Dever de fundamentação no modelo decisão *seriatim*: sobre acordos parcialmente teorizados e desacordos quase completamente não teorizados. *Revista de Argumentação e Hermenêutica Jurídica*. Minas Gerais: v. 1 n. 2, p. 1-26, jul./dez. 2015.

19. SILVA, Virgílio Afonso da. Deciding without Deliberating. *International Journal of Constitutional Law*. ICON v. 11. July 2013, p. 582 – 583.

20. Esse fenômeno também pode ser explicado pelo ponto de vista da ciência comportamental (*behavioral science*), principalmente se for considerado o movimento de polarização em grupo (*group polarization*). Segundo essa perspectiva, sujeitos que ingressam numa deliberação em grupo tendem a adotar posições ainda mais extremas do que aquelas que defendiam inicialmente. No caso do STF, é possível especular que o fato dos ministros escreverem suas opiniões antes das sessões plenárias contribui para a polarização na corte: ao ouvirem votos dissidentes de seus colegas, os ministros dificilmente mudarão de opinião,

querem admitir ao público que estavam errados inicialmente. Vale lembrar que as sessões de julgamento do tribunal são transmitidas ao vivo para todo o Brasil, o que aprofunda a gravidade desse cenário. Os ministros, então, estão menos dispostos a testar novos argumentos (e possivelmente errar durante a tomada de decisão), justamente por nutrirem a ideia de que o público perceberia tal atitude como negativa e até mesmo antiprofissional.[21]

3. O NOVO CÓDIGO DE PROCESSO CIVIL COMO POSSÍVEL VETOR DE TRANS-FORMAÇÃO DO PAPEL DO RELATOR NO SUPREMO TRIBUNAL FEDERAL

Considerando a análise crítica tecida no tópico anterior a respeito do processo decisório do Supremo Tribunal Federal, importa, a partir das próximas linhas, discutir qual é o papel do ministro relator no Supremo e de que forma o Código de Processo Civil de 2015 pode ser aplicado de forma a alterar positivamente essa realidade. Antes, entretanto, é preciso destacar ao menos dois poderes individuais que estão à disposição do ministro relator e que deverão ser enfrentados neste tópico.

Os poderes individuais são mecanismos manejados pelos onze ministros do Supremo Tribunal Federal para que possam, solitariamente, produzir efeitos sobre o processo político externo ao tribunal, sem que, para isso, tenham que enfrentar seus pares em um ambiente colegiado e deliberativo. Há uma opção clara sendo feita quando um poder individual é exercido: o ministro ou a ministra opta por manter o colegiado do Supremo Tribunal Federal deserto, ao mesmo tempo que assume a voz da instituição para, individualmente, mover algumas peças no tabuleiro político do país.

Em teoria, quando o Supremo Tribunal Federal é provocado para decidir alguma questão de densidade política, o tribunal é inserido enquanto ator em arena de decisão externa (representada pelo processo político no Poder Executivo ou no Poder Legislativo). A posição que será adotada pelo tribunal, e que irá imprimir seus efeitos no comportamento de atores externos, ao seu turno, depende de uma nova camada decisória: a arena interna à corte. Em outras palavras, a

---

uma vez que já possuem ideias pré-estabelecidas. Pode ocorrer, também, uma espécie de filtro de informações (ou assimilação tendenciosa, do inglês *biased assimilation*): um dado ministro escolherá levar a sério os dados que corroborem com sua posição, ao mesmo tempo que não dará ouvidos aos dados que enfrentem suas convicções. Para uma análise mais contundente dos institutos mencionados acima (polarização em grupo e filtro de informações ou assimilação tendenciosa), ver SUNSTEIN, Cass R. *#Republic: divided democracy in the age of social media*. Princeton: Princeton University Press, 2017, p. 59 – 97. SUNSTEIN, Cass R. The law of group polarization. Chicago: *John M. Olin Law & Economics Working Paper* No. 91, 1999.

21. SILVA, Virgílio Afonso da. Deciding without Deliberating. *International Journal of Constitutional Law*. ICON v. 11. July 2013, p. 589 – 592.

decisão do Supremo Tribunal Federal depende de como as posições individuais de seus ministros "se agregam para formar a posição final à qual o tribunal *como instituição* agregará a sua força".[22]

Essa triangulação (ministros, processo decisório no Supremo Tribunal Federal e processo político decisório no Poder Executivo ou no Poder Legislativo) pode ser rompida pelo exercício dos poderes individuais. Os ministros, atuando de forma a "evitar" o plenário da corte ou até mesmo as duas turmas do tribunal, podem gerar efeitos no processo político decisório externo ao Supremo Tribunal Federal sem que suas posições individuais sejam temperadas pelos princípios da colegialidade e da deliberação.[23] Daí a referência aos "onze Supremos": cada ministro ou ministra guarda consigo poderes que, na teoria, deveriam ser exercidos apenas pelo tribunal enquanto instituição.

O primeiro poder individual que interessa ao presente trabalho é o pedido de vista. Trata-se, basicamente, da prerrogativa de suspender o julgamento do feito para "melhor analisar" os autos. Todo e qualquer ministro pode exercer essa prerrogativa – inclusive o ministro relator –, retirando da agenda da corte, sem necessidade de justificação, um processo que já teve o seu julgamento iniciado.

O pedido de vista, no Brasil, tem respaldo no sistema processual, que é formado por diversas leis que regulam os atos processuais e o funcionamento da jurisdição. O exemplo mais contundente está contido no artigo 940 do Código de Processo Civil de 2015:

> Art. 940. O relator ou outro juiz que não se considerar habilitado a proferir imediatamente seu voto poderá solicitar vista pelo prazo máximo de 10 (dez) dias, após o qual o recurso será reincluído em pauta para julgamento na sessão seguinte à data da devolução.

Ainda, existe uma resolução específica editada pelo Supremo Tribunal Federal em 2003 (Resolução nº 278) que define os limites do pedido de vista para os ministros da corte. Segundo a redação da resolução, o ministro que pedir vista dos autos terá o prazo de 10 (dez) dias para devolvê-los ao plenário para julgamento. Caso os autos não sejam devolvidos dentro do prazo estipulado, o pedido de vista é prorrogado automaticamente por mais 10 (dez) dias.

No mesmo sentido, o artigo 134 do regimento interno do Supremo Tribunal Federal define que "se algum dos Ministros pedir vista dos autos, deverá

---

22. ARGUELHES, Diego Werneck. RIBEIRO, Leandro Molhano. O Supremo Individual: mecanismos de atuação direta dos ministros sobre o processo político. *Direito, Estado e Sociedade*. n. 46. jan/jun 2015, p. 126.

23. ARGUELHES, Diego Werneck. RIBEIRO, Leandro Molhano. O Supremo Individual: mecanismos de atuação direta dos ministros sobre o processo político. *Direito, Estado e Sociedade*. n. 46. jan/jun 2015, p. 123 – 128.

apresentá-los, para o prosseguimento da votação, até a segunda sessão ordinária subsequente".

A realidade dos pedidos de vista no Tribunal, entretanto, é outra. Não há por parte dos ministros e das ministras da corte o mínimo respeito pelos prazos e pelos regramentos mencionados acima.[24]

Como notado por Arguelhes e Hartmann, o pedido de vista no Supremo Tribunal Federal é uma verdadeira "jabuticaba", ou, em outras palavras, um instrumento que não encontra paralelos na experiência comparada. Primeiramente, embora a Corte não conte com um mecanismo formal de controle do conjunto de processos a ela submetidos (em razão do que convencionou-se chamar de jurisdição obrigatória ou necessária), o tribunal, em última análise, pode postergar indefinidamente o julgamento dos processos que guarda sob sua competência – e cada ministro pode fazer isso individualmente ao pedir vista dos autos. Em segundo lugar, o pedido de vista transforma cada um dos onze ministros em "atores de veto", ou seja, embora um ministro não possa forçar o pronunciamento final do tribunal por si só, ele pode, ao seu bel-prazer, retirar determinado assunto da pauta de julgamentos.[25]

Três são as conclusões possíveis a partir deste panorama. Uma primeira conclusão, resultado de uma análise detida sobre a duração dos pedidos de vista no Supremo Tribunal Federal, confirma que os ministros mais desrespeitam do que respeitam o prazo legal, resolutivo e/ou regulamentar para a devolução dos autos. Ainda, não há qualquer correlação entre a carga de trabalho dos ministros e a quantidade ou a duração média dos pedidos de vista. Ou seja, não é possível justificar a quantidade de pedidos de vista e suas respectivas durações médias com a quantidade de processos que chegam ao tribunal, assim como não há como explicar a variação na duração média dos mesmos pedidos vis-à-vis a complexidade de um determinado caso.[26]

Uma segunda conclusão, que segue a importante descoberta empírica da primeira, sugere que os pedidos de vista são instrumentos utilizados de maneira estratégica pelos ministros do Supremo Tribunal Federal. Dois objetivos podem ser almejados pelo exercício desse poder individual: o uso do pedido de vista para aguardar uma composição mais favorável da corte e o uso do pedido de

---

24. Para uma análise detalhada dos pedidos de vista no STF ver FALCÃO, Joaquim. HARTMANN, Ivar A. CHAVES, Vitor P. *III Relatório Supremo em Números*: o Supremo e o tempo. Rio de Janeiro: Fundação Getulio Vargas, 2014, p. 89 – 100.

25. ARGUELHES, Diego Werneck. HARTMANN, Ivar A. Timing Control without Docket Control: how individual justices shape the Brazilian Supreme Court's agenda. *Journal of Law and Courts*. v. Spring, 2017. p. 109.

26. ARGUELHES, Diego Werneck. HARTMANN, Ivar A. Timing Control without Docket Control: how individual justices shape the Brazilian Supreme Court's agenda. *Journal of Law and Courts*. v. Spring, 2017. p. 125 – 127.

vista para escolher o momento da decisão em um ambiente político, de modo a preservar a legitimidade do tribunal e evitar desgastes.[27]

Por fim, uma terceira conclusão diz respeito à singularidade do Supremo Tribunal Federal quando comparado às demais cortes constitucionais e supremas cortes do mundo. Em tese, o Supremo Tribunal Federal não escolhe quais casos irá julgar. Ou seja, o tribunal deve apreciar, obrigatoriamente, todos os casos que chegam a ele. Nada obstante, ainda que não possa exercer uma espécie de filtro sobre os processos que recebe, o Supremo, através da ação individual de cada um de seus onze ministros, pode postergar o momento da decisão indefinida-mente. Esse atraso estratégico no momento da decisão é promovido pelos minis-tros sem que existam sanções individuais ou mecanismos de controle eficientes. Nem mesmo é preciso que o ministro justifique aos seus pares o motivo de estar pedindo vista dos autos e, o que é mais preocupante, não é incomum que permaneça com o processo em mãos por anos até devolvê-lo a julgamento. Em suma, embora a Corte não tenha controle formal sobre o portfólio de processos que são submetidos, cada ministro pode, individualmente, controlar o tempo e o ritmo das decisões do tribunal.[28]

Um segundo poder individual, ao seu turno, é a instrumentalização estraté-gica das decisões monocráticas pelos ministros do Supremo Tribunal Federal. Em outras palavras, os ministros podem se valer das decisões monocráticas para que suas visões individuais prevaleçam sobre as visões do Supremo Tribunal Fe-deral enquanto instituição. Ou, até mesmo, as decisões monocráticas podem dar vazão à construção de uma "jurisprudência pessoal".[29]

O ministro relator, ao receber um processo que possibilita sua manifestação monocrática via distribuição (por sorteio ou por prevenção), pode se valer da-quela situação para elaborar novas teses jurídicas ou fazer referência às suas próprias decisões monocráticas passadas como se fossem precedentes da corte.[30]

---

27. ARGUELHES, Diego Werneck. HARTMANN, Ivar A. Timing Control without Docket Control: how individual justi-ces shape the Brazilian Supreme Court's agenda. *Journal of Law and Courts*. v. Spring, 2017. p. 127 – 132.

28. ARGUELHES, Diego Werneck. HARTMANN, Ivar A. Timing Control without Docket Control: how individual justi-ces shape the Brazilian Supreme Court's agenda. *Journal of Law and Courts*. v. Spring, 2017. p. 132 – 135.

29. ARGUELHES, Diego Werneck. RIBEIRO, Leandro Molhano. O Supremo Individual: mecanismos de atuação direta dos ministros sobre o processo político. *Direito, Estado e Sociedade*. n. 46. jan/jun 2015. p. 138 – 146.

30. Arguelhes e Ribeiro identificam três situações nas quais o ministro relator pode decidir monocraticamente: quando a decisão a ser adota é mera reiteração de entendimentos pacificados pelo Supremo, quando a petição apresenta problemas formais e deve ser emendada ou descartada ou, por fim, quando o relator deve decidir em caráter de urgência. O poder individual mencionado pelos autores, assim, pode nascer da primeira ou da terceira hipótese, visto em ambos os casos o que há é uma "decisão individual que se autoriza à sombra da manifestação colegiada". ARGUELHES, Diego Werneck. RIBEIRO, Leandro Molhano. O Supremo Individual: mecanismos de atuação direta dos ministros sobre o processo político. *Direito, Estado e Sociedade*. n. 46. jan/jun 2015. p. 138.

Ou seja, através da atividade de repetição, o ministro pode, individualmente, avançar teses que não passaram pelo crivo do plenário e reforçá-las a cada nova decisão monocrática, fazendo com que aquelas ideias criem raízes no conjunto de decisões do Supremo Tribunal Federal sem que os demais ministros tenham se manifestado a respeito delas.

O que ocorre, em suma, é a utilização estratégica das decisões monocráticas pelos ministros como mecanismos de criação e consolidação de visões eminentemente individuais como se fossem "jurisprudência" ou "precedentes" do tribunal. O ministro relator também pode encontrar nas decisões monocráticas um laboratório isolado para testar novas teses e argumentos jurídicos, anunciando seus entendimentos para o público externo ao tribunal sem que o plenário da corte tenha filtrado suas ideias.

Um exemplo desse comportamento pode ser encontrado na decisão de arquivamento da Ação Direta de Inconstitucionalidade nº 3.300 pelo Ministro Celso de Mello. Ao invés de se ater tão somente às questões formais que impossibilitavam o prosseguimento daquela ação de controle de constitucionalidade pelo Supremo Tribunal Federal, o ministro aproveitou a oportunidade para sugerir que a união estável homoafetiva poderia ser discutida através de uma arguição de descumprimento de preceito fundamental.[31] Ainda, o ministro foi além e antecipou o seu entendimento favorável ao reconhecimento daquele instituto jurídico, chegando a elencar, inclusive, quais os princípios constitucionais que davam sustentação à sua tese.[32]

Ou seja, uma decisão monocrática de arquivamento da petição inicial da ADI nº 3.300 acabou se tornando um convite para que aquele tema fosse reapresentado ao Supremo Tribunal Federal, dessa vez através do instrumento processual adequado.[33] Tal convite, entretanto, veio acompanhado de um "atrativo a mais": o atestado de que aquela tese seria vista com bons olhos por pelo menos um dos ministros da Corte. A decisão monocrática do Ministro Celso de Mello, assim, era um sinal dos tempos, uma marca distintiva de que a corte estaria madura para discutir aquela questão (como de fato ocorreu através da Arguição de Descumprimento de Preceito Fundamental nº 132).

---

31. A ementa da decisão do Ministro Celso de Mello afirma que há necessidade de se discutir o tema das uniões estáveis homoafetivas e, ao final, faz a seguinte pergunta: "matéria a ser veiculada em sede de ADPF?".

32. MELLO, Patrícia Perrone Campos. *Nos bastidores do Supremo Tribunal Federal*. Rio de Janeiro: Forense, 2015, p. 195.

33. Arguelhes e Ribeiro argumentam que as decisões monocráticas podem constituir um poder individual no caso de reiteração de entendimentos pacificados pelo Supremo ou quando o relator é convidado a decidir em caráter de urgência. Nada obstante, a decisão de não conhecimento da ADI 3300 demonstra que até mesmo aquelas decisões monocráticas sobre problemas formais podem ser manejadas estrategicamente pelos ministros.

Embora o exemplo anterior seja importante para ilustrar como uma decisão monocrática pode ser instrumentalizada estrategicamente por qualquer um dos onze ministros (desde que esteja na posição de relator), a forma mais contundente de firmar posições individuais no Supremo Tribunal Federal talvez esteja na conjugação de dois poderes individuais: a formação de uma decisão monocrática seguida da não inserção do processo na pauta de julgamentos ou, até mesmo, a formação de uma decisão monocrática seguida pelo pedido de vista de um dos ministros durante a sessão de julgamento.

Assim, uma das armas mais poderosas à disposição dos ministros do tribunal é o controle do momento e do ritmo das decisões do tribunal acoplado à possibilidade de manifestação (ou inação) monocrática pelo ministro relator.

Em primeiro lugar, o ministro relator pode optar por não apreciar o pedido liminar que foi formulado na ação a ele distribuída. Ao assim proceder, o ministro pode se manter inerte e, na prática, devolver a questão ao processo político. Em outras palavras, o ministro relator pode simplesmente "decidir por não decidir", afastando o Supremo Tribunal Federal da apreciação daquela demanda que, muitas vezes, possui alta densidade política.[34]

Em segundo lugar, o ministro relator pode decidir monocraticamente sobre o pedido liminar formulado na ação a ele distribuída e não liberar o processo para que seja incluído na pauta de julgamentos de uma das turmas do Supremo Tribunal Federal ou do próprio plenário do tribunal. Ao assim proceder, o ministro faz com que os efeitos da sua decisão monocrática alterem indefinidamente o *status quo* das relações sociais e políticas, sem que o tribunal tenha se manifestado. É possível pensar, inclusive, em situações nas quais a demora entre a decisão liminar e a próxima decisão colegiada da Corte faça com que a demanda perca seu objeto ou que a decisão do tribunal já não seja mais capaz de reverter os efeitos da decisão monocrática.

Em terceiro e último lugar, o ministro relator pode decidir monocraticamente e liberar o processo para a sua inclusão na pauta de julgamentos do Supremo Tribunal Federal. Ainda assim, durante a sessão de julgamento qualquer ministro poderá pedir vista dos autos. A demora na devolução do processo, ao seu turno, pode ser provocada deliberadamente pelo ministro para que a decisão monocrática anteriormente proferida continue a produzir seus efeitos sobre o *status quo* das relações sociais e políticas, tal como no exemplo anterior.

A atuação estratégica dos ministros relatores não se confundem com o exercício das virtudes passivas pelo Poder Judiciário, que podem ser exemplo

---

34. MELLO, Patrícia Perrone Campos. *Nos bastidores do Supremo Tribunal Federal*. Rio de Janeiro: Forense, 2015, p. 210.

de modéstia judicial e de uma atuação minimalista.[35] Essa modulação da agenda do Supremo Tribunal Federal pelo ministro relator não é um dado negativo por si só. Existem diversas cortes constitucionais, a exemplo da Suprema Corte dos Estados Unidos, que possuem mecanismos formais de controle de seu portfólio de ações. A questão, entretanto, é que no Brasil o Supremo Tribunal Federal realiza esse jogo processual de forma obscura, sem que esses mecanismos de controle individual manejados pelo relator sejam apresentados ao público com clareza.

É preciso, assim, advogar por uma maior transparência no processo decisório do Supremo Tribunal Federal, justamente para que seja possível valorar com precisão os efeitos das práticas apontadas acima. O que será proposto nas próximas linhas, assim, é uma transposição de elementos do Código de Processo Civil de 2015 para este cenário, de forma a tornar as ações do ministro relator mais transparentes.

O colegiado do Supremo Tribunal Federal deve ser tratado como uma espécie de "última instância",[36] de forma que todas as ações que tramitam perante a corte sejam verdadeiramente vocacionadas ao julgamento pelo plenário ou pelas turmas do Tribunal. A não manifestação do colegiado, a não ser nas hipóteses já destacadas no primeiro capítulo – ou seja, nos casos em que a decisão monocrática do ministro relator é necessária –, deve ser considerada uma espécie de "supressão de instância".

Em primeiro lugar, então, importa revisitar o Regimento Interno do Supremo Tribunal Federal, de forma que a redação de seu artigo 21, § 1º, seja reescrito à luz do artigo 932 do Código de Processo Civil de 2015. O relator deve estar habilitado a decidir monocraticamente, além dos casos previstos da legislação esparsa, apenas quando a força vinculante de um precedente, a jurisprudência sumulada ou o entendimento fixado em incidentes de demandas repetitivas assim demandarem. Não sendo esse o caso, deverá o relator prezar pelo pronunciamento final do colegiado, que é o órgão competente para julgar o mérito da demanda.

Em outras palavras, a análise deve ser feita de forma binária: não sendo o caso de julgamento monocrático, nos termos do artigo 932 do Código de Processo Civil e do Regimento Interno do Supremo Tribunal Federal, o processo no Tribunal

---

35. Interessante análise sobre as virtudes ativas e passivas do Supremo Tribunal Federal é feita na pesquisa de mestrado de Carolina Chagas: CHAGAS, Carolina Alves das. *O Supremo, uma ilha* – o impacto das virtudes ativas e passivas do STF na democracia deliberativa brasileira. Dissertação (Mestrado em Direito do Estado). Programa de Pós-Graduação em Direito, Universidade Federal do Paraná. Curitiba, 2016.

36. MARINONI, Luiz Guilherme. ARENHART, Sérgio Cruz. MITIDIERO, Daniel. *Novo Código de Processo Civil Comentado*. 2. ed. São Paulo: Editora Revista dos Tribunais, 2016, p. 998.

será julgado pelo colegiado, devendo o relator atuar no sentido de facilitar o seu encaminhamento ao pleno ou ao órgão fracionário competente.[37]

Em segundo lugar, é preciso iniciar um debate mais contundente sobre os mecanismos formais de controle dos atos do relator no Supremo Tribunal Federal. Como afirma Fredie Didier Jr., nos termos do artigo 1021 do Código de Processo Civil, cabe agravo interno contra *qualquer* decisão do relator.[38] O problema é que, ao limitar a hipótese de cabimento deste instrumento aos casos em que o relator emite uma decisão, o Código de Processo Civil fecha os olhos para a realidade apontada acima. E nos casos em que o ministro relator não decide e hesita em liberar o processo para julgamento? Ou então quando, tendo emitido sua decisão monocrática, também opta por segurar os autos em seu gabinete?

Seria interessante, portanto, que o caput do artigo 1021 fosse interpretado da forma mais abrangente possível, permitindo que as partes possam forçar o trâmite regular do processo nos casos em que existam razões aptas a justificar a omissão infundada do relator em levar o processo a julgamento. Esse agravo se pautaria tão somente na quebra dos deveres do relator e, sendo esse o caso, o § 2º do artigo 1021 deveria ser aplicado de forma obrigatória e cogente, evitando que, mais uma vez, o relator não leve o processo a julgamento. Em caso de descumprimento dessa ordem, poderia a parte peticionar para o presidente do Tribunal ou do órgão fracionário para que este requisite os autos para julgamento na sessão ordinária subsequente, com publicação na pauta em que for incluído, em termos semelhantes aos do artigo 940 do Código de Processo Civil.

Em terceiro lugar, retomando o artigo 940 do Código de Processo Civil, o pedido de vista que ultrapasse os limites legais previstos na legislação processual civil e no Regimento Interno do Supremo Tribunal Federal também deveria ser encarado com um ato jurisdicional contrário ao princípio da colegialidade e, portanto, impugnável mediante agravo interno. Nada obstante, antes a parte deverá peticionar para o presidente do Tribunal ou do órgão fracionário, nos mesmos termos esboçados acima, fundamentando seu requerimento no texto do artigo 940, § 2º. O presidente, indeferindo o pedido, dará lugar a um ato coator que poderá ser impugnado mediante mandado de segurança. A parte também poderá optar, neste caso, pela interposição de agravo interno contra a omissão do relator de levar o processo a julgamento, sendo mais um caso de interpretação cogente do artigo 1021, § 2º.

---

37. MARINONI, Luiz Guilherme. ARENHART, Sérgio Cruz. MITIDIERO, Daniel. *Novo curso de processo civil*: tutela dos direitos mediante procedimento comum, volume II. 2. ed. São Paulo: Editora Revista dos Tribunais, 2016, p. 577 – 578.

38. DIDIER JR., Fredie. CUNHA, Leonardo Carneiro da. *Curso de direito processual civil*: o processo civil nos tribunais, recursos, ações de competência originária do tribunal e *querela nullitatis*, incidentes de competência originária de tribunal. 13. ed. Salvador: Editora JusPodivm, 2016, p. 49.

Essas, assim, são algumas propostas que buscam aproveitar o que há de melhor no Código de Processo Civil de 2015 no que diz respeito à valorização do princípio da colegialidade; princípio este que, atualmente, é deixado de lado pelo Supremo Tribunal Federal, principalmente naqueles casos de maior densidade política e moral.

Vencida esta análise sobre os poderes do relator e apresentadas algumas disposições do Código de Processo Civil como possíveis vetores de transformação deste cenário, passa-se, no capítulo final, à discussão de um caso específico de uso estratégico dos poderes do relator: a decisão do Ministro Fux de enviar as ações sobre o auxílio moradia de magistrados para a câmara de mediação e arbitragem.

4. O ENVIO PARA CONCILIAÇÃO NO CONTROLE DE CONSTITUCIONALIDADE ABSTRATO: A ESTRATÉGIA DA NÃO DECISÃO SOBRE O AUXÍLIO MORADIA

O controle de constitucionalidade em sua modalidade abstrata independe de um caso concreto. O que se questiona, nas ações dirigidas ao Supremo Tribunal Federal apresentadas pelos legitimados constitucionais, é a lei ou ato normativo em tese e sua conformidade com a Constituição. Não há partes propriamente ditas nas ações abstratas: não há interesses jurídicos contrapostos. A objetividade no controle de constitucionalidade abstrato é reconhecida e reafirmada pelo Supremo Tribunal Federal[39] e pela doutrina.[40]

O instituto da mediação de conflitos é conceituado por Luciane Moessa de Souza como "a intervenção construtiva de um terceiro imparcial junto às partes envolvidas no conflito, com vistas à busca de uma solução construída pelas

---

39. ADPF 203 AgR, APDF 224 AgR, ADI 4983 e outros. Por todos: "O ajuizamento de ação direta de inconstitucionalidade perante o Supremo Tribunal Federal faz instaurar processo objetivo, sem partes, no qual inexiste litígio referente a situações concretas ou individuais" (Rcl 397, rel. Min. Celso de Mello).

40. BARCELLOS, Ana Paula de. *Curso de Direito Constitucional*. Rio de Janeiro, Forense, 2018, p. 560: "A conveniência de uma legitimidade específica e limitada decorre da circunstância de tais ações integrarem o sistema brasileiro de controle de constitucionalidade na qualidade de mecanismos objetivos. Isso significa, de forma simples, que sua finalidade principal não é a tutela de interesses individuais ou subjetivos, mas sim a defesa da integridade da ordem jurídico-constitucional". COELHO, Inocêncio Mártires. As ideias de Peter Häberle e a abertura da interpretação constitucional no direito brasileiro. *Revista de Informação Legislativa*, a. 35 n. 137, jan./mar. 1998, p. 157-164. MENDES, Geisla Aparecida van Haandel. *Possibilidades de controle social e democrático do processo de fiscalização abstrata de constitucionalidade a partir da abertura do Supremo Tribunal Federal à participação e ao diálogo social*. Dissertação (Mestrado em). Programa de Pós-Graduação em Direitos Fundamentais e Democracia, Faculdades Integradas do Brasil, Curitiba, 2013. CLÈVE, Clèmerson Merlin. *A fiscalização abstrata da constitucionalidade no direito brasileiro*. São Paulo: Revista dos Tribunais, 1995. MENDES, Gilmar Ferreira; COELHO, Inocêncio Mártires; BRANCO, Paulo Gustavo Gonet. *Curso de direito constitucional*. São Paulo: Saraiva, 2008.

próprias partes."[41] Junto à Administração Pública, os princípios da supremacia e da indisponibilidade do interesse público parecem ser obstáculos à adoção do instituto. No entanto, Elisa Berton Eidt defende que é possível a mediação quando "o interesse público a ser perseguido no processo diz mais respeito ao interesse secundário que ao primário".[42]

Ao tratar do mediador, o Código de Processo Civil estabelece em seu artigo 165, §3º, que seu papel é ajudar as partes a identificarem, por si próprios, "soluções consensuais que gerem benefícios mútuos". Nesta mesma seção, que incorpora conciliadores e mediadores, o Código afirma que os institutos da mediação e da conciliação serão regidos "conforme a livre autonomia dos interessados" (artigo 166, § 4º). A Lei nº 13.140/2015, que trata da mediação e da autocomposição de conflitos no âmbito da Administração Pública, dispõe que "pode ser objeto de mediação o conflito que verse sobre direitos disponíveis ou sobre direitos indisponíveis que admitam transação" (artigo 3º). Nada disso se aplica ao caso em apreço.

São várias as ações submetidas ao Supremo Tribunal Federal que tratam do auxílio-moradia. Há quatro ações originárias, uma ação cível originária e uma ação direta de inconstitucionalidade. As ações originárias (AO 1773, AO 1776, AO 1946, AO 1975 e ACO 2511) foram propostas entre abril de 2013 e janeiro de 2015 e buscavam a extensão do auxílio moradia a diversos agentes públicos ou ramos do Poder Judiciário, com a concessão de liminares. A Ação Direta de Inconstitucionalidade nº 5645 foi proposta pela Associação Nacional dos Servidores do Ministério Público contra a Resolução nº 117/2014 do Conselho Nacional do Ministério Público, que "regulamenta a ajuda de curso para moradia aos membros do Ministério Público".

Há, portanto, uma arguição de inconstitucionalidade da concessão da dita indenização.[43] A discussão sobre a adequação constitucional da existência do auxílio é, obviamente, anterior ao alcance de sua concessão, e o controle de constitucionalidade não admite nenhuma forma de composição de conflitos. Trata-se de um processo objetivo, onde não há interesses que possam ser compostos. Não há espaço para digressões sobre benefícios mútuos quando o que está em jogo é a supremacia constitucional.

---

41. SOUZA, Luciane Moessa de. *Solução consensual de conflitos coletivos envolvendo políticas públicas*. Brasília, DF: FUNDAÇÃO UNIVERSIDADE DE BRASÍLIA/FUB, 2014, p. 13.

42. EIDT, Elisa Berton. Os institutos da mediação e da conciliação e a possibilidade de sua aplicação no âmbito da Administração Pública. *Revista da Procuradoria-Geral do Estado*. Porto Alegre, v. 36, n. 75, p. 55-74, p. 69.

43. Não interessa aqui analisar as múltiplas falhas na concepção e na concessão do auxílio, nem sua evidente inconstitucionalidade. A preocupação concentra-se na utilização de uma estratégia processual para evitar ou postergar a decisão, como abuso de prerrogativa do relator.

A evidente impossibilidade de conciliação ou mediação no caso aponta para uma estratégia do relator de retardar a decisão sobre o caso, controlando o tempo e o ritmo da discussão jurídica. Com essa tática, o guardião da Constituição fica à mercê do relator de turno e todo o sistema de garantia da supremacia constitucional se fragiliza, corrompendo o Estado constitucional de Direito.

Esta, entretanto, não foi a única ingerência de Fux na condução do debate sobre o auxílio-moradia no Supremo. Entre 2013 e 2014, o Ministro concedeu uma série de liminares que permitiram o pagamento do controvertido auxílio aos magistrados de todo o país. Entretanto, foi apenas em 20 de dezembro de 2017 que Fux liberou as respectivas ações para julgamento pelo plenário do Supremo – sendo certo que, posteriormente, optou pelo caminho conciliatório. Desde que as liminares foram concedidas, estima-se que o pagamento dos auxílios pelos tribunais tenha custada, ao todo, R$ 1 bilhão.[44] [45]

Um único ministro, conjugando sua prerrogativa institucional de proferir decisões monocráticas com seu poder individual de não liberar os processos para julgamento pelo plenário do STF, permitiu que R$ 1 bilhão fossem gastos com o pagamento de um auxílio cuja legalidade é amplamente contestada pela população e por diversos especialistas da área. É inegável, portanto, que a alteração promovida no *status quo* pelas liminares do Ministro Fux é definitiva – seria irreal pensar que uma decisão contrária proferida pelo plenário, ou mesmo um acordo assinado pelas partes e posteriormente homologado pelo Tribunal, fosse capaz de recuperar esses valores para os cofres públicos.

Interesses corporativos contrários à Constituição, com impacto orçamentário significativo, em um contexto de restrições a políticas públicas de concretização de direitos sociais, não podem se aproveitar de uma fragilidade do sistema de decisão do Supremo Tribunal Federal para subsistirem. Há que se pensar em um aprimoramento do modelo decisório, em um controle das prerrogativas do relator e dos pedidos de vista, mas também há que se resolver a questão posta, para além do constrangimento provocado pela denúncia acadêmica.

---

44. CONSULTOR JURÍDICO. Fux libera para julgamento no Plenário liminar que concedeu auxílio-moradia. Texto publicado em 20 de dezembro de 2017. Acesso em 04 de março de 2018. Disponível em: https://www.conjur.com.br/2017-dez-20/fux-libera-julgamento-plenario-liminar-auxilio-moradia

45. O agir estratégico do Ministro Fux no caso do pagamento do auxílio-moradia é inequívoco. Durante a fase pré-decisional, para utilizar um conceito elaborado por Hubner Mendes, Fux aceitou apenas a inscrição de associações que se posicionam favoravelmente ao pagamento do auxílio para funcionarem como *amicus curiae*. FALCÃO, Márcio. Entidades: Fux só liberou associações a favor de auxílio-moradia em julgamento. Texto publicado no portal JOTA em 02 de março de 2018. Acesso em 05 de março de 2018. Disponível em: https://www.jota.info/stf/do-supremo/entidades-fux-so-liberou-associacoes-favor-de-auxilio-moradia-em--julgamento-02032018

É cada vez mais urgente, então, que os mecanismos disponibilizados pelo novo CPC sejam instrumentalizados de forma a conter o individualismo que se alastrou pelo Supremo Tribunal Federal. O texto deste importante diploma processual deve ser promotor da emancipação do colegiado, permitindo que o plenário do STF volte a reinar soberano e, com isso, passe a exercer seu papel de mediador das vontades e preferências individuais de seus ministros. Em suma, não pode o Tribunal (nem a sociedade brasileira) ser refém do ministro relator, do ministro que pede vista dos autos ou, ainda, do ministro que resolve dar a entrevista do dia.

5. REFERÊNCIAS BIBLIOGRÁFICAS

ARGUELHES, Diego Werneck. HARTMANN, Ivar A. *Timing* Control without Docket Control: how individual justices shape the Brazilian Supreme Court's agenda. *Journal of Law and Courts.* v. Spring, 2017.

ARGUELHES, Diego Werneck. RIBEIRO, Leandro Molhano. O Supremo Individual: mecanismos de atuação direta dos ministros sobre o processo político. *Direito, Estado e Sociedade.* n. 46. jan/jun 2015.

BARCELLOS, Ana Paula de. *Curso de Direito Constitucional.* Rio de Janeiro, Forense, 2018.

BARROSO, Luís Roberto. *A judicialização da vida e o papel do Supremo Tribunal Federal.* Belo Horizonte: Fórum, 2018.

CHAGAS, Carolina Alves das. *O Supremo, uma ilha* – o impacto das virtudes ativas e passivas do STF na democracia deliberativa brasileira. Dissertação (Mestrado em Direito do Estado). Programa de Pós-Graduação em Direito, Universidade Federal do Paraná. Curitiba, 2016.

CLÈVE, Clèmerson Merlin. *A fiscalização abstrata da constitucionalidade no direito brasileiro.* São Paulo: Revista dos Tribunais, 1995.

COELHO, Inocêncio Mártires. As ideias de Peter Häberle e a abertura da interpretação constitucional no direito brasileiro. *Revista de Informação Legislativa,* a. 35 n. 137, jan./mar. 1998, p. 157-164.

DIDIER JR., Fredie. CUNHA, Leonardo Carneiro da. *Curso de direito processual civil:* o processo civil nos tribunais, recursos, ações de competência originária do tribunal e *querela nullitatis,* incidentes de competência originária de tribunal. 13. ed. Salvador: Editora JusPodivm, 2016.

EIDT, Elisa Berton. Os institutos da mediação e da conciliação e a possibilidade de sua aplicação no âmbito da Administração Pública. *Revista da Procuradoria-Geral do Estado.* Porto Alegre, v. 36, n. 75, p. 55-74.

FALCÃO, Joaquim. HARTMANN, Ivar A. CHAVES, Vitor P. *III Relatório Supremo em Números*: o Supremo e o tempo. Rio de Janeiro: Fundação Getulio Vargas, 2014.

GRESTA, Roberta Maia. Dever de fundamentação no modelo decisão *seriatim*: sobre acordos parcialmente teorizados e desacordos quase completamente não teorizados. *Revista de Argumentação e Hermenêutica Jurídica*. Minas Gerais: v. 1 n. 2, p. 1-26, jul./dez. 2015

MARINONI, Luiz Guilherme. ARENHART, Sérgio Cruz. MITIDIERO, Daniel. *Novo Código de Processo Civil Comentado*. 2. ed. São Paulo: Editora Revista dos Tribunais, 2016.

MARINONI, Luiz Guilherme. ARENHART, Sérgio Cruz. MITIDIERO, Daniel. *Novo curso de processo civil*: tutela dos direitos mediante procedimento comum, volume II. 2. ed. São Paulo: Editora Revista dos Tribunais, 2016.

MELLO, Patrícia Perrone Campos. *Nos bastidores do Supremo Tribunal Federal*. Rio de Janeiro: Forense, 2015.

MENDES, Geisla Aparecida van Haandel. *Possibilidades de controle social e democrático do processo de fiscalização abstrata de constitucionalidade a partir da abertura do Supremo Tribunal Federal à participação e ao diálogo social*. Dissertação (Mestrado em). Programa de Pós-Graduação em Direitos Fundamentais e Democracia, Faculdades Integradas do Brasil, Curitiba, 2013.

MENDES, Gilmar Ferreira; COELHO, Inocêncio Mártires; BRANCO, Paulo Gustavo Gonet. *Curso de direito constitucional*. São Paulo: Saraiva, 2008.

SILVA, Virgílio Afonso da. Deciding without Deliberating. *International Journal of Constitutional Law*. ICON v. 11. July 2013.

SOUZA, Luciane Moessa de. *Solução consensual de conflitos coletivos envolvendo políticas públicas*. Brasília, DF: Fundação Universidade de Brasília/FUB, 2014.

SUNSTEIN, Cass R. *#Republic: divided democracy in the age of social media*. Princeton: Princeton University Press, 2017.

SUNSTEIN, Cass R. The law of group polarization. Chicago: *John M. Olin Law & Economics Working Paper* No. 91, 1999.

VIEIRA, Oscar Vilhena. Supremocracia. *Revista Direito GV*. vol. 4. n. 2. São Paulo, 2008.

VOJVODIC, Adriana de Moraes. MACHADO, Ana Mara França. CARDOSO, Evorah Lusci Costa. Escrevendo um romance, primeiro capítulo: precedentes e processo decisório no STF. *Revista Direito GV*. vol. 5. n. 1. São Paulo, 2009.

CAPÍTULO 8

O efeito vinculante das decisões do Supremo Tribunal Federal em controle concentrado de constitucionalidade: uma análise a partir da teoria da transcendência dos fundamentos determinantes

Fernanda Gomes e Souza Borges

SUMÁRIO: 1. INTRODUÇÃO; 2. CONTROLE CONCENTRADO DE CONSTITUCIONALIDADE; 3. EFEITO VINCULANTE DAS DECISÕES DO SUPREMO TRIBUNAL FEDERAL; 4. TEORIA DA TRANSCENDÊNCIA DOS FUNDAMENTOS DETERMINANTES; 5. CONSIDERAÇÕES FINAIS; 6. REFERÊNCIAS BIBLIOGRÁFICAS

1. INTRODUÇÃO

A problemática inspiradora deste ensaio foi abordada, ainda que superficialmente, na tese de doutoramento da autora,[1] justamente por ter sido objeto de divergência jurisprudencial, aparentemente pacificada pelo Supremo Tribunal Federal em 2010, no julgamento da Reclamação n. 3.014/SP.[2] Porém, tal polêmica foi novamente fomentada pela entrada em vigor do atual Código de Processo Civil,[3] sobretudo pelo disposto no texto do inciso I do artigo 927 e pelo julgamento das ações diretas de inconstitucionalidade n. 4.697 e 4.762 pelo Supremo Tribunal Federal.[4]

---

1. O objeto da tese da autora deste ensaio associa-se ao tema diante da possibilidade ou não de se utilizar a reclamação para fazer valer a autoridade das decisões do Supremo Tribunal Federal, nas quais tenha havido desrespeito ou inobservância aos fundamentos daquela decisão. BORGES, Fernanda Gomes e Souza. **O procedimento da reclamação na processualidade democrática.** 2018. 245f. Tese (Doutorado) – Pontifícia Universidade Católica de Minas Gerais, Programa de Pós Graduação *stricto sensu* em Direito, Belo Horizonte.

2. BRASIL. Supremo Tribunal Federal – Rcl 3.014/SP, DJ de 21/5/2010.

3. BRASIL. LEI N. 13.105, DE 16 DE MARÇO DE 2015. **Código de Processo Civil**, Brasília, DF, 2015. Disponível em: ‹http://www.planalto.gov.br/ccivil_03/_Ato2015-2018/2015/Lei/L13105.htm›. Acesso em: 22 fev. 2018.

4. BRASIL. Supremo Tribunal Federal – ADI 4.697 e 4.762, DJe de 30/3/2017. As ADIs foram ajuizadas pela Confederação Nacional das Profissões Liberais (CNPL) e Confederação Nacional dos Trabalhadores da Saúde

A questão fundamental que merece reflexão é acerca da extensão da vinculação imposta às decisões do Supremo Tribunal Federal, proferidas em sede de controle de constitucionalidade concentrado e, se, neste particular, o texto do artigo 927 do Código de Processo Civil alcançaria a *ratio decidendi* dos precedentes judiciais, não ficando restrito à parte dispositiva da decisão. Em suma, qual o alcance do efeito vinculante das decisões do Supremo Tribunal Federal, proferidas em sede de controle concreto de constitucionalidade.

2. CONTROLE CONCENTRADO DE CONSTITUCIONALIDADE

Desde o emblemático julgamento do *case* norte-americano *Marbury vs. Madison*, (1803), passando pelo sistema austríaco de controle de constitucionalidade (Constituição da Áustria de 1920), até nossos dias, o controle de constitucionalidade das normas mantém sua função de priorizar a supremacia da Constituição ou, ainda, nas palavras de Mauro Cappelletti, *controle judicial sobre a legitimidade constitucional das leis*, realçando como objetivo fundamental da justiça constitucional a defesa jurídica da liberdade, ou seja, a *giurisdizione delle libertà*.[5]

Cada país adota um tipo de sistema de controle de constitucionalidade, prevalecendo, sobremaneira, dois principais modelos referenciais. O mais antigo é controle de constitucionalidade difuso, configurado no constitucionalismo norte-americano, no qual qualquer juiz tem competência para declarar a inconstitucionalidade de uma norma jurídica e sua decisão se volta para um caso específico. Tal modelo também classifica-se como concreto porém, nos países que adotam o *civil law*, como os Estados Unidos, a regra do *stare decisis* confere às decisões jurisdicionais uma eficácia que ultrapassa as partes envolvidas e que, no caso de decisões proferidas pela Suprema Corte, podem ser identificadas como decisões *erga omnes*, já que seus precedentes vinculam todos os órgãos do judiciário norte-americano. Logo, mesmo que os julgamentos tenham por objeto uma situação concreta, o processo decisório é pautado pelo reconhecimento de que o precedente dele advindo terá como consequência a invalidação da norma.

(CNTS), questionando-se a constitucionalidade da Lei 12.514/2011, na parte que institui valores máximos para as anuidades cobradas por conselhos profissionais. Para as entidades, o tema foi introduzido indevidamente por meio de emenda em medida provisória que tratava de outro tema, além de sustentarem que o assunto deveria ter sido tratado por lei complementar, já que introduziu no ordenamento matéria de natureza tributária, configurando norma violadora do princípio da capacidade contributiva. O Supremo Tribunal Federal considerou constitucional legislação que institui limites para as anuidades cobradas por conselhos profissionais. (BRASIL. Supremo Tribunal Federal. **Notícias STF**. 06/10/2016. Plenário julga constitucional norma que fixa teto para anuidade de conselhos profissionais. Disponível em: <http://www.stf.jus.br/portal/cms/verNoticiaDetalhe.asp?id Conteudo= 326848>. Acesso em: 25 jun. 2017.)

5.   CAPPELLETTI, Mauro. **O controle judicial de constitucionalidade das leis no direito comparado**. 2. ed. Tradução de Aroldo Plínio Gonçalves. Porto Alegre: Sérgio Antônio Fabris Editor, 1992. p. 23-26.

Quanto aos países que adotam o sistema de *civil law*, como o Brasil, é justamente a inexistência da regra do *stare decisis* que exige a inserção de adaptações no modelo difuso (concreto), para que as decisões tenham efeitos meramente *inter partes*. Assim, uma das maneiras típicas de se conferir resultado *extra partes* ao controle de constitucionalidade foi o delineamento de ações abstratas (nas quais o objeto da decisão é uma declaração da inconstitucionalidade da norma impugnada), que não podem ser apreciadas por qualquer magistrado. Tais ações só podem ser julgadas por uma corte com competência especificamente constitucional. Esse modelo abstrato e concentrado é típico de alguns países europeus, nos quais somente a corte constitucional tem tal competência e suas decisões tem como objeto um norma jurídica em abstrato e, não um caso concreto específico.

Apesar de os sistemas descritos serem utilizados como referenciais, cada país confere peculiaridades diversas, conquanto às especificidades de sua organização estatal. Nesse particular, pode-se afirmar que o Brasil adotou um sistema misto ou híbrido, no qual identifica-se elementos tanto do controle difuso (concreto), quanto do controle concentrado (abstrato) de constitucionalidade.[6] Este último interesse direto deste ensaio, fundmentalmente no que tange aos efeitos vinculantes que possam ser atribuídos às decisões proferidas em seu âmbito procedimental.

Pode-se, com Georges Abboud, afirmar que no Brasil, o processo de controle abstrato ou concentrado de constitucionalidade:

> Consiste num tipo de controle abstrato de validade de normas exercido por via direta ou principal e que tem por finalidade essencial a eliminação do ordenamento, quer de normas jurídicas já publicadas que sejam julgadas inconstitucionais ou ilegais, quer de feitos que as mesmas hajam produzido.[7]

Apesar de parte representativa da doutrina conferir à origem do controle concentrado no Brasil à Emenda Constitucional n. 16, de 26 de novembro de 1965, a exemplo de Gilmar Mendes, que afirma ter sido por meio da referida Emenda n. 16 que o modelo abstrato de controle de constitucionalidade consagrou-se, [8] estamos com Álvaro Ricardo de Souza Cruz, para quem:

---

6. MENDES, Gilmar Ferreira. O controle incidental de normas no direito brasileiro. **Caderno Virtual**, v. 2, n. 08, 2004. Disponível em: ‹file:///C:/Users/UFLA%2077/Downloads/54-164-1-PB%20(1).pdf›. Acesso em: 09. fev. 2010.

7. ABBOUD, Georges. ABBOUD, Georges. **Processo constitucional brasileiro**. São Paulo: Revista dos Tribunais, 2016. p. 131.

8. MENDES, Gilmar Ferreira. A evolução do direito constitucional brasileiro e o controle de constitucionalidade da lei. **Revista de Informação Legislativa**, Brasília: Senado Federal. v. 32, n. 126, p. 87 -102, abr. / jun. 1995. p. 95. Disponível em: ‹http://www2 .senado.leg.br/bdsf /handle/id /176316›. Acesso em: 16 out. 2010..

A Jurisdição Concentrada foi introduzida no Brasil em 1934, com a criação da representação interventiva, que, na época, limitava-se ao controle de normas estaduis em face dos chamados princípios constitucionais sensíveis, ou seja, normas cuja violação poderiam implicar o desencadeamento de intervenção federal nos Estados--membros. A despeito de não ser concebida como forma de controle abstrato de constitucionalidade das leis, e sim como um conflito de interesses entre a União Federal e os Estados, a verdade é que ela passou a exercer tais funções, cumprindo tal mister até o advento da representação de inconstitucionalidade pela Emenda n. 16/65 à Carta de 1946.[9]

Como o objeto do controle concentrado é um ato normativo, que tenha ou não produzido efeitos jurídicos, a lei poderá ser questionada, inclusive, durante sua *vacatio legis*. Sua função é retirar tal ato normativo do ordenamento jurídico que seja considerado inconstitucional. Assim, conforme explicitado mais detidamente neste ensaio, sua decisão produz efeito vinculante e *erga omnes*, o que não acontece no controle difuso de constitucionalidade (já que o ato normativo só poderá ser suspenso com eficácia geral apenas quando o Senado emitir resolução).

O controle concentrado é exercido por meio das seguintes ações: declaratória de constitucionalidade, direta de inconstitucionalidade por ação e omissão e arguição de descumprimento de preceito fundamental. Seu processo tem natureza objetiva por não encampar direitos subjetivos em litígio. Considerando-se o sentido *carneluttiano* de ação, pode-se afirmar que não há lide, justamente por não haver direitos subjetivos que amparem pretensões em conflito. Contrário a tal entendimento, mister destacar crítica feita por Álvaro Ricardo de Souza Cruz:

> O contraditório e a "subjetivação" dos processos de controle de constitucionalidade concentrados tornam-se, sob perspectiva da Teoria Discursiva do Direito, elementos essenciais à redução de seu déficit de legitimidade, por tratar-se, especialmente no Brasil, de demandas nas quais a sociedade e a cidadania não se fazem presentes.
>
> Não é possível concordar com a alegação de que o processo de controle da constitucionalidade não cuida, mesmo que reflexamente, de direitos subjetivos e sim da estrita guarda da Constituição. [...]
>
> A ideia pela qual a via concentrada seria um processo "objetivo" e, portanto, sem partes certamente encontra seus fundamentos nos

---

9. SOUZA CRUZ, Álvaro Ricardo de. **Jurisdição constitucional democrática**. Belo Horizonte: Del Rey, 2004. p. 367.

> primórdios do desenvolvimento do direito processual, no qual o direito material se confunde com o direito de ação. [...]
>
> Em outras palavras, a alegada ausência de uma lide, ou seja, do exercício de uma ação em busca de uma tretensão de um direito material que é resistido, não pode implicar a ausência do contraditório como mecanismo de busca do melhor argumento. Mesmo em concepções tradicionais do direito processual é possível a dedução da existência de partes no controle concentrado, ao menos dando a condição de substituto processual às instituições legitimadas à propositura/defesa da ação.[10]

Ademais, vale ressaltar que o controle concentrado de constitucionalidade tem se fortalecido, sobremaneira, após alterações no sistema de controle brasileiro, a partir da década dos anos 1990 (com a criação de novas ações e a inclusão da possibilidade de modulação dos efeitos da decisão). O que se percebe é que, nos útimos anos, tem havido um processo de esvaziamento do controle difuso[11] e de ampliação do controle concentrado,[12] tendendo, inclusive, a uma *expansão universal*,[13] demonstrando-se a importância do controle concentrado de constitucionalidade para a consolidação dos preceitos do Estado Democrático de Direito.

É que, no controle concentrado as decisões são vinculantes, ou seja, obrigatórias para todos os órgãos jurisdicionais e da Administração Pública (direta e indireta; federal, estadual e municipal), ressaltando-se a já consolidada distinção entre efeito vinculante e eficácia *erga omnes*, conforme se verá no próximo tópico.

Superando divergências doutrinárias quanto à aplicabilidade ou não da eficácia *ex nunc* ao controle de constitucionalidade difuso em igualdade de aplicação do controle concentrado, o Código de Processo Civil de 2015 previu, no texto

---

10. SOUZA CRUZ, Álvaro Ricardo de. **Jurisdição constitucional democrática**. Belo Horizonte: Del Rey, 2004. p. 373-374.

11. Sobre o assunto, vale transcrever raciocínio conclusivo de Álvaro Ricardo de Souza Cruz: *"Sendo assim, o judicial review torna-se elemento central para a formação e concretização da vontade democrática. Qualquer restrição/esvaziamento do modelo difuso do controle brasileiro de constitucionalidade representa, em igual medida, falência da noção de cidadania ativa na tutela dos direitos fundamentais."* SOUZA CRUZ, Álvaro Ricardo de. **Jurisdição constitucional democrática**. Belo Horizonte: Del Rey, 2004. p. 367.

12. BENVINDO, Juliano Zaiden; COSTA, Alexandre Araújo. (Coordenadores). A quem interessa o controle concentrado de constitucionalidade?: O descompasso entre teoria e prática na defesa dos direitos fundamentais. **Universidade de Brasília – UNB**, Brasília: 2014. p. 4.

13. Sepúlveda Pertence ressalta que a *tendência de universalização* pela qual o controle concentrado vem passando é a melhor prova de que é um instrumento absolutamente indispensável à eficácia e à construção do Estado Democrático de Direito. SEPÚLVEDA PERTENCE, José Paulo. Jurisdição constitucional, decisões judiciais vinculantes e direitos fundamentais. p. 395-404. In: SAMPAIO, José Adércio Leite. **Jurisdição constitucional e direitos fundamentais**. Belo Horizonte: Del Rey, 2003. p. 404.

do artigo 535, parágrafo 6º – ao tratar da impugnação à execução pela Fazenda Pública – que o Supremo Tribunal Federal pode realizar modulação dos efeitos da decisão, *de modo a favorecer a segurança jurídica*, determinando a produção de efeitos *ex nunc*, bem como determinar momento específico para que a decisão produza efeitos, tanto no controle concentrado quanto no controle difuso de constitucionalidade (parágrafo 5º do mesmo dispositivo), com a aprovação de dois terços dos membros do plenário. Ademais, tal previsão já constava do texto do artigo 27 da Lei n. 9.868/1999.

3. EFEITO VINCULANTE DAS DECISÕES DO SUPREMO TRIBUNAL FEDERAL

Vinculação, força vinculante, eficácia vinculante, ou ainda, efeito vinculante são algumas das denominações utilizadas, para designar situações distintas, com diferentes graus de impositividade. Ou seja, as situações diferem entre si quanto à intensidade do fenômeno.

Em seu sentido estrito, a força vinculante diz respeito ao fato de um provimento jurisdicional ter que ser obrigatoriamente observado e aplicado por outros órgãos estatais, sob pena de afronta à autoridade e à competência do órgão que exarou o provimento.

Em linhas gerais, o efeito vinculante consiste na eficácia que se agrega à coisa julgada material, que, por sua vez, consubstancia-se no dispositivo da sentença constitucional. Tal efeito, conforme afirma Georges Abboud, só pode ser concebido no processo concentrado de controle de constitucionalidade.[14]

Isso porque o efeito vinculante não transita em julgado e consiste na eficácia inerente à coisa julgada material, que consubstancia-se no dispositivo da sentença. Portanto, não há como se confundir efeito vinculante e efeito *erga omnes* já que o último não é exclusivo do controle concentrado de constitucionalidade, pois, conforme Georges Abboud, caso esteja no fundamento do pedido de uma ação civil pública, ainda que em processo difuso, será atribuído efeito *erga omnes* à coisa julgada coletiva. Ora, o efeito *erga omnes* não vincula os particulares, na medida em que tal vinculação advém do efeito vinculante, nos termos do que dispõe o artigo 102, §2º da Constituição. Assim, no processo de controle concentrado de constitucionalidade a coisa julgada concretiza-se na norma decisória que decide o caso em julgamento, enquanto o efeito vinculante que se agrega a esse dispositivo possui *natureza transcendental*, incidindo no enunciado normativo representado pelo dispositivo da sentença constitucional.[15]

---

14. ABBOUD, Georges. ABBOUD, Georges. **Processo constitucional brasileiro**. São Paulo: Revista dos Tribunais, 2016. p. 243.

15. ABBOUD, Georges. ABBOUD, Georges. **Processo constitucional brasileiro**. São Paulo: Revista dos Tribunais, 2016. p. 243.

Foi com a Emenda Constitucional n. 7, de 13 de abril de 1977, que as decisões do Supremo Tribunal Federal passaram a ter efeito vinculante. A partir de então, atribuiu-se ao Supremo a competência para a interpretação de ato normativo. Trata-se da representação interpretativa inexistente no ordenamento brasileiro desde a Constituição da República de 1988. Tal efeito só voltouba ser positivado em 1993, com a ciração da ação declaratória de constitucionalidade, a partir da Emenda n. 3 e, após, na Emenda n. 45 que também conferiu tal efeito para a ação direta de inconstitucionalidade.[16]

4. TEORIA DA TRANSCENDÊNCIA DOS FUNDAMENTOS DETERMINANTES

Os fundamentos ou motivos determinantes fazem parte do conteúdo da fundamentação da decisão. Ou seja, são os principais fundamentos jurídicos que constituem a decisão.

O Código de Processo Civil em vigor faz menção expressa aos fundamentos determinantes da decisão ao tratar da exigência de fundamentação das decisões ao prever, no artigo 489, §1º, V que não considera-se fundamentada decisão que se limita a invocar qualquer padrão decisório sem que haja identificação de seus fundamentos determinantes e, também, se não houver demonstração que o caso *sub judice* se ajuste àqueles fundamentos. Menciona os fundamentos determinantes, ainda, no texto do disposto no artigo 979, §§1º e 2º, ao exigir que os padrões decisórios resultantes do julgamento de incidentes de resolução de demandas repetitivas sejam cadastrados em bancos de dados mantidos pelos tribunais e pelo Conselho Nacional de Justiça, devendo constar em tal registro, justamente os fundamentos determinantes da decisão.

Assim, a eficácia vinculante das decisões reside em seus fundamentos determinantes ou *ratio decidendi* ou, ainda, *holding*. Ademais, o que deve, efetivamente ser considerado fundamento determinante de uma decisão é uma das questões mais complexas no direito processual contemporâneo. Várias são as teorias, tanto no Brasil quanto em outros países, sobretudo nos países que que desenvolveram seus ordenamentos jurídicos na tradição do *common law*. Não sendo o objetivo principal deste ensaio a análise exaustiva do tema, adere-se ao critério de Alexandre Freitas Câmara para identificar e conceituar os fundamentos determinantes, construído a partir do marco teórico do modelo constitucional de processo brasileiro:

> Pois para a conceituação do que sejam, *no direito brasileiro*, os fundamentos determinantes dos padrões decisórios dotados de

---

16. FERREIRA, Olavo Augusto Vianna Alves. **Controle de constitucionalidade e seus efeitos**. 3. ed. Salvador: JusPodivm, 2016. p. 194-195.

eficácia vinculante, é preciso ter em conta, em primeiro lugar, que apenas pronunciamentos oriundos de órgãos colegiados podem ter tal eficácia obrigatória Em razão disso, deve-se considerar que o fundamento detemrinante de um padrão decisório é aquele que tenha sido acolhido, expressa ou implicitamente, pelo menos na maioria dos votos formadores do acórdão.[17]

Sobre o assunto, vale ressaltar que para haver a adequada individualização dos motivos determinantes não basta levar em consideração apenas a análise da estrutura interna da fundamentação. É imprescindível se valorar sua fundamentação. Ou seja, é preciso se certificar de que todos os motivos ou fundamentos foram discutidos e analisados pelos membros do colegiado, conforme sistematiza Luiz Guilherme Marinoni:

> Um dos motivos suficientes e determinantes da decisão pode não ter sido adequadamente discutido e analisado pelo tribunal. Nessa hipótese, aquilo que poderia ser tomado como motivo determinante ou como *ratio decidendi* para efeito de vinculação de outros órgãos judiciários acaba não adquirindo tal natureza. Ou melhor, acaba se tornando incompatível com a eficácia obrigatória dos fundamentos.[18]

Não há como se perquirir da teoria da transcendência dos fundamentos determinantes sem mencionar o Ministro do Supremo Tribunal Federal, Gilmar Mendes, como aponta Sepúlveda Pertence, ao fazer referência ao aspecto substancial do efeito vinculante no Brasil:

> Sob o aspecto substancial do efeito vinculante, sobretudo à medida que no Brasil não se chegou à construção, à audácia da legislação germânica de vincular o próprio legislador, e não só o dispositivo, aos motivos determinantes da decisãop de controle concentrado, teríamos muito a discutir sobre a pertinência desse transplante. Obviamente pregado pelo grande patrono da emenda, o efeito vinculante é um instituto que chega ao Brasil com o pai e mãe bem conhecidos; é um transplante do sistema germânico, apenas não se estendendo ao legislador, e veio na bagagem do doutorado do Ilustre Prof. Gilmar Ferreira Mendes, que, por isso, postula ser esta sua única restrição.[19]

---

17. CÂMARA, Alexandre Freitas. **Levando os padrões decisórios a sério**: formação e aplicação de precedentes e enunciados de súmula. São Paulo: Atlas, 2018.p. 274.

18. SARLET, Ingo Wolfgang; MARINONI, Luiz Guilherme; MITIDIERO, Daniel. **Curso de direito constitucional**. São Paulo: Revista dos Tribunais, 2012.

19. SEPÚLVEDA PERTENCE, José Paulo. Jurisdição constitucional, decisões judiciais vinculantes e direitos fundamentais. p. 395-404. In: SAMPAIO, José Adércio Leite. **Jurisdição constitucional e direitos fundamentais**. Belo Horizonte: Del Rey, 2003. p. 402.

A própria origem das expressões *"transcendência dos motivos determinantes"* e *"transcendência dos fundamentos determinantes"* remete aos estudos de Gilmar Mendes quanto aos limites objetivos do efeito vinculante no Brasil. Tal pesquisa teve como base estruturante as discussões teóricas e jurisprudenciais acerca do tema na Alemanha. Ao destrinchar uma decisão do Tribunal Constitucional alemão que determinou a vinculação dos órgãos federais aos fundamentos de sua decisão, Gilmar Mendes traduziu a expressão *"tragende grunde"* por *"fundamentos determinantes"*. Consta dessa decisão a possibilidade de uma eficácia *transcendente* do efeito vinculante ao caso concreto.[20]

A transcendência dos fundamentos determinantes é a eficácia advinda da fundamentação recaindo sobre situações que contém particularidades próprias e distintas, mas que, na sua integridade enquanto questão a ser resolvida, são similares a já decidida, e, por isto, reclamam as mesmas razões que foram apresentadas pelo tribunal quando da decisão.[21]

Gilmar Mendes classifica os limites do efeito vinculante em subjetivos (seriam aqueles atingidos pelo efeito vinculante) e objetivos (dizem respeito à parte do provimento judicial que será dotada de efeito vinculante, ou seja, a parte dispositiva do acórdão ou seus fundamentos determinantes). Portanto os que defendem que os limites objetivos do efeito vinculante seriam a fundamentação do julgado, denominam tal interpretação de *"transcendência dos motivos determinantes"*. Ademais, há controvérsia acerca dessa interpretação. Para o STF, em entendimento proferido no julgamento da Reclamação 3.014/SP, *"o efeito vinculante limita-se à parte dispositiva do acórdão, ou seja, não transcende para alcançar os fundamentos determinantes"*.[22]

Antes da Emenda Constitucional n. 3/1993, o ajuizamento da reclamação estava restrito ao autor da ação direta de constitucionalidade (e aos demais legitimados a esta ação), além de limitada ao desrespeito à parte dispositiva da decisão.[23]

Segue-se agora à análise de uma decisão, proferida em sede de reclamação constitucional, pelo Supremo Tribunal Federal.

O julgamento ocorreu em 2003, tendo como reclamante o governador do Distrito Federal e como reclamada a Presidente do Tribunal Regional do Trabalho da

---

20. MAGALHÃES, Breno Baía. A trajetória da transcendência dos motivos determinantes: o fim da história? **Revista de Informação Legislativa**, Brasília, Ano 52, n. 205, p. 161-188, jan./mar. 2015. p. 162. nota n. 3.

21. SARLET, Ingo Wolfgang; MARINONI, Luiz Guilherme; MITIDIERO, Daniel. **Curso de direito constitucional**. São Paulo: Revista dos Tribunais, 2012. p. 859.

22. MAGALHÃES, Breno Baía. A trajetória da transcendência dos motivos determinantes: o fim da história? **Revista de Informação Legislativa**, Brasília, Ano 52, n. 205, p. 161-188, jan./mar. 2015. p. 162.

23. É este o entendimento explicitado pelo STF nas decisões que julgaram as seguintes reclamações constitucionais: Reclamação 385/1993; Rcl 397/1993, ambas tendo como relator o Ministro Celso de Mello.

10ª Região, tendo sido autuada sob o n. 1.987-0/DF, relatoria do Ministro Maurício Corrêa. O reclamante ajuizou a reclamação sob o argumento de desrespeito de decisão proferida pelo Supremo Tribunal Federal, na Ação Direta de Inconstitucionalidade n. 1662-SP, ao determinar o sequestro de valores para pagamento de precatório, expedido contra a Fundação Educacional do Distrito Federal. Ao se opor a tal decisão, alega que a única hipótese em que tal sequestro de verbas poderia ter sido feito é a de *"preterição do direito de precedência"*, que, *in casu*, não teria ocorrido. A reclamada alega que o sequestro teria sido motivado pela falta de pagamento do precatório, já vencido e, fundamentado (o referido sequestro), na Emenda Constitucional n. 30, que rege a obrigatoriedade de atualização do crédito para pagamento do precatório, além da norma do §4º, do artigo 8 do Ato das Disposições Constitucionais Transitórias. Foi concedida liminar e houve parecer da Procuradoria-Geral da República pela procedência da reclamação, invocando o precedente do Supremo, Reclamação n. 1.923, também figurando como relator o Ministro Maurício Corrêa. Ademais, no julgamento do mérito da já citada ADI n. 1.662-SP, o Supremo já havia decidido que a superveniência da Emenda Constitucional n. 30/2000 não alterou as regras atinenstes ao sequestro no âmbito dos precatórios trabalhistas, reiterando que o saque forçado de verbas públicas somente está autorizado pela Constituição, no caso de preterição do direito de precedência do credor, sendo inadmissíveis quaisquer outras modalidades.[24]

Na Ação Direta de Inconstitucionalidade n. 1.662-SP tomada por paradigma, o ato atacado foi a Instrução Normativa n.11/1997, da lavra do Tribunal Superior do Trabalho, na qual se adotou o entendimento de que tratando-se de débitos trabalhistas de natureza alimentar, somente admite-se sequestro[25] de verbas

---

24. BRASIL. Supremo Tribunal Federal. Reclamação Constitucional 1.987-0/DF. Relator: Maurício Corrêa – Tribunal Pleno, **Diário de Justiça**, Brasília, 1º out. 2003. Disponível em: <http://www.stf.jus.br/portal/jurisprudencia/listarJurisprudencia.asp?s1=%281987%2ENUME%2E+OU+1987%2EACMS%2E%29&base=baseAcordaos&url=http://tinyurl.com/y7xb8sdc>. Acesso em: 23 Mai. 2017.

25. No contexto do Código de Processo Civil de 1973 era relevante destacar a existência de impropriedade técnica no uso do termo *"sequestro"* neste caso, já que, a bem da verdade, tratava-se de *"arresto"*, previsto no artigo 814, como uma medida cautelar destinada a assegurar efetividade da execução contra o devedor solvente ao retirar-lhe do domínio os bens necessários para garantir a execução, impedindo-o de aliená-los ou transferi-los. (NAZAR, Fabio Murilo; RÊGO, Cristiane. Sequestro de verbas públicas para pagamento de precatórios após a EC 62/09. p. 191- 205. **Revista Amagis Jurídica** – Associação dos Magistrados Mineiros, Belo Horizonte, Ano IV , n. 8 , jan. / jun. 2013. Disponível em : <https://www.amagis.com.br/plus/modulos/edicao/download. php? cdedicao=13625>. Acesso em: 2 abr. 2017. p. 195). Contudo, o Código de Processo Civil de 2015 não recepcionou o chamado *"processo cautelar"* em livro autônomo como o fez o Código revogado. Assim, conforme Ronaldo Brêtas: *"o processo cautelar, os procedimentos cautelares [...] e, também, os procedimentos das chamadas tutelas antecipadas de mérito [...] surgem sistematicamente reunidos nos procedimentos do Livro V, da sua parte geral, que trata da chamada tutela provisória arts. 294 a 311. A tutela provisória abrange o que o NCPC subdivide em tutela de urgência e tutela de evidência [...]. A tutela de urgência se desdobra em dois procedimentos, tutela de urgência cautelar e tutela de urgência satisfativa".* (BRÊTAS, Ronaldo de Carvalho Dias; SOARES, Carlos Henrique; MARQUES BRÊTAS, Suzana Oliveira; DIAS, Renato José Barbosa; MOL BRÊTAS, Yvonne. **Estudo sistemático do NCPC.** Belo Horizonte: D'Plácido, 2016. p. 27-28). Agora, procedimentos como arresto e

públicas na hipótese de comprovada preterição do direito de precedência do credor. Por meio da citada norma, o Tribunal Superior do Trabalho uniformizou procedimentos para a expedição de precatórios e ofícios requisitórios referentes às condenações oriundas de decisões judiciais transitadas em julgado. Ao decidir a ADI, o Supremo firmou entendimento de que apenas a quebra da ordem cronológica de pagamento permite o sequestro de verbas públicas, conforme o artigo 100, §2º da Constituição. Portanto o que o STF declarou inconstitucional foi a criação, por ato normativo do Tribunal Superior do Trabalho, de novas hipóteses de sequestro de verbas públicas, afora no caso de preterição do direito de precedência do credor, já previsto na Constituição.

Mas, o que interessa na decisão supramencionada, é a aplicação da chamada *"teoria da transcendência dos motivos determinantes"*, em sede de reclamação constitucional. O Supremo decidiu que, ainda que a violação às suas decisões ocorra de forma oblíqua, a sua eficácia deve ser resguardada, e o procedimento destinado a tal função é a reclamação. No caso citado, o Ministro relator entendeu que a autoridade reclamada, com a intenção de se afastar da regra suspensa, ou seja, a instrução normativa do TST tentou fundamentar seu ato em outra norma (Emenda Constitucional 30/2000), mas com a mesma circunstância fática já rejeitada pelo STF. Então, além de ter violado decisão anterior do STF, o TRT fundamentou sua decisão em uma instrução normativa declarada inconstitucional, justamente por pretender criar novas hipóteses de sequestro de verbas públicas, extrapolando a norma constitucional. Oportuno transcrever alguns excertos do voto do Ministro Rel. Maurício Corrêa, proferido no julgamento da Rcl n. 1.987/DF:

> Como visto, revela-se de fundamental importância o resguardo à eficácia das decisões tomadas pelo Supremo Tribunal Federal, sendo inadmissível a desobediência perpetrada contra a exegese constitucional consagrada em seus julgados, mesmo naquelas hipóteses em que a violação ocorre de forma oblíqua. [...] A ordem impugnada contrariou, em substância, o entendimento por ela assentado no julgamento do pedido liminar e, de forma direta e literal, o que expressamente fixado quando da apreciação do mérito.

> A questão fundamental é que o ato impugnado não apenas contrastou a decisão definitiva proferida na ADI 1662, como, essencialmente, está em confronto com seus motivos determinantes. A propósito, reporto-me à recente decisão do Ministro Gilmar Mendes (RCL

---

sequestro, entre outros, vêm previstos, de maneira geral, no texto do artigo 301, como hipóteses de tutela de urgência cautelar. Assim, visando à simplificação do sistema, o legislador pôs fim à distinção de procedimentos cautelares nominados e inominados, retirando a importância de tal distinção, na medida em que o disposto no artigo 283 permite ao juízo conceder a tutela provisória que melhor aprouver ao caso específico, independentemente do requerimento apontado pelo requerente.

2126, DJ de 19/08/02), sendo relevante a consideração de importante corrente doutrinária, segunda a qual a "eficácia da decisão
do Tribunal transcende o caso singular, de modo que os princípios
dimanados da parte dispositiva e dos fundamentos determinantes
sobre a interpretação da Constituição devem ser observados por
todos os Tribunais e autoridades nos casos futuros", exegese que
fortalece a contgribuição do Tribunal para preservação e desenvolvimento da ordem constitucional.[26]

Vale ressaltar que o Ministro Marco Aurélio, em debates do julgamento, manifestou contrariedade à adoção da transcendência dos motivos determinantes, ao
afirmar que *O fundamento do ato que estaria a contrariar a nossa decisão não era a
resolução fulminada pelo Tribunal na Ação Direta de Inconstitucionalidade nº1.662*. E,
mesmo em seu voto preliminar, o Ministro Marco Aurélio, demonstrando preocupação com o número elevado de reclamações que poderiam chegar ao Supremo,
mostrou-se contrário à adoção da teoria da transcendência dos motivos determinantes, pelo que afirmou:

> [...] sob pena de partirmos, sem uma norma explícita a respeito,
> para o agasalho do princípio da transcendência. Peço vênia para
> entender não-cabível, num primeiro plano, a reclamação. E, em se-
> gundo plano, admitida pela maioria a reclamação, concluir que não
> se tem o desrespeito ao acórdão proferido na ADI 1.662.[27]

Assim, mantendo a divergência supra mencionada, o Ministro Marco Aurélio
votou pela improcedência da reclamação (tendo sido vencido), sob o argumento
de que o fundamento do ato reclamado era diverso do declarado inconstitucional na ADI nº1.662.

Ora, no julgamento da Reclamação 1.987, o STF deixou evidente a hipótese de
cabimento de reclamação *para ressuscitar a autoridade dos fundamentos determinantes de decisão prolatada em ação direta de inconstitucionalidade.*[28]

Ademais, os motivos que sustentam a eficácia vinculante dos fundamentos
determinantes de decisões proferidas no controle principal, também, impõem-se
no controle incidental.

---

26. BRASIL. Supremo Tribunal Federal. Reclamação Constitucional 1.987-0/DF. Relator: Maurício Corrêa – Tribunal
Pleno, **Diário de Justiça**, Brasília, 1º out. 2003. Disponível em: ‹http://www.stf.jus.br/portal/jurisprudencia/
listarJurisprudencia.asp?s1=%281987%2ENUME%2E+OU+1987%2EACMS%2E%29&base=baseAcordaos&url=ht-
tp://tinyurl.com/y7xb8sdc›. Acesso em: 23 Mai. 2017. p. 60-61; 63.

27. BRASIL. Supremo Tribunal Federal. Reclamação Constitucional 1.987-0/DF. Relator: Maurício Corrêa – Tribunal
Pleno, **Diário de Justiça**, Brasília, 1º out. 2003. Disponível em: ‹http://www. stf.jus.br/portal/jurisprudencia/
listarJurisprudencia.asp?s1=%281987%2ENUME%2E+OU+1987%2EACMS%2E%29&base=baseAcordaos&url=ht-
tp://tinyurl.com/y7xb8sdc›. Acesso em: 23 Mai. 2017. p. 88-89.

28. SARLET, Ingo Wolfgang; MARINONI, Luiz Guilherme; MITIDIERO, Daniel. **Curso de direito constitucional**. São
Paulo: Revista dos Tribunais, 2012. p. 997.

Todavia, apesar de parecerem sedutoras, as decisões do Supremo que aplicaram a teoria da transcendência dos motivos determinantes, em controle difuso de constitucionalidade, *carecem de apoio legislativo e constitucional, razão pela qual não podem prevalecer no vigente sistema constitucional e processual brasileiro.*[29]

Nesse sentido, a decisão que derrubou a aplicação da teoria foi a exarada no julgamento da Reclamação 3.014/SP, que determinou que o efeito vinculante, limita-se, tão somente, à parte dispositiva do acórdão, não transcendendo para alcançar os fundamentos determinantes.

Contudo, principalmente, diante da sistemática inaugurada pelo Código de 2015, resta indagar com Breno Baía Magalhães se o efeito vinculante de uma decisão do Supremo pode ser identificado com a existência de precedentes vinculantes na jurisdição constitucional brasileira. E, ainda, como indicar o fundamento determinante em uma decisão do STF dotada de efeito vinculante?[30]

Em pesquisa empírica que relacionou a reclamação ao efeito vinculante, Antônio M. Maués afirma que as reclamações são uma fonte privilegiada de informação para a análise do efeito vinculante, *uma vez que, ao julgá-las, o STF deve confrontar sua jurisprudência com os casos com os quais ela está sendo aplicada, o que lhe confere a oportunidade de especificar o vínculo que suas decisões impõem ao restante do Judiciário.*[31] A referida pesquisa concluiu, quanto aos limites do efeito vinculante, que:

> Essas reclamações demonstram que o STF admite que a vinculação dos juízes e tribunais às suas decisões e súmulas não os impede de fazer distinções e deixar de aplicar esses precedentes a determinados casos. Portanto, o efeito vinculante não significa que os demais órgãos judiciais estejam impedidos de reapreciar a constitucionalidade de uma norma no caso concreto e deixar de aplicá-la, mas sim que eles devem apresentar argumentos que justifiquem seu afastamento do precedente. Consequentemente, a diferença entre eficácia vertical e eficácia horizontal dos precedentes do STF deve ser matizada, uma vez que, embora os demais órgãos judiciais não possam revogar esses precedentes, eles não estão obrigados a

---

29. MENDONÇA, Rodrigo Gomes. Teoria da transcendência dos motivos determinantes das decisões do Supremo Tribunal Federal em controle difuso de constitucionalidade os limites da coisa julgada e o enunciado de súmula vinculante. **Revista de Processo – REPRO**, São Paulo: Revista dos Tribunais. v. 199/2011 .p. 307 – 322. Set. 2011. p. 310.

30. MAGALHÃES, Breno Baía. A trajetória da transcendência dos motivos determinantes: o fim da história? **Revista de Informação Legislativa**, Brasília, Ano 52, n. 205, p. 161-188, jan./mar. 2015. p. 163; 167.

31. MAUÉS, Antônio Moreira. O efeito vinculante na jurisprudência do Supremo Tribunal Federal: análise das reclamações constitucionais n. 11.000 a 13.000. **Revista Direito GV**, São Paulo, v. 12, n. 2, p. 441-460, mai./ago. 2016.p. 445.

aplicá-los a todos os casos potencialmente compreendidos por eles.[32]

Quanto ao assunto, a pesquisa *"A força normativa do direito judicial"* concluiu por uma postura minimalista do STF:

Embora haja divergência a respeito de certas interpretações, fato normal pela natureza subjetiva da interpretação jurídica, o respeito aos próprios precedentes mostrase de forma nítida, mesmo não existindo uma doutrina de *stare decisis* positivada em relação à jurisprudência constitucional brasileira e considerando o curto período de implementação da Reclamação constitucional sobre súmulas vinculantes no Brasil. Para efeito de comparação, no *common law* inglês a regra do *stare decisis*, na sua versão mais forte, foi constituída no início do século XIX, tendo quase 200 anos. Assim, percebese que o grande indeferimento das reclamações, visto na questão 8, devese ao manejo equivocado do instrumento (pelas partes) e não ao desconhecimento ou desprezo por parte dos ministros em relação à jurisprudência constitucional produzida ao longo dos anos. Todavia, mesmo detectandose a formação de uma espécie de *stare decisis* advinda da prática constitucional do STF, os mecanismos de aplicação das técnicas de *distinguish* (distinção de precedente) ou *overruling* (abandono do precedente) ainda não estão sedimentados, em grande parte pela impossibilidade de se levar tais casos ao tribunal pleno do STF, que teria a capacidade de executar essas técnicas de forma adequada. Nesse sentido, aplaudimos novamente as disposições contidas nos arts. 520, § 8º, I e II, e 499, § 1º, V e VI, do Novo CPC aprovado pelo Congresso Nacional, que complementam o modelo de vinculação ao precedente judicial com a exigência de se estabelecer uma prática argumentativa que é imprescindível para a racionalização do sistema jurídico. Em relação às possibilidades reivindicação do efeito vinculante das decisões do STF por meio do ajuizamento da Reclamação constitucional, especialmente no que concerne à reforma de decisões das instâncias ordinárias do Poder Judiciário, notamse grandes dificuldades potenciais. Isso porque apesar da considerável tendência de formação de *rationes decidendi* consolidadas por unanimidade ou por uma ampla maioria, como percebido pelos dados obtidos na questão 5 (FRcl1), existem grandes problemas práticos para a aplicação dessas regras judiciais pelos tribunais inferiores.[33]

---

32. MAUÉS, Antônio Moreira. O efeito vinculante na jurisprudência do Supremo Tribunal Federal: análise das reclamações constitucionais n. 11.000 a 13.000. **Revista Direito GV**, São Paulo, v. 12, n. 2, p. 441-460, mai./ago. 2016.p. 458.

33. BUSTAMANTE, Thomas da Rosa de. (Coordenador) **A força normativa do direito judicial:** uma análise da aplicação prática do precedente no direito brasileiro e dos seus desafios para a legitimação da autoridade

Fato é que, com o passar dos anos, mais precisamente de 2003 a 2009, várias decisões do Supremo acataram a teoria da transcendência, assim como outras a rejeitaram, já que ainda não havia sido prolatada decisão definitiva sobre o assunto. O posicionamento do plenário seria, inicialmente, decidido na Reclamação 4.219/SP, contudo, em razão do falecimento da parte interessada, o processo foi extinto sem julgamento do mérito.

Finalmente, em 2010, o STF resolveu pôr fim ao impasse, ao julgar a Reclamação 3.014/SP. O julgamento no plenário se deu com maioria apertada, entendendo-se inaplicável a transcendência dos fundamentos determinantes.[34]

Porém, vale mencionar conclusão da pesquisa empírica empreendida por Breno B. Magalhães, por haver constatado que o Supremo não rejeitou por completo a aplicação da tese da transcendência dos fundamentos determinantes, apesar da forte limitação após o julgamento da Reclamação 3.014/SP, pelo que opina no sentido de que a discussão da aplicação da teoria, ainda, voltará a ser pautada no futuro.

Com a entrada em vigor do Código de Processo Civil de 2015, foi reforçada a concepção de que a vinculação das decisões ultrapassa a parte dispositiva, irradiando-se para seus fundamentos determinantes, como se pode observar no texto dos artigos 489, §1º V; artigo 927, §2º; artigo 979, §2º e artigo 988, III, e §4º. Da mesma forma, o recente julgamento das ADIs 4.697 e 4.762, no qual o Ministro Gilmar Mendes voltou a suscitar a teoria da transcendência dos fundamentos determinantes. Tal entendimento já encontra guarida na doutrina

---

do Poder Judiciário. Brasília, CNJ. 2014. Disponível em: <http://www.cnj.jus.br/pesquisas-judiciarias/justica--pesquisa>. Acesso em: 10 abr. 2016.

34. Conforme informação de Breno B. Magalhães, após o julgamento da referida reclamação, (3.014/SP), outras decisões que ratificaram a rejeição da teoria foram as seguintes: Decisões Monocráticas nas Reclamações 10.496/CE, 10.538/CE, 10.547/CE, 10.611/GO, todas publicadas no DJe 1/10/2010 e relatadas pela Ministro Ellen Gracie; AgR na Reclamação 4.875/SP; AgR na Reclamação 6.319/SC; AgR na Reclamação 4.911/SC, e AgR na Reclamação 8.175/RN, todas publicadas no DJe 6/8/2010 e relatadas pelo Ministro Eros Grau; decisão monocrática na Reclamação 10.266/SP, DJe 28/9/2010, Rel. Marco Aurélio; decisão monocrática na Medida Cautelar na Reclamação 7.957/RN, DJe 8/9/2010, Rel. Celso de Mello; AgR na Reclamação 3.294/RN, Rel. Dias Toffoli, DJe 29/11/11; AgR na Reclamação 9.778/RJ, Rel. Ricardo Lewandowski, DJe 11/11/11; AgR na Reclamação 3.385/ RN, Rel. Dias Toffoli, DJe 8/9/11; Decisão Monocrática nas Reclamação 17.585/DF, Rel. Cármen Lúcia, DJe 16/6/2014; MC no AgR na Reclamação 13.956/CE, Rel. Celso de Mello, DJe 7/3/2014 (o ministro ressalvou seu entendimento pessoal favorável à tese). E nas seguintes manifestações plenárias: AgR na Reclamação 13.300/PR, Rel. Cármen Lúcia, DJe 25/2/2013; AgR na Reclamação 10.125/PA, Rel. Dias Toffoli, DJe 6/11/2013; AgR na Reclamação 16.004/PB, Rel. Cármen Lúcia, DJe 29/11/2013; AgR na Reclamação 7.956/RN, Rel. Dias Toffoli, DJe 12/11/2013; AgR no Reclamação 13.907/RS, Rel. Dias Toffoli, DJe 13/11/2013; AgR na Reclamação 4.907/PE, Rel. Dias Toffoli, DJe 21/5/2013; AgR na Reclamação 10.680/GO, Rel. Teori Zavascki, DJe 30/4/2014; AgR na Reclamação 15.789/CE, Rel. Dias Toffoli, DJe 3/4/2014; AgR na Reclamação 16.580/CE, Rel. Dias Toffoli, DJe 10/4/2014; AgR na Reclamação 4.818/ES, Rel. Luiz Fux, DJe 3/6/2014. MAGALHÃES, Breno Baía. A trajetória da transcendência dos motivos determinantes: o fim da história? **Revista de Informação Legislativa**, Brasília, Ano 52, n. 205, p. 161-188, jan./mar. 2015. p. 171-172.

especializada, podendo-se mencionar José Miguel Garcia Medina e Alexandre Freitas Câmara.[35]

Contudo, diante dos preceitos do processo constitucional democrático, não se deve admitir a transcendência dos fundamentos determinantes, defendendo-se a tese restritiva da eficácia vinculante das decisões proferidas em sede de controle concentrado de constitucionalidade, apesar de o Código de Processo Civil de 2015 consagra como precedente vinculante a tese firmada em julgamento de recursos repetitivos e em súmula vinculante.

5. CONSIDERAÇÕES FINAIS

A presente análise não teve a pretensão de esgotar o tema, não passando de breve introdução do debate. Entretanto, pretendeu abordar uma série de questões que têm sido levantadas a respeito de tão relevante controvérsia, acerca da transcendência ou não dos fundamentos determinantes da decisão, sob risco de fechamento hermenêutico. A eficácia vinculante é restrita à parte dispositiva da decisão, como expressamente dispõe o artigo 102, §2º da Constituição de 1988. Assim, estender os efeitos vinculantes das decisões proferidas pelo Supremo em sede de controle concentrado de constitucionalidade caracterizaria patente violação ao texto constitucional, bem como ao princípio da independência decisória dos magistrados e o princípio da jurisdição. E, ainda, configuraria grave ruptura entre o Supremo e as demais instâncias decisórias contrariando as premissas teóricas do Código de Processo Civil de 2015 de conferir estabilidade às interpretações dos tribunais e fortalecer sua jurisprudência.[36]

6. REFERÊNCIAS BIBLIOGRÁFICAS

ABBOUD, Georges. ABBOUD, Georges. **Processo constitucional brasileiro**. São Paulo: Revista dos Tribunais, 2016.

BENVINDO, Juliano Zaiden; COSTA, Alexandre Araújo. (Coordenadores). **A quem interessa o controle concentrado de constitucionalidade?: o descompasso entre teoria e prática na defesa dos direitos fundamentais**. Universidade de Brasília – UNB, Brasília: 2014. Disponível em: ‹http://www.fd. unb. br / images / Pos-Graduacao / Projetos _ de _ Pesquisa / Projeto _ d e_ Pesquisa_-_Juliano_Zaiden_Benvindo_3_-_A_Quem_Interessa.pdf›. Acesso em: 22. fev. 2016.

---

35. MEDINA, José Miguel Garcia. **Novo Código de Processo Civil comentado com remissões e notas comparativas ao CPC/1973**. São Paulo: Revista dos Tribunais, 2016. p. 1325. CÂMARA, Alexandre Freitas. **O novo Processo Civil brasileiro**. 2. ed. São Paulo: Atlas, 2016, p. 442-444.

36.

BORGES, Fernanda Gomes e Souza. **O procedimento da reclamação na processualidade democrática**. 2018. 245f. Tese (Doutorado) – Pontifícia Universidade Católica de Minas Gerais, Programa de Pós Graduação *stricto sensu* em Direito, Belo Horizonte.

BORGES, Fernanda Gomes e Souza. Os novos contornos da reclamação constitucional no Código de Processo Civil de 2015. **Revista Brasileira de Direito Processual – RBDPro**, Belo Horizonte, ano 26, n. 102, p. 235-256, abr./jun. 2018. p. 236.

BRASIL. Supremo Tribunal Federal – Rcl 3.014/SP, DJ de 21/5/2010.

BRASIL. LEI N. 13.105, DE 16 DE MARÇO DE 2015. Código de Processo Civil, Brasília, DF, 2015. Disponível em: ‹http://www.planalto.gov.br/ccivil_03/_Ato2015-2018/2015/Lei/L13105.htm›. Acesso em: 22 fev. 2018.

BRASIL. Supremo Tribunal Federal. Notícias STF. 06/10/2016. Plenário julga constitucional norma que fixa teto para anuidade de conselhos profissionais. Disponível em: ‹http://www.stf.jus.br/portal/cms/verNoticiaDetalhe.asp?id Conteudo= 326848›. Acesso em: 25 jun. 2017.

BRASIL. Supremo Tribunal Federal – ADI 4.697 e 4.762, DJe de 30/3/2017.

BRÊTAS, Ronaldo de Carvalho Dias; SOARES, Carlos Henrique; MARQUES BRÊTAS, Suzana Oliveira; DIAS, Renato José Barbosa; MOL BRÊTAS, Yvonne. **Estudo sistemático do NCPC**. Belo Horizonte: D´Plácido, 2016.

BUSTAMANTE, Thomas da Rosa de. (Coordenador). **A força normativa do direito judicial: uma análise da aplicação prática do precedente no direito brasileiro e dos seus desafios para a legitimação da autoridade do Poder Judiciário**. Brasília, CNJ. 2014. Disponível em: ‹http://www.cnj. jus.br/pesquisas – judiciarias / justica- pesquisa›. Acesso em: 10 abr. 2016.

CÂMARA, Alexandre Freitas. **Levando os padrões decisórios a sério**: formação e aplicação de precedentes e enunciados de súmula. São Paulo: Atlas, 2018.

CAPPELLETTI, Mauro. **O controle judicial de constitucionalidade das leis no direito comparado**. 2. ed. Tradução de Aroldo Plínio Gonçalves. Porto Alegre: Sérgio Antônio Fabris Editor, 1992. p. 23-26.

FERREIRA, Olavo Augusto Vianna Alves. **Controle de constitucionalidade e seus efeitos**. 3. ed. Salvador: JusPodivm, 2016.

MAGALHÃES, Breno Baía. A trajetória da transcendência dos motivos determinantes: o fim da história? **Revista de Informação Legislativa**, Brasília, Ano 52, n. 205, p. 161-188, jan./mar. 2015.

MAUÉS, Antônio Moreira. O efeito vinculante na jurisprudência do Supremo Tribunal Federal: análise das reclamações constitucionais n. 11.000 a 13.000. **Revista Direito GV**, São Paulo, v. 12, n. 2, p. 441-460, mai./ago. 2016.

MEDINA, José Miguel Garcia. **Novo Código de Processo Civil comentado com remissões e notas comparativas ao CPC/1973**. São Paulo: Revista dos Tribunais, 2016.

MENDONÇA, Rodrigo Gomes. Teoria da transcendência dos motivos determinantes das decisões do Supremo Tribunal Federal em controle difuso de constitucionalidade os limites da coisa julgada e o enunciado de súmula vinculante. **Revista de Processo – REPRO,** São Paulo: Revista dos Tribunais. v. 199/2011 .p. 307 – 322. set. 2011.

NAZAR, Fabio Murilo; RÊGO, Cristiane. Sequestro de verbas públicas para pagamento de precatórios após a EC 62/09. p. 191- 205. **Revista Amagis Jurídica** – Associação dos Magistrados Mineiros, Belo Horizonte, Ano IV , n. 8, jan. / jun. 2013. Disponível em : ‹https://www.amagis.com.br/plus/modulos /edicao/ download. php? cdedicao =13625›. Acesso em: 2 abr. 2017.

SARLET, Ingo Wolfgang; MARINONI, Luiz Guilherme; MITIDIERO, Daniel. **Curso de direito constitucional**. São Paulo: Revista dos Tribunais, 2012.

SEPÚLVEDA PERTENCE, José Paulo. Jurisdição constitucional, decisões judiciais vinculantes e direitos fundamentais. p. 395-404. In: SAMPAIO, José Adércio Leite. **Jurisdição constitucional e direitos fundamentais**. Belo Horizonte: Del Rey, 2003.

SOUZA CRUZ, Álvaro Ricardo de. **Jurisdição constitucional democrática**. Belo Horizonte: Del Rey, 2004.

CAPÍTULO 9

Notas sobre o incidente de resolução de demandas repetitivas e o sistema brasileiro de controle de constitucionalidade

Marcelo Abelha Rodrigues

Filipe Ramos Oliveira

SUMÁRIO: 1. INTRODUÇÃO; 2. NOTAS INTRODUTÓRIAS SOBRE O CONTROLE DE CONSTITUCIONALIDADE E O IRDR; 3. O PROBLEMA: IRDR INSTAURADO A PARTIR DE MÚLTIPLOS PROCESSOS EM QUE A QUESTÃO DE DIREITO SEJA A INCONSTITUCIONALIDADE DE UM ATO NORMATIVO; 3.1. PANORAMA DO PROBLEMA; 3.2. IRDR E O INCIDENTE DE ARGUIÇÃO DE INCONSTITUCIONALIDADE; 3.3. O IRDR, SUA EFICÁCIA VINCULANTE E O SISTEMA MISTO DE CONTROLE DE CONSTITUCIONALIDADE; 4. CONCLUSÕES; 5. REFERÊNCIAS BIBLIOGRÁFICAS

1. INTRODUÇÃO

Desde as discussões que antecederam a sanção e promulgação do novo Código de Processo Civil, o incidente de resolução de demandas repetitivas (IRDR) é apresentado como uma ferramenta processual capaz de conferir maior previsibilidade, coerência, estabilidade e isonomia às decisões judiciais e, perdoe-nos a nossa sinceridade, principalmente remediar o crescimento exponencial do número de demandas ligadas ao fenômeno da litigância de massa.

Sem nos comprometermos com as correntes doutrinárias que logo se formaram a respeito da natureza do instituto, pode-se afirmar que o legislador pretendeu criar, e de fato criou, uma técnica processual que permite aos Tribunais (de Justiça ou Regionais Federais) suspenderem as demandas em que surjam questões repetitivas unicamente de direito a fim de firmar, a respeito, tese jurídica de observância obrigatória para os casos presentes – presumivelmente sobrestados – e futuros ainda não nascidos. Enfim, uma solução para o presente e para o futuro sobre uma questão de direito.

Como dito alhures, o objetivo do presente ensaio não é – embora isso seja tentador – tomar parte nas discussões travadas a respeito da natureza do IRDR, se processo objetivo ou subjetivo, individual ou coletivo, técnica mais próxima ao que se denomina de *processo-piloto ou causa-modelo*, ou, menos ainda, sobre a espécie de vinculação que se estabelece a partir de seu julgamento, se mais semelhante a um precedente ou à coisa julgada. Para tanto, não bastariam as poucas páginas que se seguirão.

Pretendemos, outrossim, indo direto ao ponto, identificar em que medida a fórmula criada pelo legislador para o IRDR imbrica-se com o controle de constitucionalidade (difuso e concentrado), extraindo, a partir desta análise, as conclusões sobre as possíveis consequências dessa sobreposição.

2. NOTAS INTRODUTÓRIAS SOBRE O CONTROLE DE CONSTITUCIONALIDADE E O IRDR

O ordenamento jurídico brasileiro, desde 1965[1], conta com duas espécies distintas e complementares de controle de constitucionalidade dos atos normativos, sistema que, por isso, é denominado de misto ou eclético[2].

Inspirado no modelo estadunidense e introduzido pela Constituição Republicana de 1891, temos o controle de constitucionalidade *incidental*[3], também adjetivado de *difuso e concreto*[4] [5], que incumbe a qualquer magistrado quando, diante de uma demanda, vê-se diante de questão de constitucionalidade que surge como antecedente lógico da decisão a ser proferida.

Diverso é o controle de constitucionalidade de inspiração austríaca[6], chamado de *concentrado, principal e abstrato*[7], por incumbir a um órgão jurisdicional de

---

1. Não se ignora que, anteriormente, já existia a *representação interventiva*, de restrito cabimento, que pode ser apontada como protótipo do que hoje chamamos de controle em sede principal e concentrada. Todavia, com traços mais semelhantes à ação direta de constitucionalidade, é a criação da *representação contra inconstitucionalidade*, introduzida ao texto da Constituição Federal de 1946 pela Emenda Constitucional nº 16, de 26 de novembro de 1965, que costuma se apontar como marco inicial do controle de constitucionalidade pela via principal no Brasil. Para detalhado histórico, vide: MENDES, Gilmar Ferreira. Jurisdição constitucional: o controle abstrato de normas no Brasil e na Alemanha, 5.ed., São Paulo: Saraiva, 2005, pp. 68-82.

2. MOREIRA, José Carlos Barbosa. Comentários ao Código de Processo Civil, Lei nº 5.869, de 11 de janeiro de 1973, vol. V: arts. 476 a 565. 15. ed., Rio de Janeiro: Forense, 2010, p. 31.

3. *Ibidem.*

4. FERRARI, Regina Maria Macedo Nery. Efeitos da declaração de inconstitucionalidade. 5. ed. São Paulo: Revista dos Tribunais, 2004, p. 178.

5. Não ignoramos que os adjetivos *difuso, incidental e concreto e concentrado, principal e abstrato*, não andam sempre e inevitavelmente juntos. Exemplo disto é o *incidente de arguição de constitucionalidade*, em que o controle de constitucionalidade, mesmo *difuso e incidental*, realiza-se em *abstrato*. Não obstante, cuida-se de exceções, neste caso, inclusive, com assento constitucional, que não impedem, para efeito deste trabalho, que se estabeleça uma ligação forte entre estas tríades de adjetivos.

6. MOREIRA, José Carlos Barbosa. *op. cit.* p. 30.

7. ZAVASCKI, Teori Albino. Eficácia das sentenças na jurisdição constitucional. 4. ed. São Paulo: Revista dos Tribunais, 2017, pp. 55-57.

cúpula, constituindo-se como próprio objeto do processo e realizado em sede abstrata, sem relação direta a qualquer caso concretamente considerado[8].

Também a eficácia subjetiva da decisão que reconheça a inconstitucionalidade serve de distinção entre as espécies, limitando-se às partes do processo na hipótese de controle incidental – admitida a ampliação *erga omnes* apenas[9] com a atuação do Senado Federal (artigo 52, X, CF/1988)[10] – e atingindo a todos, quando realizado pela via principal.

Diz-se, assim, que a decisão em controle incidental afasta o ato normativo inconstitucional da solução da questão prejudicada, enquanto a decisão do controle que se faz *principaliter tantum*, ao declarar a inconstitucionalidade, tem o condão de expulsar do ordenamento a norma defeituosa[11].

Se há na doutrina certo consenso em torno da descrição das espécies de controle de constitucionalidade, o mesmo não se dá com relação ao IRDR, que ainda é uma novidade que desafia a argúcia dos processualistas.

Curiosamente, boa parte das discussões sobre sua natureza sequer teria surgido se o nosso legislador, durante o trâmite legislativo, tivesse mantido o cordão umbilical do novo incidente com o *musterverfahren* alemão[12], que lhe serviu de inspiração. Bem, neste particular, o pomo da discórdia é o artigo 978, parágrafo único, do CPC/2015, cuja inconstitucionalidade, de forma corajosa, foi incidentalmente reconhecida pelo Tribunal Regional Federal da 2ª Região, no julgamento do processo nº 0004214-80.2016.4.02.0000. Se esta será a futura linha interpretativa do instituto só o tempo vai dizer.

---

8. Diz-se sem relação direta porque, indiretamente, não se pode negar, só se cogita propor demandas desta natureza por conta da incidência concreta, atual ou potencial, de um texto normativo que se apresenta eivado de vício de inconstitucionalidade.

9. Propositalmente, deixa-se de aprofundar a discussão a respeito da transcendência dos fundamentos determinantes ou abstrativização do controle concreto de constitucionalidade. A respeito do tema, com grande proveito: MACEDO, Lucas Buril de. Duas notas sobre o art. 52, X, da Constituição Federal e a sua pretensa mutação constitucional, in: Revista de Processo vol. 215, São Paulo: Revista dos Tribunais, 2013, pp. 437-461; e TALAMINI, Eduardo. Objetivização do controle incidental de constitucionalidade e força vinculante (ou "devagar com o andor que o santo é de barro"). In: NERY JR., Nelson; WAMBIER, Teresa Arruda Alvim. Aspectos polêmicos e atuais dos recursos cíveis e afins, São Paulo: Revista dos Tribunais, 2011, *passim*, pp. 135-166.

10. Para um relato acerca dos antecedentes históricos do art. 52, X, da CF/1988, e sobre a dissenção há muito formada sobre seus efeitos, se retroativos ou prospectivos, vide: CLÉVE, Clemerson Merlin. A fiscalização abstrata da constitucionalidade no direito brasileiro, 2. ed., São Paulo: Revista dos Tribunais, 2000, pp. 115-125. Para a polêmica atual, vide a bibliografia citada na nota retro.

11. ZAVASCKI, Teori Albino. *op. cit.*, p. 64.

12. Para uma cuidadosa descrição do modelo tedesco, vide: CABRAL, Antonio do Passo. O novo procedimento--modelo (Musterverfahren) alemão: uma alternativa às ações coletivas. Revista de Processo. São Paulo, v. 147, 2007, pp. 123-146.

De todo modo, importante mencionar, ainda que sucintamente, dois dos principais pontos de divergência entre as descrições doutrinárias.

A primeira grande divergência é aquela que recai sobre a ligação que se estabelece entre o incidente e a causa de onte tenha partido a iniciativa para sua instauração, formando-se, a propósito, três correntes bem delimitadas:

(a) a que vê o IRDR como um incidente de cariz objetivo, também chamado de *processo modelo*, que retira a solução da questão repetitiva do âmbito de um conflito interssubjetivo para transferi-la ao órgão competente indicado pelo regimento do Tribunal, que a apreciará *in abstracto*[13] e fixará a tese que servirá de modelo a ser replicado, nada provendo a respeito da causa donde brotado o incidente, que será julgada pelo juízo originariamente competente;

(b) a que descreve o incidente de forma mais assemelhada ao que se convencionou denominar de *causa piloto*, em que a presença dos requisitos autorizadores resulta no deslocamento do julgamento de algumas causas para o órgão competente, resolvendo-se a questão repetitiva na fundamentação do acórdão[14], com a replicação de tal solução para os demais processos, e;

(c) A que vê um *tertium genus* em relação às anteriores, na medida em que não há verdadeira e integral adoção de nenhuma das técnicas ora identificadas[15]. Justifica-se tal posição ante a percepção de que haverá instauração do IRDR em paralelo a uma causa, resolvendo-se a questão repetitiva *in abstracto* no bojo do incidente e, ato contínuo, aplicando-se a tese fixada à causa que lhe serviu de substrato, tudo perante o órgão regimentalmente indicado para tal fim.

---

13. São expoentes desta corrente: TEMER, Sofia. Incidente de resolução de demandas repetitivas. 2. ed. Salvador: JusPodivm, 2016. p. 88; MENDES, Aluísio Gonçalves de Castro. Incidente de resolução de demandas repetitivas: sistematização e interpretação do novo instituto processual, Rio de Janeiro: Forense, 2017.

14. Defendendo a tese de que o IRDR se funda na técnica da *causa-piloto* como regra, cuja exceção se dá na hipótese em que haja desistência, podemos citar: CABRAL, Antonio do Passo. Comentários aos arts. 976 a 987. In: CABRAL, Antonio do Passo; CRAMER, Ronaldo (Coords.). Comentários ao novo Código de Processo Civil. Rio de Janeiro: Forense, 2015, 1547/1548 [versão digital]; DIDIER JR, Fredie; CUNHA, Leonardo Carneiro da. Curso de direito processual civil: meios de impugnação das decisões judiciais e processo nos tribunais. 13. ed. Salvador: JusPodivm, 2016. v. 3. pp. 594/595. No mesmo sentido, porém com interessante abordagem do IRDR a partir do plano da linguagem, vide: MOUSSALEM, Tárek Moyses; TEIXEIRA JR. José Borges. A "natureza jurídica" do incidente de resolução de demandas repetitivas: um pseudoproblema analiticamente solúvel, Revista de Processo, v. 273, São Paulo: Revista dos Tribunais, 2017, pp. 455/498.

15. É a posição defendida, com clareza em: NEVES, Daniel Amorim Assumpção. Manual de direito processual civil – Volume único. 8. ed. Salvador: Ed. Jus Podivm, 2016, pp. 1415/1416. Esta forma de ver o IRDR tem pautado a atuação do Tribunal de Justiça do Estado do Espírito Santo, que, inclusive, lavra acórdãos diferentes para o julgamento do incidente e da causa, como se verifica de rápida consulta ao sítio do Núcleo de Gestão de Precedentes (NUGEP) no Portal do Poder Judiciário do Estado do Espírito Santo.

Merece nota, ainda, a controvérsia a respeito da natureza da vinculação produzida a partir do julgamento do IRDR, podendo-se identificar, também aqui, correntes substancialmente diversas, a defender que:

(i) a vinculação se dá a partir dos fundamentos utilizados pelo Tribunal na solução da questão jurídica repetitiva, portanto, de sua *ratio decidendi*, que, como um verdadeiro precedente, será aplicada aos casos pendentes e futuros[16][17];

(ii) o que se passa é uma forma de coisa julgada sobre questão, á semelhança do *collateral estoppel* norte americano, a interditar a discussão a respeito da questão de direito repetitiva para os processos pendentes e futuros, desde que decorrentes de uma mesma macrolide[18];

(iii) são duas as eficácias produzidas a partir do julgamento do IRDR, uma para os processos pendentes, decorrente de diretamente da fixação da tese e que se opera de forma semelhante á preclusão em torno da resolução da questão, e outra para os processos futuros, de formação apenas eventual, que é a de um precedente formalmente vinculante[19].

(iv) a tese jurídica firmada no IRDR nada mais é do que um enunciado abstrato que se espraia para todos os processos em que a tal questão de direito esteja presente, sejam ou não provenientes de uma mesma *macrolide*, o que se faz por subsunção, à semelhança da corriqueira aplicação dos enunciados de súmulas vinculantes, pratica comum entre os operadores e aplicadores do direito, aí incluindo os próprios Tribunais.

A despeito destas divergências, às quais se pode somar, ainda, a que recai sobre a (des)necessidade da pendência de ao menos uma causa (recurso, ação

---

16. DIDIER JR, Fredie; CUNHA, Leonardo Carneiro da. *op. cit.*, Cap. 15, *passim*. Com fundamentos semelhantes, e contrastando, expressamente, a tese de que se trata de *collateral estoppel*, vide: MACEDO, Lucas Buril de. Precedentes judiciais e o direito processual civil. 2. ed., Salvador: JusPodivm, 2017, pp. 468/472.

17. Também relacionando a aplicação da tese jurídica aos processos pendentes e futuros como uma espécie de precedente, demarcando, porém, importantes diferenças entre os "precedentes brasileiros" e aqueles típicos do *common law*, vide, com grande proveito, TEMER, Sofia. *op. cit.*, p. 206/226.

18. Frisamos a circunstância de que a tese defendida por Luiz Guilherme Marinoni, no sentido de formar-se espécie de coisa julgada, vem aliada ao requisito, para ou autor, inafastável, de que se trate de demandas efetivamente repetidas, ou seja, aquelas que ligam-se a um mesmo macroconflito no plano do direito material. Para detalhes da instigante provocação, vide: MARINONI, Luiz Guilherme. Incidente de Resolução de Demandas Repetitivas. Decisão de questão idêntica x Precedente. São Paulo: Revista dos Tribunais, 2016, pp. 104/105.

19. ZANETI JR. Hermes. Comentários aos arts. 927 e 928. In: CABRAL, Antonio do Passo; CRAMER, Ronaldo (Coords.). Comentários ao novo Código de Processo Civil. Rio de Janeiro: Forense, 2015, p. 1458 [versão digital]. Vale ressaltar que as conclusões do autor se ligam às premissas construídas a partir da caracterização do IRDR como processo coletivo, vide: DIDIER JR, Fredie; ZANETI JR., Hermes. Ações coletivas e o incidente de julgamento de casos repetitivos – espécies de processo coletivo no direito brasileiro: aproximações e distinções. Revista de Processo, v. 256, São Paulo: Revista dos Tribunais, 2016.

originária ou remessa necessária) perante o Tribunal[20], é seguro afirmar que, de uma forma ou de outra, há consenso doutrinário no sentido de que serve o IRDR à fixação de tese a respeito de uma (ou mais) questões repetitivas unicamente de direito, que passa a ser de observância obrigatória (artigos 927, III, e 985, do CPC/2015) no julgamento dos processos pendentes e nos futuros, havendo-se de ressaltar que, do acórdão proferido pelo Tribunal, pode-se interpor recursos especial e extraordinário, cujo julgamento de mérito terá por consequência a aplicação da tese em todo o território nacional (artigo 987, II, do CPC/2015).

3. O PROBLEMA: IRDR INSTAURADO A PARTIR DE MÚLTIPLOS PROCESSOS EM QUE A QUESTÃO DE DIREITO SEJA A INCONSTITUCIONALIDADE DE UM ATO NORMATIVO

3.1. Panorama do problema

A despeito de integrar a seu *nomen iuris* a ideia de que visa à *resolução de demandas*, o IRDR serve para a solução de *questões unicamente de direito que se repitam em múltiplos processos*, sem que necessariamente provenham de um mesmo macroconflito, ou seja, independentemente da existencia de homogeneidade entre as demandas de onde brotam as questões de direito repetitivas[21], o que fica evidente, por exemplo, da expressa autorização para que a tese recaia sobre *questão de direito processual* (artigo 928, parágrafo único, CPC/2015).

Fica claro da leitura do Código, de todo modo, que a única afinidade necessária entre as diferentes causas que podem ser apanhadas pela instauração do IRDR é a de que contenham *a mesma questão unicamente de direito material ou processual*.

Não se há de estranhar, por isso, a possibilidade de que a *questão repetitiva* tenha por objeto a inconstitucionalidade de um ato normativo do Poder Público[22].

---

20. Merece nota a preocupação externada por Dierle Nunes, Ana Luiza Marques, Isadora Werneck e Laura Freitas, com a qual concordamos integralmente, no sentido de evitar-se a utilização preventiva do IRDR como uma estratégia para impedir a multiplicação de demandas repetitivas mesmo antes de seu nascimento, recomendando, como remédio, que apenas se admita a instauração do incidente quando já existente controvérsia a respeito da questão repetitiva e, especialmente, recursos em tramitação no Tribunal. Vide: NUNES, Dierle; MARQUES, Ana Luiza Pinto Coelho, WERNECK, Isadora Tofani Gonçalves Machado; FREITAS, Laura. O perigo da utilização estratégica do IRDR por litigantes habituais e a necessidade de os tribunais refletirem sobre sua cooptação: a proibição do incidente preventivo e o caso Samarco. In: LUCON, Paulo Henrique dos Santos; OLIVEIRA, Pedro Miranda de. (Coords.). Panorama atual do novo CPC 2, Florianópolis: Empório do Direito, 2017, pp. 121/145. Em sentido contrário, ou seja, pela desnecessidade de pendência de uma causa no Tribunal, vide: MENDES, Aluísio Gonçalves de Castro. op. cit., pp. 123-124; TEMER, Sofia. op. cit., p. 106/117.

21. Segundo pensamos, o instrumento seria de maior valia se fosse voltado à solução de questões comuns, de fato ou de direito, surgidas em demandas originadas de uma mesma macrolide, crítica que, entretanto, reservamos para outra oportunidade.

22. Possibilidade que foi antevista em: MARINONI, Luiz Guilherme. op. cit. p. 54.

A fim de efetuar um corte metodológico na apreciação do problema, denominaremos estas questões como *questões de constitucionalidade*, de modo a que não se confundam com as que poderíamos chamar de *questões constitucionais*, em que se debate a incidência direta de uma norma constitucional sobre um determinado fato, sem que, para tanto, se aprecie a *inconstitucionalidade de um ato normativo*[23]. Exemplo destas é a discussão que se trave a respeito de violação ao contraditório num determinado processo administrativo, ou a incidência de uma imunidade tributária constitucional sobre uma operação comercial, enquanto aquelas serão sempre as que se fundam na *incompatibilidade entre um ato normativo e a Constituição Federal*.

Um segundo corte metodológico, necessário para que o estudo não se espraie além do estritamente necessário à compreensão do problema proposto, é restringir a análise do fenômeno da inconstitucionalidade àquela que se dê a partir do confronto entre entre atos normativos *federais* e a *Constituição Federal*, deixando de fora a inconstitucionalidade de leis estaduais e municipais e, do mesmo modo, a que tenha por parâmetro as Constituições Estaduais, cuja apreciação, pela via de ação direta, incumbe aos Tribunais Estaduais. Por isso, sempre que nos referirmos à inconstitucionalidade de ato normativo, a alusão dirá respeito ao choque de lei federal com a Constituição Federal.

Retomando o fio da meada, devemos fixar que, acaso tramitem perante juízes de primeiro grau centenas de demandas em que, por variadas formas, *surja uma mesma questão de constitucionalidade*, será possível, se preenchidos os demais requisitos do artigo 976 do CPC/2015, a instauração de um IRDR perante o Tribunal competente (Estadual ou Regional Federal, conforme o caso), cujo objeto será solucionar a questão de constitucionalidade repetida, suspendendo-se, com a admissão do incidente, todos os processos que contenham idêntica controvérsia.

Uma análise prematura desta hipótese poderia conduzir à conclusão de que não passaria de uma, dentre tantas outras, em que os Tribunais são chamados a realizar o controle de constitucionalidade difuso, aquele que, como relembramos anteriormente, *incumbe a todos os órgãos jurisdicionais*.

Sem criar suspenses, grifamos este trecho porque esta afirmação é fundamental para o deslinde de nossas reflexões.

Ocorre que, dadas as peculiaridades que envolvem o IRDR, seu procedimento e, notadamente, seu potencial para vincular a atividade jurisdicional com relação aos processos pendentes (presumivelmente suspensos) e os

---

23. ZAVASCKI, Teori Albino. op. cit. p. 31.

futuros, torna-se necessário refletir acerca da eventual subversão de alguns dos pilares do controle de constitucionalidade em suas duas espécies, ao que se passa a seguir.

3.2. IRDR e o incidente de arguição de inconstitucionalidade

A primeira perplexidade que surge quando se imagina um IRDR cujo objeto seja uma questão de constucionalidade é a percepção de que, em tal circunstância e a depender das regras regimentais do Tribunal, será necessária a instauração de um *incidente no incidente*!

Para compreensão desta afirmação, devemos relembrar que, no sistema de controle de constitucionalidade brasileiro, vige a chamada *cláusula da reserva de plenário (full bench,* no direito estadunidense), consagrada pela Constituição Federal de 1988 em seu artigo 97[24], a exigir que a declaração de inconstitucionalidade de um ato normativo seja proferida sempre pela maioria absoluta dos membros do Tribunal ou de seu órgão especial.

Incidindo no controle concentrado e no difuso, é neste último que a referida regra se manifesta de forma mais notável, pois, quando arguída a inconstitucionalidade de um ato normativo de forma incidental a um recurso ou uma ação originária que tramitem perante Tribunal, faz-se necessária a instauração do *incidente de arguição de inconstitucionalidade,* hoje disciplinado pelos artigos 984, 985 e 986, do CPC/2015, e cujo julgamento incumbe ao plenário ou, onde existir, ao órgão especial. Trata-se, como visto, de imperativo constitucional, e que, por isso, não pode ser desprezado pelo legislador processual.

Sendo o IRDR um incidente que tramita perante os Tribunais, é fácil ver que sujeita-se à cláusula de reserva de plenário, cuja observância será cogente não apenas quando a própria questão repetitiva for a inconstitucionalidade de um ato normativo, mas, também, nos casos em que, qualquer que seja a questão a ser dirimida, surja, como prejudicial, a arguição da inconstitucionalidade de um ato normativo, o que ocorreria, por exemplo, quando, à titulo de fixar tese a respeito da aplicação de medidas executivas atípicas, fosse suscitada a inconstitucionalidade do artigo 139, IV, do CPC/2015.

Em qualquer caso, todavia, a perplexidade a que nos referimos anteriormente é, de certo modo, apenas procedimental, bastando, para que não passe disto, que se observe a cláusula de plenário, seja com a oportuna instauração do incidente do artigo 984 do CPC/2015, ou, de forma preventiva, mediante regra

---

24. Art. 97. Somente pelo voto da maioria absoluta de seus membros ou dos membros do respectivo órgão especial poderão os tribunais declarar a inconstitucionalidade de lei ou ato normativo do Poder Público.

regimental que atribua a competência para julgamento do IRDR diretamente ao órgão especial ou ao plenário (como fez o Tribunal de Justiça do Estado do Espírito Santo[25]), ou, ainda, fazendo-o especificamente quando a questão repetitiva recair sobre a inconstitucionalidade de lei ou ato normativo, como, por exemplo, os Tribunais Regionais Federais da 1ª e 2ª Regiões[26]. De certo, não será convidativo falar em *incidente do incidente*, mas até aí é estorvo fácil de se resolver sem ofender o artigo 97 da CF/88.

Não são questões procedimentais, entretanto, que nos preocupam, como passamos a expor.

3.3. O IRDR, sua eficácia vinculante e o sistema misto de controle de constitucionalidade

Devemos relembrar que, no ordenamento jurídico brasileiro, característica essencial do controle de constitucionalidade difuso (incidental e concreto) é a limitação da eficácia subjetiva da decisão às próprias partes do processo e, mesmo entre estas, nos estritos limites do objeto da demanda[27].

Observe-se que, a rigor, nem mesmo a declaração de inconstitucionalidade que se faça mediante a instauração do incidente de arguição de inconstitucionalidade tem o condão de projetar sua eficácia para além da solução do caso concreto em que manifestada tal questão. Produz-se, no máximo, uma decisão inter partes, cujas razões de decidir, eventualmente, podem constituir precedente que corresponda ao artigo 927, V, do CPC/2015[28], o que, de qualquer forma, não se confunde, nem se poderia confundir, com a indiscutibilidade e imutabilidade proveniente da *coisa julgada ultra partes* típica do controle realizado pela via principal das ações diretas.

De todo modo, reafirma-se o caráter *inter partes* da solução da questão de constitucionalidade surgida inncidentalmente numa determinada demanda, manifestação inequívoca do controle de constitucionalidade difuso, ainda que, com

---

25. Art. 205, do Regimento Interno do Tribunal de Justiça do Espírito Santo: O Tribunal Pleno é o órgão competente para processar os incidentes de resolução de demandas repetitivas, sob o rito do artigo 976 a 980 do Código de Processo Civil, ficando incumbido de fixar a tese jurídica para uniformização de jurisprudência do Poder Judiciário Estadual e, igualmente, de julgar o recurso ou processo de competência originária..

26. Temos, como exemplo, o que diz o Regimento Interno do TRF-2: art. 112-A. O incidente de resolução de demandas repetitivas será julgado: I – pelo Órgão Especial, quando a matéria envolver arguição de inconstitucionalidade ou a competência de mais de uma Seção Especializada;

27. BARROSO, Luís Roberto. O controle de constitucionalidade no direito brasileiro: exposição sistemática da doutrina e análise crítica da jurisprudência, 6. ed., São Paulo: Saraiva, 2012, pp. 150-151.

28. DIDIER JR, Fredie; CUNHA, Leonardo Carneiro da. *op.cit.*, p. 675.

a instauração do incidente do artigo 984, a conformidade do ato normativo com a Constituição seja apreciada *in abstracto* pelo órgão especial ou plenário[29].

Ocorre que, já se pode antecipar, o *dogma* ora afirmado é lançado por terra acaso a questão de constitucionalidade, por surgir repetida em um número expressivo de demandas, torne-se objeto de um IRDR.

É que, independentemente da natureza da questão resolvida, por expressa previsão do artigo 985 do CPC/2015, uma vez firmada a tese no IRDR, sua observância será obrigatória no julgamento dos processos pendentes e, também, de qualquer nova demanda ajuizada nos limites da competência territorial do Tribunal.

Abstrairemos, para efeito deste trabalho, a possibilidade de interposição de recurso extraordinário em face do acórdão que julgue o IRDR, afinal, não havendo uma regra que institua o reexame necessário em tais hipóteses, a manifestação do Supremo Tribunal Federal dependerá da iniciativa das partes ou do Ministério Público.

Nessa hipótese, portanto, transitado em julgado o acórdão do IRDR, o ato normativo declarado inconstitucional perderá completamente sua eficácia nos limites territoriais da competência do Tribunal, ainda que, segundo as consagradas lições acerca do controle de constitucionalidade, permaneça válida, dado que a decretação de sua invalidade dependeria de decisão proferida pela via principal em ADI ou ADC[30].

Preocupação semelhante – mas qualitativamente diferente, dadas as diferenças entre o que se decide em sede de IRDR e o que se põe perante o Judiciário numa ação civil pública – surgiu, ainda na última década do século passado, a respeito dos efeitos *ultra partes* do controle difuso de constitucionalidade realizado no bojo de demandas coletivas julgadas procedentes, pois, em determinadas circunstâncias, a sentença proferida teria por efeito prático cessar completamente a eficácia da lei ou ato normativo tidos por inconstitucionais[31]. Acerca do tema,

---

29. A questão aí, como se sabe, é de divisão de competencia, onde cada órgão tem competencia para julgar determinada matéria, surgindo o que se denomina de *decisão subjetivamente complexa*. A respeito ver José Frederico Marques. Instituições de direito processuvl acivil, vol.IV, 3ª edição. Rio de Janeiro: Forense. 1969, p. 109-115.

30. Trata-se de mais uma manifestação do paradoxo identificado por Mauro Cappelletti nos sistemas, notadamente de *civil law*, que adotam a técnica do controle difuso de constitucionalidade sem a concomitante observância do princípio do *stare decisis*. Vide: CAPPELLETTI, Mauro. O controle judicial de constitucionalidade das leis no direito comparado. 2ª ed. Porto Alegre: Fabris, 1999, p. 76/78. Para uma análise crítica do referido paradoxo, vide, ainda: ZANETI JR., Hermes. Comentários aos arts. 927 e 928. *op. cit.*, p. 1426-1428.

31. Sobre o tema, vide: MENDES, Gilmar Ferreira. Ação civil pública e controle de constitucionalidade. In: WALD, Arnold (Coord.). Aspectos polêmicos da ação civil pública. 2ª ed., São Paulo: Saraiva, 2007, pp.151-165.

sedimentou-se no Supremo Tribunal Federal a conclusão de que haveria a usurpação de sua competência nas hipóteses em que a ação coletiva fosse proposta contra lei em tese[32], o que não ocorreria, *contrario sensu*, nos casos em que a inconstitucionalidade surgisse verdadeiramente como questão prejudicial, de cuja solução dependesse o pronunciamento acerca do mérito da demanda coletiva[33].

Trazidas estas premissas para o IRDR, já podemos antever alguns problemas.

Como destacamos de passagem na introdução, uma das formas de ver o IRDR que mais granjeia apoio doutrinário o descreve como um *processo objetivo*, que, uma vez instaurado, aparta-se dos conflitos subjetivos nos quais surgida a questão repetitiva, que, por isso, será dirimida em abstrato, sem o julgamento de uma causa-piloto[34].

Admitida esta sistemática e recaindo a questão repetitiva sobre a inconstitucionalidade de uma lei ou ato normativo, esta será, com perdão da insistência, apreciada *em abstrato*, sem o julgamento da causa donde brotado o incidente, firmando-se tese jurídica a ser observada nos processos suspensos e nos futuros, cabível a ação autônoma de reclamação na hipótese de inobservância (artigos 985, §1º, e 988, IV, do CPC/2015).

Diante destas características – análise em abstrato e vinculação – particulares a esta forma de ver o IRDR, não nos parece lógico descrever o controle de constitucionalidade assim realizado como *incidental* e *concreto*, o que levanta a dúvida quanto à sua legitimidade constitucional, dada a possibilidade de usurpação da competência do Supremo Tribunal Federal para o controle de constitucionalidade que se realiza pela via principal.

Neste ponto, é certo, pode-se argumentar que tal usurpação não ocorreria acaso, como defende a parcela da doutrina refratária à descrição do IRDR como um processo objetivo, encare-se o incidente como técnica fundada no julgamento de uma causa-piloto, afinal, o Tribunal não se limitaria a fixar a tese a respeito da questão repetitiva que, por isso, seria apreciada no bojo da demanda em que surgida, mantendo-se o caráter *incidental* e *concreto* do controle de constitucionalidade realizado.

---

32. Rcl 434, Relator Min. Fracisco Rezek, Tribunal Pleno, julgado em 10/12/1993, DJ 09-12-1994.

33. Rcl 600, Relator Min. Néri da Silveira, Tribunal Pleno, julgado em 03/09/1997, DJ 05-12-2003. Conferir, mais recentemente o RE 633195 ED-AgR / SP, Relator Min. Dias Toffoli, Primeira Turma, julgado em 12/6/2012, DJe 28/6/2012; e ainda, REsp 1487032/SP, Relator Ministro Humberto Martins, Segunda Turma, julgado em 03/03/2015, DJe 09/03/2015

34. Defensores desta ideia consideram o art. 978, parágrafo único, do CPC/2015, formalmente inconstitucional, por violação a regras do processo legislativo, havendo, ainda, outros que o interpretam, tão somente, como uma regra de prevenção. Vide, com proveito: MENDES, Aluísio Gonçalves de Castro. *op.cit.*, pp. 120-121.

Ainda assim, ou seja, mesmo com o julgamento da causa-piloto, remanesce a regra, razão de ser do IRDR, que resulta na vinculação de todos os processos, presentes e futuros, à tese firmada, o que, sem dúvida, baralha as concepções sedimentadas na doutrina a respeito das diferenças entre o controle de constitucionalidade concentrado e o difuso.

Como destacamos oportunamente, característica essencial do controle difuso é o fato de que, por realizar-se sempre em caráter incidental em relação à pretensão veiculada no processo, além de não sujeitar-se à coisa julgada[35], não possui relevância normativa fora dos estreitos limites objetivos e subjetivos da demanda em que surja como questão prejudicial[36].

Ocorre que, seguindo a trilha já delimitada acima, mesmo em se encarando o IRDR como um incidente processual ligado a uma causa determinada, sua função precípua, nos termos do artigo 985 do CPC/2015, é a de vincular os juízes do presente e do futuro à tese estabelecida pelo Tribunal a respeito da questão repetitiva, regra que, se inobservada, abre a via excepcional da reclamação como forma de correção da decisão desviante.

Ora, nota-se que, também aqui, ou seja, no modelo *subjetivo* do IRDR, a decisão do Tribunal quanto à inconstitucionalidade (ou constitucionalidade) de um ato normativo, em que pese realizar-se mediante *controle difuso, incidental e concreto*, produzirá, nos limites territoriais do Tribunal, eficácia vinculante, se não idêntica, muito semelhante àquela que, por opção da Constituição Federal, é reservada ao *controle concentrado, principal e abstrato* de constitucionalidade, nos termos do artigo 102, §2º, da Constituição Federal[37].

Este é o ponto em que nos devemos indagar: há mesmo diferença prática entre a eficácia do controle abstrato de constitucionalidade e aquela que, nos limites territoriais do Tribunal, adviria do julgamento do IRDR?

---

35. Afasta-se desde já a possibilidade de que a questão de constitucionalidade resolvida em sede de controle difuso, ou seja, incidental e prejudicialmente a uma demanda seja abarcada pela novel hipótese do art. 503, §1º, do CPC/2015. Nesse sentido, com grande proveito: MINAMI, M. Y.; PEIXOTO, Ravi. Da questão prejudicial incidental no STF e o novo regime da coisa julgada, Revista de Processo, v. 263, São Paulo: Revista dos Tribunais, 2017, pp. 77-104.

36. Sobre a distinção entre coisa julgada e força vinculante do precedente ver, por todos: SIQUEIRA, Thiago Ferreira. Objeto do processo, questões prejudiciais e coisa julgada: análise dos requisitos para a formação de coisa julgada sobre a questão prejudicial incidental no Código de Processo Civil de 2015. Tese (doutorado). São Paulo: USP, 2018, p. 220-224. Vide, ainda: MACEDO, Lucas Buril de. Precedentes judiciais..., *op cit.*, p.88-89 e 468-472.

37. Constituição Federal, art. 102, §2º: "As decisões definitivas de mérito, proferidas pelo Supremo Tribunal Federal, nas ações diretas de inconstitucionalidade e nas ações declaratórias de constitucionalidade produzirão eficácia contra todos e efeito vinculante, relativamente aos demais órgãos do Poder Judiciário e à administração pública direta e indireta, nas esferas federal, estadual e municipal.".

Avancemos.

Voltando nosso olhar ao controle concentrado, devemos relembrar que, segundo a doutrina[38], é efeito típico da decisão proferida em sede de ação direta de inconstitucionalidade (e das demais espécies de ações de controle abstrato) subtrair dos juízes e Tribunais inferiores a realização do controle de constitucionalidade difuso, afinal, decidida a questão, em sede principal, pelo Supremo Tribunal Federal, haverá a formação de coisa julgada a respeito da inconstitucionalidade ou constitucionalidade do ato normativo impugnado[39].

Em tais circunstâncias, sempre que, numa demanda, controverta-se incidentalmente a constitucionalidade de lei já declarada inconstitucional (ou constitucional) pelo Supremo Tribunal Federal em controle concentrado, entra em atuação o chamado efeito positivo da coisa julgada, reforçado pelo já citado artigo 102, §2º, da CF/1988, subtraindo do magistrado a possibilidade de reapreciar a questão cuja resolução se tornou indiscutível e imutável[40].

Nesse contexto e admitida esta premissa, não parece exagero afirmar que uma das hipóteses em que a Constituição Federal permite textualmente verdadeira subtração do controle difuso de constitucionalidade é justamente esta, ou seja, quando já houver manifestação do Supremo Tribunal Federal pela via da ação direta, decisão que, acaso inobservada, abre a via excepcional da reclamação.

Outros dois casos típicos de subtração do controle difuso são a malfadada suspensão do ato normativo pelo Senado Federal e, com especial relevância, a edição de súmulas vinculantes[41], figura introduzida com a Emenda Constitucional 45/2004, mediante inserção do artigo 103-A na Constituição Federal, verbetes que, acaso contrariados, também dão azo ao ajuizamento da reclamação.

Isso não quer dizer, por outro lado, que uma questão de constitucionalidade resolvida incidentalmente pelo Supremo Tribunal Federal (v.g ao julgar recurso extraordinário) não possa ser objeto de um precedente normativamente

---

38. BARROSO, Luís Roberto. *op. cit*, pp. 222-225.

39. Embora aceitemos tal afirmação com grande naturalidade, a vinculatividade da decisão do Supremo Tribunal Federal em ação direta de inconstitucionalidade, mormente antes da inclusão do §2º, do art. 102, da Constituição Federal já foi objeto de grande controvérsia. Para uma visão contemporânea ao dissenso doutrinário, vide: FERRARI, Regina Maria Macedo Nery., *op. cit.*, pp. 231-235; CLÈVE, Clemerson Merlin. *op. cit.*, pp. 505-311.

40. BARROSO, Luís Roberto. *op cit*. pp. 230-235.

41. Não se pode, nem por um segundo, confudir súmulas vinculantes com precedentes vinculantes. Mais uma vez, entretanto, deixamos de nos aprofundar, dado o escopo restrito deste estudo. Para uma abordagem crítica do tema: STRECK, Lenio Luiz; ABBOUD, Georges. O que é isto – precedente judicial e as súmulas vinculantes? 3. ed., Porto Alegre: Livraria do Advogado Editora, 2015, *passim*. Vide, ainda, analisando o tema sob o influxo das normas do CPC/2015: MACEDO, Lucas Buril de. Precedentes judiciais e o direito processual civil, op. cit., pp. 332-338.

vinculante[42], tema que, surgido envolto em polêmicas[43], certamente ganhou novo fôlego com a promulgação do CPC/2015 e seu artigo 926.

Independentemente de se encarar o fenômeno sob o nome de *objetivização do controle difuso* ou, ainda, de forma mais correta, como reconhecimento da aptidão de tais decisões para formarem precedentes formalmente vinculantes vertical e horizontalmente, hoje já parece acima de qualquer dúvida que a missão institucional do Supremo Tribunal Federal, a *guarda da constituição*, depende, para que seja executada satisfatoriamente, de que a suas razões de decidir seja conferido um valor maior do que a de *mera jurisprudência persuasiva*[44].

Ocorre que tal vinculatividade, longe de decorrer simplesmente da matéria, ou seja, do fato de tratar-se de decisões acerca de questões constitucionais e de constitucionalidade, é haurida da posição proeminente ocupada pelo Supremo Tribunal Federal no arranjo do Poder Judiciário e na própria República Federativa[45].

Ora, se a admissão da força vinculante dos precedentes do Supremo Tribunal Federal em matéria constitucional encontra suporte, dentre outras razões de princípio, na função que lhe cabe na estrutura hierarquizada do Poder Judiciário, como admitir a possibilidade de que a tese formada em um IRDR sobre questão de constitucionalidade possa produzir o mesmo efeito?

Vê-se, portanto, que, mesmo que se dê razão à corrente doutrinária que descreve o IRDR como procedimento fundado no julgamento de uma causa-piloto, garantindo assim a natureza difusa, incidental e concreta do controle de constucionalidade que eventualmente se realize sob seu rito, chegamos a um certo paradoxo quando comparamos a força da tese fixada com aquela que, depois de longa evolução doutrinária e jurisprudencial, passou-se a admitir com relação aos precedentes do Supremo Tribunal Federal quando realiza esta mesma espécie de exame de constitucionalidade.

Retornando com mais estas considerações ao objeto de nosso estudo, é fácil notar, também sob esta perspectiva, o paradoxo que poderá formar-se a partir da instauração de um IRDR a respeito de uma questão de constitucionalidade, afinal, a tese firmada por um Tribunal Estadual ou Regional Federal produzirá,

---

42. Para uma classificação dos precedentes em razão de sua vinculatividade, ver ZANETI JR, Hermes. O valor vinculante dos precedentes, 2ª edição, Salvador: JusPodivm, 2016, pp. 323-327.

43. Vide nota nº 11.

44. TARUFFO, Michele. Precedente e jurisprudência. Trad. Chiara de Teffé. Civilistica.com. Rio de Janeiro, a. 3, n. 2, jul.-dez./2014. Disponível em: <http://civilistica.com/precedente-e-jurisprudencia/>. Data de acesso: 16.05.2018.

45. MITIDIERO, Daniel. Precedentes: da persuasão à vinculação, 2. ed., São Paulo: Revista dos Tribunais, 2017, pp. 79-81.

no território sob sua competência, eficácia vinculante típica dos precedentes da Corte Constitucional.

É provável, repita-se, o cenário em que, instaurado um IRDR acerca de uma questão de constitucionalidade, um determinado Tribunal fixe tese pela inconstitucionalidade de uma lei federal, que, por força do artigo 985, do CPC/2015, deixaria de ser aplicada em uma parcela do território brasileiro[46], enquanto, no restante do país, permaneceria com plena eficácia.

Embora, em tal hipótese, se possa cogitar que a questão chegue ao Supremo Tribunal Federal por outras vias, é igualmente certo que, até que isso aconteça, vigorarão a incoerência, a desigualdade e a insegurança que, nos termos do artigo 976, do CPC/2015 são, justamente, os defeitos sistêmicos que se quis atenuar com o IRDR, não se devendo ignorar, ainda, a afronta que isto representaria ao ideal de unidade do ordenamento jurídico.

Esta última consideração, levada ao extremo, conduz à um cenário de desagregação do direito, pois, a rigor, mesmo que por um curto período, vigeriam no País dois ordenamentos jurídicos concorrentes: um no território sujeito à competência do Tribunal em que julgado o IRDR, no qual a lei tida por inconstitucional seria ineficaz; e outro, no restante do território nacional, em que a mesma lei permaneceria com plena eficácia, situação em que sequer se poderia chamar de patológica, dado que decorreria de escorreita aplicação do artigo 985 do CPC/2015

Necessário lembrar que, se por um lado o ordenamento, até certo ponto, é capaz de conviver com decisões díspares para casos semelhantes, por outro, sua unidade seria posta à prova no exato instante em que se admitisse leis federais juridicamente ineficazes em alguns estados e eficazes em outros, tudo sob a chancela do Poder Judiciário.

Longe de trazer *soluções*, este texto tem por finalidade trazer freios e reflexões às situações em que a *questão unicamente de direito controvertida em multiplos processos* encarne uma *questão de constitucionalidade*. Enfim, resolver no atacado os conflitos, não pode ser desculpa para usurpar do magistrado de primeiro grau a relevante competência, que remonta à longa tradição, de realizar o controle difuso de consticionalidade. Tampouco, se permite transformar controle concreto em abstrato, difuso em concentrado ou incidental em principal, usurpando do STF o mister que lhe for reservado pela CF/1988.

---

46. Ainda que por outras razões, Eduardo Lamy e Nadine Salomon recentemente apontaram os riscos trazidos pelo IRDR ao pacto federativo, vide: LAMY, Eduardo Avelar; SALOMON, Nadine Pires. Os desafios do incidente de resolução de demandas repetitivas em face do federalismo brasileiro. Revista de Processo, v. 277, São Paulo: Revista dos Tribunais, 2018, pp. 247-376.

4. CONCLUSÕES

Como resta bem evidente e foi exaustivamente pontuado pela doutrina[47], a finalidade primária do IRDR é servir de remédio de gestão processual, que se propõe ser *eficiente*, para debelar (perspectiva e prospectivamente) o crescimento exponencial do número de processos que se avolumam nos juízos e Tribunais de todas as instâncias, para, com isso, e, em segundo plano, oferecer aos jurisdicionados maior segurança jurídica e tratamento isonômico.

O problema da taxa de contingenciamento dos processos no Judiciário é, de fato, um um problema seríssimo e que, a bem da verdade, há décadas assombra o Poder Judiciário [48].

Finalidades nobres, entretanto, jamais devem encobrir violações a garantias fundamentais, notadamente quando, no alvorecer de uma nova ordenação processual, nunca foi tão verdadeiro falar-se em constitucionalização do processo, como dá prova o artigo 1o, do CPC/2015, para citar apenas o exemplo mais frisante[49].

É por isso que, a cada solução proposta como meio para mitigar o aumento exponencial de demandas despejadas ano a ano perante o Estado-Juiz, devemos nos voltar ao texto constitucional para, com todo o cuidado, investigar de que forma a panacéia da vez se entrelaça com garantias fundamentais do devido processo legal.

Foi assim que, como nos propusemos logo de início, debruçamo-nos sobre a possível interferência do IRDR, ferramenta processual que ainda desafia a análise da doutrina, no sistema de controle de constitucionalidade misto consagrado pela CF/1988, chegando às seguintes conclusões:

1) Pela dicção dos artigos 928, parágrafo único, e 976, I, do CPC/2015, é possível que uma *questão de constitucionalidade*, ao repetir-se em muitos processos, seja objeto de um IRDR;

2) Quando isto ocorrer, por força do artigo 97 da CF/1988, pode se fazer necessária, a depender das normas regimentais de cada Tribunal, a instauração de um incidente de arguição de inconstitucionalidade (artigo 948 do CPC/2015) no IRDR, um incidente no incidente, portanto;

3) Acaso se admita como verdadeira a descrição do IRDR como um incidente de cariz objetivo, no qual não haverá julgamento da causa (recurso,

---

47. MENDES, Aluisio Gonçalves de Castro, *op. cit.*, p. 11-21; TEMER, Sofia. *op. cit.*, p 31-38.

48. Para um panorama histórico, vide: CAVALCANTI, Marcos de Araújo. Incidente de resolução de demandas repetitivas (IRDR). São Paulo: Revista dos Tribunais, 2016, p. 103-144.

49. ABELHA, Marcelo. Manual de Direito Processual Civil, seis. ed., Rio de Janeiro: Forense, 2016, p. 47-48.

remessa necessária ou ação originária), mas, tão somente, a fixação da tese, na hipótese em que esta recair sobre uma *questão de constitucionalidade*, o controle levado a efeito pelo Tribunal e cujo resultado vinculará a todos os juízes sob sua autoridade hierárquica (artigo 985 do CPC/2015) terá perdido completamente seu caráter *incidental e concreto* na medida em que realizado em abstrato e sem relação a nenhuma demanda, assemelhando-se muito mais àquele que, chamado de *concentrado, principal* e *abstrato*, incumbe, com exclusividade, ao Supremo Tribunal Federal (artigo 102, I, "a", da CF/1988).

4) Tomando-se por verdadeira a corrente oposta, que vê no IRDR um incidente fundado na técnica da *causa-piloto*, com a fixação da tese na fundamentação do acórdão que resolva o mérito da ação originária, recurso ou remessa necessária, acaso se trate de *questão de constitucionalidade*, o controle assim realizado, sob a ótica formal, recobraria seu caráter *incidental* e *concreto*. Ainda assim, na área sob jurisdição do Tribunal, a vinculação operada pela tese, ao subtrair dos juízes singulares a realização do controle difuso de constitucionalidade, teria eficácia muito semelhante àquela alcançada pela decisão do Supremo Tribunal Federal no controle concentrado, inclusive, sujeitando as decisões eventualmente discrepantes à impugnação autônoma da reclamação (artigo 988, IV, do CPC/2015).

5) Em ambos os cenários, é possível que um Tribunal, isoladamente, instaure IRDR e fixe tese no sentido da inconstitucionalidade de uma lei federal, hipótese em que esta teria sua eficácia sobrestada em parcela do território nacional, enquanto permaneceria plenamente eficaz no restante do país, em manifesto atentado contra a unidade do ordenamento jurídico.

Diante destas conclusões, com as quais não temos, jamais, a pretensão de esgotar o tema, pretendemos, ao reverso, estabelecer um ponto de partida para uma discussão que, ao que nos parece, ainda resta encoberta pela novidade que há a respeito do IRDR e que há de recair sobre a conformidade constitucional desta ferramenta para a realização de controle de constitucionalidade por parte dos Tribunais Estaduais e Tribunais Regionais Federais.

5. REFERÊNCIAS BIBLIOGRÁFICAS

ABELHA, Marcelo. Manual de Direito Processual Civil, 6. ed., Rio de Janeiro: Forense, 2016;

BARROSO, Luís Roberto. O controle de constitucionalidade no direito brasileiro: exposição sistemática da doutrina e análise crítica da jurisprudência, 6. ed., São Paulo: Saraiva, 2012;

CABRAL, Antonio do Passo. O novo procedimento-modelo (Musterverfahren) alemão: uma alternativa às ações coletivas. Revista de Processo. São Paulo, v. 147, pp. 123-146, 2007.

_____. Comentários aos arts. 976 a 987. In: CABRAL, Antonio do Passo; CRAMER, Ronaldo (Coords.). Comentários ao novo Código de Processo Civil. Rio de Janeiro: Forense, 2015;

CAPPELLETTI, Mauro. O controle judicial de constitucionalidade das leis no direito comparado. 2ª ed. Porto Alegre: Fabris, 1999;

CAVALCANTI, Marcos de Araújo. Incidente de resolução de demandas repetitivas (IRDR). São Paulo: Revista dos Tribunais, 2016.

CLÉVE, Clemerson Merlin. A fiscalização abstrata da constitucionalidade no direito brasileiro, 2. ed., São Paulo: Revista dos Tribunais, 2000;

DIDIER JR, Fredie; CUNHA, Leonardo Carneiro da. Curso de direito processual civil: meios de impugnação às decisões judiciais e processo nos tribunais. 13. ed. Salvador: JusPodvm, 2016. v. 3.

DIDIER JR, Fredie; ZANETI JR., Hermes. Ações coletivas e o incidente de julgamento de casos repetitivos – espécies de processo coletivo no direito brasileiro: aproximações e distinções. Revista de Processo, v. 256, São Paulo: Revista dos Tribunais, 2016.

FERRARI, Regina Maria Macedo Nery. Efeitos da declaração de inconstitucionalidade. 5. ed. São Paulo: Revista dos Tribunais, 2004;

LAMY, Eduardo Avelar; SALOMON, Nadine Pires. Os desafios do incidente de resolução de demandas repetitivas em face do federalismo brasileiro. Revista de Processo, v. 277, São Paulo: Revista dos Tribunais, 2018;

MACEDO, Lucas Buril de. Duas notas sobre o art. 52, X, da Constituição Federal e a sua pretensa mutação constitucional, Revista de Processo vol. 215, São Paulo: Revista dos Tribunais, 2013;

MARINONI, Luiz Guilherme. Incidente de Resolução de Demandas Repetitivas. Decisão de questão idêntica x Precedente. São Paulo: Revista dos Tribunais, 2016;

MARQUES, José Frederico. Instituições de direito processual civil, vol. IV, 3ª edição. Rio de Janeiro: Forense, 1969;

MENDES, Aluísio Gonçalves de Castro. Incidente de resolução de demandas repetitivas: sistematização e interpretação do novo instituto processual, Rio de Janeiro: Forense, 2017;

MENDES, Gilmar Ferreira. Jurisdição constitucional: o controle abstrato de normas no Brasil e na Alemanha, 5.ed., São Paulo: Saraiva, 2005;

_____. Ação civil pública e controle de constitucionalidade. In: WALD, Arnold (Coord.). Aspectos polêmicos da ação civil pública. 2ª ed., São Paulo: Saraiva, 2007

MINAMI, M. Y.; PEIXOTO, Ravi. Da questão prejudicial incidental no STF e o novo regime da coisa julgada, Revista de Processo, v. 263, São Paulo: Revista dos Tribunais, 2017;

MITIDIERO, Daniel. Precedentes: da persuasão à vinculação, 2. ed., São Paulo: Revista dos Tribunais, 2017.

MOREIRA, José Carlos Barbosa. Comentários ao Código de Processo Civil, Lei nº 5.869, de 11 de janeiro de 1973, vol. V: arts. 476 a 565. 15. ed., Rio de Janeiro: Forense, 2010;

MOUSSALEM, Tárek Moyses; TEIXEIRA JR. José Borges. A "natureza jurídica" do incidente de resolução de demandas repetitivas: um pseudoproblema analiticamente solúvel, Revista de Processo, v. 273, São Paulo: Revista dos Tribunais, 2017.

NUNES, Dierle; MARQUES, Ana Luiza Pinto Coelho, WERNECK, Isadora Tofani Gonçalves Machado; FREITAS, Laura. O perigo da utilização estratégica do IRDR por litigantes habituais e a necessidade dos tribunais refletirem sobre sua cooptação: a proibição do incidente preventivo e o caso Samarco. In: LUCON, Paulo Henrique dos Santos; OLIVEIRA, Pedro Miranda de. (Coords.). Panorama atual do novo CPC 2, Florianópolis: Empório do Direito, 2017.

SIQUEIRA, Thiago Ferreira. Objeto do processo, questões prejudiciais e coisa julgada: análise dos requisitos para a formação de coisa julgada sobre a questão prejudicial incidental no Código de Processo Civil de 2015. Tese (doutorado). São Paulo: USP, 2018

STRECK, Lenio Luiz; ABBOUD, Georges. O que é isto – precedente judicial e as súmulas vinculantes?, 3. ed., Porto Alegre: Livraria do Advogado Editora, 2015;

TALAMINI, Eduardo. Objetivização do controle incidental de constitucionalidade e força vinculante (ou "devagar com o andor que o santo é de barro"). In: NERY JR., Nelson; WAMBIER, Teresa Arruda Alvim. Aspectos polêmicos e atuais dos recursos cíveis e afins, São Paulo: Revista dos Tribunais, 2011;

TARUFFO, Michele. Precedente e jurisprudência. Trad. Chiara de Teffé. Civilistica. com. Rio de Janeiro, a. 3, n. 2, jul.-dez./2014. Disponível em: ‹http://civilistica. com/precedente-e-jurisprudencia/›. Data de acesso: 16.05.2018.

TEMER, Sofia. Incidente de resolução de demandas repetitivas. 2. ed. Salvador: JusPodivm, 2016;

ZANETI JR., Hermes. Comentários aos arts. 927 e 928. In: CABRAL, Antonio do Passo; CRAMER, Ronaldo (Coords.). Comentários ao novo Código de Processo Civil, Rio de Janeiro: Forense, 2015;

_____. O valor vinculante dos precedentes, 2.ed, Salvador: JusPodivm, 2016;

ZAVASCKI, Teori Albino. Eficácia das sentenças na jurisdição constitucional. 4. ed. São Paulo: Revista dos Tribunais, 2017.

CAPÍTULO 10

Uma nítida predileção legislativa: a eficácia rescindente e deseficacizante da decisão proferida pelo Supremo Tribunal Federal em controle concentrado de constitucionalidade

Gabriel de Carvalho Pinto

SUMÁRIO: 1. APRESENTAÇÃO; 2. O CONTROLE DE CONSTITUCIONALIDADE; 2.1. MODELOS DE CONTROLE DE CONSTITUCIONALIDADE; 3. O CONTROLE CONCENTRADO DE CONSTITUCIONALIDADE E O MICROSSISTEMA DE PRECEDENTES JUDICIAIS VINCULANTES; 3.1. A EFICÁCIA DOS PRECEDENTES JUDICIAIS; 4. A PREDILEÇÃO DO LEGISLADOR PELA DECISÃO DO CONTROLE DE CONCENTRADO DE CONSTITUCIONALIDADE COMO PRECEDENTE; 5. CONCLUSÃO;6. BIBLIOGRAFIA

1. APRESENTAÇÃO

Dentre as alterações trazidas pela lei 13.105/2015, novo Código de Processo Civil, uma das mais importantes é a incorporação de um microssistema de precedentes judiciais de natureza vinculante.

A consagração de um regime de precedentes traz à tona a compreensão do legislador de que era necessário a promoção de uma política de combate a insegurança jurídica, causada pela ausência de unidade, previsibilidade, igualdade, estabilidade e clareza das decisões judiciais[1].

---

1. "Mas talvez as alterações mais expressivas do sistema processual ligadas ao objetivo de harmonizá-lo com o espírito da Constituição Federal, sejam as que dizem respeito as regras que induzem à uniformidade e à estabilidade da jurisprudência. O novo Código prestigia o princípio da segurança jurídica, obviamente de índole constitucional, pois que se hospeda nas dobras do Estado Democrático de Direito e visa a proteger e a preservar as justas expectativas das pessoas. Todas as normas jurídicas devem tender a dar efetividade às garantias constitucionais, tornando "segura" a vida dos jurisdicionados, de modo a que estes sejam poupados de "surpresas", podendo sempre prever, em alto grau, as consequências jurídicas de sua conduta. Se, por um lado, o princípio do livre convencimento motivo é garantia de julgamento independentes e justos, e neste sentido mereceu ser prestigiado pelo novo Código, por outro lado,

Pois bem. O CPC-15, em seu art. 927[2] estabelece quais são os precedentes dotados de eficácia vinculante, ou seja, aqueles que devem ter sua *ratio decidendi* observada quando da decisão de casos análogos futuros e pendentes de julgamento. São eles: a) as decisões do Supremo Tribunal Federal em controle concentrado de constitucionalidade; b) os enunciados de súmula vinculante, c) os acórdãos em incidente de assunção de competência ou de resolução de demandas repetitivas e em julgamento de recursos extraordinário e especial repetitivos; d) os enunciados da súmulas do Supremo Tribunal Federal em matéria constitucional e do Superior Tribunal de Justiça em matéria infraconstitucional e; e) a orientação do plenário ou órgão especial aos quais estiverem vinculados.

A decisão proferida pelo Supremo Tribunal Federal em controle concentrado de constitucionalidade, em que pese, a dicção do enunciado acima, já gozava de força obrigatória deste a vigência do CPC-73 (art. 28, parágrafo único da lei 9.868/99[3]), mas o CPC-15 foi além e inovou, pois conferiu ao referido precedente uma peculiaridade, um regime de eficácia diferenciado capaz de rescindir a coisa julgada e deseficacizar título executivo judicial, o que, particularmente, denota uma sensível predileção do legislador pelo citado instituto jurídico.

2. O CONTROLE DE CONSTITUCIONALIDADE

O controle de constitucionalidade é técnica jurídica que visa a proteção da supremacia da norma constitucional. Ele pressupõe a) supremacia da Constituição;

---

compreendido em seu mais estendido alcance acaba por conduzir a distorções do princípio da legalidade e à própria ideia, antes mencionada, de Estado Democrático de Direito. A dispersão excessiva da jurisprudência produz intranquilidade social e descrédito do Poder Judiciário. Se todos têm que agir em conformidade com a lei, ter-se-ia, *ipso facto*, respeitada a isonomia. Essa relação de causalidade, todavia, fica comprometida como decorrência do desvirtuamento da liberdade que tem o juiz de decidir com base em seu entendimento sobre o sentido real da norma. A tendência à diminuição do número de recursos que devem ser apreciados pelos Tribunais de segundo grau e superiores é resultado inexorável da jurisprudência mais uniforme e estável. Proporcionar legislativamente melhores condições para operacionalizar formas de uniformização de entendimento dos Tribunais brasileiros acerca de teses jurídicas é concretizar, na vida da sociedade brasileira, o princípio constitucional da isonomia" (SENADO FEDERAL. *Anteprojeto do novo código de processo civil*. Brasília, 2010. Disponível em ‹https://www.senado.gov.br/senado/novocpc/pdf/Anteprojeto.pdf› . Acesso em 06 de jun. 2017).

2. Art. 927. Os juízes e os tribunais observarão: I – as decisões do Supremo Tribunal Federal em controle concentrado de constitucionalidade; II – os enunciados de súmula vinculante; III – os acórdãos em incidente de assunção de competência ou de resolução de demandas repetitivas e em julgamento de recursos extraordinário e especial repetitivos; IV – os enunciados das súmulas do Supremo Tribunal Federal em matéria constitucional e do Superior Tribunal de Justiça em matéria infraconstitucional; V – a orientação do plenário ou do órgão especial aos quais estiverem vinculados

3. Art. 28. (...) Parágrafo único. A declaração de constitucionalidade ou de inconstitucionalidade, inclusive a interpretação conforme a Constituição e a declaração parcial de inconstitucionalidade sem redução de texto, tem eficácia contra todos e feito vinculante em relação aos órgãos do Poder Judiciário e à Administração Pública federal, estadual e municipal.

b) Constituição rígida; c) Constituição formal; d) órgão competente para o exercício do controle[4].

A supremacia da Constituição tem haver com a sua hierarquia frente as demais normas, razão por que, somente ocorrerá a retirada do mundo jurídico de lei ou ato normativo pela via da declaração de inconstitucionalidade ou a elas conferida interpretação conforme[5] quando no sistema preponderar o paradigma de que a Constituição está em posição superior a qualquer outra norma jurídica.

Até porque, como salienta Luis Roberto Barroso "a Constituição é, tanto do ponto de vista cronológico como do ponto de vista hierárquico, o primeiro documento do Estado. Cronologicamente, porque é a Constituição que cria ou recria um Estado, constituindo o marco inaugural da ordem jurídica. Hierarquicamente, porque desfruta de superioridade jurídica em relação a todas as outras normas"[6]. Portanto, seria, inclusive irrazoável, frente ao atual estágio jurídico pós-positivista aventar que alguma norma possua gradação mais elevada do que as normas constitucionais.

No que se refere ao pressuposto da Constituição Rígida significa dizer que há uma dificuldade majorada para alteração das previsões constitucionais. Enquanto, ser a Constituição formal corresponde ao fato de que ela é escrita, registrada. Por último, a imprescindibilidade de um órgão competente decorre da exigência de legitimidade democrática, o que ocorre mediante a sua devida previsão legal somada com o devido cumprimento do dever de fundamentação da decisão[7].

Ademais, "o controle de constitucionalidade das leis só tem sentido se analisado a partir de uma legítima ideia de constitucionalismo, e esta está comprometida visceralmente com a dignidade do homem, pelo motivo de almejar reconhecimento deste enquanto ser de direitos a partir da ideia de limitação do poder"[8].

---

4. CUNHA JÚNIOR, Dirley da. *Controle de constitucionalidade*. 9ed. rev. ampl. e atual. Salvador: Juspodivm, 2017, p. 35.

5. A técnica de interpretação conforme consiste no fato de ser dada a determinada norma jurídica sentido de acordo com a Constituição, evitando a sua retirada do mundo jurídico, contudo isto somente pode ocorrer quando a norma impugnada permitir várias interpretações, das quais uma seja compatível com a Constituição (BARROSO, Luis Roberto. *Conceitos fundamentais sobre o controle de constitucionalidade e a jurisprudência do supremo tribunal federal*. In: *A coisa julgada no controle direto de constitucionalidade*. In: O Controle de Constitucionalidade e a Lei nº. 9.868/99. Organizador: Daniel Sarmento. 2ª Tiragem. Rio de Janeiro: Lumen Juris. 2002, p. 266).

6. BARROSO, Luis Roberto. *Conceitos fundamentais sobre o controle de constitucionalidade e a jurisprudência do supremo tribunal federal*. In: *A coisa julgada no controle direto de constitucionalidade*. In: O Controle de Constitucionalidade e a Lei nº. 9.868/99. Organizador: Daniel Sarmento. 2ª Tiragem. Rio de Janeiro: Lumen Juris. 2002, p. 234.

7. CUNHA JÚNIOR, Dirley da. *Controle de constitucionalidade*. 9ed. rev. ampl. e atual. Salvador: Juspodivm, 2017, p. 45.

8. RAMOS, Paulo Roberto Barbosa. *A filosofia do controle concentrado de constitucionalidade das leis na ordem jurídica brasileira pós-88*. In: Revista de Direito Constitucional e Internacional. São Paulo: Revista dos Tribunais. Ano 9. N. 37. Out-Dez 2001, p.177.

Portanto, o controle de constitucionalidade tem como objetivo impedir o retrocesso histórico, adequando a realidade fático jurídico econômica e social às normas constitucionais. Trata-se de nítido instrumento ligado a democracia, de extrema importância que permite o reconhecimento de novos direitos, sem destituir aqueles já conquistados[9].Pois como afirma Oscar Valente Carsoso[10] o ato de interpretar e aplicar a norma não é alheio à realidade.

Um exemplo claro do acima narrado é o julgamento da ADPF 123 e da ADI 4277[11], onde foi declarada a possibilidade de união estável homoafetiva, em que pese a dicção expressa e retrograda do art. 226, §3o da CF/88[12], adequando-se a evolução histórico social e ao princípio da dignidade da pessoa humana.

2.1. Modelos de controle de constitucionalidade

O controle de constitucionalidade pode-se dar de forma difusa ou concentrada. Na primeira hipótese, o controle ocorrerá por qualquer órgão do Poder Judiciário, pela via de incidente, mediante a análise de um caso concreto[13]. Na segunda hipótese, o controle ocorrerá pela via principal. A ação será distribuída diretamente a Corte Constitucional a qual julgará em abstrato a constitucionalidade ou não da norma[14].

O controle concentrado de constitucionalidade, objeto de pesquisa, goza de algumas singularidades quais sejam: ausência de litígio: não há necessidade de

---

9. RAMOS, Paulo Roberto Barbosa. *A filosofia do controle concentrado de constitucionalidade das leis na ordem jurídica brasileira pós-88.* In: Revista de Direito Constitucional e Internacional. São Paulo: Revista dos Tribunais. Ano 9. N. 37. Out-Dez 2001, p. 178.

10. CARDOSO, Oscar Valente. *A análise e fatos pelo STF no processo de controle concentrado de constitucionalidade.* In: Revista Dialética de Direito Processo. No. 63. p. 93.

11. "A referência constitucional à dualidade básica homem/mulher, no §3o do seu art. 226, deve-se ao centrado intuito de não se perder a menor oportunidade para favorecer relações jurídicas horizontais ou sem hierarquia no âmbito das sociedades domésticas. Reforço normativo a um mais eficiente combate à renitência patriarcal dos costumes brasileiros. Impossibilidade de uso da letra da Constituição para ressuscitar o art. 175 da Carta de 1967/1969. Não há como fazer rolar a caber do art. 226 no patíbulo do seu parágrafo terceiro. Dispositivo que, ao utilizar da terminologia "entidade familiar" não pretendeu diferenciá-la da "família". Inexistência de hierarquia ou diferença de qualidade jurídica entre as duas formas de constituição de um novo e autonomizado núcleo doméstico. Empregado do fraseado "entidade familiar" como sinônimo perfeito de família. A Constituição não interdita a formação de família por pessoas do mesmo sexo" (STF, ADI 4277, ADPF 123, Min. Rel.Ayres Britto. Dje no. 198, Data da Publicação 14/10/2011).

12. Art. 226 (...), §3o Para efeito da proteção do Estado, é reconhecida a união estável entre o homem e a mulher como entidade familiar, devendo a lei facilitar a sua conversão em casamento.

13. PANUTTO, Peter. *A preferência constitucional pelo controle concentrando de constitucionalidade e os precedentes judiciais vinculantes no novo CPC.* Revista de Processo. Vol. 242. Ano 40, p. 358-359. São Paulo: Ed. RT, abr. 2015, p. 360.

14. PANUTTO, Peter. *A preferência constitucional pelo controle concentrando de constitucionalidade e os precedentes judiciais vinculantes no novo CPC.* Revista de Processo. Vol. 242. Ano 40. São Paulo: Ed. RT, abr. 2015, p. 365.

que exista uma controvérsia entre duas ou mais partes. O controle constitucional da norma ocorre em abstrato[15]. Objeto do processo: no controle concentrado o objeto da ação é a própria norma impugnada e a sua análise ocorrerá de forma direta pelo tribunal competente. Neste ponto se diferindo do controle concreto incidental que tem como objeto da demanda a tutela ou não de direito material posto em exame pelas partes[16].

Noutro giro, ainda como singularidade do controle concentrado de constitucionalidade a análise da ação direta será realizada originariamente pelo Supremo Tribunal Federal ou pelos Tribunais Estaduais, conforme dispõem os artigos 102, I, "a"[17] e 125, §2o[18] da CF/88[19].

Por último, outra importante peculiaridade do controle concentrado decorre do fato de que uma vez proposta não admite desistência por dicção expressa do art. 5o da lei 9.868/99[20].

2.1.1. Os efeitos da decisão proferida em controle concentrado de constitucionalidade

Além das especialidades acima descritas, existem outras que se ligam a decisão proferida em controle concentrado de constitucionalidade. A primeira consiste no fato de que seja pelo que prescreve o art. 927, I do CPC, seja pela determina o art. 28, parágrafo único da Lei n. 9.869/99 são precedentes judiciais dotados de eficácia vinculante sobre à Administração Pública, Poder Executivo, Poder Judiciário e órgãos a eles integrantes. Deste modo, também pode se afirmar que a decisão em evidência produz efeitos *erga omnes*.

---

15. BARROSO, Luis Roberto. *Conceitos fundamentais sobre o controle de constitucionalidade e a jurisprudência do supremo tribunal federal.* In: *A coisa julgada no controle direto de constitucionalidade.* In: O Controle de Constitucionalidade e a Lei no. 9.868/99. Organizador: Daniel Sarmento. 2ª Tiragem. Rio de Janeiro: Lumen Juris. 2002, p. 250-251.

16. BARROSO, Luis Roberto. *Conceitos fundamentais sobre o controle de constitucionalidade e a jurisprudência do supremo tribunal federal.* In: *A coisa julgada no controle direto de constitucionalidade.* In: O Controle de Constitucionalidade e a Lei no. 9.868/99. Organizador: Daniel Sarmento. 2ª Tiragem. Rio de Janeiro: Lumen Juris. 2002, p. 251-252.

17. Art. 102. Compete ao Supremo Tribunal Federal, precipuamente, a guarda da Constituição, cabendo-lhe: I – processar e julgar, originariamente: a) a ação direta de inconstitucionalidade de lei ou ato normativo federal ou estadual e a ação declaratória de constitucionalidade ou ato normativo federal.

18. Art. 125. (...) §2o – Cabe aos Estados a instituição de representação de inconstitucionalidade de leis ou atos normativos estaduais ou municipais em face da Constituição Estadual, vedada a atribuição de legitimação para agir a um único órgão.

19. BARROSO, Luis Roberto. *Conceitos fundamentais sobre o controle de constitucionalidade e a jurisprudência do supremo tribunal federal.* In: *A coisa julgada no controle direto de constitucionalidade.* In: O Controle de Constitucionalidade e a Lei no. 9.868/99. Organizador: Daniel Sarmento. 2ª Tiragem. Rio de Janeiro: Lumen Juris. 2002, p. 251-252.

20. Art. 5o. Proposta a ação direta, não se admitira desistência.

Outra característica da decisão proferida em controle concentrado de constitucionalidade corresponde a possibilidade da modulação dos seus efeitos temporais. Isto porque em regra ela tem eficácia temporal ex *tunc*, ou seja, é, quando declarada, por exemplo, a inconstitucionalidade da norma todos os atos praticados com base nela são nulos, pois o efeito ex *tunc* retira a norma do mundo jurídico como ela jamais tivesse existido. Entrementes, com base no art. 27 da lei 9.868/1999[21] o Supremo Tribunal Federal por razões de segurança jurídica, excepcional interesse social e por declaração de dois terços de seus membros dar a decisão efeito ex *nunc*, ou seja, para que tenha eficácia a partir de seu trânsito em julgado ou de outro momento que venha a ser fixado.

Por fim, já não como individualidade, a decisão proferida em controle concentrado de constitucionalidade produz coisa julgada, como bem destaca Alexandre Freitas Camara ao argumentar que "a entrega da prestação jurisdicional fica valendo, assim, para processos futuros, tornando imodificável o julgamento da lide. Vê-se, pois, que transitada em julgada a sentença proferida no processo de controle direto da constitucionalidade, seja para afirmar a constitucionalidade, seja para declarar a inconstitucionalidade da lei ou ato normativo, não se poderá, em processo futuro, voltar a discutir a questão, ficando todos os juízos e tribunais (inclusive o órgão prolator da decisão coberta pela *auctoritas rei iudicatae*) impedidos de emitir outro pronunciamento sobre aquele mesmo objeto[22]".

3. O CONTROLE CONCENTRADO DE CONSTITUCIONALIDADE E O MICROSSISTEMA DE PRECEDENTES JUDICIAIS VINCULANTES

As decisões proferidas pelo Supremo Tribunal Federal em controle concentrado de constitucionalidade são precedentes, logo integram o microssistema incorporado pelo CPC-15.

Relembre-se que ainda na vigência do CPC-73 as decisões proferidas no referido modelo de controle de constitucionalidade já gozavam de força obrigatória (art. 28, parágrafo único da lei 9.868/99), mas o que realmente mudou com o CPC-15 foi a integração de uma série de medidas com a finalidade de conferir dar verdadeira gestão e eficiência aos precedentes descritos no art. 927 do CPC.

---

21. Art. 27. Ao declarar a inconstitucionalidade de lei ou ato normativo, e tendo em vista razões de segurança jurídica ou de excepcional interesse social, poderá o Supremo Tribunal Federal, por maioria de dois terços de seus membros, restringir os efeitos daquela declaração ou decidir que ela só tenha eficácia a partir de seu trânsito em julgado ou de outro momento que venha a ser fixado.

22. CAMARA, Alexandre Freitas. *A coisa julgada no controle direto de constitucionalidade.* In: O Controle de Constitucionalidade e a Lei nº. 9.868/99. Organizador: Daniel Sarmento. 2ª Tiragem. Rio de Janeiro: Lumen Juris. 2002, p. 12.

Pois bem, mas antes de tratarmos sobre tais medidas, é importante destacar que o precedente se trata de um enunciado normativo produzido através de uma decisão judicial proferida em um caso concreto, que tem força de ser replicada a casos semelhantes. Sendo em sentido estrito própria *ratio decidendi*[23]. A *ratio decidendi*, por sua vez, cuida-se das razões de decidir, do raciocínio lógico jurídico que deu causa a conclusão do julgado e formação do enunciado normativo dele oriundo[24].

O precedente por corresponder a uma decisão que se projeta para o futuro somente pode ser construído em obediência ao contraditório, exigindo-se também do magistrado o cumprimento do seu dever de fundamentação, de modo, por exemplo a infirmar todos os argumentos trazidos pelas partes que se oponham a conclusão jurídica alcançada. Isto porque quanto mais densa e completa a motivação do juiz maior será a estabilidade, coerência e consistência do precedente.

Com relação ao contraditório, na atualidade, ele é visto como um tripé: direito de manifestação, direito de ciência e direito de influência, perdendo-se, deste modo, a ideia de efetiva participação das partes no desenvolvimento do processo, de modo paritário e com poder de repercussão sobre a decisão jurisdicional[25]. Assim, "a essência do contraditório não está ligada à efetiva manifestação da parte no processo, mas sim à oportunidade que lhe é dada para se manifestar antes de o magistrado proferir sua decisão sobre matéria ainda não debatida"[26].

Não é à toa que o CPC, em seu art. 138[27], amplia o direito ao contraditório para além das partes processuais na hipótese de relevância da matéria, especificidade do tema objeto da demanda ou da repercussão social da controvérsia, deferindo a participação do *amicus curie*.

---

23. DIDIER JR, Fredie. BRAGA, Paula Sarno. OLIVEIRA, Rafael Alexandria de. *Curso de direito processual civil: teoria da prova, direito probatório, decisão, precedente, coisa julgada e antecipação dos efeitos da tutela.* 10ed. Salvador: Juspodivm. 2015, p. 441.

24. FIGUEIREDO, Silvia Bellandi Pais de. *Eficácia dos precedentes judiciais.* In: Revista Síntese – Direito Civil e Processo Civil. Nº. 89. São Paulo: Síntese. Maio-Junho 2014, p. 133.

25. DIAS. Ronaldo Brêtas de Carvalho. *A constitucionalização do novo código de processo civil.* In: Coleção novo CPC doutrina selecionada. Parte Geral. Vol. 01. 2ed. (Coord). Fredie Didier Jr. Salvador: Juspodivm. 2016, p. 300.

26. THAMAY. Rennan Faria Kruger. *Uma primeira análise constitucional sobre os princípios no novo CPC.* In: Coleção novo CPC doutrina selecionada. Parte Geral. Vol. 01. 2ed. (Coord). Fredie Didier Jr. Salvador: Juspodivm. 2016, p. 356

27. Art. 138. O juiz ou o relator, considerando a relevância da matéria, a especificidade do tema objeto da demanda ou a repercussão social da controvérsia, poderá, por decisão irrecorrível, de ofício ou a requerimento das partes ou de quem pretenda manifestar-se, solicitar ou admitir a participação de pessoa natural ou jurídica, órgão ou entidade especializada, com representatividade adequada, no prazo de 15 (quinze) dias de sua intimação.

O *amicus curie* é figura muito comum e relevante ao quando do julgamento de ações diretas de (in)constitucionalidade, pois tal figura jurídica tem como objetivo a pluralização do debate, com a participação de setores os quais a decisão do caso abstrato posto em análise possa afetar direta ou indiretamente, democratizando, possibilitando que outros aspectos além daqueles meramente jurídicos sejam conhecidos pela Corte julgadora[28].

Um exemplo interessante da utilização do *amicus curie*, como bem destaca Danton Morais[29] foi durante o julgamento da ADI 3.510 em que o Min. Carlos Ayres Britto utilizou de audiências públicas para decidir sobre a constitucionalidade da Lei de Biossegurança, o que inclusive foi destacado em seu voto[30], auxiliando na formação do seu convencimento.

Noutra senda, o dever de fundamentação também merece especial destaque na formação dos precedentes, pois somente com uma motivação qualificada o precedente alcança a devida legitimidade democrática, pois evidencia, sobretudo, a lógica da decisão, possibilitando o seu controle interno e externo. Sobre o tema Robson Godinho[31] afirma que "a fundamentação decisão é a pedra de toque em processo que leve a sério o devido processo legal. Não se pode confundir a decisão com escolhas arbitrárias do que se produziu em determinado processo. Não se pode entender que o dever de motivação – e o direito à motivação – veicule uma autorização para um econômico, melhor seria dizer avaro, compromisso

---

28. MORAIS, Danton Santos. *Abstrativização do controle difuso de constitucionalidade*. In: Revista de Processo. São Paulo: Revista dos Tribunais. Out. 2008, p. 205.

29. MORAIS, Danton Santos. *Abstrativização do controle difuso de constitucionalidade*. In: Revista de Processo. São Paulo: Revista dos Tribunais. Out. 2008, p. 206.

30. "Prossigo para anotar que admiti no processo de "amigos da Corte" (*amici curiae*), as seguintes entidades da sociedade civil brasileira: CONECTAS DIREITOS HUMANOS; CENTRO DE DIREITOS HUMANOS – CDH; MOVIMENTO EM PROL DA VIDA – MOVITAE; INSTITUTO DE BIOÉTICA, DIREITOS HUMANOS E GÊNERO – ANIS, além da CONFEDERAÇÃO NACIONAL DOS BISPOS DO BRASIL – CNBB. Entidades de saliente representatividade social e por isso mesmo postadas como subjetivação dos princípios constitucionais do pluralismo genericamente cultural (preâmbulo da Constituição) e especificamente político (inciso V do art. 1º da nossa Lei Maior). O que certamente contribuíra para o adensamento do teor da legitimidade da decisão a ser proferida na presente ADIN. Estou a dizer: decisão colegiada tão mais legítima quanto precedida da coleta de opiniões dos mais respeitáveis membros da comunidade científica brasileira, no tema. Não é tudo. Convencido de que a matéria centralmente versada nesta ação direta de inconstitucionalidade é de tal relevância social que passa a dizer respeito a toda humanidade, determinei a realização de audiência pública, esse notável mecanismo constitucional de democracia direta ou participativa. O que fiz por provocação do mesmíssimo professor Cláudio Fonteles e com base no §1º do artigo 9º da Lei n. 9.868/99, mesmo sabendo que se tratava de experiência inédita de toda a trajetória deste Supremo Tribunal Federal. Dando-se que, no dia e local adrede marcados, 22 (vinte e duas) das mais acatadas autoridades científicas brasileiras subiram à tribuna para discorrer sobre os temas agitados nas peças jurídicas de origem e desenvolvimento da ação constitucional que nos cabe julgar". (STF – ADI 3.510/DF. Min. Rel. Ayres Britto. Dje n. 96. Data da Publicação 28/05/2010).

31. GODINHO. Robson Renault. *Reflexões sobre os poderes instrutórios do juiz.*. In: Coleção Novo CPC Doutrina Selecionada. Vol. 03. 2.ed. (Coord.) Fredie Didier Jr. Salvador: Juspodivm. 2016, p. 357.

com a fundamentação. Evidentemente a fundamentação não compreende toda a descrição do caminho mental percorrido pelo juiz na valoração dos fatos e das normas, mas, sim de uma justificação racional e objetiva acerca da conclusão que se anuncia. Não se trata apenas de um discurso retórico, persuasivo, devendo o juiz demonstrar a veracidade dos fatos de acordo com as provas disponíveis explicando as razões que sustentam racionalmente a conclusão".

A adoção do regime de precedentes foi um avanço significativo do CPC-15, pois através deles é possível conferir ao sistema jurídico unidade, clareza, generalidade, igualdade, gerando previsibilidade econômica ao processo e responsabilidade individual. fortalecendo o Poder Judiciário[32].

3.1. A eficácia dos precedentes judiciais

No início do tópico anterior indicamos que um dos principais avanços do CPC-15 quando da incorporação de precedentes vinculantes foi criar um sistema de gestão que lhes conferisse eficiência.

Este sistema é traduzido por Fredie Didier Jr, Paula Sarno Braga e Rafael Alexandria de Oliveira[33] como o regime eficacial de precedentes, que se segmenta em persuasivo, vinculativo, autorizante, obstativo, rescindente e deseficacizante.

O precedente tem natureza persuasiva quando ele se encontra fora do rol do art. 927 do CPC e dos artigos 896-B[34] e 896-C[35] da CLT, pois possuem tão somente função orientativa, não impondo ao magistrado qualquer dever de obediência.

A seu turno, dizer que os precedentes são vinculantes significa afirmar que eles são dotados de eficácia obrigatória, que a sua *ratio decidendi* se projeta para o futuro, devendo ser observada e seguida em questões semelhantes supervenientes[36]. Em outras palavras, ser vinculante corresponde ao fato de que o

---

32. MARIRONI, Luiz Guilherme. *A ética dos precedentes*. 1ed. São Paulo: Revista dos Tribunais. 2014.

33. DIDIER JR, Fredie. BRAGA, Paula Sarno. OLIVEIRA, Rafael Alexandria de. *Curso de direito processual civil: teoria da prova, direito probatório, decisão, precedente, coisa julgada e antecipação dos efeitos da tutela.* 10ed. Salvador: Juspodivm. 2015.

34. Art. 896-B. Aplicam-se ao recurso de revista, no que couber, as normas da Lei nº. 5.869, de 11 de janeiro de 1973 (Código de Processo Civil, relativas ao julgamento dos recursos extraordinário e especial repetitivos.

35. Art. 896-C. Quando houver multiplicidade de recursos de revista fundados em idêntica questão de direito, a questão poderá ser afetada à Seção Especializada em Dissídios Individuais ou Tribunal Pleno, por decisão da maioria simples de seus membros, mediante requerimento de um dos Ministros que compõem a Seção Especializada, considerando a relevância da matéria ou a existência de entendimentos divergentes entre os Ministros dessa Seção ou das Turmas do Tribunal.

36. DIDIER JR, Fredie. BRAGA, Paula Sarno. OLIVEIRA, Rafael Alexandria de. *Curso de direito processual civil: teoria da prova, direito probatório, decisão, precedente, coisa julgada e antecipação dos efeitos da tutela.* 10ed. Salvador: Juspodivm. 2015, p. 455.

precedente deve ser observado em todas as decisões futuras, inclusive sob pena de ser entendida como não fundamentada.

O efeito obstativo, por exemplo, encontra base nos artigos 496,§4°[37], 932, IV[38] do CPC e 894,§3°, I[39] da CLT e "trata-se de desdobramento do efeito vinculante de certos precedentes, pois permite que o órgão jurisdicional negue provimento (ou seguimento) a determinados recursos ou dispense a remessa necessária quando estiverem eles em conflito com precedentes judiciais – jurisprudência ou súmula que a partir deles se constitua –, sobretudo com aqueles emanados das cortes superiores"[40].

Ademais, salienta-se o efeito obstativo também pode ser observado quando da improcedência liminar do pedido (art. 332 do CPC[41]) ou quando se permite a inadmissão de recurso repetitivo sobrestados prejudicados se o acórdão recorrido coincidir com a orientação do tribunal superior (art. 1.040, I do CPC[42])[43].

---

37. Art. 496. Está sujeita ao duplo grau de jurisdição, não produzindo efeito senão depois de confirmada pelo tribunal a sentença: I – proferida contra a União, os Estados, o Distrito Federal, os Municípios e suas respectivas autarquias e fundações de direito público; II- que julgar procedentes, no todo ou em parte, os embargos à execução fiscal. (...) §4° Também não se aplica o disposto neste artigo quando a sentença estiver fundada em: I – súmula de tribunal superior; II – acórdão proferido pelo Supremo Tribunal Federal ou pelo Superior Tribunal de Justiça em julgamento de casos repetitivos; III – entendimento firmado em incidente de resolução de demandas repetitivas ou de assunção de competência; IV – entendimento coincidente com orientação vinculante firmada no âmbito administrativo do próprio ente público, consolida em manifestação, parecer ou súmula administrativa.

38. Art. 932. Incumbe ao relator (...) IV – negar provimento a recurso que for contrário a: a) súmula do Supremo Tribunal Federal, do Superior Tribunal de Justiça ou do próprio tribunal; b) acórdão proferido pelo Supremo Tribunal Federal ou pelo Superior Tribunal de Justiça em julgamento de recursos repetitivos; c) entendimento firmado em incidente de resolução de demandas repetitivas ou assunção de competência.

39. Art. 894 (...) §3° – O Ministro Relator denegará seguimento aos embargos: I – se a decisão recorrida estiver em consonância com súmula da jurisprudência do Tribunal Superior do Trabalho ou do Supremo Tribunal Federal, ou com reiterativa, notória e atual jurisprudência do Tribunal Superior do Trabalho, cumprindo-lhe indicá-la.

40. DIDIER JR, Fredie. BRAGA, Paula Sarno. OLIVEIRA, Rafael Alexandria de. *Curso de direito processual civil: teoria da prova, direito probatório, decisão, precedente, coisa julgada e antecipação dos efeitos da tutela.* 10ed. Salvador: Juspodivm. 2015, p. 457.

41. Art. 332. Nas causas que dispensem a fase instrutória, o juiz, independentemente da citação do réu julgará liminarmente improcedente o pedido que contrariar: I – enunciado de súmula do Supremo Tribunal Federal ou do Superior Tribunal de Justiça; II – acórdão proferido pelo Supremo Tribunal Federal ou do Superior Tribunal de Justiça em julgamento de recursos repetitivos; III – entendimento firmado em incidente de resolução de demandas repetitivas ou de assunção de competência; IV – enunciado de súmula de tribunal de justiça sobre direito local.

42. Art. 1.040. Publicado o acórdão paradigma: I – o presidente ou vice-presidente do tribunal de origem negará seguimento aos recursos especiais sobrestados na origem, se o acórdão recorrido coincidir com a orientação do tribunal superior.

43. DIDIER JR, Fredie. BRAGA, Paula Sarno. OLIVEIRA, Rafael Alexandria de. *Curso de direito processual civil: teoria da prova, direito probatório, decisão, precedente, coisa julgada e antecipação dos efeitos da tutela.* 10ed. Salvador: Juspodivm. 2015, p. 457-458.

O efeito autorizante, a seu turno, é diametralmente oposto ao efeito obstativo, pois ele possibilita que postulações que tenham como base precedentes vinculantes sejam acolhidas. É o caso da tutela de evidência (art. 311, II, CPC[44]) e do provimento de recurso por julgamento monocrático (art. 932, V, CPC[45])[46].

Por último, o efeito vinculante dos precedentes também se desdobra em rescindente e deseficacizante, possuindo respectivamente aptidão para rescindir ou retirar a eficácia da coisa julgada (art. 525, §§ 12, 13, 14, 15 e 966, V do CPC[47]).

Importante, ressaltar que apesar de não estar expressamente descrito pelo CPC-15 a decisão proferida em controle concentrado de constitucionalidade também goza dos efeitos autorizativo e obstativo, podendo, portanto, recursos não serem conhecidos ou serem julgados monocraticamente pelo seu acolhimento ou não, bem como para fins da concessão de tutela de evidência.

Até porque, não há qualquer motivo para não concessão, com base no princípio da segurança jurídica[48], da razoabilidade, da coerência e isonomia, devendo sobre o a questão recair a interpretação sistemática[49] para permitir que eficiência do precedente descrito no art. 927, I do CPC seja devidamente alcançada.

---

44. Art. 311. A tutela de evidência será concedida, independentemente da demonstração de perigo de dano ou de risco útil do processo, quando: II – as alegações de fato puderem ser comprovadas apenas documentalmente e houver tese firmada de casos repetitivos ou em súmula vinculante.

45. Art. 932. Incumbe ao relator: (...) V – depois de facultada a apresentação de contrarrazões, dar provimento ao recurso se a decisão recorrida for contrária a: a) súmula do Supremo Tribunal Federal, do Superior Tribunal de Justiça ou do próprio tribunal; b) acórdão proferido pelo Supremo Tribunal Federal ou pelo Superior Tribunal de Justiça em julgamento de recursos repetitivos; c) entendimento firmado em incidente de resolução de demandas repetitivas ou de assunção de competência.

46. DIDIER JR, Fredie. BRAGA, Paula Sarno. OLIVEIRA, Rafael Alexandria de. *Curso de direito processual civil: teoria da prova, direito probatório, decisão, precedente, coisa julgada e antecipação dos efeitos da tutela*. 10ed. Salvador: Juspodivm. 2015, p. 458.

47. Art. 525 (...) § 12. Para efeito do disposto no inciso II do §1º deste artigo, considera-se também inexigível a obrigação reconhecida em título executivo judicial fundado em lei ou ato normativo considerado inconstitucional pelo Supremo Tribunal Federal, ou fundado em aplicação ou interpretação da lei ou ato normativo tido pelo Supremo Tribunal Federal como incompatível com a Constituição Federal em controle de constitucionalidade concentrado ou difuso. §13 No caso do §12, os efeitos da decisão do Supremo Tribunal Federal poderão ser modulados no tempo, em atenção à segurança jurídica. §14. A decisão do Supremo Tribunal Federal no §12 deve ser anterior ao trânsito em julgado da decisão exequenda. §15. Se a decisão referida no §12 for proferida após o trânsito em julgado da decisão exequenda, caberá ação rescisória, cujo prazo será contado do trânsito em julgado da decisão proferida pelo Supremo Tribunal Federal.
Art. 966. A decisão de mérito, transitada em julgado, pode ser rescindida quando: violar manifestamente a norma jurídica.

48. MACÊDO. Lucas Buril de. PEIXOTO, Ravi. Tutela Provisória contra a Fazenda Pública do CPC/2015. *In* ARAUJO, José Henrique Mouta. CUNHA, José Carneiro da. RODRIGUES, Marco Antonio. **Fazenda Pública.** Salvador: Juspodivm, 2016, v.6 (Coleção Repercussões do novo CPC, v. 3; Coord. Geral Fredie Didier Jr.). p. 361

49. GOUVEIA, Lúcio Grassi de. JÚNIOR, Antonio Carlos F. de Souza. ALVES, Luciana Dubeux Beltrão Alves. Breves Considerações Sobre a tutela de evidência do CPC/2015. *In* PEREIRA, Mateus. GOUVEIA, Roberto. COSTA, Eduardo José da Fonseca. (coord.) **Tutela Provisória.** Salvador: Juspodivm, 2016, v.6 (Grandes temas do novo CPC; Coord. Geral Fredie Didier Jr.). p. 442.

Contudo, tão somente, o controle concentrado de constitucionalidade trata-se de precedente com eficácia rescindente e deseficacizante.

4. A PREDILEÇÃO DO LEGISLADOR PELA DECISÃO DO CONTROLE DE CONCENTRADO DE CONSTITUCIONALIDADE COMO PRECEDENTE

A predileção do legislador pela decisão proferida em controle concentrado de constitucionalidade reside no fato de que ele foi incorporado pelo CPC-15 como precedente com eficácia vinculante, autorizativa, obstativa, e, principalmente rescindente deseficacizante. Só ele reúne todos estes componentes do regime eficacial.

Dentre os precedentes judicias descritos no art. 927 do CPC, a decisão proferida pelo Supremo Tribunal Federal em controle concentrado de constitucionalidade é a única que tem condão retirar a eficácia da coisa julgada, bem como desconstituí-la, sendo hipótese de ação rescisória, na forma dos artigos 966, V e 525, §12 do CPC. E é justamente por estes poderes que entendemos que há uma predileção legislativa com o precedente descrito no art. 927, I do CPC.

A coisa julgada é um instituto constitucional, inclusive descrito dentre os direitos e garantias fundamentais do indivíduo (art. 5º, XXXVI da CF/88[50]), e tem máxima relevância no direito processual, pois tem como objetivo a manutenção da segurança jurídica e a estabilização das decisões judiciais, de modo a impedir a sua mutabilidade, pacificando a situação jurídica concreta posta em análise do Poder Judiciário.

De acordo com Luis Eduardo Ribeiro Mourão "o valor protegido pela coisa julgada, é sem sombra de dúvida, a segurança jurídica, um dos mais importantes imperativos do Estado de Direito. O estabelecimento da *res iudicata* visa conferir estabilidade e firmeza ao exercício da jurisdição, para segurança do jurisdicionado Se, de um lado, o preceito do artigo 5º, inciso XXXV, da CF, abre as portas do Poder Judiciário para a apreciação de todas as lesões ou ameaças aos direitos subjetivos, a coisa julgada, de outro lado, impede que essa atividade seja exercida em duplicidade[51]"

A coisa julgada é decomposta em coisa julgada material e coisa julgada formal, sendo a primeira a autoridade que torna imutável e indiscutível a decisão

---

50. Art. 5º. Todos são iguais perante a lei, sem distinção de qualquer natureza, garantindo-se aos brasileiros e aos estrangeiros residentes no País a inviolabilidade do direito à vida, à liberdade, à igualdade, à segurança e à propriedade, nos seguintes termos: (...) XXXVI – a lei não prejudicará o direito adquirido, o ato jurídico perfeito e a coisa julgada.

51. MOURÃO, Luiz Eduardo Ribeiro. *A coisa julgada formal no novo código de processo civil.* In: Coleção Novo CPC: Doutrina Selecionada. Vol. 02. 1ed. Salvador: Juspodivm. 2015, p. 618.

de mérito não mais sujeita a recurso (art. 502[52]). É material "porque se reflete no próprio direito material, isto é, seria a imutabilidade dos efeitos substanciais da sentença de mérito. A estabilidade da coisa julgada material atingiria o conteúdo do ato decisório sobre o mérito e, portanto seria projeta *ad extra*, para fora do processo, vedando a renovação da discussão a respeito do direito material não só naquele procedimento, mas em qualquer outro. Assim, enquanto a coisa julgada forma é endógena, a coisa julgada material operaria efeitos para além direito processual porque a regra material passa ser decidia no caso"[53].

A coisa julgada formal, noutra senda, trata-se do impedimento do exercício da atividade jurisdicional sobre decisão terminativa (art. 486, §1º do CPC[54])[55].

Além disso, ela somente pode ser desconstituída em hipóteses taxativas descritas pelo art. 966 do CPC, por intermédio da Ação Rescisória. Na seara dos precedentes vinculantes tão somente a decisão proferida em controle concentrado de constitucionalidade possui tal prerrogativa.

Outro ponto que destaca a predileção do legislador pela decisão proferida pelo Supremo Tribunal Federal em controle concentrado de constitucionalidade consiste no fato dela ter o poder de retirar a eficácia de título executivo judicial. Em outros termos, consolidada a sentença pela coisa julgada material, iniciada a fase de satisfação do crédito ela pode ser declarada ineficaz, impedindo os seus respectivos efeitos, impedindo a consecução do direito material do credor.

Isto denota clara preferência do legislador pelo precedente descrito no art. 927, I do CPC, mas também um indício de que há hierarquia entre os precedentes, do qual a decisão proferida em controle concentrado de constitucionalidade ocupa posição de privilégio.

Frise-se, por derradeiro, que aos demais precedentes de eficácia obrigatória não gozam da eficácia rescindente ou desifcacizante, pois as causas para desconstituição da coisa julgada são taxativas, bem como abrir tal prerrogativa acarretaria sensível prejuízo a insegurança jurídica e também não seria interessante aos olhos da análise econômica do direito. Basta imaginar a possibilidade de ação rescisória com esteio em precedente firmado em IRDR ou em julgamento

---

52. Art. 502. Denomina-se coisa julgada material a autoridade que torna imutável e indiscutível a decisão de mérito não mais sujeita a recurso.

53. CABRAL, Antonio do Passo. *Coisa Julgada e preclusões dinâmicas. Entre continuidade, mudança e transição de posições processuais estáveis.* Salvador: Juspodivm, 2013. P. 59-60.

54. Art. 486. (...) §1º No caso de extinção em razão de litispendência e nos casos dos incisos I, IV, VI e VII do art. 485, a propositura da nova ação depende da correção do vício que levou à sentença sem resolução do mérito.

55. MOURÃO, Luiz Eduardo Ribeiro. *A coisa julgada formal no novo código de processo civil.* In: Coleção Novo CPC: Doutrina Selecionada. Vol. 02. 1ed. Salvador: Juspodivm. 2015, p. 619.

de casos repetitivos, os quais são tipicamente meios de dirimir questões jurídicas controvertidas em demandas de massa, os desdobramentos certamente seriam nefastos. Uma certa proliferação de ações rescisórias.

5. CONCLUSÃO

Dentre as alterações trazidas pela lei 13.105/2015 uma das mais importantes é a incorporação de um microssistema de precedentes judiciais de natureza vinculante, do qual faz parte a decisão proferida pelo Supremo Tribunal Federal em controle concentrado de constitucionalidade.

O controle de constitucionalidade é técnica jurídica que visa a proteção da supremacia da norma constitucional e tem como objetivo impedir o retrocesso histórico a realidade fático jurídico econômica e social às normas constitucionais. É instituto intrinsecamente ligado a democracia, pois permite o reconhecimento de novos direitos, sem destituir aqueles já conquistados. Sendo um exemplo claro da importância do controle em questão o julgamento da ADPF 123, da ADI 4277, onde foi declarada a possibilidade de união estável homoafetiva, apesar da retrograda dicção do art. 226, §3º da CF/88.

O controle de constitucionalidade pode ser realizado de modo difusa ou concentrada. Na primeira hipótese é feita em caráter incidental por qualquer órgão judicante, enquanto no segundo caso é realizado de forma direta pelo Supremo Tribunal Federal ou pelos Tribunais dos Estados, quando a norma ou ato impugnado se der em contrariedade a Constituição Estadual.

A decisão proferida em controle concentrado de constitucionalidade desde a vigência do CPC-73 já gozava de eficácia vinculante por expressa dicção do art. 28, parágrafo único da lei 9.869/99, contudo o CPC-15 avança e além da força obrigatória confere ao precedente descrito no art. 927, I do CPC eficácia autorizante, obstativa, rescindente e deseficacizante.

A predileção do legislador pela decisão proferida em controle concentrado de constitucionalidade como precedente ressai quando da concessão ao referido da eficácia rescindente e deseficacizante, pois através delas pode se desconstituir a coisa julgada, bem como impedir a produção dos efeitos de uma decisão judicial por ela consolidada.

Frise-se que tal prerrogativa somente foi conferida ao precedente descrito no art. 927, I do CPC não cabendo interpretação extensiva aos demais, primeiro em razão da relevância da coisa julgada, segundo com base no fato de que as hipóteses de ação rescisória são taxativas, terceiro porque abrir tal possibilidade aos demais precedentes sob o olhar da análise econômica do direito seria extremamente prejudicial, até porque seria proporcionado, por exemplo, uma multiplicação absurda de ações rescisórias, especialmente com base nas decisões oriundas de IRDR e Julgamento de Casos Repetitivos.

Diante disto, há de se concluir que o legislador conferiu uma sensível preferência à decisão de controle concentrado de constitucionalidade como precedente, podendo-se aventar, inclusive que o referido se encontra em uma posição hierárquica superior aos demais existentes no ordenamento jurídico brasileiro.

6. BIBLIOGRAFIA

BARROSO, Luis Roberto. *Conceitos fundamentais sobre o controle de constitucionalidade e a jurisprudência do supremo tribunal federal.* In: *A coisa julgada no controle direto de constitucionalidade.* In: O Controle de Constitucionalidade e a Lei nº. 9.868/99. Organizador: Daniel Sarmento. 2ª Tiragem. Rio de Janeiro: Lumen Juris. 2002, p. 233-268.

CABRAL, Antonio do Passo. *Coisa Julgada e preclusões dinâmicas. Entre continuidade, mudança e transição de posições processuais estáveis.* Salvador: Juspodivm, 2013.

CAMARA, Alexandre Freitas. *A coisa julgada no controle direto de constitucionalidade.* In: O Controle de Constitucionalidade e a Lei nº. 9.868/99. Organizador: Daniel Sarmento. 2ª Tiragem. Rio de Janeiro: Lumen Juris. 2002, p. 3-37.

CAMBI, Eduardo. HELMAN. *Os precedentes e o dever de motivação no novo código de processo civil:* In: Coleção Novo CPC: Doutrina Selecionada. Vol. 02. 1ed. Salvador: Juspodivm. 2015, p. 759-784.

CARDOSO, Oscar Valente. *A análise e fatos pelo STF no processo de controle concentrado de constitucionalidade.* In: Revista Dialética de Direito Processo. RDDP, v. 153, n. 63, jun., 2008, p. 90-101.

CUNHA JÚNIOR, Dirley da. *Controle de constitucionalidade.* 9ed. rev. ampl. e atual. Salvador: Juspodivm, 2017.

CUNHA JÚNIOR, Dirley da. *Curso direito constitucional.* 4ed. rev. ampl. e atual. Salvador: Jupodivm. 2010.

DIDIER JR, Fredie. BRAGA, Paula Sarno. OLIVEIRA, Rafael Alexandria de. *Curso de direito processual civil: teoria da prova, direito probatório, decisão, precedente, coisa julgada e antecipação dos efeitos da tutela.* 10ed. Salvador: Juspodivm. 2015.

DIDIER, Fredie Jr. CUNHA, Leonardo Carneiro da. BRAGA, Paula Sarno. *Curso de direito processual civil: execução.* 7.ed. Salvador: Jupodivm. 2017.

FIGUEIREDO, Silvia Bellandi Pais de. *Eficácia dos precedentes judiciais*. In: Revista Síntese – Direito Civil e Processo Civil. Nº. 89. São Paulo: Síntese. Maio-Junho 2014, p. 131-146.

GODINHO. Robson Renault. *Reflexões sobre os poderes instrutórios do juiz*.. In: Coleção Novo CPC Doutrina Selecionada. Vol. 03. 2.ed. (Coord.) Fredie Didier Jr. Salvador: Juspodivm. 2016, p. 343-368.

GOUVEIA, Lúcio Grassi de. JÚNIOR, Antonio Carlos F. de Souza. ALVES, Luciana Dubeux Beltrão Alves. Breves Considerações Sobre a tutela de evidência do CPC/2015. In: Coleção Grandes temas do novo CPC. Vol. 5. Coord. Fredie Didier Jr. Salvador: Juspodivm. 2016.

MACÊDO. Lucas Buril de. PEIXOTO, Ravi. Tutela Provisória contra a Fazenda Pública do CPC/2015. In: Coleção Repercussões do novo CPC. Vol. 03. Coord. Fredie Didier Jr. Salvador: Juspodivm: 2016, p. 347-380.

MARTINS, Ives Gandra da Silva. MENDES, Gilmar Ferreira. *Controle concentrado de constitucionalidade: comentários à lei 9.868, de 10-11-1999*. 2ed. São Paulo: Saraiva, 2005.

MARIRONI, Luiz Guilherme. *A ética dos precedentes*. 1ed. São Paulo: Revista dos Tribunais. 2014.

MORAIS, Danton Santos. *Abstrativização do controle difuso de constitucionalidade*. In: Revista de Processo. São Paulo: Revista dos Tribunais. Out. 2008, p. 193-210.

MOURÃO, Luiz Eduardo Ribeiro. *A coisa julgada formal no novo código de processo civil*. In: Coleção Novo CPC: Doutrina Selecionada. Vol. 02. 1ed. Salvador: Juspodivm. 2015, p. 617-620.

MOURÃO, Luiz Eduardo Ribeiro. *Coisa julgada*. Belo Horizonte: Fórum. 2006.

NUNES, Dierle. BAHIA, Alexandre Melo Franco. *Precedentes no CPC-2015: por uma compreensão constitucionalmente adequada de seu uso no Brasil*. In: Coleção Novo CPC: Doutrina Selecionada. Vol. 02. 1ed. Salvador: Juspodivm. 2015, p. 719-757.

RAMOS, Paulo Roberto Barbosa. *A filosofia do controle concentrado de constitucionalidade das leis na ordem jurídica brasileira pós-88*. In: Revista de Direito Constitucional e Internacional. São Paulo: Revista dos Tribunais. Ano 9. N. 37. Out-Dez 2001, p. 175-184.

SARMENTO, Daniel. *A eficácia temporal das decisões no controle de constitucionalidade*. n: O Controle de Constitucionalidade e a Lei nº. 9.868/99. Organizador: Daniel Sarmento. 2ª Tiragem. Rio de Janeiro: Lumen Juris. 2002, p. 101-138.

SENADO FEDERAL. *Anteprojeto do novo código de processo civil.* Brasília, 2010. Disponível em ‹https://www.senado.gov.br/senado/novocpc/pdf/Anteprojeto.pdf› . Acesso em 06 de jun. 2017

PANUTTO, Peter. *A preferência constitucional pelo controle concentrando de constitucionalidade e os precedentes judiciais vinculantes no novo CPC.* Revista de Processo. Vol. 242. Ano 40, p. 358-387. São Paulo: Ed. RT, abr. 2015.

THAMAY. Rennan Faria Kruger. *Uma primeira análise constitucional sobre os princípios no novo CPC.* In: Coleção novo CPC doutrina selecionada. Parte Geral. Vol. 01. 2ed. (Coord). Fredie Didier Jr. Salvador: Juspodivm. 2016, p. 351-368.

THAMAY, Rennan Faria Kruguer. RODRIGUES, Rafael Ribeiro. *A coisa julgada no novo código de processo civil.* In: Coleção Novo CPC: Doutrina Selecionada. Vol. 02. 1ed. Salvador: Juspodivm. 2015, p. 689-715.

CAPÍTULO 11

Controle difuso no novo CPC[1]

Geovany Cardoso Jeveaux

Hermes Zaneti Júnior

SUMÁRIO: 1. INTRODUÇÃO; 2. RAZOABILIDADE V. PROPORCIONALIDADE; 3. CONTROLE DE CONVENCIONALI-
DADE; 4. ABSTRATIVIZAÇÃO DO CONTROLE DIFUSO V. INEXIGIBILIDADE DE TÍTULO JUDICIAL; 5. CONCLUSÃO;
6. REFERÊNCIAS

1. INTRODUÇÃO

Códigos são produto da tradição jurídica romano-germânica, surgidos no Estado representativo, que têm a pretensão de tratar de todos os aspectos da vida coletiva, no contexto da ideia de completude da ordem jurídica.

Tais diplomas legislativos têm ainda por característica a longevidade, não porque retratem as relações jurídicas entre as pessoas e destas com as coisas como se já estivessem dadas de uma vez por todas, mas porque têm a pretensão de retratar *pro futuro* o modo como a sociedade regulada aceita os institutos jurídicos do passado. Nesse sentido, as revogações de códigos são eventos incomuns e ocorrem apenas quando se reconhece haver um descompasso entre os institutos regulados e a tradição jurídica posterior dessa mesma sociedade.

O CPC de 1973 era um Código forjado para lides individuais e já se encontrava defasado em relação às lides coletivas, mas acabou também desatualizado no campo do direito constitucional, diante de alguns institutos surgidos na Constituição Federal de 1988 e em reformas constitucionais posteriores e de uma miríade de decisões tomadas pelo STF em sede de controle concentrado e difuso de constitucionalidade com forte carga discricionária, em um movimento em geral chamado (imprecisamente) de ativismo judicial. Tais inovações, reformas e

---

1. Este trabalho é fruto da pesquisa desenvolvida no Programa de Pós-Graduação Stricto Sensu em Direito Processual da UFES e nos Grupos de Pesquisas "As Colisões de Direitos Fundamentais com Caráter de Princípio no NCPC", também da UFES, coordenado pelos autores deste texto em conjunto com Prof. Dr. Elias de Oliveira, do Departamento de Ciência da Computação (UFES) e "Fundamentos do Processo Civil Contemporâneo", liderado por um dos autores deste texto. Trabalho originalmente publicado em *Revista de Direito Brasileira*, São Paulo, SP, v. 16, n. 7, p. 324, jan./abr., 2017. Esta versão contém alterações, revisões e correções.

decisões contribuíram para o sensível aumento da complexidade interpretativa do direito em geral e do direito processual em particular, mormente quando em jogo as lides de matriz constitucional.

O CPC de 2015 aparece assim no cenário jurídico nacional como meio de atualizar o direito processual brasileiro a uma nova realidade, mas nesse propósito parece ter perdido a oportunidade de utilizar o debate prévio amadurecido em torno dos pontos de contato com o direito constitucional, que serão abordados neste trabalho.

Apenas para exemplificar, essa carência de diálogo ocorreu também com a teoria do direito, bastando registrar aqui a tão curiosa quanto imprecisa referência a valores fundamentais estabelecidos na Constituição Federal para a ordenação, disciplina e interpretação do Código em seu art. 1º. Afinal, em qual quadro teórico os "valores" da dignidade humana, da não discriminação e da prevalência dos direitos humanos, encontrados no art. 1º da Constituição Federal, podem ou devem orientar a ordenação, disciplina e interpretação do CPC?

Não se trata de uma indagação retórica, porque ao se mencionar a proporcionalidade no art. 8º como um dos critérios de solução da colisão entre "normas", citada no § 2º do art. 489, o art. 1º poderia sugerir a adesão a uma teoria dos valores para orientar tal solução, oposta assim uma teoria deontológica. Trata-se de problema teórico sério, de grande profundidade e extensão, com severas implicações práticas, porque em matéria de colisão entre direitos fundamentais cada uma dessas teorias parte de premissas diferentes que em geral levam a resultados distintos.

No caso da primeira teoria, teria de haver um parâmetro valorativo prévio capaz de medir os interesses em jogo, o que resultaria invariavelmente em uma escala hierárquica a partir da qual o resultado do embate estaria sempre predeterminado.

Já em uma teoria deontológica dogmática, na tradição da jurisprudência dos conceitos, como a de Robert Alexy, a ponderação entre direitos fundamentais com caráter de princípio como critério de solução de colisões não aceita uma definição prévia ou *a priori* antes do cotejo concreto entre os direitos.

Conforme Alexy, entrando em colisão os princípios, a solução do embate exige que se faça uma ponderação entre eles, conforme a dimensão do peso. Isso porque, não havendo hierarquia, relação de tempo pregresso ou exceção entre os princípios, diferentemente do que ocorre com as regras, a escolha entre um deles não se faz por uma relação de prioridade incondicionada. Daí a necessidade de uma "lei de colisão".

Grosso modo, a "lei de colisão" diz que a precedência depende das consequências jurídicas dos princípios, sendo, pois, um pressuposto fático do princípio precedente, ou por outra, que os princípios não têm relação absoluta de precedência e não são quantificáveis. Logo, a dimensão do peso é apenas uma metáfora, já que não é possível quantificar os interesses em colisão de forma abstrata ou absoluta, mas apenas de forma concreta e relativa. Essa lei de colisão se relaciona com outra, chamada por Alexy de lei de ponderação, que resume a máxima da proporcionalidade.

Enquanto a lei de colisão diz que não é possível encontrar uma decisão previamente dada para o embate entre princípios, e que a decisão será encontrada em regras que definem certas condições fáticas, que, uma vez ocorrentes, indicam as consequências jurídicas de precedência de um princípio sobre outro, a primeira lei de ponderação procurar explicar racionalmente o grau de importância das consequências jurídicas de ambos os princípios em colisão.

Em outras palavras, a lei de ponderação, na eventualidade da colisão não ter sido solucionada pelas máximas parciais anteriores (adequação e necessidade), coloca as consequências jurídicas dos princípios ainda em colisão numa balança (metáfora do peso), a fim de precisar qual delas é racionalmente mais importante naquele caso concreto.

As referências a valores e à proporcionalidade acima feitas são pertinentes ao controle de constitucionalidade.

Isso ocorre porque no primeiro caso o parâmetro valorativo constitucional apenas orienta a aplicação das regras processuais como valores em relação às demais regras processuais infraconstitucionais, mas ao contrário, quando considerado em seu aspecto deontológico, constrange como norma, uma vez que o caráter deontológico e supraordenado que a própria Constituição assume em relação a todo ordenamento jurídico faz com que as normas processuais infraconstitucionais somente se considerem válidas se de acordo com as normas constitucionais, tanto no aspecto formal como substancial.

Segundo, quanto à proporcionalidade, porque se põem em confronto dois ou mais direitos fundamentais, fora, portanto dos critérios de conflito de regras (hierarquia, especialidade e anterioridade) ou mais especificamente da relação de regularidade (matéria também pertinente à deontologia). Essas observações foram feitas porque há uma linha de contato do segundo tema com a razoabilidade (conceitos que serão explorados a seguir) e mormente para confirmar a hipótese inicial acerca da falta de diálogo ou carência de diálogo suficiente e prévio entre processualistas e constitucionalistas no campo do controle difuso.

2. RAZOABILIDADE V. PROPORCIONALIDADE

De acordo com o art. 8º do NCPC, "ao aplicar o ordenamento jurídico, o juiz..." deverá observar a proporcionalidade e a razoabilidade, além de outros axiomas normalmente chamados de princípios (legalidade, publicidade e eficiência).

No direito constitucional, proporcionalidade e razoabilidade possuem duas abordagens temáticas diferentes, a saber: 1) a europeia, na qual a razoabilidade/racionalidade e a proporcionalidade foram reunidas em três etapas da máxima[2] da proporcionalidade (adequação, necessidade e proporcionalidade em sentido estrito)[3]; 2) a americana, na qual se faz o exame separado da *means-end relationship* e do *test of balancing*.

A primeira delas tem em Robert Alexy o principal expoente[4], para quem os direitos fundamentais têm caráter de princípio, que provém do mandado típico dos enunciados/disposições das normas de direitos fundamentais (baixa densidade normativa). Como os princípios podem entrar em colisão, esse caráter de princípio implica na máxima da proporcionalidade, com as suas três máximas parciais: 1) adequação; 2) necessidade ou idoneidade do meio (meio mais benigno); 3) proporcionalidade em sentido estrito (ponderação). Logo, do mandado contido nos enunciados/disposições das normas de direitos fundamentais se deduz o caráter de princípio dos direitos fundamentais, e desse caráter se deduz a

---

2. A proporcionalidade é um axioma, e não um princípio, porque é usada para resolver a colisão entre direitos fundamentais com caráter de princípio, e por isso ela mesma nunca entra em colisão com um direito fundamental com caráter de princípio (ALEXY, Robert. Teoria de los Derechos Fundamentales, p. 112 – nota 84). Humberto Ávila denomina este axioma de postulado normativo aplicativo (ÁVILA, Humberto. Teoria dos Princípios. Da Definição à Aplicação dos Princípios Jurídicos. São Paulo: Malheiros, 2005).

3. Cf. CANAS, Vitalino. O Princípio da Proibição do Excesso na Constituição: arqueologia e aplicações. In:MIRANDA, Jorge (org.). Perspectivas Constitucionais. Nos 20 Anos da Constituição de 1976. Coimbra: Coimbra Editora, 1997, V. II, p. 323-358; e SANDULLI, Aldo. Ecesso di Potere e Controllo di Proporzionalità. Profili Comparati. Rivista Trimestrale di Diritto Publico, Roma: Giuffrè Editore, 1995, p. 329-370.

4. Vários autores trataram desse tema subjacente, ao distinguirem princípios de regras, mas Alexy foi o único a apresentar uma teoria dogmática, capaz de auxiliar a solução prática das colisões entre direitos fundamentais, para as quais os critérios de solução dos conflitos de regras não são adequados. A principal teoria concorrente à de Alexy é a de Dworkin, mas ela não tem caráter dogmático e sua matiz moral (direito como integridade política) não é satisfatória para a explicitação prática de colisões entre direitos fundamentais, diante da dificuldade em se obter consenso sobre qual decisão é a mais compatível com a razão pública e de não permitir, ao mesmo tempo, o controle intersubjetivo das razões (razões, que, diga-se de passagem, a teoria não exige sejam explicitadas e justificadas). No Brasil, a teoria de Alexy é criticada na perspectiva analítica por Humberto Ávila (Teoria dos Princípios, passim) e na perspectiva hermenêutica por Lenio Streck e a escola hermenêutica gaúcha (STRECK, Lenio. Verdade e consenso: Constituição, hermenêutica e teorias discursivas. 5ª ed., revista, modificada e ampliada. São Paulo: Saraiva, 2014, principalmente p. 221-251; OLIVEIRA, Rafael Tomaz de. Decisão judicial e o conceito de princípio: a hermenêutica e a (in)determinação do direito. Porto Alegre: Livraria do Advogado, 2008). Para um estudo crítico da visão de Humberto Ávila a partir da insuficiência de critérios dogmáticos seguros para a solução daquele tipo de embate, capazes de substituir satisfatoriamente a teoria de Alexy, cf. op. cit., p. 121-124, nota de rodapé n. 91.

máxima da proporcionalidade, como critério de solução de eventual colisão entre princípios de direitos fundamentais[5]. As máximas parciais, por sua vez, "definem o que deve entender-se por otimização, de acordo com a teoria dos princípios"[6].

As possibilidades fáticas que condicionam a precedência entre os princípios em colisão são encontradas nas máximas da adequação e da necessidade, enquanto que as possibilidades jurídicas são encontradas na máxima da proporcionalidade em sentido estrito[7]. Analisadas em conjunto, essas possibilidades são determinantes para a solução da colisão no caso concreto. A solução representada pela lei de colisão formará uma regra, que, para ser racional, deverá ser universalizável.[8]

A primeira máxima parcial da máxima da proporcionalidade exige que o meio usado para atingir o fim de um princípio de direito fundamental seja adequado, no sentido de uma relação entre meios-e-fins, ou seja, no sentido de não haver um desvio de finalidade de um princípio pelo uso incorreto do meio empregado em sua prática.

Assim, se um decreto de desapropriação, a pretexto de atender ao princípio do interesse público, é utilizado para punir um adversário político ou para impedir um negócio legítimo de compra-e-venda apenas porque tal negócio é contrário às opções ideológicas da autoridade pública, o meio utilizado para atingir o fim daquele princípio enunciado não foi adequado. Se, entre dois princípios em colisão, o meio empregado para a realização de um deles, já no exame da primeira máxima, se mostrar inadequado, o outro princípio prevalece. Caso contrário, ou seja, se os meios de realização de ambos os princípios forem igualmente adequados, continua-se a pesquisa com a máxima seguinte.

A segunda máxima parcial é a da necessidade, que exige indagar previamente se havia mais de um meio adequado de realização do fim de cada princípio em colisão. Se os meios de realização dos princípios opostos eram únicos, ambos foram necessários. Caso contrário, deve-se investigar se o meio eleito entre os meios possíveis era o mais benéfico ou o menos maléfico. Ou seja, de acordo com Alexy, "o meio não é necessário se se dispõe de um mais suave ou menos

---

5. Idem, p. 111.

6. ALEXY, Robert. Epílogo a la Teoría de los Derechos Fundamentales. Revista Española de Derecho Constitucional. Madrid: Centro de Estudios Políticos y Constitucionales, n. 66, set/dez 2002, p. 26, "definen lo que debe entenderse por optimización, de acordo con la teoría de los principios".

7. Idem, p. 112-113.

8. A formação de uma regra a partir da colisão resulta em um reforço da teoria dos precedentes e no atingimento de uma das premissas do positivismo jurídico que é a exigência de uma regra para o caso que tenha caráter universalizável, para a melhor explicitação destas ideias, inclusive com um atento diálogo as críticas de Luigi Ferrajoli ao proposto por Robert Alexy, cf. ZANETI JR., Hermes. O valor vinculante dos precedentes, p. 226-242.

restritivo"[9], de tal modo que "o fim não pode ser obtido de outra maneira que afete menos o indivíduo", conforme já decidiu o Tribunal Constitucional alemão[10]. Desse modo, se o meio eleito era o necessário para ambos os princípios, ou seja, o menos gravoso, a colisão continua. Caso contrário, a colisão se resolve em favor do princípio de meio mais necessário.

Permanecendo a colisão, quando ambos os meios são adequados e necessários, exsurge então a terceira máxima parcial da proporcionalidade, ou seja, a proporcionalidade em sentido estrito, pela qual se cumpre um mandado de ponderação, também enunciado como lei de ponderação.

Referida lei pode ser assim definida, de acordo com Alexy: 1) "quanto maior é o grau da não satisfação ou de afetação de um princípio, tanto maior tem que ser a importância da satisfação do outro"; ou 2) "quanto mais intensa se revelar a intervenção em um dado direito fundamental, maiores hão de se revelar os fundamentos justificadores dessa intervenção"[11]. Em outras palavras, a primeira lei de ponderação "diz o que é o importante nas ponderações, quer dizer, o grau ou a intensidade da não satisfação de um princípio, por um lado, e o grau de importância da satisfação do outro princípio, por outro", ou seja, "diz o que é que tem de ser fundamentado racionalmente", já que "a lei de ponderação enquanto tal não formula nenhuma pauta com cuja ajuda possam ser decididos definitivamente os casos". Daí a sua relação com a lei de colisão.

Enquanto a lei de colisão diz que não é possível encontrar uma decisão previamente dada para o embate entre princípios, e que a decisão será encontrada em regras que definem certas condições fáticas e jurídicas, que, uma vez ocorrentes, indicam as consequências jurídicas de precedência de um princípio sobre outro, a lei de ponderação procurar explicar racionalmente o grau de importância das consequências jurídicas de ambos os princípios em colisão. Em outras palavras, a lei de ponderação, na eventualidade de o embate não ter sido solucionado pelas máximas parciais anteriores, coloca as consequências jurídicas dos princípios ainda em colisão numa balança (metáfora do peso), a fim de precisar qual delas é racionalmente mais importante naquele caso concreto. Nas palavras de Alexy, "a ponderação não é um procedimento no qual um bem é obtido com excessiva pressa a custo de outro [...] seu resultado é um enunciado

---

9.   ALEXY, Robert. Colisão e Ponderação como Problema Fundamental da Dogmática dos Direitos Fundamentais. Palestra proferida na Casa de Rui Barbosa, em 10.12.1998. Tradução de Gilmar Ferreira Mendes, p. 10.

10. Op. cit., p. 114 (BverfGE 38, 281 (302)). ("el fin no puede ser logrado de otra manera que afecte menos al individuo").

11. ALEXY, Robert. Colisão e Ponderação como Problema Fundamental da Dogmática dos Direitos Fundamentais. Palestra proferida na Casa de Rui Barbosa, em 10.12.1998. Tradução de Gilmar Ferreira Mendes, p. 10.

de preferência condicionado que, de acordo com a lei de colisão, surge de uma regra diferenciada de decisão".[12]

Por isso, "a lei de ponderação aponta, primeiro, para a importância da satisfação do princípio oposto e formula, segundo, um mandado"[13], vale dizer, uma regra como resultado da própria decisão, regra essa que transforma o direito *prima facie* do princípio precedente em direito definitivo, mantendo o direito contido no princípio precedido em seu estado prima facie ou relativo.

Tal operação deve ser realizada em três etapas, a saber: 1ª) define-se a intensidade da intervenção, ou seja, o grau de insatisfação ou afetação de um dos princípios; 2ª) define-se a importância dos fundamentos justificadores da intervenção, isto é, a importância da satisfação do princípio oposto; 3ª) realiza-se a ponderação em sentido estrito, ou seja, responde-se sobre se a importância da satisfação de um princípio justifica a não satisfação do outro princípio[14]. De forma simplificada, pode-se conceber essas etapas como o resultado de uma relação entre prós e contras ou de custos e benefícios, na qual se pondera se os prós ou benefícios são proporcionalmente maiores do que os contras ou custos, de tal modo que o princípio com menor custo para o outro seja o preferível.

A segunda abordagem é encontrada no direito constitucional norte-americano, principalmente nos casos em que a lei confere tratamento desigual entre as pessoas[15], quando então se exige que a classificação diferencial seja razoável e racional. De acordo com Carlos Roberto de Siqueira Castro:

---

12. ALEXY, Robert. Colisão e Ponderação como Problema Fundamental da Dogmática dos Direitos Fundamentais. Palestra proferida na Casa de Rui Barbosa, em 10.12.1998. Tradução de Gilmar Ferreira Mendes, p. 10.

13. Op. cit., p. 161-162, 164 e 166-167. ("Cuanto mayor es el grado de la no satisfacción o de afectación de un principio, tanto mayor tiene que ser la importancia de la satisfacción del otro"); ("dice qué es lo importante en las ponderaciones, es decir, el grado o la intensidad de la no satisfacción de un principio, en un lado, y el grado de importancia de la satisfacción del otro principio, por el otro"); ("dice qué es lo que tiene que ser fundamentado racionalmente"); ("la ley de la ponderación en tanto tal no formula ninguna pauta con cuya ayuda pudieran ser decididos definitivamente los casos"); (".la ponderación no es un procedimiento en el cual un bien es obtenido con ▮excesivo apresuramiento a costa de otro [...] su resultado es un enunciado de preferencia condicionado que, de acuerdo con la ley de colisión, surge de un regla diferenciada de decisión"); ("la ley de ponderación apunta, primero, a la importancia de la satisfacción del principio opuesto y formula, segundo, un mandato"). É de se questionar se o espaço para a justificação externa das premissas adotadas, assim como o resultado e seu controle subjetivo, necessários para o terceiro passo – tipicamente jurídico – da ponderação não seja exatamente a conexão entre a teoria de Alexy e a hermenêutica filosófica. Isto ocorre justamente porque a soundness – a coerência ou, querendo, a integridade – dependem da compreensão do ordenamento jurídico. Defendendo essa ordem de ideias e a aproximação entre Alexy e Dworkin no ponto em questão cf. ZANETI JR., Hermes; PEREIRA, Carlos Frederico Bastos. Teoria da Decisão Judicial no Código de Processo Civil: Uma ponte entre Hermenêutica e Analítica?, Revista de Processo, n. 259, ano 41, p. 21-53. São Paulo: RT, 2016.

14. Palestra cit., p. 10; e art. cit., p. 32.

15. Também se costuma referir ao modo como as leis são editadas, porque aonde o lobby é institucionalizado e os projetos de lei são submetidos a hearings, ocasião em que os interesses em jogo são debatidos,

> [...] isto requer dizer que a norma classificatória não deve ser arbitrária, implausível ou caprichosa, devendo, ao revés, operar como meio idôneo, hábil e necessário ao atingimento de finalidades constitucionalmente válidas. Para tanto, há de existir uma indispensável relação de congruência entre a classificação em si e o fim a que ela se destina. Se tal relação de identidade entre meios e fins – 'means-end-relationship', segundo a nomenclatura norte-americana – da norma classificatória não se fizer presente, de modo que a distinção jurídica resulte leviana e injustificada, padecerá ela do vício da arbitrariedade, consistente na falta de 'razoabilidade' e de 'racionalidade', vez que nem mesmo ao legislador legítimo, como mandatário da soberania popular, é dado discriminar injustificadamente entre pessoas, bens e interesses na sociedade política[16].

Se o meio empregado não atingir o fim desejado pelo dispositivo constitucional, a autoridade que o editou terá exorbitado de sua competência, praticando um ato de abuso de poder, e como todo o sistema constitucional se encontra construído com o objetivo de evitar tal abuso, segue-se que tal meio será inconstitucional.

Logo, o propósito do princípio da razoabilidade e da racionalidade no direito americano é o de fornecer um critério para o controle de constitucionalidade, diferentemente da máxima da proporcionalidade para os europeus, que serve principalmente para solucionar colisões entre direitos fundamentais com caráter de princípio e secundariamente para revelar falsas colisões entre direitos fundamentais, quando o embate termina na primeira ou na segunda etapa, hipótese em que somente então o caso se revela como de controle de constitucionalidade ou de legalidade.

Os americanos resolvem o problema da colisão entre direitos fundamentais por intermédio do *test of balancing*[17], que é um:

> [...] princípio básico de justiça do sistema de pesagem entre dois lados da uma mesma questão. Exame de prós e contras. O objetivo fundamental é o de encontrar a equidade ou a imparcialidade (como equilíbrio perfeito). Constitucionalmente, o princípio envolve direitos individuais garantidos pela Constituição ponderados diante

---

o produto legislativo pode ser conferido como base nesses debates prévios, de modo que uma lei que preveja tratamento estranho à matéria antes debatida pode ser acusada de violar a relação de meios e fins, revelando-se assim como um ato arbitrário e, portanto, irrazoável e irracional.

16. CASTRO, Carlos Roberto de Siqueira. O Devido Processo Legal e a Razoabilidade das Leis na Nova Constituição do Brasil. Rio de Janeiro: Forense, 1989, p. 157.

17. GARCÍA, Enrique Alonso. La Interpretacion de la Constitucion. Madrid: Centro de Estudios Constitucionales, 1984, p. 413 e ss.

de direitos estatais, em áreas como as da proteção da igualdade e de liberdade de expressão e de imprensa[18].

Como se percebe, o tema não é autoevidente e tampouco abre concessão à facilidade, sendo que o art. 8º do CPC de 2015 em nada auxilia o intérprete sobre qual vertente seguir (quanto à teoria, a redação do § 2º do art. 489 seguiu claramente a de Robert Alexy), sugerindo apenas que ao separar as expressões proporcionalidade e razoabilidade se estaria seguindo a abordagem americana.

O grande problema dessa vertente é que ela pressupõe um altíssimo grau de certeza sobre qual tipo de embate está em disputa, demonstrando a experiência que um caso inicialmente tratado como uma colisão entre direitos fundamentais pode se revelar um controle de constitucionalidade ou de legalidade e vice versa.

Por exemplo: em épocas de infestação de mosquitos transmissores da dengue (e hoje da zica e da chikungunya) algumas autoridades estaduais e municipais editam decretos autorizando que seus agentes de saúde requisitem força policial para adentrar as residências fechadas e naquelas nas quais os moradores não atendem ou se recusam a abri-las para as inspeções, numa aparente colisão entre os direitos fundamentais da incolumidade pública e da inviolabilidade da residência, mas quando se constata que há uma reserva de jurisdição para flexibilizar esse segundo direito (inc. XI do art. 5º da CF/88) a colisão é imediatamente barrada na etapa da adequação, porque um decreto não é adequado para substituir uma ordem judicial, caso em que se afasta a colisão e se reconhece a inconstitucionalidade daquele ato normativo.

Exemplo inverso: um vizinho demanda uma igreja evangélica que instala autofalantes do lado de fora para obter adesão de novos fiéis, reclamando que o som é alto e que professa outra religião, vindo a se verificar depois que o som não fere os limites do art. 42 do DL 3688/41, mas que a profissão de fé é exposta de forma ofensiva a outras religiões, hipóteses em que se nega o controle de legalidade da atitude da igreja e que se constata a existência de colisão entre o mesmo direito fundamental (livre expressão religiosa), a ser resolvida pelas etapas da proporcionalidade.

Com isso, conclui-se o seguinte: 1) a separação nominal da proporcionalidade e da razoabilidade, no art. 8º do CPC/2015, indica que em linha de princípio o direito brasileiro seguiu a vertente americana, mas tal separação não pode ser tomada de forma absoluta, porque a experiência mostra que um caso

---

18. GIFIS, Steven H. Law Dictionary. New York: Barroñs, 2003, p. 44: "principle basic to the justice system of weighing both sides of an issue. Examining the pros and cons. The ultimate goal is to seek equality or evenhandedness (a perfect balance). Constitutionally, it involves individual rights guaranteed by the Constitution weighed against state rights in such areas as equal protection and freedom of speech and press".

inicialmente tratado como uma colisão entre direitos fundamentais pode se revelar um controle de constitucionalidade ou de legalidade e vice versa, de modo que apenas quando há um alto grau de certeza[19] sobre o tipo de embate que está em disputa é que se deve partir de uma ou de outra abordagem, esta opção cabe ao intérprete e é controlada a partir do caso concreto e da tradição jurídica; 2) constatando-se que um caso inicialmente tratado como de colisão entres direitos fundamentais reclama controle de constitucionalidade ou vice versa, a vertente inicial (proporcionalidade v. razoabilidade) deve ser convertida na outra para a solução coerente da questão discutida, assegurando-se previamente o contraditório de ambas as partes (art. 10 do CPC/2015), mediante conversão do julgamento em diligência; 3) sendo o caso de incidência da proporcionalidade, deve-se aplicar a teoria de Alexy, já que o § 2º do art. 489 do CPC/2015 citou expressamente os conceitos ligados às leis de colisão e de ponderação, respectivamente, seguindo-se a rotina da adequação, da necessidade e da proporcionalidade em sentido estrito.[20]

3. CONTROLE DE CONVENCIONALIDADE

Nos termos do art. 13 do CPC, "a jurisdição civil será regida pelas normas processuais brasileiras, ressalvadas as disposições específicas previstas em tratados, convenções ou acordos internacionais de que o Brasil seja parte".

Tal redação informa que disposições processuais contidas em documentos normativos internacionais excepcionarão o CPC caso tenham previsões divergentes, restando saber se a exceção ocorrerá no contexto do critério de generalidade/especialidade ou no do critério hierárquico do conflito entre regras. A rigor, a exceção sugere o primeiro critério, porque nesse tipo de conflito de regras uma não elimina a outra, limitando-se a excepcioná-la, no pressuposto de que uma

---

19. Uma solução simplificada seria adotar sempre a vertente europeia, mas nos casos em que não se duvida do controle de constitucionalidade ou de legalidade nunca haverá mais de um meio a ponderar sequer sobre a licitude dos meios (adequação) e sobre a existência de outro meio menos gravoso (necessidade), porque haverá tão somente um meio em exame: o ato normativo questionado diante de um parâmetro constitucional ou legal.

20. Na doutrina, criticando essa posição e afirmando que o CPC no art. 489, § 2º é inconstitucional por ofensa ao art. 93, X da CF/88 uma vez que não se ponderam regras e o CPC fala em ponderação de "normas", incluindo ai as regras, conferir STRECK, Lenio. Art. 489. In.: STRECK, Lenio; NUNES, Dierle; CUNHA, Leonardo Carneiro da (orgs.). Comentários ao Código de Processo Civil. São Paulo: Saraiva, 2016, p. 688-690. Contudo, nos parece que essa crítica não deve subsistir, para afastá-la: a) basta interpretar o termo norma como apenas normas-princípio, conferindo interpretação conforme; b) quando estivermos diante da colisão entre um princípio e uma regra contraposta, basta aplicar também as noções de caráter *prima facie* das regras (observância de sua prevalência em face do princípio democrático e do processo legislativo) e de ponderação de regras a partir de seus princípios fundantes. Isso porque, após a superação do seu caráter *prima facie* das regras é possível a ponderação entre o princípio contraposto e o princípio que está na base da regra.

regra especial derroga a geral apenas nos casos especialmente tratados. Por outro lado, não se pode ignorar que na edição da SV n. 25 o STF acabou tratando incidentalmente do segundo critério, deixando assentado, em resumo, que 1) tratados/convenções internacionais que versem sobre direitos humanos terão hierarquia constitucional somente quando aprovados pelo mesmo procedimento e quórum das emendas constitucionais, sendo que 2) aqueles de mesmo conteúdo não aprovados daquela forma terão status supralegal. Logo, 3) tratados/convenções internacionais que não versem sobre direitos humanos continuam tendo status legal, revogando e sendo revogados por leis ordinárias e complementares, de acordo com o critério temporal de resolução de conflito de regras (*later in time rule*)[21].

De fora parte o paradoxo latente que há nesse entendimento, já que na segunda hipótese se abrigam documentos materialmente constitucionais que não têm hierarquia formalmente constitucional, e por isso não são parâmetro de controle de constitucionalidade, mas de controle de convencionalidade[22], o fato é que essa nova categoria normativa pode também afetar a aplicação do CPC, embora por outro critério de solução do conflito entre regras.

Novamente, tais conceitos não são vazios, porque 1) uma coisa é deixar-se de aplicar o CPC diante de algum tratado/convenção internacional (de que o Brasil seja aderente, por óbvio) com ele conflitante no pressuposto de que se põem em confronto uma regra geral e uma regra especial, e 2) outra bem diferente é deixar-se de aplicá-lo no pressuposto de que seja hierarquicamente inferior a algum tratado/convenção internacional, quer por ser constitucional ou quer por ser supra-legal, ou 3) de que sejam da mesma hierarquia mas tenham tempos de edição distintos.

No primeiro critério, qualquer tratado/convenção internacional que verse sobre regras processuais será aplicado em lugar do CPC, seja qual for o seu conteúdo (direitos humanos ou não) e seja qual for o tempo de sua aprovação, afirmando-se a especialidade.

No segundo critério, tudo depende do conteúdo versado (necessariamente direitos humanos) e do procedimento de aprovação (de emendas constitucionais ou não), afirmando-se o critério da hierarquia.

Já no último, o que importa é o tempo de edição e que a mesma matéria processual tratada não abrigue direitos humanos, caso em que apenas os tratados/convenções internacionais posteriores ao CPC teriam incidência, anterioridade.

---

21. Cf. JEVEAUX, Geovany Cardoso; PEPINO, Elsa. Comentários às Súmulas Vinculantes. Com pesquisa sobre a regra do art. 52, X, da CF. Rio de Janeiro: GZ, 2012, p. 153-168.

22. Todo controle exige um parâmetro, que é um dispositivo/enunciado (controle textual) ou uma norma (controle interpretativo) presente em um texto superior, comparado a um objeto, que é um dispositivo/enunciado (controle textual) ou uma norma (controle interpretativo) presente em um texto inferior.

Considerando que nem todas as matérias processuais versam ou abrigam direitos humanos ou fundamentais, a última hipótese supra praticamente negaria o propósito do art. 13 do CPC e de várias outras disposições que seguem a mesma linha (p. ex.: arts. 24, 83, § 1º, I, 1033, 1035, § 3º, III[23]), já que haveria uma seleção temporal entre tratados/convenções internacionais de conteúdo comum aprovados antes e depois do Código, seleção essa que não se compraz com o texto daquele dispositivo.

Assim, deve-se concluir que o art. 13 do NCPC adotou o critério da generalidade/especialidade para resolução do conflito de suas regras com as regras processuais de tratados/convenções internacionais aprovados pelo Brasil, mas isso não exclui o critério hierárquico contido no julgamento da SV n. 25, vale dizer, a regra do art. 13 do CPC diz respeito aos tratados/convenções internacionais que versem sobre direitos processuais comuns, seja qual for o tempo de sua aprovação pelo Brasil, mas quando tais documentos internacionais dispuserem sobre direitos processuais de índole fundamental seus enunciados ou dispositivos (no controle textual) e suas normas (no controle interpretativo) servirão de parâmetro para controle das regras conflitantes do CPC nos casos concretos em exame, seja porque o documento internacional goza de *status* constitucional (controle de constitucionalidade), seja porque goza de *status* supralegal (controle de convencionalidade).

Vale uma última observação. O CPC repetiu em diversos artigos normas constitucionais (p. ex.: arts. 3º, 11, 176). Nestes casos apenas os tratados aprovados com *status* de emenda constitucional deverão prevalecer sobre as normas do CPC, preservando-se o critério hierárquico. Enquanto não alterado o texto constitucional, por força do art. 1º do CPC e da superioridade hierárquica, a norma clonada no CPC prevalece sobre o tratado. O que prevalece é a norma constitucional, o extrato constitucional do texto clonado.

4. ABSTRATIVIZAÇÃO DO CONTROLE DIFUSO V. INEXIGIBILIDADE DE TÍTULO JUDICIAL

O § 12 do art. 525 e o § 5º do art. 535 do CPC/2015 dispõem que a sentença condenatória de cumprimento de obrigação de pagar quantia certa, proferida em face dos devedores em geral e da Fazenda Pública em particular, respectivamente, pode ser objeto de impugnação quando o fundamento jurídico do título houver sido proclamado inconstitucional pelo STF em sede de controle concentrado e também de controle difuso. No primeiro tipo de controle essa matéria também

---

23. O § 3º do art. 26 foge dessa lógica, porque nele a cooperação jurídica internacional, a ser prevista em tratado próprio, não poderá contrariar "as normas fundamentais que regem o Estado brasileiro".

é comumente chamada de *inconstitucionalidade da coisa julgada*, enquanto que no segundo tipo ela tem sido tratada com o nome de *abstrativização do controle difuso*, para designar os casos em que ele supostamente recebe a mesma eficácia *erga omnes* do controle concentrado. O grande problema, aqui, é que nos casos em que o STF se ocupou desse segundo tema ele próprio não estabeleceu um quadro teórico coerente para tratá-lo.

Em algumas decisões, o STF passou a admitir o emprego no controle difuso da modulação de efeitos prevista no art. 27 da Lei 9868/99 para o modelo concentrado e também uma eficácia transcendente (ao interesse das partes do litígio concreto e à própria decisão), soluções que excepcionam a regra geral da eficácia limitada às partes e que merecem exame dos fundamentos respectivos.

O primeiro desses casos paradigmáticos foi o do RE n. 197.917-8, cujo julgamento teve início em 31.08.1999 e fim em 24.03.2004, com publicação do Acórdão em 07.05.2004.

O objeto sob controle era o art. 6º da Lei Orgânica do Município paulista de Mira Estrela, acusado de malferir o parâmetro do art. 29, IV, "a", da CF, no qual se exige uma relação de proporcionalidade entre o número de vereadores e o número de habitantes por município. O Município em questão possuía 2.651 (dois mil, seiscentos e cinquenta e um) habitantes para 11 (onze) vereadores, quando em uma proporcionalidade aritmética devia ter apenas 9 (nove) vereadores. Por isso, entendeu o Ministro Relator, Maurício Corrêa, que o objeto sob controle era inconstitucional, ponderando, contudo, que,

> [...] a despeito de a legislatura a que se refere a decisão de primeiro grau – quadriênio 1993/97 – já ter se exaurido, o presente recurso não se acha prejudicado. Com efeito, a ação promovida pelo *Parquet* questionou a composição da Câmara Legislativa do Município por entendê-la contrária à Carta da República, em face do excesso de representantes. Tal situação persiste, porquanto os eleitores de Mira Estrela elegeram para o quadriênio 2001/2004 o mesmo quantitativo de 11 (onze) Vereadores. Remanesce, portanto, o interesse em reduzir esse número e a consequente declaração incidental de inconstitucionalidade da norma municipal.

Por isso, além da declaração de inconstitucionalidade, na conclusão do voto foi determinado "à Câmara Legislativa que, após o trânsito em julgado, adote as medidas cabíveis para adequar sua composição aos parâmetros ora fixados".

A tese da inconstitucionalidade foi vencedora, pelo voto da maioria os Ministros, mas os argumentos do Ministro Gilmar Mendes sobre a eficácia do julgamento são os que mais interessam à matéria em exame.

Em seu voto, referido Ministro assim se manifestou acerca da eficácia do julgado: 1) em caso de alegada inconstitucionalidade de lei eleitoral, aconselha-se que o Tribunal não proclame tal *status* quando o reconhecimento da nulidade não for capaz de resolver o problema e em lugar da pronúncia seja capaz de encontrar uma norma apta a preencher eventual lacuna no ordenamento; 2) em outras palavras, exige-se a "necessidade de um outro princípio que justifique a não aplicação do princípio da nulidade", axioma que tem aplicação indistinta tanto ao controle concentrado quanto ao controle difuso, como mostra a experiência americana, na qual o controle é exclusivamente difuso e concreto, mas admite a restrição dos efeitos retroativos da pronúncia de inconstitucionalidade desde o caso Linkletter v. Walter (1965)[24], com base em critérios de política legislativa[25]; 3) já no modelo alemão, no qual o controle é concentrado, a restrição dos efeitos retroativos da pronúncia de inconstitucionalidade é admitida desde o caso do regime de execução penal (*Strafgefangene*), de 1972[26], com base em critério estritamente constitucional; 4) no direito pátrio prevalece ainda o princípio da nulidade da lei ou ato normativo inconstitucional, mas ele deve ser excepcionado "nos casos em que se revelar absolutamente inidôneo para a finalidade perseguida (casos de omissão; exclusão de benefício incompatível com o princípio da igualdade), bem como nas hipóteses em que a sua aplicação pudesse trazer danos para o próprio sistema jurídico constitucional (grave ameaça à segurança jurídica)"; 5) "assim, configurado eventual conflito entre o princípio da nulidade e o princípio da segurança jurídica, que, entre nós, tem *status* constitucional, a solução da questão há de ser, igualmente, levada a efeito em um processo de complexa ponderação"; 6) no Brasil se deve supor que a pronúncia de inconstitucionalidade não afeta todos os atos singulares praticados com base na lei assim proclamada, precisamente

---

24. Nesse caso foi negado ao impetrante de habeas corpus a mesma interpretação antes reconhecida no caso Mapp v. Ohio (1961), no sentido da inadmissão de provas obtidas por meio ilícito, porque, embora tivesse ocorrido o mesmo em seu caso concreto, a condenação ocorrera perante uma corte estadual e o trânsito em julgado antes da decisão da Suprema Corte.

25. Em específico, a justificativa foi o problema que tal extensão generalizada traria para a administração da justiça. O argumento usado para tanto foi retórico: "A Constituição nem proíbe nem exige efeito retroativo". Existe porém outra hipótese em que a restrição de efeitos é recomendada: quando há mudança de jurisprudência, ocasião em que a nova decisão passa a valer pro futuro (prospective overruling). "Em alguns casos, a nova regra afirmada para decisão aplica-se aos processos pendentes (limited prospectivity); em outros, a eficácia ex tunc exclui-se de forma absoluta (pure prospectivity). Embora tenham surgido no contexto das alterações jurisprudenciais de precedentes, as prospectivity têm integral aplicação às hipóteses de mudança de orientação que leve à declaração de inconstitucionalidade de uma lei antes considerada constitucional".

26. Nesse caso, algumas restrições gerais relativas à execução da pena, antes consideradas constitucionais porque implícitas à condição dos condenados (como a intercepção de correspondência), foram reconhecidas como inconstitucionais, admitindo-se todavia a sua manutenção até que o legislador alterasse a lei. No entendimento da Corte Constitucional, "a Lei Fundamental, enquanto ordenação objetiva de valores com ampla proteção dos direitos fundamentais, não pode admitir uma restrição ipso jure da proteção dos direitos fundamentais para determinados grupos de pessoas".

em nome do princípio da segurança jurídica, cabendo aqui a distinção "entre o efeito da decisão no plano normativo (*Normebene*) e no plano do ato singular (*Einzelaktebene*)"; 7) a regra do art. 27 da Lei 9868/99, que confere ao STF discricionariedade na fixação dos limites temporais da pronúncia de inconstitucionalidade no controle concentrado e abstrato, permite que se pondere, com vista em razões de segurança jurídica, se "a supressão da norma poderá ser mais danosa para o sistema do que a sua preservação", de modo semelhante à decisão de apelo ao legislador do direito alemão[27], devendo ser aplicada também ao controle difuso e concreto, com base no mesmo juízo de ponderação; 8) os modelos mais próximos do direito nacional são o português e o alemão, porque também aqui "a não-aplicação do princípio da nulidade não se há de basear em consideração de política judiciária, mas em fundamento constitucional próprio"; 9) no caso em comento, eventual decisão retroativa atingiria atos da Câmara Municipal praticados tanto antes (fixação do número de vereadores, fixação do número de candidatos e definição do quociente eleitoral) quanto depois do pleito (validade das deliberações da edilidade nos projetos e lei aprovados), de modo que "um juízo rigoroso de proporcionalidade recomenda a preservação do modelo legal existente na atual legislatura", "cabendo ao legislativo municipal estabelecer nova disciplina sobre a matéria, em tempo hábil para que se regule o próximo pleito eleitoral (declaração de inconstitucionalidade *pro futuro*)".

No final dos debates, o Ministro Nelson Jobim advertiu que o entendimento vencedor devia ser submetido ao Tribunal Superior Eleitoral, comprometendo-se então o Ministro Sepúlveda Pertence a fazê-lo, com o objetivo de "dar uma orientação uniforme a esse respeito para todo o País", naquilo que o Ministro Gilmar Mendes chamou de efeito transcendente.

Como se observa, o STF não conferiu uma eficácia *erga omnes* autônoma à decisão no controle difuso, recomendando, porém (i) a modulação de efeitos pro futuro, mediante ponderação entre a preservação da segurança jurídica dos atos praticados com base no dispositivo questionado em sua constitucionalidade e a sua retirada do ordenamento com base no princípio da "nulidade", e (ii) a possível extensão do resultado a terceiros, inclusive para os fins de atingir competência normativa alheia (no caso, o TSE), que deveria observar o entendimento do tribunal.

E assim ocorreu: o Ministério Público Eleitoral apresentou Representação junto ao TSE, para que garantisse a unidade do direito a partir da decisão acima relatada, e aquele Tribunal editou a Res. n. 21.702/2004, que foi objeto por sua vez

---

27. Em outras palavras, "o princípio da nulidade somente há de ser afastado se se puder demonstrar, com base numa ponderação concreta, que a declaração de inconstitucionalidade ortodoxa envolveria o sacrifício da segurança jurídica ou de outro valor constitucional materializável sob a forma de interesse social".

das ADIs ns. 3345 e 3365 (esta última teve os autos apensados à primeira), julgadas improcedentes no pressuposto da constitucionalidade não apenas do poder normativo primário do TSE, como também pelo fato de apenas haver replicado a interpretação do STF, na qualidade de intérprete máximo da CF, dando concreção ao princípio da força normativa da constituição.

O Ministro Relator daquelas ADIs, Celso de Mello, chamou o *efeito transcendente* de *efeito irradiante* e atribuiu seu tratamento anterior ao julgamento da Reclamação n. 1987[28], que tinha por objeto alegado descumprimento pelo TRT-10 do julgamento contido na ADI n. 1662, em cuja razão de decidir consta que o sequestro previsto no art. 100 da CF somente é admitido em caso de violação da ordem de pagamento (seja de créditos alimentares ou comuns), e não quando há falta de inclusão do débito no orçamento ou pagamento inidôneo (a menor ou fora do prazo). O ato normativo objeto daquela ADI era a IN n. 11/97 do TST, que após o deferimento de medida liminar foi substituída pelo Provimento n. 03/98, adequado aos termos daquela decisão interlocutória. Sobreveio então a EMC n. 30, alterando o regime dos precatórios, e quando do julgamento definitivo da ADI o STF entendeu que as mudanças contidas naquela Emenda não alteravam a *ratio decidendi* contida na medida liminar. A polêmica, então, passou a ser o cabimento da Reclamação quando o seu objeto devia ser supostamente outro (um ato normativo do TST, e não uma decisão do TRT-10), razão pela qual o tema da eficácia transcendente foi suscitado. O efeito transcendente teria então conotação não apenas objetiva, focada na interpretação do dispositivo controlado, como também subjetiva, já que a decisão poderia alcançar entes diversos daquele que editou o ato sob controle, como bem lembrou o Ministro Sepúlveda Pertence ao criticar o exame dessa matéria em sede de Reclamação: "então, quando julgarmos da constitucionalidade ou não de uma lei estadual, os outros Estados que tenham leis similares virão aqui, não com uma ação direta, mas com uma reclamação".

De fora parte a polêmica sobre o cabimento da Reclamação naquela hipótese, o tema da eficácia transcendente somente foi tratado em pormenor no voto do Ministro Gilmar Ferreira Mendes, assim resumido: 1) o efeito vinculante das ações de controle concentrado alcança não apenas a parte dispositiva do Acórdão, como também suas razões ou seus fundamentos determinantes, porque a sua concepção na PEC que resultou na EC n. 3/93 está desde sempre

---

28. No mesmo voto o Ministro Relator cita a medida liminar deferida pelo Ministro Relator Gilmar Ferreira Mendes nos autos da Reclamação n. 2126, datada de 19.08.2002, na qual consta que a "eficácia da decisão do Tribunal transcende o caso singular, de modo que os princípios dimanados da parte dispositiva e dos fundamentos determinantes sobre a interpretação da Constituição devem ser observados por todos os Tribunais e autoridades nos casos futuros". Contudo, em 01.02.2008 o Reclamante pediu desistência e referido incidente não chegou a ser julgado no mérito, de modo que não pode servir de parâmetro para a uniformização da matéria junto ao STF, coisa que somente se alcançou na Reclamação n. 1987.

vinculada ao modelo previsto no § 31 da Lei Orgânica da Corte Constitucional alemã; 2) no modelo alemão, oscilou-se entre o extremo que abrange inclusive os *obter dicta* e aquele que nega tal extensão para além da coisa julgada tradicional para por fim se aceitar orientações mediadoras, como a proposta por Klaus Vogel, para quem a coisa julgada alcança também a "norma decisória concreta", correspondente à "ideia jurídica subjacente à formulação contida na parte dispositiva, que, concebida de forma geral, permite não só a decisão do caso concreto, mas também a decisão de casos semelhantes"; 3) o próprio STF já estaria a aplicar tal eficácia no controle difuso de leis municipais, ao estender a um RE as razões de decidir tomadas anteriormente em outro RE a propósito de outras leis municipais de conteúdo semelhante (Res ns. 228.844, 221.795, 364.160, 423.252, 345.048 e 384.521); 4) "tal procedimento evidencia, ainda que de forma tímida, o efeito vinculante dos fundamentos determinantes da decisão exarada pela Corte Constitucional".

A Ementa do Acórdão de referida Reclamação incluiu a solução apresentada pelo Ministro Gilmar Mendes, mas algumas observações devem ser feitas a seu respeito: 1) entre os extremos teóricos acima citados, o conceito de "norma decisória concreta" parece parar nos limites da *ratio decidendi*, portanto sem incluir os *obter dicta*; 2) há um sério problema conceitual envolvido nas expressões *efeito vinculante* e *efeito transcendente*, porque elas não expressam a mesma coisa: *efeito vinculante significa a vedação de decisões em sentido contrário*, enquanto que *efeito transcendente* significa o *transporte29 das razões de decidir de uma decisão para outra ação, outro recurso ou outro ato normativo* (como ocorreu com a Res. TSE n. 21.702/2004); 3) logo, quando se trata de sujeitar outros sujeitos passivos diversos daqueles que editaram o ato sob controle a uma determinada decisão, está-se falando em eficácia vinculante, e quando se trata de estender uma decisão a outro processo com pano de fundo semelhante, está-se falando em *eficácia transcendente*; 4) com isso, os exemplos do controle difuso de leis municipais se enquadram no segundo conceito, enquanto que a extensão subjetiva da ADI n. 1662 se insere no primeiro; 5) portanto, não é propriamente a natureza do controle que é determinante da distinção entre tais conceitos, e sim a sua ontologia.

O parêntese da Reclamação n. 1987-0 esclarece melhor agora o voto do Ministro Gilmar Ferreira Mendes nos autos das ADIs ns. 3345 e 3365.

---

29. Expressão tomada de empréstimo do transporte da coisa julgada coletiva *in utilibus* (e *secundum eventum litis*) prevista no § 3º do art. 103 do CDC, para os casos de condenação coletiva com posterior liquidação individual. No caso em exame, porém, o transporte não se faz do campo coletivo para o campo individual, mas de uma decisão para outra. É bom deixar claro que há distinção muito nítida aqui entre o precedente vinculante (norma-precedente) e o efeito da decisão em transporte *in utilibus*, similar ao que ocorre no processo penal e decorrente da maior amplitude da cognição no processo coletivo, cf. DIDIER JR., Fredie; ZANETI JR., Hermes. *Curso de Direito Processual Civil. Processo Coletivo*. Vol. 4. 12ª ed. Salvador: Juspodivm, 2018, p. 452 e ss.

Depois de voltar aos exemplos de eficácia transcendente (que também chamou de vinculante) em sede de controle difuso de leis municipais, inclusive para dispensar a intervenção do Senado, pela via do art. 52, X, da CF[30], referido Ministro citou ainda os seguintes fundamentos para seu entendimento: 1) *tal eficácia teria como fundamento também o caput do art. 557 do CPC (art. 932, III, do NCPC)*, já que as Turmas tem "considerado dispensável, no caso de *modelos legais idênticos,* a submissão da questão ao Plenário" (g.n.); 2) no controle por via de ações coletivas (ação civil pública e mandado de segurança coletivo) a eficácia *erga omnes* da decisão que se acha nelas possibilitada também dispensa a intervenção do Senado e inclusive pode prejudicar ADI posterior (ADI n. 1919)[31]; 3) a parte final do parágrafo único do art. 949, I e II, do CPC, atual, dispensa os tribunais inferiores de submeter a questão constitucional ao pleno ou ao órgão especial (art. 97 da CF) quando a matéria já houver sido examinada pelo STF em sede de controle difuso; 4) os modelos de controle têm a mesma natureza, o que explica os efeitos gerais ou transcendentes também no controle difuso; 5) a modulação de efeitos do art. 27 da Lei n. 9868/99 é uma técnica de harmonização do modelo misto brasileiro, especialmente nos casos de mudança de jurisprudência.

Também aqui são necessárias algumas observações, a saber:

1) as hipóteses do parágrafo único do art. 949 do CPC/2015 e do caput do art. 932, III, do CPC/2015 são precedentes, *não há mais necessidade de se falar em eficácia transcendente ou irradiante por força do art. 927, caput, e incisos do CPC, especialmente no inciso V, pois as decisões de controle de constitucionalidade difuso, quando afirmam a inconstitucionalidade, são sempre pelo pleno do Tribunal.*

Assim, por força do *stare decisis* (art. 926, caput e art. 927, §§ 2º, 3º e 4º, especialmente) e da eficácia vinculante as decisões anteriores do STF em sede de controle difuso estas devem ser transportadas para decisões de órgãos fracionários dos tribunais inferiores e para as turmas do próprio STF, respectivamente, sem a necessidade de decisão do órgão especial ou do pleno que as confirme.

Por força do CPC essa eficácia é propriamente vinculante, mas o órgão especial ou o pleno pode examinar a matéria, seja para confirmar a decisão anterior, seja para excepcioná-la em caso de *distinguish*, quando a distinção for suscitada pela parte;

---

30. Providência que havia sido considerada desnecessária nos debates finais do julgamento do RE n. 197.917-8 por motivos óbvios, já que a suspensão de lei municipal já teria sido superada pela invalidade declarada na própria decisão do STF.

31. A ADI em questão foi considerada prejudicada porque seu objeto (Res. n. 556/97, do Conselho Superior da Magistratura Paulista) já havia sido fulminado em sede de mandado de segurança coletiva pelo STJ.

2) no caso das ações coletivas em que há controle de constitucionalidade incidental existem duas facetas: a) a dispensa de intervenção posterior do Senado (especificamente nas ações civis públicas contra leis e atos normativos municipais) não implica em transporte das razões de decidir, precisamente porque a intervenção é considerada redundante, não havendo assim qualquer decisão posterior para a qual o resultado seja conduzido; b) a prejudicialidade potencial de futura ADI depende não apenas do *status* do órgão julgador na estrutura judiciária, como também do resultado da demanda, mas de alguma forma há também o transporte das razões de decidir sobre a decisão extintiva da ADI, já que se pode antever o seu resultado coincidente (no caso da ADI n. 1919 a extinção acabou por referendar a decisão do STJ) ou prejudicial (como ocorreu com a ADI n. 4071-5, adiante analisada), uma vez que a força do precedente firmado pelo próprio tribunal também o vincula no caso, *stare decisis*;

3) novamente, a identidade ontológica entre os modelos de controle difuso e concentrado explica não apenas a distinção entre efeitos transcendentes (agora, a força dos precedentes para os casos futuros) e efeitos vinculantes (para a retirada do ordenamento jurídico da norma impugnada), como também justifica a modulação de efeitos.

Na ordem cronológica (invertida acima com o exame das ADIs ns. 3345 e 3365 e da Reclamação n. 1987-0, em sequência do RE n. 197.917-8), o segundo paradigma foi o julgamento do HC n. 82.959-7 (publicado em 01.09.2006), que depois serviu de *leading case* para a Súmula Vinculante n. 26[32], que tem a seguinte redação:

> Para efeito de progressão de regime no cumprimento de pena por crime hediondo, ou equiparado, o juízo da execução observará a inconstitucionalidade do art. 2º da Lei n. 8072, de 25 de julho de 1990, sem prejuízo de avaliar se o condenado preenche, ou não, os requisitos objetivos e subjetivos do benefício, podendo determinar, para tal fim, de modo fundamentado, a realização de exame criminológico.

O texto supra resume o resultado do julgamento, no qual a tese da inconstitucionalidade foi vencedora por maioria, tendo o Ministro Gilmar Mendes repetido a parte do voto do paradigma anterior acerca da modulação de efeitos no controle difuso e concluído que se devia conferir eficácia *ex nunc* à pronúncia de inconstitucionalidade do § 1º do art. 2º da Lei 8072/90, entendendo-se "como aplicável às condenações que envolvam situações ainda suscetíveis de serem submetidas ao regime de progressão".

---

32. A respeito, JEVEAUX, Geovany Cardoso; PEPINO, Elsa Maria Lopes Seco Ferreira. Comentários às Súmulas Vinculantes. Com pesquisa sobre a regra do art. 52, X, da CF. Op. cit., pp. 169-181.

No voto seguinte, da Ministra Ellen Gracie, seguiu-se uma crítica à modulação de efeitos, em especial acerca do caráter *pro futuro* (*pure prospectivity*), porque nessa hipótese a solução sequer seria aplicável ao paciente do *habeas corpus* em julgamento, deixando de ter utilidade para o caso concreto. Tampouco seria hipótese de efeitos limitados ao paciente (*limited prospectivity*), por conta de um obstáculo lógico:

> Se as sentenças já publicadas ficam resguardadas da nova interpretação, pelo bom motivo de que os juízes que as proferiram não poderiam prever que a jurisprudência assente da Casa – e tantos anos após a promulgação da nova Constituição – se fosse reverter dessa sorte, como excetuar dessa salvaguarda a sentença condenatória no caso presente? O juiz que prolatou, tanto quanto o TJSP, encontrava-se na mesma situação fática de insciência ou imprevisibilidade de todos os seus demais colegas.

Em resumo, "a Corte estaria se avocando um arbítrio excessivo ao selecionar quais réus serão beneficiados retroativamente por seu novo entendimento".

Essa última parte do voto provocou um interessante debate no qual o Ministro Gilmar Mendes revelou a preocupação que o levou a propor a eficácia retroativa para o caso concreto em julgamento e a eficácia prospectiva para os demais casos semelhantes. Em suas palavras, ao se reconhecer a inconstitucionalidade de uma lei que era antes declarada constitucional, "vamos ter de fazer uma série de perguntas, inclusive, em matéria penal, como por exemplo, a responsabilidade civil do Estado e tudo mais".

Trocando em miúdos, também no modelo brasileiro essa modulação de efeitos no controle difuso, em específico quanto à matéria penal, leva em conta razões de ordem política, e não estritamente de ordem constitucional. Afinal, como bem apontou o Ministro Sepúlveda Pertence, "essa declaração, na verdade, equivale à introdução de uma lei penal mais benéfica e, esta, até por imperativo constitucional, teria de aplicar-se".

A essa observação o Ministro Gilmar Mendes opôs o seguinte: "não posso supor que o Estado vá agora responder pela prisão, se se considera que era constitucional à época", no que foi espirituosamente retrucado pelo Ministro Sepúlveda pertence: "haveria, primeiro, ação regressiva contra o Brossard e o Resek".

Apesar dessa elegante manifestação[33], o que mais preocupa, em termos argumentativos, não é a justificativa da modulação de efeitos no controle concreto,

---

33. Falando sério mais adiante, e ainda a propósito do mesmo assunto, registrou o Ministro Sepúlveda Pertence a seguinte advertência acerca da modulação proposta pelo Ministro Gilmar Mendes para o caso em julgamento e especialmente para os demais semelhantes: "não se está impondo ao juízo das execuções que abra as portas indistintamente: há de examinar caso a caso a ocorrência dos pressupostos

que em tese é mesmo possível, na linha de exposição do Ministro Gilmar Mendes, mas sim a opção por um modelo supostamente imunizado de razões políticas de decidir, quando as razões estritamente constitucionais de decidir não são assim tão imunes a questões de política judiciária ou econômica.

O tema foi novamente tratado no voto do Ministro Nelson Jobim (Presidente), que assim se manifestou:

> [...] é certo que, historicamente, o Supremo Tribunal Federal já, diversas vezes, modulou, no controle difuso, à vista da circunstância ou do caso concreto ou da equação jurídica do caso concreto, os seus efeitos. Lembro a mais recente e expressiva delas: a do cancelamento da Súmula 394, quando se estabeleceu, por decisão unânime do Plenário, que a nova orientação seria inaplicável aos processos findos. E, também, o caso dos vereadores no qual, em nome da segurança das regras do jogo eleitoral, não se quis cortar, além da metade, o mandato que fora disputado para número de vagas que o Tribunal depois entendeu exagerado.

No fim do julgamento a matéria voltou à tona, com o Ministro Gilmar Mendes renovando sua preocupação com a real causa da modulação dos efeitos, ou seja, a potencial responsabilidade civil do Estado por erro judicial ou prisão excessiva, fazendo então o Ministro Sepúlveda Pertence duas propostas: 1) deixar "claro que a decisão não se aplica a eventuais consequências jurídicas às penas extintas"; 2) que a decisão fosse comunicada ao Senado, decerto para os fins do art. 52, X, da CF/88. Essa última proposta daria à decisão um caráter *erga omnes* e *pro futuro*, com a retirada da norma do ordenamento jurídico, mas essa já era a proposta do Ministro Gilmar Mendes, e que acabou depois generalizada no julgamento da Reclamação n. 4335-5, na qual o STF passou a atribuir ao Senado uma função meramente formal de publicação da decisão do tribunal acerca da inconstitucionalidade, reservando à própria decisão o efeito *erga omnes*.

Em resumo, no voto do Ministro Gilmar Mendes a decisão em si mesma teria eficácia *erga omnes* para "condenações que envolvam situações ainda suscetíveis de serem submetidas ao regime de progressão", mas para o Ministro Sepúlveda Pertence tal generalização dependia da suspensão do dispositivo inconstitucional pelo Senado. Seja como for, a edição de Súmula Vinculante acabou por dar

---

da progressão, abstraída apenas a vedação legal que se declara inconstitucional". Depois, em seu voto, renovou a advertência: "isso não impedirá que o condenado, que esteja, ainda, a cumprir a sua pena, postule a progressão de regime". Vale lembrar que no debate acima relatado a eficácia prospectiva para os demais casos semelhantes se aplicaria pelo restante da pena a cumprir. De acordo com o Ministro Gilmar Mendes, "se houver ainda um dia de pena, teremos a progressão".

eficácia *erga omnes* e vinculante à matéria, já que nenhum juízo criminal pode decidir em sentido contrário após a sua publicação.[34]

Como se percebe, no primeiro (RE n. 197.917-8) e no segundo (HC n. 82.959-7) paradigmas as decisões reclamaram um complemento decisório para se generalizar, o que permite concluir que a eficácia transcendente acabou se reduzindo à eficácia *erga omnes*, ou ainda, que a primeira não possui autonomia para produzir simultaneamente a segunda. Este problema reduz, mas não se elimina, com o CPC, por força da vinculatividade das decisões do Pleno do STF em matéria constitucional (art. 927, V).

O último paradigma é o julgamento do Agravo Regimental de decisão terminativa do Ministro Relator Menezes Direito tomada na ADI n. 4071-5, na qual o processo foi extinto sumariamente sem a resolução do mérito, com base no art. 4º da Lei n. 9868/99, no pressuposto de que o objeto impugnado (art. 56 da Lei n. 9430/96) já havia sido proclamado constitucional em sede de dois recursos extraordinários (REs 377.457 e 381.964) e de que não se apresentavam novos argumentos relevantes ou mudança de ordem jurídica, social ou econômica suficientes para justificar a mudança de entendimento anterior, antevendo-se com isso a manifesta improcedência do pedido.

Com efeito, dispõe o art. 4º da Lei n. 9868/99 que a petição inicial de ADI pode ser indeferida quando "manifestamente improcedente", de modo que a questão que devia ter sido resolvida era a da possibilidade de dois julgamentos anteriores tomados em sede de controle difuso, em sentido contrário à tese contida na ADI, serem capazes de indicar a sua manifesta improcedência. Contudo, o STF não se ocupou dessa matéria e gastou todo o julgamento decidindo em questão de ordem sobre o limite temporal de ingresso de *amicus curiae* em sede de ADI, fixando finalmente o entendimento de que ele coincide com a data imediatamente anterior à da liberação do processo para a pauta pelo Relator. Com isso, somente se pode deduzir que a maioria seguiu a mesma interpretação do Relator, ao indeferir a petição inicial da ADI, inclusive quanto a sua ressalva.

Contrario sensu, pode-se também deduzir que o contrário possa acontecer com ADCs cuja tese tenha sido refutada em sede de REs julgados anteriormente,

---

34. A questão das súmulas foi tratada no artigo anterior, que serviu de base para este. Contudo, é bom salientar aqui que o CPC prevê o atrelamento das súmulas, como extratos dos precedentes, às circunstâncias fáticas e aos precedentes que lhes deram origem. Há, portanto, uma concreção dos enunciados da súmula que não havia antes e que dependerá da convergência com os fundamentos determinantes – considerados assim o conjunto das circunstâncias fáticas e da solução jurídica – dos precedentes que lhes deram origem (art. 926, § 2º). Ademais, na doutrina, para além das críticas de que as súmulas não seriam precedentes um dos autores deste texto defende que as súmulas são "extratos" dos precedentes e tem uma função de divulgação e externalização da *ratio decidendi*. Cf. ZANETI JR., *O Valor Vinculante dos Precedentes*, op. cit.

agora com base no art. 15 da Lei n. 9868/99, que contém idêntica previsão do art. 4º para as ADIs.

Para o que interessa ao tema em estudo, o caso foi de atribuição de eficácia vinculante por carona do efeito dúplice da improcedência da ADI e também transcendente aos julgados dos REs, não, porém sobre relações jurídicas materiais idênticas àquelas da *ratio decidendi*, mas sobre ADIs e ADC futuras, numa espécie de simbiose entre os modelos difuso e concentrado. As circunstâncias fáticas dos recursos extraordinários foram abstraídas para se considerar como circunstância fática relevante o texto legal impugnado, a lei como fato, sendo a partir da sua análise em confronto com a Constituição identificada a inconstitucionalidade, que representa a solução jurídica: daí segue-se a aplicação do fundamento determinante do recurso julgado ao juízo de admissibilidade da ADI.

De tudo isso é possível concluir teoricamente que:

1) a eficácia vinculante significa a proibição de decisões em sentido contrário àquele da *ratio decidendi* estabelecida em sede de controle concentrado ou difuso, devendo ser atualizados os precedentes do STF a partir do advento do CPC/2015;

2) a tendência anterior do STF era de não tratar ambos como similares, tanto assim que nos dois primeiros paradigmas acerca da matéria examinada houve a necessidade de um ou mais complementos decisórios capazes de gerar efeitos vinculantes, a saber: a) no RE 197.917-8, o julgamento das ADIs ns. 3345 e 3365 no sentido da constitucionalidade da Res. TSE n. 21.702/2004, que produziu o resultado de uma ADC procedente (efeito dúplice), proibitivo de decisões em sentido contrário; b) no HC n. 82.959-7, a Súmula Vinculante n. 26, contudo não há mais esta necessidade em face da nova norma infraconstitucional que atribui aos juízes e tribunais a obrigatoriedade de seguir as decisões do plenário;[35]

3) a eficácia transcendente ou irradiante expressa o *transporte das razões de decidir* de uma decisão para outra ação, outro recurso ou outro ato

---

35. O modelo brasileiro carecia da regra do *stare decisis*, cada juiz possuía a sua própria constituição. A esdrúxula estrutura anterior permitia que apenas os juízes do tribunal de apelação fossem vinculados às decisões do STF em controle difuso, enquanto juízes de primeiro grau e o próprio STF não deviam obediência aos precedentes firmados em matéria constitucional pelo Pleno. Mauro Cappelletti já criticara fortemente a existência do controle difuso sem o *stare decisis*: "levaria à consequência de que uma mesma lei ou disposição de lei poderia não ser aplicada, porque julgada inconstitucional, por alguns juízes, enquanto poderia, ao invés, ser aplicada, porque não julgada em contraste com a Constituição, por outros" CAPPELLETTI, Mauro. Il controlo giudiziario di costituzionalità delle leggi nel diritto comparato [1968], trad. para o português de Aroldo Plínio Gonçalves, CAPPELLETTI, Mauro. O controle de constitucionalidade de leis no direito comparado. trad. Aroldo Plínio Gonçalves; revisão José Carlos Barbosa Moreira. Porto Alegre: Sergio Antonio Fabris Editor, 1992, p. 77, conferir p. 76 e ss., §§ 4º e 5º. No mesmo sentido: MARINONI, Luiz Guilherme. Precedentes obrigatórios. 4ª ed. São Paulo RT, 2016, p. 75 ss;

normativo (como ocorreu com a Res. TSE n. 21.702/2004), ou seja, trata-se de estender uma decisão a outro processo com pano de fundo semelhante, e não de sujeitar outros sujeitos passivos diversos daqueles que editaram o ato sob controle a uma determinada decisão (eficácia vinculante) é agora substituída pela força vinculante dos precedentes do STF;

4) a modulação de efeitos prevista no art. 27 da Lei n. 9868/99 para o controle concentrado tem perfeito cabimento no controle difuso, tanto pela identidade ontológica entre tais modelos, como também porque em vários casos concretos se exige um cálculo de proporcionalidade entre a preservação da segurança jurídica dos atos praticados com base no dispositivo questionado em sua constitucionalidade e a sua retirada do ordenamento com base no princípio da "nulidade".[36]

---

36. Chegando a conclusões teóricas próximas, afirmando, contudo a distinção entre a eficácia vinculante e o efeito transcendente, e a inconstitucionalidade dos arts. 525, §§ 12 e 13 do CPC para os direitos difusos, conferir a pesquisa realizada junto à UFES no ano de 2015 (Com as seguintes participações: Geovany Cardoso Jeveaux (coordenador), Tainá Aguiar Junquilho (mestranda bolsista), Camila Pirovani Paixão, Kenedy Adans Roeldes Dally (graduandos bolsistas), Raphael de Angelo Jogaib Bomfim, Jordan Tomazelli Lemos, João Pedro Sarmento Dias Turíbio (graduandos participantes) e Aline Simonelli (participante externa). que tinha como hipóteses a serem confirmadas ou rejeitadas (i) a falta de estabelecimento pelo STF de um quadro teórico seguro para a aplicação das eficácias transcendente/irradiante e erga omnes no controle difuso e (ii) a falta de eficácia vinculante das decisões paradigma. Constatado que: 1) no último julgamento paradigmático a eficácia transcendente se deu do controle difuso (Res 377.457 e 381.964) para o controle concentrado pro futuro, a sua aplicação a casos concretos de controle difuso ficou evidentemente prejudicada; 2) o primeiro julgamento paradigmático foi sucedido de ato normativo erga omnes (Resoluções TSE ns. 21.702/2004 e 22.810/2008), por sua vez sucedido por expediente com eficácia vinculante autônoma (SV n. 26), o mesmo ocorrendo com o segundo julgamento paradigmático (ADIs 3345 e 3365), foi necessário delimitar os períodos de pesquisa de casos concretos julgados pelo STF e outros tribunais nos quais aquelas eficácias podiam ter sido efetivamente aplicadas. Assim, a pesquisa acabou confinada aos dois primeiros julgamentos paradigmáticos, dentro dos seguintes períodos, respectivamente: 1) 24.03.2004 (data de julgamento do RE 197.917) a 02.04.2004 (data de edição da Res. TSE n. 21.702); 2) 23.02.2006 (data do julgamento do HC 82.959) e 16.12.2009 (data de edição da SV n. 26). No primeiro desses períodos foram localizados 7 (sete) REs (199.522, 266.994, 273.844, 274.048, 274.384, 276.546 e 300.343), julgados em conjunto pelo STF no dia 31.03.2004, nos quais o voto vencedor do Ministro Relator, Maurício Corrêa, mencionou expressamente a aplicação da tese contida no julgamento do RE 197.917, por conta de sua identidade com a matéria dos casos então examinados. A decisão não foi unânime, mas a vitória da maioria implicou em eficácia transcendente/irradiante da decisão paradigmática para os casos pendentes, mais por conta da identidade da matéria do que propriamente por força de uma predeterminação vinculante. Em vários outros casos, julgados principalmente após o prazo acima citado, tanto pelo STF quanto por outros tribunais (por amostragem), a aplicação dos termos da decisão paradigmática do STF ocorreu com base (i) em argumentos apenas persuasivos, como, por exemplo, a segurança jurídica e o princípio da colegialidade, (ii) ou por simples remissão a ela: 1) pelo próprio STF: RE 282606 SP, AI 310616, RE 403590, AI 465238, RE 276406, RE 281504, RE 264204, RE 264468, RE 214110, RE 352569 (decisão monocrática); 2) pelo TJSC: AC 80732 SC 2003.0080732, AC 41497 SC 2004.0041497, AC 161740 SC 2003.0161740, AC 254390 SC 2003.0254390, AC 65078 SC 2004.006507-8, AC 75910 SC 2004.0075910, AC 119135 SC 2004.0119135, AC 126573 SC 2004.0126573, AC 64974 SC 2003.0064974, AC 288775 SC 2003.0288775, ADI 95004 SC 2003.0095004; 3) TJSP: APL 9044882-60.2001.8.26.0000; 4) TJRS: APL 70013937685. Em outros, a decisão do RE 197.917 foi usada apenas como reforço legitimador da Res. TSE n. 21.702/2004, tanto pelo TSE quanto por outros tribunais (por amostragem): 1) pelo TSE: RMS 363, RMS 347, RMS 375, RMS 360, RMS 392, RMS

CONTROLE DIFUSO NO NOVO CPC

350, RMS 373, RMS 344; 2) pelo TJPR: AI 1541262, AI 1506836, AI 1561626, AI 1532352, AI 1540976, AI 1567657, AI 1573240, AI 1596298, AI 1660491, ACP 1644866, ACP 1665927, AI 2622980; 3) pelo TJRS: ADI 70008511891; 4) pelo TJSC: ADI 72724 SC 2004.007272-4; 5) pelo TJMG: MS 2004.014924-9; 6) pelo TRE-MG: Recurso Eleitoral 905 – Acórdão 1.899/2008, Recurso Eleitoral 909 – Acórdão 1.916/2008; 7) pelo TJSP: MS 2685, Apelação em ACP 994.03.079597-2 (356.950.5/5-00), Apelação Cível 0003415-24.2009.8.26.0471, ADI 960934520118260000 SP 0096093-45.2011.8.26.0000; 8) pelo TRE-CE: Recurso Contra Diplomação 11079; 8) pelo TRE-SP: Recurso Eleitoral 32754 – Acórdão 167929; 9) pelo TJRJ: ADI 81 RJ 2000.007.00081. Também de forma persuasiva em relação ao julgamento do RE 197.917, porém com base na força vinculante do julgamento da ADI 3345, o TJMG, na Apelação Cível 1.0027.10.013587-3/002, afirmou que a Res. TSE n. 21.702/2004 era resultado do efeito transcendente daquela primeira decisão, confundindo portanto o conceito, porque o transporte não se faz para atos normativos, mas para recursos e ações pendentes de julgamento. O argumento ali usado está mais próximo da eficácia erga omnes do que da eficácia irradiante. Em outros, por fim, o próprio STF restringiu os efeitos do julgamento do RE 197.917 apenas às partes envolvidas: 1) Rcl 3051 Agr; 2) Rcl 3235 Agr; 3) Rcl 7786 Agr; 4) Rcl 5391 Agr; 5) Rcl 14.256 Agr; 6) Rcl 11.566 Agr; 7) Rcl 5871 Agr. No segundo período, mais longo, foram encontrados alguns julgamentos nos quais as eficácias transcendente/irradiante, erga omnes e até mesmo vinculante foram adotadas, expressa ou inexpressamente, no contexto da chamada abstrativização do controle difuso, a saber: 1) AGEPN n. 61942006, julgado em 07.12.2006 pelo TJMA, no qual se destacou a eficácia erga omnes de decisão do HC 82.959, no pressuposto da análise de tese em abstrato da matéria; 2) AGV (10000520020066126) em RO (100.005.2002.006612-6), julgado em 08.06.2006 pelo TJRO, no qual se reconheceu a eficácia erga omnes da decisão do HC 82.959, também no pressuposto da análise de tese em abstrato da matéria; 3) RAG 20070110943336 DF, julgado pela 1ª Turma Criminal no TJDF, em 24.04.2008, no qual a eficácia erga omnes e o princípio da abstrativização do controle difuso foram reconhecidos expressamente; 4) HC 79632008 MA, julgado pelo TJMA em 22.07.2008, no qual se reconheceu que a decisão do HC 82.959 transcendia o "limite das partes"; 5) EI 70018931261 RS, julgado pelo TJRS em 27.04.2007, no qual a abstrativização do controle difuso foi reconhecida expressamente; 6) RECAGRAV 3541526 PR 0354152-6, julgado pelo TJPR em 14.12.2006, no qual se reconheceu não apenas eficácia erga omnes à decisão do HC 82.959, como também vinculante, porém em nome da natureza do direito envolvido (direito fundamental à liberdade) e de uma alegada mutação constitucional; 7) APR 20060910014800 DF, julgado pela 1ª Turma Criminal do TJDF em 16.11.2006, no qual o voto vencedor primeiro minora a eficácia da decisão tomada em sede de controle difuso, para depois, por remissão ao parecer do MP, aderir à eficácia erga omnes e até mesmo vinculante da decisão paradigma. Em outros casos, julgados pelo STJ e por tribunais ordinários (por amostragem), a aplicação dos termos da decisão paradigmática do STF ocorreu com base (i) em argumentos apenas persuasivos, como, por exemplo, a autoridade do STF no controle difuso, o risco de reforma pelas vias recursais e os princípios da igualdade, da segurança jurídica e da celeridade, (ii) ou por simples remissão a ela: 1) Apelação Criminal n. 2006.37.00.003791-0/MA, julgada pela 4ª Turma do TRF-1; 2) Procs. ns. 2006.04.00.00000-7/SC, 2006.04.00.000008-7, 2003.71.03.002792-0, 2005.70.02.001696-7 e 2004.70.02.009280-1, julgados pelo TRF-4; 3) Apelação Criminal n. 2006.01.99.028025-1/AC, julgada em 05.06.2007 pela 4ª Turma do TRF-1; 4) ACR-MS 2004.60.02.000378-3 17766, ACR-SP 2003.61.19.008210-2 23625 e ACR-SP 2005.61.19.005641-0 27099, julgados pelo TRF-2; 5) HC-SP 2006.03.00.040656-9 24732, RVCR-SP 2003.03.00.028911-4 432 e 2003.60.02.003282-1 22139, HC-SP 2005.03.00.098799-9 23257, julgados pelo TRF-3; 6) HC 64073 SC 2006/0170981-7, HC 131772 SP 2009/0050964-3 e HC 53676 RJ 2006/0022596-1, julgados pela 5ª Turma do STJ. Em outros, ainda, houve expressa recusa em seguir a decisão paradigmática: 1) ACR-MS 2002.60.00.003229-0 14549, julgado pelo TRF-3; 2) ACR 2006.51.01.502883-5, julgado pelo TRF-2. Em conclusão, pontuou-se o seguinte: 1) a adoção de expedientes com eficácia vinculante autônoma (ADIs e SV) sucessivos das duas primeiras decisões paradigmáticas indica que elas eram desprovidas na origem desse caráter, de acordo com o próprio STF, já que do contrário elas teriam sido auto suficientes em gerar obediência; 2) logo, mesmo nas únicas 2 (duas) das decisões (TJPR-RECAGRAV 3541526 PR 0354152-6 e TJDF-APR 20060910014800 DF) em que houve fidelização à decisão paradigma por conta de expresso reconhecimento de seu caráter vinculante, dentro do período desprovido de eficácia vinculante por expediente complementar (SV n. 26), essa nota foi antes dada pelos próprios tribunais do que propriamente pelo STF; 3) a terceira decisão paradigma não precisou do mesmo recurso, porque o caso foi de simples transporte de decisões tomadas inicialmente em controle

239

5. CONCLUSÃO

Algumas considerações de encerramento sobre o que dissemos até aqui.

Na parte relativa ao controle difuso o CPC não é auto evidente e exige o domínio de alguns conceitos chave do direito constitucional para ser aplicado de forma coerente, pois do contrário se observará um autêntico diálogo tardio de surdos e mudos entre processualistas e constitucionalistas, num confronto que vai além da mera conceituação, para afetar a sua aplicação prática, com notório prejuízo à dinâmica judicial.

A falta de diálogo prévio suficiente e amadurecido entre processualistas e constitucionalistas parece ter sido a causa desse problema, porque não se pode acreditar que previsões relativas a fortes teorias do direito constitucional tenham sido incluídas no novo código por força de uma visão unilateral, tanto mais quando elas são fruto de debates e polêmicas entre os próprios constitucionalistas e que por isso talvez devessem ter sido deixadas em seu *locus*, fora das previsões legislativas. A lei contém em germe muitas polêmicas que ainda estão por ser resolvidas.

Contudo, o Código não é um documento teórico e deve receber uma interpretação que lhe garanta a operabilidade. Seja como for, espera-se que o

difuso para o juízo de admissibilidade do controle concentrado, portanto sem caráter vinculante, já que nesse caso não se limita ou se arrosta o controle difuso; 4) nos casos em que as eficácia transcendente/ irradiante e erga omnes das decisões paradigma foram observadas, os tribunais adotaram sem reservas a tese jurídica vencedora, porém menos por conta de uma força vinculante do que propriamente em nome da universalização/abstração da tese jurídica vencedora e até mesmo da natureza do direito envolvido (direito fundamental à liberdade), embora o próprio STF tenha contribuído para minar a eficácia irradiante da primeira decisão paradigma, ao negar transcendência a ela nos julgamentos de várias Reclamações de Competência (Rcl 3051 Agr; Rcl 3235 Agr; Rcl 7786 Agr; Rcl 5391 Agr; Rcl 14.256 Agr; Rcl 11.566 Agr; Rcl 5871 Agr.); 5) em alguns casos a tese jurídica contida nas decisões paradigma foi aplicada por mera remissão ou por adoção das mesmas premissas nelas adotadas, sem questionamento ou contextualização, fato que caracteriza simples caráter persuasivo, também verificado com o emprego de argumentos como (i) a autoridade do STF no controle difuso, (ii) o risco de reforma pelas vias recursais e a (iii) incidência de princípios constitucionais, como os da segurança jurídica, da colegialidade, da igualdade, da segurança jurídica e da celeridade; 6) com isso, confirmam-se as hipóteses iniciais da pesquisa, porque: a) o próprio STF foi incapaz de indicar parâmetros seguros de incidência das eficácias transcendente/irradiante e erga omnes reconhecidas nas decisões paradigma, contribuindo ainda para miná-las em relação à primeira delas, ao negar-lhe transcendência em várias Reclamações de Competência; b) se as decisões paradigma fossem providas de eficácia vinculante desde a origem o STF não as teria aparelhado depois com decisões que ostentam tal eficácia de forma autônoma (ADI e SV), eficácia que sequer se aplica à terceira decisão paradigma, porque nela não se verifica limitação do controle difuso e da autotutela executiva. A pesquisa havia entendido que as hipóteses supra tornavam inconstitucionais as previsões dos arts. 525, § 1º, III, § 12, e 535, III, § 5º, do NCPC, em torno da inexibilidade da sentença condenatória em cumprimento e do título executivo em face da Fazenda Pública quando fundados em dispositivo infraconstitucional reconhecido inconstitucional pelo STF em sede de controle difuso, de acordo com o princípio da razoabilidade/racionalidade, já que quebram a relação de meios e fins ao impor uma eficácia inexistente no plano constitucional.

presente trabalho forneça ferramentas conceituais para a aplicação coerente do CPC no campo do controle difuso, remediando assim o déficit de diálogo antes mencionado.

6. REFERÊNCIAS

ALEXY, Robert. Colisão e Ponderação como Problema Fundamental da Dogmática dos Direitos Fundamentais. Palestra proferida na Casa de Rui Barbosa, em 10.12.1998. Tradução de Gilmar Ferreira Mendes.

_____. Epílogo a la Teoría de los Derechos Fundamentales. Revista Española de Derecho Constitucional. Madrid: Centro de Estudios Políticos y Constitucionales, n. 66, set/dez 2002.

_____. Teoría de los Derechos Fundamentales. Madrid: Centro de Estudios Políticos y Constitucionales, 2001.

ÁVILA, Humberto. Teoria dos Princípios. Da Definição à Aplicação dos Princípios Jurídicos. São Paulo: Malheiros, 2005.

CANAS, Vitalino. O Princípio da Proibição do Excesso na Constituição: arqueologia e aplicações. In: MIRANDA, Jorge (org.). Perspectivas Constitucionais. Nos 20 Anos da Constituição de 1976. Coimbra: Coimbra Editora, 1997, V. II.

CAPPELLETTI, Mauro. Il controlo giudiziario di costituzionalità delle leggi nel diritto comparato [1968], trad. para o português de Aroldo Plínio gonçalves, CAPPELLETTI, Mauro. O controle de constitucionalidade de leis no direito comparado. trad. Aroldo Plínio Gonçalves; revisão José Carlos Barbosa Moreira. Porto Alegre: Sergio Antonio Fabris Editor, 1992.

CASTRO, Carlos Roberto de Siqueira. O Devido Processo Legal e a Razoabilidade das Leis na Nova Constituição do Brasil. Rio de Janeiro: Forense, 1989.

GARCÍA, Enrique Alonso. La Interpretacion de la Constitucion. Madrid: Centro de Estudios Constitucionales, 1984.

GIFIS, Steven H. Law Dictionary. New York: Barróns, 2003.

JEVEAUX, Geovany Cardoso; PEPINO, Elsa. Comentários às Súmulas Vinculantes. Com pesquisa sobre a regra do art. 52, X, da CF. Rio de Janeiro: GZ, 2012.

MARINONI, Luiz Guilherme. Precedentes obrigatórios. 4ª ed. São Paulo RT, 2016.

OLIVEIRA, Rafael Tomaz de. Decisão judicial e o conceito de princípio: a hermenêutica e a (in)determinação do direito. Porto Alegre: Livraria do Advogado, 2008.

SANDULLI, Aldo. Ecesso di Potere e Controllo di Proporzionalità. Profili Comparati. Rivista Trimestrale di Diritto Publico, Roma: Giuffrè Editore, 1995.

SOUZA, Marcelo Alves Dias de. Do Precedente Judicial à Súmula Vinculante. Curitiba: Juruá, 2011.

STRECK, Lenio. Art. 489. In.: STRECK, Lenio; NUNES, Dierle; CUNHA, Leonardo Carneiro da (orgs.). Comentários ao Código de Processo Civil. São Paulo: Saraiva, 2016.

_____. Verdade e consenso: Constituição, hermenêutica e teorias discursivas. 5ª ed., revista, modificada e ampliada. São Paulo: Saraiva, 2014.

ZANETI JR., Hermes. O valor vinculante dos precedentes: teoria dos precedentes normativos formalmente vinculantes. 2ª ed., rev. e ampl. Salvador: JusPodivm, 2016.

ZANETI JR., Hermes; PEREIRA, Carlos Frederico Bastos. Teoria da Decisão Judicial no Código de Processo Civil: Uma ponte entre Hermenêutica e Analítica?, Revista de Processo, n. 259, ano 41, p. 21-53. São Paulo: RT, 2016.

CAPÍTULO 12

Questão prejudicial, coisa julgada e transcendência dos motivos determinantes nas ações de controle concentrado de constitucionalidade

Marcos Youji Minami

Ravi Peixoto

João Paulo Lordelo G. Tavares

SUMÁRIO: 1. INTRODUÇÃO; 2. DAS QUESTÕES PREJUDICIAIS; 2.1. QUESTÕES PRINCIPAIS E INCIDENTES; 2.2. DAS QUESTÕES PRELIMINARES E PREJUDICIAIS; 3. DA COISA JULGADA; 4. COISA JULGADA DAS QUESTÕES PREJUDICIAIS INCIDENTAIS; 5. DAS FORMAS DE ANÁLISE DA QUESTÃO CONSTITUCIONAL PELO SUPREMO TRIBUNAL FEDERAL; 6. DA (IN)ADAPTABILIDADE DO REGIME DA COISA JULGADA DA QUESTÃO PREJUDICIAL AO CONTROLE CONCENTRADO-ABSTRATO DE CONSTITUCIONALIDADE; 7. DAS DIFERENÇAS ENTRE A TRANS-CENDÊNCIA DOS MOTIVOS DETERMINANTES E A COISA JULGADA ESPECIAL; 8. CONCLUSÕES; 9. REFERÊNCIAS

1. INTRODUÇÃO

O Código de Processo Civil de 2015 (CPC/2015), diferentemente de uma mera reforma legislativa pontual, alterou profundamente diversos institutos proces-suais, com o objetivo de melhorar a qualidade da prestação jurisdicional aos cidadãos. Um deles, certamente, é a coisa julgada. Ao tratar do tema, a Lei n. 13.105/2015 ampliou, em alguns casos, a ocorrência da coisa julgada material às questões prejudiciais incidentais.

O presente estudo pretende perquirir se esse novo regime de coisa jul-gada é aplicado às decisões proferidas pelo STF em controle concentrado de constitucionalidade e se ele se confunde, nesse contexto, com a chamada eficácia transcendente dos motivos determinantes dessas decisões. Para isso, analisaremos, em pequenos tópicos, o que se deve entender como questões prejudiciais, a coisa julgada tradicional e em quais condições ocorrerá seu regime especial. Por fim, aplicaremos essas conclusões às decisões proferidas em controle concentrado.

Pela natureza deste estudo, as questões aqui colocadas não terão grande aprofundamento e configuram apenas o convite para o debate de um tema que merece reflexões mais demoradas.

2. DAS QUESTÕES PREJUDICIAIS

Questões são as dúvidas postas pelas partes ou argumentos que o próprio juiz pode trazer ao processo.[1-2] Para solucioná-los, incide sobre elas a cognição do magistrado[3]. Essas questões possuem diversos planos de análise pela doutrina: questões de fato e de direito, questões subordinadas e subordinantes, questões principais e incidentes, questões preliminares e prejudiciais. Averiguar todos esses planos agora não seria possível pela natureza deste escrito. Para nossos objetivos, basta que se saiba o que são as *questões principais* e *questões incidentes* e o que se entende por *questões prejudiciais*. É o que faremos a seguir.

2.1. Questões principais e incidentes

As *questões principais* são aquelas veiculadas pelo processo no pedido e que, por isso, serão resolvidas no dispositivo. É uma noção, se é possível assim afirmar, "topográfica". A solução dessas questões é trazida no dispositivo e a cognição do magistrado incidindo sobre elas é normalmente tida como em análise *principaliter*. Isso não significa que era será mais ou menos profunda do que a cognição realizada na fundamentação. A análise *principaliter* apenas diz respeito ao local da decisão onde ela será realizada. Se se pede alimentos, por exemplo,

---

1. CARNELUTTI, Francesco. *Instituciones del proceso civil*. Trad. de Santiago Santis Melendo. Buenos Aires: EJEA, s/a, v. I, p. 36. No mesmo sentido: MOREIRA, José Carlos Barbosa. *"Questões preliminares e questões prejudiciais"*. Direito processual civil (ensaios e pareceres). Rio de Janeiro: Borsoi, 1971, p. 74-75; FERNANDES, Antonio Scarance. *Prejudicialidade*. São Paulo: RT, 1988, p. 57.

2. É sempre bom alertar que, na vigência do CPC/2015, qualquer questão de fato ou de direito trazida de ofício pelo juiz deve ser precedida de oportunização do prévio contraditório às partes (art. 10, CPC).

3. Cognição aqui empregada nos termos ensinados por Kazuo Watanabe: "[a] cognição é prevalentemente um ato de inteligência, consistente em considerar, analisar e valorar as alegações e as provas produzidas pelas partes, vale dizer, as questões de fato e as de direito que são deduzidas no processo e cujo resultado é o alicerce, o fundamento judicium, do julgamento do objeto litigioso do processo." WATANABE, Kazuo. *Da cognição no processo civil*. São Paulo: RT, 1987, p. 41.

sua concessão ou negativa ocorrerá aqui, no dispositivo, e essa resposta ao caso é o que alguns chamam de *regra individual que regula o caso* e que deriva justamente da *regra geral do caso* encontrada *principalmente* na fundamentação[4]. *Tradicionalmente*, a parte da decisão apta à coisa julgada material é justamente esse dispositivo: se a decisão não mais se sujeitar a recurso, tornar-se-á imutável e indiscutível.

Por outro lado, as questões postas na petição inicial, ou surgidas durante o processo, e sobre as quais não se fez pedido diretamente, embora possam ser analisadas na decisão, não deverão compor o dispositivo e, por isso, em regra, não devem fazer caso julgado. É que tais questões terão solução apenas incidental no processo (análise *incidenter*). Em uma ação exigindo um benefício a partir de determinada lei, a questão da constitucionalidade da lei, embora possa ser analisada e resolvida na decisão, não deverá compor o dispositivo.

2.2. Das questões preliminares e prejudiciais

Há questões que para serem resolvidas dependem logicamente de outras. Uma será subordinante, a outra subordinada. As questões subordinantes são ditas questões prévias. Elas se dividem em *preliminares* e *prejudiciais*.

Não se distinguem *preliminares* de *prejudiciais* pelo conteúdo de cada uma delas.[5] É preciso analisar em conjunto a questão subordinante e a questão subordinada e como essa subordinação se apresenta no caso concreto para só então determinar se estamos diante de uma preliminar ou de uma prejudicial.

As questões preliminares são aquelas questões prévias que podem *impedir* a análise da questão subordinada, mas sem nada dizer acerca de seu conteúdo ou sentido. Elas impedem o exame da questão subordinada, criando uma barreira para sua análise. A dependência que a solução da questão subordinante exerce sobre a subordinada "[...] traduz-se no fato de que aquela condiciona a *existência* desta, mas não o seu eventual *conteúdo*"[6].

Como exemplo, temos a competência. Em uma ação de danos morais, se o juiz se afirma incompetente, não pode avançar para decidir acerca do

---

4. DIDIER JR., Fredie; BRAGA, Paula Sarno; OLIVEIRA, Rafael Alexandria de. *Curso de direito processual civil*. 10. ed. Salvador: Juspodivm, 2015, v. II, p. 452.

5. Em sentido contrário, distinguindo-as pela sua natureza, defendendo que as questões preliminares versam sobre direito processual e as prejudiciais sobre o mérito: NEVES, Daniel Amorim Assumpção. *Manual de direito processual civil*. 8ª ed. Salvador: Juspodivm, 2016, p. 803.

6. MOREIRA, José Carlos Barbosa. *Questões preliminares e questões prejudiciais*. Direito processual civil (ensaios e pareceres). Rio de Janeiro: Borsoi, 1971, p. 82.

pedido. Nada disse sobre seu conteúdo, pois a questão preliminar impediu seu exame[7].

Por outro lado, a questão prejudicial é aquela que influi diretamente no conteúdo da questão subordinada. Da solução da questão subordinante, depende o conteúdo ou o sentido que se quer dar à questão subordinada.[8] Consoante Barbosa Moreira, a decisão da questão prejudicial é antecipação do juízo sobre a outra questão. Assim, "resolvida a prejudicial, resolvida está, virtualmente, a outra, bastando que o juiz tire as consequências lógicas de rigor".[9]

Como exemplo, podemos citar uma ação requerendo a entrega de uma coisa em que o réu alega que o contrato que determinada essa entrega é nulo. Caso o juiz decida que o contrato é mesmo defeituoso, essa questão prejudicial prévia invade sobremaneira a decisão sobre a entrega da coisa. O juiz deve decidir sobre a entrega, mas já vai totalmente condicionado pelo que decidiu na questão prévia. Outros exemplos de questões prejudiciais seriam: a filiação, para a ação de alimentos e a relação de emprego, para ação de cobrança de verbas trabalhistas.

3. DA COISA JULGADA

A coisa julgada é, para usar expressão da lei, "a autoridade que torna imutável e indiscutível a decisão de mérito não mais sujeita a recurso" – art. 502, CPC/2015. Ao falar de autoridade, como registra Cabral, o legislador quis fugir da discussão sobre se a coisa julgada é ou não eficácia[10]. Não sendo o momento para esse debate, o fato é que a lei traz os dois aspectos principais da coisa julgada:

---

7. Há casos, porém, em que a competência pode ser vista como questão não apenas preliminar, mas prejudicial como ocorre no conflito de competência. É que não existe questão eminentemente preliminar ou prejudicial. É preciso analisar o caso concreto para saber a configuração a ser aplicada.

8. MOREIRA, José Carlos Barbosa. *Questões preliminares e questões prejudiciais*, cit., p. 85.

9. MOREIRA, José Carlos Barbosa. *Questões preliminares e questões prejudiciais*, cit., p. 86.

10. CABRAL, Antonio do Passo. In:WAMBIER, Teresa Arruda Alvim. *Breves comentários ao Novo Código de Processo Civil*/ Tereza Arruda Alvim Wambier... [et al.], coordenadores. São Paulo: Editora Revista dos Tribunais, 2015, p. 1281. É importante ressaltar ainda, na perspectiva de uma decisão que precisa ser efetiva, ensinamentos de Chiovenda. Segundo ele, os romanos não desprezaram a necessidade de se realizar o comando decisório e nisso justificou parcialmente o que chamava de autoridade da coisa julgada. Trata-se de ideia justamente incrustada, de alguma forma, em nosso Código, repetiu conceito clássico no art. 502 do CPC. Eis suas lições nesse sentido: "Para os romanos, como para nós, salvo as raras exceções em que uma norma expressa de lei dispõe diversamente [...], o bem julgado torna-se incontestável (*finem controversiarum accipit*): a parte a que se denegou o bem da vida não pode mais reclamar; a parte a quem se reconheceu, não só tem o direito de consegui-lo praticamente, em face de outra, mas não pode sofrer, por parte desta, ulteriores contestações a esse direito e esse gozo. Essa é a autoridade da coisa julgada. Os romanos a justificaram com razões inteiramente práticas, de utilidade social". (CHIOVENDA, Giuseppe. *Instituições de direito processual civil*/ tradução: Paolo Capitanio. Vol. I. Campinas: Bookseller, 1998, p. 447).

a *imutabilidade* e a *indiscutibilidade*. A primeira proíbe sua alteração posterior, seja pelas partes, seja por outros órgãos do próprio judiciário ou pelos outros poderes (funções) do Estado[11]. A indiscutibilidade trata da impossibilidade de rediscussão da matéria[12].

Normalmente, a coisa julgada (indiscutibilidade e imutabilidade) recai sobre a decisão de mérito. Topograficamente, essa *decisão de mérito* consta no dispositivo. Assim, tradicionalmente, a parte da decisão que não apenas resolve o caso, mas torna-se indiscutível e imutável é o dispositivo. Eis o limite objetivo *tradicional* da coisa julgada. Contudo, o CPC/2015 inovou na matéria, permitindo a extensão da coisa julgada para além do dispositivo em algumas situações.

4. COISA JULGADA DAS QUESTÕES PREJUDICIAIS INCIDENTAIS

Conforme o § 1º, do art. 503, do CPC/2015, as questões prejudiciais, mesmo se decididas *incidenter tantum*, ou seja, na fundamentação da decisão, são aptas à coisa julgada, que ocorrerá independentemente de pedido de qualquer das partes. É um novo paradigma para o processo civil brasileiro. Eis o preceito:

> Art. 503. A decisão que julgar total ou parcialmente o mérito tem força de lei nos limites da questão principal expressamente decidida.
>
> § 1º O disposto no caput aplica-se à resolução de questão prejudicial, decidida expressa e incidentemente no processo, se:
>
> I – dessa resolução depender o julgamento do mérito;
>
> II – a seu respeito tiver havido contraditório prévio e efetivo, não se aplicando no caso de revelia;
>
> III – o juízo tiver competência em razão da matéria e da pessoa para resolvê-la como questão principal.
>
> § 2o A hipótese do § 1º não se aplica se no processo houver restrições probatórias ou limitações à cognição que impeçam o aprofundamento da análise da questão prejudicial.

O objetivo da alteração legislativa seria o de coibir a contradição lógica tornada possível pelo sistema anterior, impedindo que uma determinada questão, originariamente discutida em um processo como prejudicial, possa ser rediscutida

---

11. CABRAL, op. cit., p. 1282.

12. CABRAL, op. cit., p. 1281.

e decidida diferentemente em ações futuras.[13] Pela sistemática do CPC/1973, não ajuizada a ação declaratória incidental, seria possível imaginar a seguinte situação: em uma primeira ação, o juiz considera válido um contrato em uma demanda que questiona a inadimplência de juros. Em outra ação, acerca do mesmo contrato em que a parte venha requerer a compensação pelo inadimplemento dos termos do acordo, poderia considerá-lo inválido. Assim, a alteração dos limites objetivos teria por finalidade impedir a existência de decisões conflitantes sobre uma mesma situação concreta.

A ocorrência dessa coisa julgada para além dos limites tradicionais – coisa julgada especial – não prescinde de alguns pressupostos. Eles estão previstos nos §§ 1º e 2º do mesmo art. 503. São em número de cinco e são cumulativos:

a) A questão prejudicial resolvida *incidenter tantum* a ser albergada pela coisa julgada deve ser imprescindível para a solução da questão principal. Ela não deve ser apenas relevante a ela, mas necessária.[14] Assim: a paternidade como prejudicial para alimentos; a validade de um contrato como prejudicial à sua cobrança; relação de emprego como prejudicial de uma cobrança de verbas trabalhistas.

b) Deve ter havido decisão expressa sobre tal questão. Não há coisa julgada de questão prejudicial incidente implícita.

c) Deve ter ocorrido contraditório prévio e efetivo. Como uma forma de valorizar o contraditório, a legislação veda, de forma expressa, o regime especial da coisa julgada no caso de revelia. A revelia, nessa hipótese, deve ser entendida como o mero ato-fato de não contestar, sendo irrelevante que sejam agregados outros efeitos jurídicos, como a presunção de veracidade (art. 343, CPC).[15]

d) O órgão judicante deve ter competência em razão da matéria e da pessoa (art. 503, § 1º, III) para resolver a questão prejudicial caso ela viesse em análise *principaliter*.[16] Assim, por exemplo, a prejudicial de paterni-

---

13. WAMBIER, Teresa Arruda Alvim. O que é abrangido pela coisa julgada no direito processual civil brasileiro: a norma vigente e as perspectivas de mudança. *Revista de Processo*. São Paulo: RT, abr.-2014, p. 81. Para um breve panorama dos posicionamentos doutrinários favoráveis e contrários à inovação, cf.: DELLORE, Luiz. Da coisa julgada no novo Código de Processo Civil (L. 13.105/2015): conceito e limites objetivos. PEIXOTO, Ravi; MACÊDO, Lucas Buril de; FREIRE, Alexandre (coord). *Doutrina selecionada – Processo de conhecimento e disposições finais e transitórias*. Salvador: Juspodivm, 2015, v. 2, p. 664-672. Em sentido crítico à opção legal: PRATES, Marília Zanella Prates. *A coisa julgada no direito comparado*: Brasil e Estados Unidos. Salvador: Juspodivm, 2013, p. 205-208.

14. CABRAL, op. cit., p. 1292.

15. SENRA, Alexandre. *A coisa julgada no código de processo civil de 2015*. Salvador: Juspodivm, 2017, p. 308.

16. Há posicionamento doutrinário no sentido de que o juiz também deve ser absolutamente competente em razão de *todos os critérios absolutos*, o que abrangeria ainda os casos de competência territorial absoluta

dade, em um pedido de alimentos perante o Judiciário Estadual, mesmo analisada *incidenter tantum,* pode ser apta à coisa julgada, pois aquele juízo é competente para ambas as questões. Por outro lado, a prejudicial incidental de parentesco em um pedido de benefício previdenciário decorrente dessa relação, perante a Justiça Federal, não fará coisa julgada, vez que não possui a Justiça Federal competência para causas de família.

e) Por fim, o procedimento não pode conter qualquer restrição probatória, pois haveria um impedimento ao aprofundamento da cognição sobre a questão prejudicial incidental. Não se deve admitir, por exemplo, a formação do regime especial da coisa julgada em processos de cognição sumária, a exemplo da tutela antecipada antecedente de urgência (arts. 303 e 304, CPC).

Acerca da eventual restrição probatória do procedimento, há quem entenda necessária uma análise concreta, sendo possível, por exemplo, a formação da coisa julgada sobre questão prejudicial incidental em procedimento de mandado de segurança, nos casos em que não haja a necessidade de prova além da documental para tratar da questão prejudicial aduzida.[17] De certa forma, esse posicionamento admite sempre a formação da coisa julgada mesmo que haja restrição probatória, eis que, caso haja necessidade, no mandado de segurança, de prova além de testemunhal, esse procedimento deve ser extinto sem exame do mérito. Por outro lado, outros entendem que se trataria de uma análise abstrata: havendo qualquer restrição probatória no procedimento, não poderia haver a formação desse regime especial da coisa julgada.[18]

Há quem alegue, como requisito, a controvérsia da questão para que ela possa ser acobertada pela coisa julgada.[19] Não concordamos com esse posi-

---

e os critérios de competência interna (CÂMARA, Alexandre Freitas. "Limites objetivos da coisa julgada no novo Código de Processo Civil". PEIXOTO, Ravi; MACÊDO, Lucas Buril de; FREIRE, Alexandre (coord). *Doutrina selecionada – Processo de conhecimento e disposições finais e transitórias.* Salvador: Juspodivm, 2015, v. 2, p. 573; MARINONI, Luiz Guilherme; MITIDIERO, Daniel; ARENHART, Sérgio Cruz. *Novo curso de processo civil...* cit., p. 633; SENRA, op. cit., p. 316). Por não ser o objeto deste ensaio uma análise exaustiva dos requisitos para a formação da coisa julgada sobre a questão prejudicial, deixamos este diálogo para uma próxima oportunidade.

17. CUNHA, Leonardo Carneiro da. *A fazenda pública em juízo.* Rio de Janeiro: Forense, 2016, p. 596-597; NEVES, Daniel Amorim Assumpção. *Manual de direito processual civil...* cit., p. 804-805; SENRA, op. cit., p.321-323.

18. CÂMARA, Alexandre Freitas. Limites objetivos da coisa julgada no novo Código de Processo Civil... cit., p. 574; ASSIS, Araken de. *Processo civil brasileiro.* São Paulo: RT, 2015, v. III, p. 1.449; MARINONI, Luiz Guilherme, ARENHART, Sérgio Cruz, MITIDIERO, Daniel. Novo curso de processo civil. São Paulo: RT, 2015, v. II, p. 634.

19. REDONDO, Bruno Garcia. Questões prejudiciais e limites objetivos da coisa julgada no novo CPC. *Revista de Processo.* São Paulo: RT, n. 248, out.-2015, p. 49; MEDINA, José Miguel Garcia. *Novo código de processo civil comentado.* 3. ed. São Paulo: RT, 2015, versão digital, comentários ao art. 503, n. vii; NEVES, Daniel Amorim Assumpção. *Manual de direito processual civil...* cit., p. 804.

cionamento. Primeiro, porque, pelo conceito de questão adotado, não se tem como requisito para sua constituição a controvérsia – ou seja, nessa perspectiva, sequer faz sentido exigi-la. A inexistência de coisa julgada sobre questão prejudicial no caso da revelia não decorre da incontrovérsia, mas da inexistência de contraditório efetivo.[20] Portanto, embora não haja a coisa julgada sobre a prejudicial nos casos de revelia, é possível pensar em situações em que não ocorra controvérsia, mas haja coisa julgada sobre a prejudicial. O exemplo principal é o caso de parte adversa concordando com a questão prejudicial proposta – o clássico exemplo da paternidade. Afinal, a autocomposição não atua como obstáculo seja para a coisa julgada tradicional, seja para esse regime especial.[21]

Esses são, de forma bastante resumida, os requisitos para a formação da coisa julgada sobre a questão prejudicial no CPC/2015. A seguir, verificaremos se esse regime é observado nas ações de controle concentrado, notadamente quando realizado pelo STF.

5. DAS FORMAS DE ANÁLISE DA QUESTÃO CONSTITUCIONAL PELO SUPRER MO TRIBUNAL FEDERAL

No Supremo Tribunal Federal, coexistem duas formas de análise da questão constitucional.

A primeira está prevista no art. 102, § 2º, da CRFB, para as ações do controle concentrado e abstrato de constitucionalidade, em que a questão constitucional é o próprio objeto da ação[22]. Trata-se do controle por via principal ou ação direta e exercido para além de um caso concreto, independentemente de uma disputa entre partes, tendo por objeto tão somente a discussão acerca da validade ou não de um determinado ato normativo.

---

20. Não há qualquer vedação a que uma questão possa ser alvo de contraditório prévio e efetivo, mesmo em caso de revelia. Imagine a situação em que o réu foi revel mas o autor alegou fato absurdo ou não provado. O magistrado, ou pelos próprios elementos da causa, ou mesmo tendo produzido provas pelo poder instrutório, chegou à conclusão de que o réu, mesmo revel, possui razão. Mas foi uma opção legislativa o fato de que a revelia, por si só, já impede a formação da coisa julgada prejudicial incidental. Bem pensadas as coisas, não haveria problemas em termos uma coisa julgada prejudicial, mesmo em caso de revelia, desde que a favor do revel. Imagine pedido de alimentos a quem evidentemente não é pai. Magistrado negará alimentos *principaliter*, após ter resolvido, *incidenter tantum*, a improcedência macroscópica da paternidade.

21. DIDIER JR., Fredie; BRAGA, Paula Sarno; OLIVEIRA, Rafael Alexandria de. *Curso de direito processual civil*. 11. ed. Salvador: Juspodivm, 2016, v. II, p. 550. No mesmo sentido: SENRA, op. cit., p. 312-313.

22. Talvez a exceção seja a ADPF incidental prevista no art. 1º, parágrafo único, inciso I, da Lei n. 9.882/99. Como esse ponto não repercute diretamente nas conclusões deste ensaio, indicamos, inclusive com comentários acerca da possível inconstitucionalidade do preceito: CUNHA JR., Dirley da. *Controle de Constitucionalidade: teoria e prática*. Salvador: Juspodivm, 2012, pp. 352 e ss.

No direito brasileiro, *apenas* o Supremo Tribunal Federal tem competência para julgar, *principaliter,* a questão de constitucionalidade que envolva a Constituição Federal; os tribunais estaduais apenas podem fazê-lo quanto as Constituições Estaduais. Isso é feito pelas chamadas ações diretas de controle de constitucionalidade, como é o caso, por exemplo, da Ação Direta de Inconstitucionalidade e da Ação Declaratória de Constitucionalidade.

Nos procedimentos acima citados, o dispositivo do acórdão que, por exemplo, acolhe uma pretensão em uma ação direita de inconstitucionalidade, "terá, como regra, o teor análogo ao que segue: 'o Tribunal, por maioria (ou por unanimidade), julgou procedente o pedido formulado na ação direita, para declarar a inconstitucionalidade da Lei n. X/oo (ou o art. *n* da Lei)'."[23] Em outros termos, a indiscutibilidade oriunda da coisa julgada acima atinge a própria questão constitucional, bloqueando, no exemplo citado, a aplicação da lei ou do enunciado normativo atacado. É o limite objetivo dessa coisa julgada[24]. O tema não pode mais ser discutido por ninguém e nem em qualquer âmbito, muito embora não impeça o Poder Legislativo de editar ato normativo com o mesmo conteúdo do reconhecido como inconstitucional pelo STF[25].

Deve ser destacado: apenas no STF e por meio de uma das ações do controle concentrado e abstrato de constitucionalidade é que a contrariedade à Constituição Federal pode ser proposta e decidida *principaliter.* Não é possível, mesmo no STF, que a questão constitucional seja o próprio objeto da demanda em qualquer outra espécie de remédio jurídico processual.

---

23. BARROSO, Luís Roberto. *O controle de constitucionalidade no direito brasileiro: exposição sistemática da doutrina e análise crítica da jurisprudência/* 6. ed. rev. e atual. – São Paulo: Saraiva, 2012, p. 225.

24. Segundo Barroso, é preciso cuidado nas hipóteses em que a decisão no controle concentrado abstrato é pela constitucionalidade da lei. Eis suas lições: "a declaração de inconstitucionalidade opera efeito sobre a própria lei ou ato normativo, que já não mais poderá ser validamente aplicada. Mas, no caso de improcedência do pedido, nada ocorre com a lei em si. As situações, portanto, são diversas e comportam tratamento diverso. Parece totalmente inapropriado que se impeça ao Supremo Tribunal Federal de reapreciar a constitucionalidade ou não de uma lei anteriormente considerada válida, à vista de novos argumentos, de novos fatos, de mudanças formais ou informais no sentido da Constituição ou de transformações na realidade que modifiquem o impacto ou a percepção da lei. Portanto, o melhor entendimento da matéria é o de que podem os legitimados do art. 103 propor ação tendo por objeto a mesma lei e pode a Corte reapreciar a matéria". BARROSO, Luís Roberto. *O controle de constitucionalidade no direito brasileiro: exposição sistemática da doutrina e análise crítica da jurisprudência,* cit., pp. 227-228. A questão merece análise mais aprofundada pelo que se deixa aqui apenas a provocação.

25. "Embora censurável, juridicamente o legislativo tem a liberdade de reeditar a lei inconstitucional" (CUNHA JR., Dirley da. *Controle de Constitucionalidade: teoria e prática.* Salvador: Juspodivm, 2012, p. 237). Isso, contudo, não significa quebra à coisa julgada. A discussão sobre determinada lei "X" tida por inconstitucional não será reaberta. O que eventualmente o legislativo pode fazer é propor lei "Y" novamente com conteúdo inconstitucional e não reavivar a lei "X". Com mais vagar sobre a discussão sobre a vinculação ou não do legislativo às decisões do STF no controle concentrado de constitucionalidade, cf.: ABBOUD, Georges. *Jurisdição constitucional e direitos fundamentais.* São Paulo: RT, 2011, p. 143-150.

Além disso, destaque-se que um dos requisitos para a utilização de tais ações refere-se à legitimidade, que, embora tenha sido bastante ampliada com o decorrer do tempo, ainda é bastante restrita. Apenas os entes elencados no art. 103 da Constituição podem se utilizar de tais remédios jurídicos processuais.

A segunda hipótese de análise de questões constitucionais pelo STF ocorre quando esses questionamentos ocorrem por via incidental, nas demais ações que porventura cheguem à Corte Constitucional. Nessa hipótese, o STF não atua como Corte Constitucional e a análise da questão constitucional é posta como questão prejudicial, por via incidental.

Apenas a título de esclarecimento, o julgamento *incidenter* da questão constitucional pode ser realizado por qualquer juiz, não sendo uma exclusividade do Supremo Tribunal Federal.[26] Uma vez que o Poder Judiciário está sujeito ao princípio da legalidade ao decidir, tanto por disposição expressa do CPC/2015 (art. 8º) quanto da Constituição Federal (art. 37, *caput*), impõe-se a realização do controle de constitucionalidade de todas as leis e atos a ele submetidos para julgamento. Portanto, como cabe ao juiz aplicar o direito ao caso concreto, deve ter ele o poder de controlar incidentalmente os atos e leis utilizados pelas partes em suas argumentações.[27]

No STF o questionamento da constitucionalidade ou inconstitucionalidade de uma lei ou ato normativo como questão prejudicial incidental pode aparecer através da interposição de um recurso extraordinário, de um recurso ordinário, de uma ação originária etc. Nessas hipóteses, a questão *principaliter* não pode ser a validade de texto normativo infraconstitucional. O pedido, nesses casos, deve ser relativo a algum direito coletivo ou individual cuja tutela é requerida pela parte no remédio jurídico processual utilizado. A questão constitucional, em tais hipóteses, apenas atua a título de questão prejudicial, seja como uma causa de pedir da parte autora, como da parte ré.

Por exemplo, em uma demanda de natureza tributária, o contribuinte pode requerer a repetição do indébito, tendo, como *causa petendi*, a inconstitucionalidade de um determinado tributo. O pedido da ação é a devolução dos tributos pagos pelo contribuinte, atuando a alegação de inconstitucionalidade apenas como suporte do direito material. Em outros termos, a coisa julgada clássica, que atua sobre a questão principal expressamente decidida, incidirá apenas sobre a

---

26. BARROSO, Luis Roberto. *O controle de constitucionalidade no direito brasileiro*. 4ª ed. São Paulo: Saraiva, 2009, p. 94; PONTES DE MIRANDA, Francisco Cavalcanti. *Comentários à Constituição de 1946*. 2ª ed. São Paulo: Max Limonad, 1953, t. V, p. 299. No mesmo sentido: STF, 1ª T., RE 117.805, Rel. Min. Sepúlveda Pertence, j. 04/05/1993, DJ 27/08/1993.

27. SARLETT, Ingo; MITIDIERO, Daniel; MARINONI, Luiz Guilherme. *Curso de direito constitucional*. São Paulo: RT, 2012, p. 816.

devolução dos tributos; jamais sobre a análise da questão constitucional, seja ela reconhecendo a inconstitucionalidade ou não.

Vistas as duas formas de análise da questão constitucional pelo judiciário, a seguir veremos se o regime especial da coisa julgada opera nas situações do controle concentrado abstrato de constitucionalidade. Antes, porém, um alerta.

O objetivo desse artigo é tão somente analisar se o regime especial da coisa julgada ocorre nas ações de controle concentrado[28]. Em outro escrito, dois autores deste estudo analisaram se a coisa julgada da questão prejudicial incidental ocorreria quando o STF conhecesse da questão constitucional de modo incidental. Ali concluiu-se pela inocorrência da do regime especial da coisa julgada especial no controle incidental feito pelo STF principalmente por duas razões.

A primeira é a ausência de contraditório efetivo, pois a Constituição é expressa em prever quem pode questionar a (in)constitucionalidade de uma lei ou ato normativo em processo cuja coisa julgada incidiria sobre a questão constitucional (ADI, ou ADC, por exemplo) e esses sujeitos nem sempre serão os mesmos que ajuizarão a ação que porventura chegue ao STF quando atuando como órgão recursal (Recurso extraordinário, por exemplo).

A segunda razão é mais sutil:

> Para a ocorrência da coisa julgada do § 1.º do art. 503 do CPC/2015, necessário, entre outras coisas, que o órgão judicante seja competente para analisar a questão principal – evidentemente – e, ainda, competente, em tese, para analisar a questão incidental, caso ela tivesse sido arguida *principaliter*. [...] O preceito do inc. III do art. 503 necessita cuidadosa leitura. Ao estabelecer que a coisa julgada especial somente ocorre se: "o juízo tiver competência em razão da matéria e da pessoa para resolvê-la como questão principal", é preciso entender que essa competência deve ocorrer de forma originária. Ou seja, se apenas o eventual órgão recursal tiver competência para conhecer da questão prejudicial incidental nos moldes do inc. III do art. 503, então não há que se falar na extensão da coisa julgada à fundamentação. É que, como visto, não teria sentido que alguém, ao litigar, na esperança da formação dos dois regimes de coisa julgada – incidente sobre as questões principais e incidente sobre as questões prejudiciais na forma do § 1.º do art. 503 – somente obtivesse o segundo em eventual recurso, quando somente o órgão recursal ou a corte de vértice possuir competência para a análise *principaliter* da questão prejudicial incidental[29].

---

28. MINAMI, M. Y.; PEIXOTO, Ravi. "Da questão prejudicial incidental constitucional no STF e o novo regime de coisa julgada". *Revista de Processo*. São Paulo: RT, n. 263, jan.-2017, edição eletrônica.

29. MINAMI, M. Y.; PEIXOTO, Ravi. "Da questão prejudicial incidental constitucional no STF e o novo regime de coisa julgada". *Revista de Processo*. São Paulo: RT, n. 263, jan.-2017, edição eletrônica.

Para maiores aprofundamentos do tema, remete-se o leitor ao artigo escrito acima referido.

6. DA (IN)ADAPTABILIDADE DO REGIME DA COISA JULGADA DA QUESTÃO PREJUDICIAL AO CONTROLE CONCENTRADO-ABSTRATO DE CONSTITUCIONALIDADE

Até o presente momento, este texto abordou, principalmente, a coisa julgada da questão prejudicial incidental e seus respectivos requisitos. Agora é o momento de verificar a possibilidade de aplicação do regime especial de coisa julgada, previsto no § 1º, do art. 503, do CPC, nas ações de controle concentrado-direto de constitucionalidade, ou seja, nas ações em que a questão constitucional é decidida pelo Supremo Tribunal Federal como questão principal (*principaliter tantum*).

A resposta a tal questionamento apresenta menor complexidade, em comparação a tal indagação no âmbito do controle difuso, em que a constitucionalidade do objeto de controle é apresentada como questão prejudicial, mas de forma incidental (*incidenter tantum*). Em sede de controle concentrado-abstrato, adiantamos, não se verifica, como regra, um elemento fundamental ao art. 503, § 1º: a existência de uma questão prejudicial incidental.

Como registrado, prejudicial é questão prévia que influi diretamente no conteúdo da questão subordinada. Forma-se, assim, a dicotomia *questão subordinada/questão prévia*, que não deve ser confundida com a dicotomia *questão principal/questão incidental*.[30]

Não por acaso, o dispositivo em questão utiliza as duas expressões como características que se somam: "questão *prejudicial*, decidida expressa e *incidentemente*". Isso porque, em uma determinada demanda, é possível que, conquanto de natureza prejudicial, determinada questão ostente o caráter *principaliter*.

Basta imaginar uma demanda em que se formulem, simultaneamente, pedidos de reconhecimento da paternidade e condenação ao pagamento de alimentos. É certo que a condenação em alimentos ostenta natureza subordinada, porque depende do prévio julgamento da questão relativa ao reconhecimento da paternidade (prejudicial). Tais questões, contudo, são *principais*, porquanto assim formuladas pela parte autora, que pretende a condenação da parte adversa em ambos os pedidos, no dispositivo da decisão.

Bem firmadas tais premissas, é possível dizer que, no âmbito do controle concentrado-abstrato de constitucionalidade, não há – ao menos não ordinariamente

---

30. DIDIER JR., Fredie. *Curso de direito processual civil*. 17. ed. Salvador: Juspodivm, 2015, v. I, p. 442.

– questão prejudicial. Há apenas questão principal: a declaração de inconstitucionalidade, que integrará o dispositivo da decisão a ser tomada pelo STF.

O questionamento é singelo, porém oportuno: que questão prejudicial estaria anteposta ao juízo de constitucionalidade, numa perspectiva abstrata?

A causa de pedir, em ações de controle concentrado, limita-se à análise da compatibilidade do objeto de controle (a lei ou outro ato normativo primário) ao parâmetro de controle (o dispositivo constitucional tido por violado). A reconhecida "abertura" da causa de pedir[31], em tais ações, permite ao STF considerar outros parâmetros e argumentos não utilizados inicialmente pela parte autora, mas o juízo será sempre uma análise de conformidade normativa, sem vínculo de dependência lógica com outra questão meritória.

Em termos mais simples, numa ação direta de inconstitucionalidade qualquer, o pedido consistirá na declaração de inconstitucionalidade; a causa de pedir, na inconstitucionalidade. Não haverá, ordinariamente, questões prejudiciais, embora possam existir variadas questões preliminares (ilegitimidade, não cabimento da via eleita, perda de objeto etc.). Assim, não deve ser reconhecida, como regra, a aplicação da regra especial do art. 503, § 1º, do CPC, a tais ações, diante da ausência de uma questão prejudicial a que esteja subordinado o juízo de constitucionalidade.

Excepcionalmente, poder-se-ia sustentar a existência de questão prejudicial incidental na hipótese em que controvertida a constitucionalidade do próprio parâmetro de controle invocado pelo autor da ação direta.

Imagine-se, a título de exemplo, que um dos legitimados do art. 103 da CRFB proponha ação direta de inconstitucionalidade, sustentando a incompatibilidade de determinado dispositivo legal com o art. 100, *caput*, da CRFB, cuja redação foi atribuída pela EC n. 62/2009. Eventual questionamento a respeito da constitucionalidade da referida emenda – algo suscetível de controle – seria certamente um fator a influenciar o resultado do julgamento da ação direta.

Registre-se que, segundo entendimento consolidado no STF, a "substancial alteração do parâmetro de controle" não o impede "de aceitar, em *casos excepcionais*, o conhecimento da ação, com vistas à máxima efetividade da jurisdição constitucional, ante a constatação de que a inconstitucionalidade persiste e é atual"[32]. É dizer, excepcionalmente, a insubsistência do parâmetro de controle

---

31. "A causa de pedir, no controle objetivo de normas, é aberta, o que significa dizer que a adequação ou não de determinado texto normativo é realizada em cotejo com todo o ordenamento constitucional vigente ao tempo da edição do dispositivo legal. Assim, caso declarada a constitucionalidade de uma norma, consideram-se repelidos todos e quaisquer fundamentos no sentido da sua inconstitucionalidade, e vice-versa" (STF, ADI 5180 AgR/DF, Rel. Min. Dias Toffoli, DJe 13.6.2018).

32. STF, ADI 2087/AM, Rel. Min. Dias Toffoli, DJe 8.5.2018.

não impedirá o exame de mérito a respeito da constitucionalidade do objeto como questão principal, desde que a questão seja relevante e demande uma solução daquela Corte.

Assim sendo, em alguns casos, poderá o STF enfrentar, como questão prévia, a constitucionalidade do parâmetro e, como questão subordinada, a constitucionalidade do objeto. Em tal situação, haverá dois juízos de constitucionalidade: um primevo, relativo ao parâmetro de controle, e um segundo, relativo ao objeto de controle.

Nessa hipótese, os pressupostos do art. 503, § 1º, estarão presentes, dos quais destacamos: a) a resolução dessa questão será necessária ao julgamento de mérito relativo ao objeto de controle (inciso I); b) contraditório efetivo (inciso II), necessariamente ofertado aos sujeitos processuais; c) competência do STF para apreciar a constitucionalidade do parâmetro como questão principal, em sede de ADI (inciso III).

Situação que atraiu muitas atenções diz respeito ao recente julgamento da ADI n. 3.937 pelo STF[33]. Cuidava-se de ação direta ajuizada pela Confederação Nacional dos Trabalhadores das Indústrias, objetivando a declaração de inconstitucionalidade da Lei n. 12.684/2007, do Estado de São Paulo, que "proíbe o uso, no Estado de São Paulo, de produtos, materiais ou artefatos que contenham quaisquer tipos de amianto ou asbesto ou outros minerais que, acidentalmente, tenham fibra de amianto na sua composição".

Em sua petição inicial, a parte autora sustentou que a norma estadual em questão violaria o disposto na Lei Federal n. 9.055/95, que figuraria como norma geral federal relativa ao tema, cujo art. 1º proibiu a extração, a produção, a industrialização, a utilização e a comercialização de todos os tipos de amianto, com exceção da crisotila (asbesto branco), vedando, quanto a essa espécie, apenas a pulverização e a venda a granel de fibras em pó.

O art. 2º do citado diploma autoriza a extração, industrialização, comércio e utilização do asbesto branco, na forma definida na lei. Assim, segundo o autor, se a lei federal admite, de modo restrito, o uso do amianto, em tese, a lei estadual não poderia proibi-lo integralmente.

Haveria, portanto, uma questão constitucional prévia a ser analisada relativa à competência para legislar sobre o tema.

Em seu voto vencedor, o Ministro Dias Toffoli entendeu que o art. 2º, da Lei Federal n. 9.055/95, passou por um processo de inconstitucionalização, não mais

---

33. STF, ADI 3.937/SP, rel. org. Min Marco Aurélio, red. p/ o ac. Min. Dias Toffoli, DJ 14.8.2017.

se compatibilizando com a Constituição de 1988, razão pela qual os estados passaram a ter competência legislativa plena sobre a matéria até que sobrevenha nova legislação federal, nos termos do art. 24, §§ 3º e 4º, da CRFB.

Em conclusão, entendeu constitucional o objeto de controle (a Lei n. 12.684/2007, do Estado de São Paulo), julgando improcedentes os pedidos, mas reconhecendo a inconstitucionalidade de parte da Lei Federal. Eis o dispositivo do voto acolhido:

> Pelo exposto, declaro, incidentalmente, a inconstitucionalidade do art. 2º da Lei Federal nº 9.055/1995 e julgo, por isso, improcedentes a ADI nos 3.356, nº 3.357 e nº 3.937 e a ADPF nº 109, de modo a se declarar a constitucionalidade formal e material das leis questionadas.[34]

A situação exposta revela uma clara incongruência com o que tradicionalmente se ensina sobre cognição e decisão judicial. Isso porque, ao "declarar incidentalmente a inconstitucionalidade" de determinado ato normativo no próprio dispositivo, o julgador transforma tal questão em principal, deixando de situá-la apenas no âmbito da fundamentação. Assim procedeu o Supremo Tribunal, invocando sua jurisprudência a respeito da causa de pedir nas ações de controle concentrado de constitucionalidade:

> [...] o STF, no exercício da competência geral de fiscalizar a compatibilidade formal e material de qualquer ato normativo com a Constituição, pode declarar a inconstitucionalidade, incidentalmente, de normas tidas como fundamento da decisão.[35]

De qualquer modo, ainda que não constasse no dispositivo da decisão, o fato é que, para julgar improcedente o pedido na ADI n. 3.947, o STF entendeu, como questão prejudicial, pela inconstitucionalidade da Lei Federal n. 9.055/95, apontada como colidente com a legislação estadual.

Cuida-se, como sobredito, de situação excepcional, relativa ao parâmetro de controle, a atrair o regramento especial da coisa julgada. Na situação em tratativa, não mais subsistia o parâmetro indicado pela parte autora – a violação ao regramento geral estabelecido em legislação federal, malferindo a competência legislativa constitucionalmente estabelecida –, razão pela qual o pedido foi julgado improcedente.

Posteriormente, no julgamento das ADIs n. 3.046 e 3.470/RJ (Rel. Ministra Rosa Weber, DJ 29.11.2017), o STF foi chamado a apreciar a Lei Estadual n. 3.579/2001,

---

34. Cf. http://www.stf.jus.br/arquivo/cms/noticiaNoticiaStf/anexo/votoDTamianto.pdf

35. Rcl 4374/PE, Rel. Min. Gilmar Mendes, DJe 4.9.13.

do Estado do Rio de Janeiro, que, de igual forma, proibiu a extração do amianto em todo território daquela unidade federativa. Invocando o precedente estabelecido na ADI n. 3.937, foi, mais uma vez, reconhecida a inconstitucionalidade do art. 2º da Lei Federal n. 9.055/95 – de forma "incidental e vinculante" – e julgados improcedentes os pedidos.

Cabe lembrar também da possibilidade de arguição incidental de descumprimento de preceito fundamental (ADPF incidental), com fundamento no art. 1º, I, da Lei n. 9.882/99. Cuida-se, porém, de forma de controle *concreto* de constitucionalidade, suscitada a partir de um processo subjetivo em que haja relevante controvérsia a respeito da aplicação de lei ou ato do poder público contestado em face de um preceito constitucional fundamental.[36]

Embora proposta a partir de uma demanda concreta, a ADPF incidental ostenta feição objetiva. Em tal hipótese, haverá uma cisão do julgamento do caso, abrindo-se ao STF a competência para decidir a respeito da questão prejudicial, de natureza constitucional fundamental. Como registra Dirley da Cunha Jr., tal instrumento "possibilita o trânsito direto e imediato ao Supremo Tribunal Federal de uma questão constitucional relevante, debatida no âmbito das instâncias judiciais ordinárias, que envolva a interpretação e aplicação de um preceito constitucional fundamental".[37]

De tal forma, questões que seriam naturalmente suscitadas no Supremo Tribunal em sede de controle difuso (pela via do recurso extraordinário) são, desde logo, remetidas à Corte, com repartição do julgamento, de forma similar ao que ocorria no antigo incidente de inconstitucionalidade do CPC/1973. Após a decisão do Supremo Tribunal a respeito da questão prejudicial, caberá ao juiz do caso, a partir dela, julgar a questão principal.

Por força do disposto no art. 10, § 3º, da Lei n. 9.882/99, a decisão proferida pelo STF em ADPF incidental vincula não apenas o julgamento do caso concreto, possuindo "eficácia contra todos e efeito vinculante relativamente aos demais órgãos do Poder Público".

Tal dispositivo consiste em regra especial que atribui eficácia vinculante ao julgamento da questão prejudicial, que ostenta natureza incidental no caso concreto. Cuida-se de norma relativa à eficácia do precedente, portanto. A coisa julgada, por seu turno, recairá sobre o dispositivo da decisão a ser proferida pelo juiz do caso concreto, não se lhe aplicando o regime especial do art. 503, § 1º, do CPC, por um singelo motivo: tal juiz não possui competência para

---

36. CUNHA JR., Dirley da. *Curso de Direito Constitucional*. 11. ed. Salvador: Juspodivm, 2017, p. 408.

37. CUNHA JR., Dirley da. *Curso de Direito Constitucional*. 11. ed. Salvador: Juspodivm, 2017, p. 409.

resolver a questão constitucional como principal, exigência trazida pelo inciso I do citado artigo.

7. DAS DIFERENÇAS ENTRE A TRANSCENDÊNCIA DOS MOTIVOS DETERMID NANTES E A COISA JULGADA ESPECIAL

Até o presente momento, este texto abordou a coisa julgada incidente sobre a questão prejudicial e seus respectivos requisitos. Também afirmamos a inaplicabilidade, como regra, do regime especial da coisa julgada previsto no art. 503, § 1º, do CPC/2015, às ações de controle concentrado de constitucionalidade.

Questão que se põe agora é saber a interpretação, no contexto ora estudado, a ser empregada ao art. 927, I, do CPC/2015. Trata-se, como defende parte da doutrina, de preceito que prevê precedentes com força vinculante. O *caput* do referido dispositivo atribui aos juízes e tribunais o dever de observância a um rol composto por determinadas espécies de decisões judiciais. Segundo afirmado pela doutrina, "o art. 927 do CPC inova ao estabelecer um rol de precedentes obrigatórios, que se distinguem entre si pelo seu procedimento de formação"[38].

Dentre preceitos acima, consta no I, do art. 927, "as decisões do Supremo Tribunal Federal em controle concentrado de constitucionalidade". Esse enunciado foi a base para a conclusão do enunciado n. 168 do Fórum Permanente de Processualistas Civis (FPPC): "os fundamentos determinantes do julgamento de ação de controle concentrado de constitucionalidade realizado pelo STF caracterizam a *ratio decidendi* do precedente e possuem efeito vinculante para todos os órgãos jurisdicionais".

A força atribuída aos fundamentos nos processos ora analisados é fenômeno que se costuma denominar de *transcendência dos motivos determinantes,* ou seja, o reconhecimento de que o efeito vinculante, nos processos de controle concentrado de constitucionalidade, atingiria não apenas o dispositivo da decisão – o ato normativo concretamente apreciado como objeto –, mas também a *ratio decidendi*[39]. Tal entendimento já havia sido adotado pelo STF em alguns casos, antes mesmo da vigência do CPC/2015[40], o que permitiria o reconhecimento da inconstitucionalidade de atos normativos análogos àqueles já declarados inconstitucionais em sede de ADI.

A título de exemplo, imagine-se que uma determinada lei estadual que dispense o licenciamento ambiental de atividades agrícolas venha a ser considerada

---

38. DIDIER JR., Fredie; BRAGA, Paula Sarno; OLIVEIRA, Rafael Alexandria de. *Curso de direito processual civil.* 10. ed. Salvador: Juspodivm, 2015, v. II, p. 461.

39. CUNHA JR., Dirley da. *Curso de Direito Constitucional.* 11. ed. Salvador: Juspodivm, 2017, p. 330-331.

40. Cf. STF, Recl 2986, Rel. Min. Celso de Mello, DJU 18.3.2005.

materialmente inconstitucional pelo Supremo Tribunal, em sede de controle concentrado-abstrato. Aceita a transcendência dos motivos determinantes, seria imperativo o reconhecimento da inconstitucionalidade de leis de outros Estados, com idêntica redação, devendo assim decidir os juízes e tribunais, caso a questão lhes fosse apresentada, de forma incidental.

Foi exatamente assim que decidiu o STF no julgamento das citadas ADIs n. 3.046 e 3.470/RJ (Rel. Ministra Rosa Weber, DJ 29.11.2017). Nelas, foram reconhecidas o "efeito vinculante da declaração incidental de inconstitucionalidade" em sede de processo de controle concentrado.

De igual modo, seria cabível o instrumento da reclamação constitucional, com fundamento no art. 988, III, do CPC, que prevê o seu uso para garantir a observância "de decisão do Supremo Tribunal Federal em controle concentrado de constitucionalidade".

Sucede que, apesar dos referidos precedentes e da previsão legal expressa, a jurisprudência do Supremo Tribunal Federal consolidou-se no sentido de "ser incabível reclamação fundada na teoria da transcendência dos motivos determinantes de acórdão com efeito vinculante"[41].

Recentemente, a questão foi retomada pelo Min. Barroso, por ocasião do julgamento das ADIs n. 4.697 e 4.762 (DJe 30.3.2017), já no contexto do CPC/2015:

> Vossa Excelência [ministro Gilmar] foi um dos que defendeu a eficácia transcendente. O Supremo chegou a aderir essa posição, depois retrocedeu com relação a essa posição, mas, agora, o novo Código recoloca a discussão, porque o artigo 988 diz que cabe reclamação e uma das hipóteses é a de acórdãos proferidos em ação direta de inconstitucionalidade, aí vem, Ministro Gilmar, o parágrafo quarto e diz que as hipóteses dos incisos tal e tal, de cabimento de reclamação pela não-observância da decisão em ADI compreende a aplicação indevida da tese jurídica e sua não-aplicação às hipóteses que a correspondam, portanto, o que produz a vinculação é a tese jurídica. [...]

Ainda assim, mantém-se o entendimento pelo não reconhecimento da chamada transcendência dos motivos determinantes. Cuida-se de posicionamento defensivo e incongruente, adotado com o nítido objetivo de diminuir o número de reclamações a serem ajuizadas no STF, conflitando com o conceito de precedente obrigatório construído pelo CPC/2015 a partir da teoria dos precedentes.

Uma última questão deve ser respondida. Caso se adote a tese da transcendência dos motivos determinantes em ações de controle concentrado, qual

---

41. Cf. STF, Recl 8168/SC, Rel. para acórdão Min. Edson Fachin, DJ de 19.11.2015.

seria a diferença entre ela e a coisa julgada da questão prejudicial incidental se ela ocorrer excepcionalmente no controle concentrado-abstrato? Para responder isso, parte-se das lições de Novelino:

> O fenômeno da 'transcendência dos motivos' (ou 'efeito transcendente dos motivos determinantes') reflete uma preocupação doutrinária em assegurar a *força normativa* da Constituição, cuja preservação integral exige o reconhecimento de que a eficácia vinculante não se refere apenas ao dispositivo, estende-se também aos próprios fundamentos determinantes da decisão proferida pela Corte Suprema, especialmente quando consubstanciar uma declaração de inconstitucionalidade em sede de controle abstrato[42].

Pelo exposto, percebe-se a força que teriam os motivos determinantes de uma decisão em controle concentrado, caso a teoria fosse acatada pelo STF. Essa força, porém, não deve ser confundida com a coisa julgada do regime especial. Para entender isso, é preciso que se diferencie coisa julgada de eficácia do precedente.

A coisa julgada, quando incide, torna a matéria decidida indiscutível e imutável e só se aplica ao caso que a originou. Não se pode falar em aplicação de uma coisa julgada originada em determinado caso a situações análogas, tal qual ocorre com o precedente. O precedente, por sua vez, embora se origine de um caso concreto, dele se destaca e, a partir disso, se expande. Tem-se sua formação por meio da identificação da *ratio decidendi*, de uma norma jurídica aplicável a casos "iguais", mas também a outras situações similares.[43] A sua eficácia, por sua própria natureza, se relaciona com a sua aplicabilidade a outros casos parecidos[44]. Eis aqui o primeiro de dois pontos fundamentais da teoria dos precedentes.

Além disso, embora ambos, precedente e coisa julgada, tutelem a segurança jurídica, o fazem a partir de diferentes perspectivas. Enquanto a coisa julgada imutabiliza a discussão do caso concreto, a segurança do precedente atua de forma dinâmica. O precedente não é feito para ser imutável, podendo ser modificado, seja pela distinção restritiva/ampliativa, como também por meio da superação – e aqui encontramos o segundo dos dois pontos fundamentais do estudo

---

42. NOVELINO, Marcelo. *Direito Constitucional*. 4. ed. Rio de Janeiro: Forense; São Paulo: Método, 2010, p. 236.

43. Embora a colocação do problema pareça denotar simplicidade na identificação e aplicação dos precedentes, na prática, a tarefa mostra-se árdua. Basta pensar em decisões a partir das quais é possível extrair diferentes *rationes decidendi* (BUSTAMANTE, Thomas da Rosa de. *Teoria do precedente judicial: a justificação e a aplicação de regras jurisprudenciais*. São Paulo: Noeses, 2012, p. 258). Contudo, em que pese divergência doutrinária acerca da identificação do precedente (se surge de uma decisão, de uma combinação delas etc.) e sua aplicação, parece não haver controvérsia de que será precedente apenas a solução possível de aplicação futura. Sobre a *ratio decidendi* de forma mais detida: PEIXOTO, Ravi. *Superação do precedente e segurança jurídica*. 2ª ed. Salvador: Juspodivm, 2016, p. 151-167.

44. ZANETI JR., Hermes. *O valor vinculante dos precedentes*. Salvador: Juspodivm, 2015, p. 329.

e aplicação dos precedentes. A coisa julgada, no entanto, ultrapassado o prazo da rescisória, passa a ser qualificada de *soberana*, por não existirem mais meios para que o tema possa ser rediscutido[45].

Mais ainda, enquanto o precedente tem uma relação nítida com a hierarquia judiciária[46], destacando-se, nesse ponto, a vinculação vertical – de cima para baixo –, a coisa julgada, enquanto norma concreta, impede a rediscussão do tema independentemente da hierarquia do órgão judiciário.[47] Portanto, enquanto um precedente de um Tribunal de Justiça não tem aptidão para vincular o STJ, a coisa julgada produzida por um juiz de primeiro grau impede, inclusive, decisões conflitantes do STF.[48]

Outro aspecto relaciona-se com os atingidos pela coisa julgada e pelo precedente. A coisa julgada, em regra, atinge apenas as partes que participaram do processo – tem apenas eficácia *inter partes*. A indiscutibilidade limita-se aos sujeitos parciais de cada caso concreto. A tutela da confiança aqui se dirige àquela do cidadão no ato estatal que decidiu o *seu caso específico*, de forma a assegurar que o benefício a ele outorgado não lhe seja retirado;[49] do ponto de vista do sucumbente, a coisa julgada limita a parcela da sua esfera jurídica que pode ser afetada de forma desfavorável. Por sua vez, o precedente tem por objetivo assegurar a segurança jurídica para todos os jurisdicionados em situação semelhante, impondo que casos parecidos tenham soluções coerentes entre si. A conclusão é a de que enquanto o precedente afeta todos os jurisdicionados em situação análoga, a coisa julgada, em regra, afeta apenas as partes.[50]

Em resumo, enquanto a coisa julgada foca na imutabilidade e na concretude do caso concreto, o precedente objetiva uma segurança jurídica de cunho

---

45. O movimento de relativização da coisa julgada não vingou no Brasil e apenas excepcionalmente admite-se sua quebra mesmo após o prazo da ação rescisória como ocorre nas situações em que se autoriza a *querela nullitatis*.

46. A relação entre a estrutura judiciária e a existência dos precedentes obrigatórios sempre foi destacada pela doutrina – sempre como foco para o aspecto da hierarquia (BARROS, Lucas Buril de. *Precedentes judiciais e o direito processual civil*. Salvador: Juspodivm, 2015, p. 450. De forma semelhante: BUSTAMANTE, Thomas da Rosa de. *Teoria do precedente judicial*: a justificação e a aplicação de regras jurisprudenciais. São Paulo: Noeses, 2012, p. 308-310; TARUFFO, Michele. Institutional factors influencing precedents. MACCORMICK, Neil; SUMMERS, Robert S. *Interpreting precedents*: a comparative study. Aldershot: Dartmouth, 1997, p. 437-443; PEIXOTO, Ravi. *Superação do precedente e segurança jurídica*. Salvador: Juspodivm, 2015, p. 344-345.).

47. MACÊDO, Lucas Buril de. *Precedentes judiciais e o direito processual civil*. Salvador: Juspodivm, 2015, p. 115.

48. Isso em homenagem à função positiva da coisa julgada. "A coisa julgada vincula partes e órgãos judiciais à regra jurídica concreta formulada na sentença." ASSIS, Araken de. *Processo civil brasileiro*. São Paulo: Editora Revista dos Tribunais, 2015, v. III, p. 1477.

49. MARINONI, Luiz Guilherme. *Precedentes obrigatórios*. São Paulo: RT, 2010, p. 139.

50. TROPER, Michel, GRZEGORCZYCK, Cristophe. Precedent in France. MACCORMICK, Neil; SUMMERS, Robert S. *Interpreting precedents*: a comparative study. Aldershot: Dartmouth, 1997, p. 116-117.

dinâmico e a proteção dos jurisdicionados em geral. Embora ambas tutelem a segurança jurídica, cada uma tem uma função específica no ordenamento jurídico.

É fato que existe a coisa julgada *erga omnes*, que, por exemplo, ocorre justamente no controle concentrado de constitucionalidade, quando a própria questão constitucional é o objeto de decisão *principaliter*51. A coisa julgada *erga omnes* e a *ultra partes* também ocorrem nos processos coletivos, a exemplo da previsão constante no art. 103, do CDC. Em tais situações, o benefício outorgado pela decisão alcançará todos os titulares daquele mesmo direito. Todos os sujeitos de direito que sejam afetados diretamente por aquela decisão podem se valer dos efeitos da respectiva coisa julgada. No entanto, ainda assim, não se garante aqui que o direito será tutelado em conformidade com o que ocorre com os precedentes obrigatórios. Enquanto "o precedente é destinado a garantir a estabilidade da aplicação do direito, [...] a coisa julgada garante a inalterabilidade da aplicação do direito em determinado caso concreto".[52] Como já destacado, a coisa julgada implica imutabilidade do direito discutido naquele caso concreto; o precedente, por sua vez, pode ser posteriormente alterado, independentemente de um remédio jurídico específico. Na coisa julgada, geral ou especial, o direito garantido pela mencionada decisão é incorporado à situação jurídica dos seus beneficiários, tornando-se indiscutível e imutável, apenas sendo revisado por remédios jurídicos processuais específicos. Por outro lado, o precedente não é imutável. Em qualquer momento no futuro, pode haver sua superação e, embora exista a discussão sobre a sua eficácia temporal, não existe qualquer proibição genérica de sua alteração.

Tudo isso implica afirmar que a coisa julgada, em termos de estabilização de uma decisão, é muito mais forte e densa do que o precedente. Acobertar uma determinada decisão da eficácia da coisa julgada implica uma imutabilização que não existe para o precedente. Por outro lado, o precedente, na medida em que garante estabilidade, integridade e coerência dos entendimentos jurisprudências, permite adaptação ou superação desses entendimentos a depender do caso ao qual ele pode incidir. Isso permite uma conclusão no contexto ora estudado. Em que pese a não aceitação pelo STF da tese da transcendência dos motivos determinantes, mesmo que seja inviável a aplicação do regime especial da coisa julgada às questões prejudiciais decididas incidentalmente pelo STF nas ações de controle concentrado de constitucionalidade, ainda assim, a segurança

---

51. "Assim, a questão constitucional, no controle concentrado, assume a natureza de questão principal, porque relacionado ao próprio objeto da demanda, distinguindo-se do controle difuso, no âmbito do qual – relembremos – a questão constitucional se limita à mera questão prejudicial, suscitada como incidente ou causa de pedir, porém jamais como pedido" (CUNHA JR., Dirley da. *Controle de Constitucionalidade: teoria e prática*. Salvador: Juspodivm, 2012, p. 183-184).

52. MARINONI, Luiz Guilherme. *Precedentes obrigatórios...* cit., p. 141.

jurídica será prestigiada a partir da eficácia vinculante dos precedentes prevista no CPC/2015 para essas decisões (art. 927, I),

8. CONCLUSÕES

Conclui-se que o regime especial de coisa julgada do § 1º, do art. 503, do CPC, não se verifica, como regra, no campo dos processos de controle concentrado-abstrato. Isso porque, nesses casos, não se observa um dos requisitos necessários para a formação dessa coisa julgada especial: a existência de uma questão prejudicial incidental.

É dizer, no âmbito do controle concentrado-abstrato de constitucionalidade, não há – ao menos não ordinariamente – questão prejudicial. Há apenas questão principal, sem relação de subordinação: a declaração de inconstitucionalidade, que integrará o dispositivo da decisão a ser tomada pelo STF.

Apenas em caráter excepcional, poderá o STF enfrentar, como questão prévia, a constitucionalidade do parâmetro e, como questão subordinada, a constitucionalidade do objeto. Em tal situação, haverá dois juízos de constitucionalidade, sendo o primeiro relativo ao parâmetro de controle, e o segundo, relativo ao objeto. Em tal situação, os pressupostos do art. 503, § 1º, estarão presentes: a) a resolução dessa questão será necessária ao julgamento de mérito relativo ao objeto de controle; b) contraditório efetivo; c) competência do STF para apreciar a constitucionalidade do parâmetro como questão principal, em sede de ADI.

Essa conclusão, contudo, não se confunde com a eficácia vinculante atribuída pelo CPC/2015 a certos precedentes, em especial a partir de seu art. 927, I, que impõe aos juízes e tribunais o dever de obediência às "decisões do Supremo Tribunal Federal em controle concentrado de constitucionalidade".

Cuida-se da positivação, pelo NCPC, da chamada *transcendência dos motivos determinantes,* a reconhecer que o efeito vinculante, nos processos de controle concentrado de constitucionalidade, atingiria não apenas o dispositivo da decisão – o ato normativo concretamente apreciado como objeto –, mas também a *ratio decidendi.*

De forma incongruente, todavia, a jurisprudência do Supremo Tribunal Federal consolidou-se no sentido de ser incabível reclamação fundada na teoria da transcendência dos motivos determinantes de acórdão com efeito vinculante, entendimento que merece ser superado, porquanto defensivo e incongruente, adotado com o nítido objetivo de diminuir o número de reclamações a serem ajuizadas naquele tribunal.

9. REFERÊNCIAS

ABBOUD, Georges. *Jurisdição constitucional e direitos fundamentais*. São Paulo: RT, 2011.

ASSIS, Araken de. *Processo civil brasileiro*. São Paulo: Editora Revista dos Tribunais, 2015, v. III.

ASSIS, Araken de. *Processo civil brasileiro*. São Paulo: RT, 2015, v. III.

BARROS, Lucas Buril de. *Precedentes judiciais e o direito processual civil*. Salvador: Juspodivm, 2015.

BARROSO, Luís Roberto. *O controle de constitucionalidade no direito brasileiro: exposição sistemática da doutrina e análise crítica da jurisprudência*/ 6. ed. rev. e atual. – São Paulo: Saraiva, 2012.

BUSTAMANTE, Thomas da Rosa de. *Teoria do precedente judicial: a justificação e a aplicação de regras jurisprudenciais*. São Paulo: Noeses, 2012.

CABRAL, Antonio do Passo. Comentários aos artigos 502 a 508. WAMBIER, Teresa Arruda Alvim. *Breves comentários ao Novo Código de Processo Civil*. / Tereza Arruda Alvim Wambier... [et al.], coordenadores. São Paulo: Editora Revista dos Tribunais, 2015.

CÂMARA, Alexandre Freitas. "Limites objetivos da coisa julgada no novo Código de Processo Civil". PEIXOTO, Ravi; MACÊDO, Lucas Buril de; FREIRE, Alexandre (coord). *Doutrina selecionada – Processo de conhecimento e disposições finais e transitórias*. Salvador: Juspodivm, 2015, v. 2.

CARNELUTTI, Francesco. *Instituciones del proceso civil*. Trad. de Santiago Santis Melendo. Buenos Aires: EJEA, s/a, v. I.

CHIOVENDA, Giuseppe. *Instituições de direito processual civil*/ tradução: Paolo Capitanio. Vol. I. Campinas: Bookseller, 1998.

CUNHA JR., Dirley da. *Controle de Constitucionalidade: teoria e prática*. Salvador: Juspodivm, 2012.

CUNHA JR., Dirley da. *Controle de Constitucionalidade: teoria e prática*. Salvador: Juspodivm, 2012.

CUNHA JR., Dirley da. *Curso de Direito Constitucional*. 11. ed. Salvador: Juspodivm, 2017.

CUNHA, Leonardo Carneiro da. *A fazenda pública em juízo*. Rio de Janeiro: Forense, 2016.

DELLORE, Luiz. "Da coisa julgada no novo Código de Processo Civil (L. 13.105/2015): conceito e limites objetivos". PEIXOTO, Ravi; MACÊDO, Lucas Buril de; FREIRE, Alexandre (coord). *Doutrina selecionada – Processo de conhecimento e disposições finais e transitórias.* Salvador: Juspodivm, 2015, v. 2.

DIDIER JR., Fredie. *Curso de direito processual civil.* 17. ed. Salvador: Juspodivm, 2015.

DIDIER JR., Fredie; BRAGA, Paula Sarno; OLIVEIRA, Rafael Alexandria de. *Curso de direito processual civil.* 10. ed. Salvador: Juspodivm, 2015, v. II.

DIDIER JR., Fredie; BRAGA, Paula Sarno; OLIVEIRA, Rafael Alexandria de. Curso de direito processual civil. 11. ed. Salvador: Juspodivm, 2016, v. II.

FERNANDES, Antonio Scarance. *Prejudicialidade.* São Paulo: RT, 1988.

MARINONI, Luiz Guilherme, ARENHART, Sérgio Cruz, MITIDIERO, Daniel. Novo curso de processo civil. São Paulo: RT, 2015, v. II.

MARINONI, Luiz Guilherme. *Precedentes obrigatórios.* São Paulo: RT, 2010.

MEDINA, José Miguel Garcia. *Novo código de processo civil comentado.* 3. ed. São Paulo: RT, 2015, versão digital.

MINAMI, M. Y.; PEIXOTO, Ravi. "Da questão prejudicial incidental constitucional no STF e o novo regime de coisa julgada". *Revista de Processo.* São Paulo: RT, n. 263, jan.-2017, edição eletrônica.

MOREIRA, José Carlos Barbosa. "Questões preliminares e questões prejudiciais". *Direito processual civil (ensaios e pareceres).* Rio de Janeiro: Borsoi, 1971.

NEVES, Daniel Amorim Assumpção. *Manual de direito processual civil.* 8ª ed. Salvador: Juspodivm, 2016.

NOVELINO, Marcelo. *Direito Constitucional.* 4. ed. Rio de Janeiro: Forense; São Paulo: Método, 2010.

PEIXOTO, Ravi. *Superação do precedente e segurança jurídica.* 2ª ed. Salvador: Juspodivm, 2016.

PONTES DE MIRANDA, Francisco Cavalcanti. *Comentários à Constituição de 1946.* 2ª ed. São Paulo: Max Limonad, 1953, t. V.

PRATES, Marília Zanella Prates. *A coisa julgada no direito comparado: Brasil e Estados Unidos.* Salvador: Juspodivm, 2013.

REDONDO, Bruno Garcia. "Questões prejudiciais e limites objetivos da coisa julgada no novo CPC". *Revista de Processo.* São Paulo: RT, n. 248, out.-2015.

SARLETT, Ingo; MITIDIERO, Daniel; MARINONI, Luiz Guilherme. *Curso de direito constitucional*. São Paulo: RT, 2012, p. 816.

SENRA, Alexandre. *A coisa julgada no código de processo civil de 2015*. Salvador: Juspodivm, 2017.

TARUFFO, Michele. *Institutional factors influencing precedents*. MACCORMICK, Neil; SUMMERS, Robert S. Interpreting precedents: a comparative study. Aldershot: Dartmouth, 1997.

TROPER, Michel, GRZEGORCZYCK, Cristophe. *Precedent in France*. MACCORMICK, Neil; SUMMERS, Robert S. Interpreting precedents: a comparative study. Aldershot: Dartmouth, 1997.

WAMBIER, Teresa Arruda Alvim. "O que é abrangido pela coisa julgada no direito processual civil brasileiro: a norma vigente e as perspectivas de mudança". *Revista de Processo*. São Paulo: RT, abr.-2014.

WATANABE, Kazuo. *Da cognição no processo civil*. São Paulo: RT, 1987.

ZANETI JR., Hermes. *O valor vinculante dos precedentes*. Salvador: Juspodivm, 2015.

CAPÍTULO 13

A declaração de inconstitucionalidade, a modulação de efeitos e a coisa julgada inconstitucional positivada pelo CPC/2015

Juliana Mendes de Oliveira Wagner

Vinicius Silva Lemos

SUMÁRIO: 1. INTRODUÇÃO; 2. O CONTROLE DE CONSTITUCIONALIDADE; 2.1. AS ESPÉCIES DE AÇÕES; 2.2. DA PROPOSITURA AO JULGAMENTO; 2.3. OS REFLEXOS DO JULGAMENTO PELA INCONSTITUCIONALIDADE; 3. A COISA JULGADA INCONSTITUCIONAL; 3.1. A RELAÇÃO DA DECLARAÇÃO DE INCONSTITUCIONALIDADE COM AS DECISÕES DE MÉRITO JÁ PROFERIDAS; 4. A MODULAÇÃO DE EFEITOS NO CONTROLE DE CONSTITUCIONALIDADE E O IMPACTO NA COISA JULGADA INCONSTITUCIONAL; 4.1. A SEGURANÇA JURÍDICA COMO BASE SISTÊMICA; 4.2. A POSSIBILIDADE DE MODULAÇÃO DOS EFEITOS: O CARÁTER PROSPECTIVO; 4.3. O IMPACTO DA MODULAÇÃO DOS EFEITOS NA COISA JULGADA INCONSTITUCIONAL; 5. CONCLUSÃO; 6. REFERÊNCIAS BIBLIOGRÁFICAS

1. INTRODUÇÃO

A entrada em vigor do Código de Processo Civil de 2015 não alterou somente a sistemática da própria procedimentalidade atinente ao seu próprio rito, mas impactou também outros ritos especiais, com uma abrangência maior do que se imaginava.

O objeto desse estudo é a relação entre o controle de constitucionalidade e a coisa julgada inconstitucional, com o detalhamento da positivação desse instituto pelo novo ordenamento processual e as consequências relacionais com o controle de constitucionalidade.

Para tanto, necessário se faz o estudo também da possibilidade da modulação dos efeitos da declaração de inconstitucionalidade e o impacto nos meios de impugnação da coisa julgada inconstitucional.

2. O CONTROLE DE CONSTITUCIONALIDADE

O controle de constitucionalidade tem como pressuposto o princípio da Supremacia da Constituição, segundo o qual todo ato normativo deve ser compatível com o texto constitucional. Slaibi Filho pontua que o controle de constitucionalidade fundamenta-se "na necessidade de preservar a soberania do poder constituinte em face de qualquer outro poder[1]."

Consiste, então, na análise da compatibilidade de leis e atos normativos com a norma constitucional, a partir de determinados requisitos formais e materiais previamente estabelecidos naquela, por meio difuso em um caso concreto ou por via de ação em controle concentrado.

Inicialmente o controle de constitucionalidade repressivo – quando a lei ou ato já estão em vigor – limitava-se a sua forma incidental[2], em razão da influência do modelo constitucional americano, no entanto, com a Emenda Constitucional n. 15 de 1965, o sistema autônomo e concentrado foi inserido no ordenamento jurídico pátrio e hoje se encontra elencado nos artigos 102, I, "a" e 125, §2º, da Carta Magna[3] e as ações em espécies nas Leis n. 9.868/99 e n. 9.882/99.

Na forma difusa (incidental, aberto, por via de exceção ou defesa), qualquer juiz ou tribunal pode, no caso concreto, analisar a referida compatibilidade. No entanto, a declaração constitui fundamento para a decisão e não seu próprio mérito, ainda que indispensável para o julgamento deste. Embora seus efeitos sejam limitados às partes do processo, é possível que se estendam *erga omnes* quando o STF declarar a inconstitucionalidade de lei, por decisão definitiva, o Senado Federal poderá, por meio da edição de uma resolução, suspender sua execução[4].

O caso *Marbury vs. Madison* é o marco inicial do controle de constitucionalidade nesta modalidade e ocorreu nos Estados Unidos em 24 de fevereiro de 1803. No mérito versava sobre o direito de *Wiliam Marbury* ser nomeado pelo Secretário de Estado *James Madison* como juiz de paz, no entanto, o que tornou o caso emblemático foi o reconhecimento da possibilidade de qualquer juiz afastar normas dos Estados Federados quando estas contrariassem a Constituição[5].

---

1. SLAIBI FILHO, Nagib. Direito Constitucional. 3 ed. Rio de Janeiro: Forense, 2009. p. 140.

2. Inserido no ordenamento jurídico pátrio desde a primeira constituição da República (1981), que em seu artigo 59, §1º, alínea "b" previa: [...] b) quando se contestar a validade de leis ou de atos dos Governos dos Estados em face da Constituição, ou das leis federais, e a decisão do Tribunal do Estado considerar válidos esses atos, ou essas leis impugnadas.

3. SLAIBI FILHO, Nagib. Direito Constitucional. 3 ed. Rio de Janeiro: Forense, 2009. p. 157.

4. O art. 52, inc. X, da CF/88, dispõe que: Art. 52. Compete privativamente ao Senado Federal: [...] X – suspender a execução, no todo ou em parte, de lei declarada inconstitucional por decisão definitiva do Supremo Tribunal Federal.

5. "[...] se uma lei opuser-se à constituição [...] os tribunais devem observar a constituição, [...]. Em alguns casos, então, a constituição deve ser examinada pelos juízes. [...] Portanto, a fraseologia particular da constituição dos Estados Unidos confirma e fortalece o princípio, considerado essencial a todas as constituições escritas, de que uma lei em choque com a constituição é nula e que os tribunais, assim como outros departamentos, são limitados por aquele instrumento." KLAUTAU FILHO, Paulo. A primeira decisão judicial sobre controle de constitucionalidade. Pará: Smith PRD, 2005. p. 43.

O controle de constitucionalidade concentrado (abstrato ou por via de ação direta), criado por Kelsen em "Teoria Pura do Direito" para o Tribunal Constitucional Austríaco[6], é exercido pelo STF originalmente e independente de um caso concreto.

A ideia é, inclusive, a análise da lei ou ato normativo de forma abstrata (em tese), a partir da provocação daqueles que são legitimados pela Constituição Federal para tanto[7], e com o intuito de extirpar do ordenamento jurídico, em razão da absoluta nulidade, o ato instrumento normativo contrário à Constituição (ADIN e ADPF) ou de consolidar a constitucionalidade de norma em relação a qual exista dúvida nesse sentido (ADECON).

Nesse caso, a declaração de constitucionalidade ou de inconstitucionalidade é o objeto principal da demanda, sua eficácia é *erga omnes* e seus efeitos são, em regra[8], *ex-tunc*. Para tanto, é necessário que a decisão decorra do voto da maioria absoluta dos membros do STF, em razão da cláusula de reserva de plenário preconizada no artigo 97 da Constituição Federal.

Em suma, portanto, o controle de constitucionalidade se presta para afirmar a impossibilidade das normas infraconstitucionais serem editadas de maneira contrária à vontade do legislador constituinte originário e retirá-las caso tal fato se verifique, bem como para garantir a aplicação e a observância dos ditames soberanos da Carta Magna.

2.1. As espécies de ações

O controle de constitucionalidade difuso, uma vez que exercido incidentalmente, pode ocorrer em qualquer tipo de ação. No controle concentrado, por outro lado, a declaração deve ser requerida em ações específicas, quais sejam: a) Ação Direta de Inconstitucionalidade (genérica, por omissão ou interventiva); b) Ação Direta de Constitucionalidade e; c) Ação de Descumprimento de Preceito Fundamental.

A Ação Direta de Inconstitucionalidade (ADIN) possui previsão constitucional no artigo 102, inciso I, alínea "a", da CF/88 e seu procedimento é regulamentado na Lei n. 9. 868/99. Esta ação pode ter por objeto lei ou ato normativo federal, estadual ou distrital editados após a entrada em vigor da CF e tem como finalidade

---

6. MORAES, Alexandre de. Direito Constitucional. 28 ed. São Paulo: Atlas, 2012. p. 760.

7. Art. 103 da CF/88.

8. É possível, nos termos do art. 27 da Lei n. 9.868/99, modular os efeitos da declaração de inconstitucionalidade, isto é, restringir os efeitos da declaração ou decidir que ela só terá eficácia a partir de seu trânsito em julgado ou de outro momento que venha a ser fixado.

invalidá-los, em regra, desde o início da sua vigência e retirá-los do ordenamento jurídico pátrio.

Possuem legitimidade para propô-la o Presidente da República; a Mesa do Senado Federal, da Câmara dos Deputados, da Assembleia Legislativa dos Estados ou da Câmara Legislativa do Distrito Federal; o Governador do Estado ou do Distrito Federal; o Procurador-Geral da República; o Conselho Federal da OAB, partido político com representação no Congresso Nacional e confederação sindical ou entidade de classe de âmbito nacional[9].

Dentre estes, subdividem-se aqueles que possuem legitimação ativa universal – isto é, sua atuação independe da comprovação de interesse específico, porque presumidamente interessados – e aqueles que o STF exige a comprovação da pertinência temática, ou melhor, da relação entre o objeto da demanda e a defesa de interesse específico do legitimado. São interessados universais o Presidente da República; a Mesa do Senado Federal, da Câmara dos Deputados, o Procurador-Geral da República, o Conselho Federal da OAB e partido político com representação no Congresso Nacional. Os demais, ao propor a ação, devem comprovar a presença do referido requisito.

A ADIN, além de ser cabível para, como dito, retirar do ordenamento jurídico, lei ou ato normativo, o é também no caso de omissão nos casos em que a Constituição Federal exigir, para o exercício de determinado direito, a regulamentação por parte do legislador infraconstitucional (normas de eficácia limitada e programáticas).

Diferentemente da ADIN em que se pretende que o STF exerça o papel de legislador negativo, na ADIN por omissão a decisão, caso julgada procedente, não é possível pretender uma atuação positiva do STF, assim como não é possível exigir do Poder Legislativo que atue, sob pena de violação do princípio da separação de poderes, limitando-se a decisão a permitir que, em caso de prejuízo decorrente da omissão, haja responsabilização por perdas e danos[10].

É possível, ainda, que a ADIN seja proposta com o escopo interventivo, hipótese cabível quando uma lei ou ato normativo violar um princípio sensível da Constituição Federal[11]. Possui previsão constitucional no art. 34, inciso VII e a legitimidade é apenas do Procurador-Geral da República. Nesse caso, além da declaração de inconstitucionalidade, pretende-se que o STF requisite ao Presidente

---

9. Art. 103, CF/88.

10. MORAES, Alexandre de. Direito Constitucional. 28 ed. São Paulo: Atlas, 2012. p. 809.

11. Os princípios sensíveis estão elencados nas alíneas, do inciso VII, art. 34, da CF/88 e são eles: a) a forma republicana, sistema representativo e regime democrático; b) os direitos da pessoa humana; c) a autonomia municipal e; d) a prestação de contas da administração pública, direta e indireta.

da República que seja decretada a intervenção federal que fixará sua duração e seus limites.

A segunda modalidade de ação em controle concentrado é a Ação Direta de Constitucionalidade, também com previsão no art. 102, inciso I, alínea "a", da CF/88 (a partir da alteração pela EC n. 3/93) e regulamentada pela Lei n. 9.868/99. Os legitimados e o procedimento são os mesmos da ADIN, o que as diferencia são seu objeto, uma vez que a ADECON só permite a impugnação de lei ou ato normativo federal e sua finalidade, que é declarar a constitucionalidade daqueles e, com isso, sanar controvérsia existente a respeito de sua aplicação sob o argumento de inconstitucionalidade.

A referida controvérsia deve ser comprovada na petição inicial, assim como que esta implica em risco para a presunção de constitucionalidade do ato normativo examinado, o que deve ser feito por meio da apresentação de decisões judiciais divergentes[12].

O controle de constitucionalidade abstrato (concentrado ou por via de ação) possui natureza dúplice, ao passo que a decisão de mérito acarreta os mesmos efeitos, isto é, julgada procedente ou improcedente haverá vinculação quanto à constitucionalidade ou inconstitucionalidade da lei ou ato normativo em questão[13].

Por fim, o controle de constitucionalidade pode ser exercido por meio da Arguição de Descumprimento de Preceito Fundamental (ADPF). Com previsão constitucional no artigo 102, §1º, da CF/88, trata-se de modalidade de ação direta cujo legislador constituinte optou por conceder eficácia limitada, razão pela qual tornou-se uma forma de controle de constitucionalidade apenas a partir da edição da Lei n. 9.882/99[14].

A ADPF pode ser proposta para evitar ou reparar lesão a preceito fundamental, resultante de ato do Poder Público e, ainda, quando for relevante o fundamento da controvérsia constitucional sobre lei ou ato normativo federal, estadual ou municipal, inclusive anteriores à edição da Constituição Federal[15]. Nota-se, então, que não obstante a limitação quanto ao tipo de violação, esta modalidade de ação direta é, de certo modo, mais abrangente porque atinge atos materiais, leis ou atos normativos municipais e, também, porque não restringe aos instrumentos que entraram em vigor após a promulgação da CF/88.

---

12. Art. 14, inciso III, da Lei n. 9.868/99.

13. MORAES, Alexandre de. Direito Constitucional. 28 ed. São Paulo: Atlas, 2012.p. 762.

14. SLAIBI FILHO, Nagib. Direito Constitucional. 3 ed. Rio de Janeiro: Forense, 2009.p. 269/270.

15. Art. 1º, *caput* e parágrafo único, inciso I, da Lei n. 9.882/99.

A Constituição e a Lei 9.882/99 não se preocuparam em definir o que seriam os "preceitos fundamentais", o que torna o conceito flexível e adaptável às circunstâncias sociais e ao caso concreto, sem, por outro lado, criar limitações acerca do que assim pode ser considerado. O Supremo Tribunal Federal, ao julgar a ADPF n. 1, em 03 de fevereiro de 2000, entendeu lhe competir *"o juízo acerca do que se há de compreender, no sistema constitucional brasileiro, como preceito fundamental"*[16].

O STF na ADPF n. 33[17] apontou como preceitos fundamentais os direitos e garantias fundamentais (art. 5º, CF/88), as cláusulas pétreas (art. 60, §4º, CF/88), os princípios sensíveis (art. 34, inc. VII, CF/88). Na ADPF n. 45[18] concebeu, também, aos direitos sociais tal qualidade. Slaibi Filho[19], Nery Jr. e Nery[20] apontam como preceitos fundamentais os fundamentos da república (art. 1º da CF/88), bem como os direitos e garantias fundamentais, além das cláusulas pétreas elencadas no art. 60, §4º, da CF/88.

A Corte entende, ainda, que o cabimento da ação depende da efetiva demonstração de violação de preceito fundamental resultante de ato do Poder Público e a inexistência de outro meio eficaz para sanar a lesividade alegada pelo autor[21].

---

16. SUPREMO TRIBUNAL FEDERAL. ADPF n. 1. Disponível em: ‹http://www.stf.jus.br/portal/jurisprudencia/listarJurisprudencia.asp?s1=%28ADPF%24.SCLA.+E+1.NUME.%29+OU+%28ADPF.ACMS.+ADJ2+1.ACMS.%29&base=baseAcordaos&url=http://tinyurl.com/cxbxryo›. Acesso em 25 de jul 2018.

17. No voto da ADPF n. 33, o relator ministro asseverou que: *"É muito difícil indicar, a priori, os preceitos fundamentais da Constituição passíveis de lesão tão grave que justifique o processo e o julgamento da argüição de descumprimento. Não há dúvida de que alguns desses preceitos estão enunciados, de forma explícita, no texto constitucional. Assim, ninguém poderá negar a qualidade de preceitos fundamentais da ordem constitucional aos direitos e garantias individuais (art. 5º, dentre outros). Da mesma forma, não se poderá deixar de atribuir essa qualificação aos demais princípios protegidos pela cláusula pétrea do art. 60, § 4º, da Constituição, quais sejam, a forma federativa de Estado, a separação de Poderes e o voto direto, secreto, universal e periódico. Por outro lado, a própria Constituição explicita os chamados 'princípios sensíveis', cuja violação pode dar ensejo à decretação de intervenção federal nos Estados-Membros (art. 34, VII)".*

18. Na oportunidade, embora julgada prejudicada a ADPF n. 45, o relator ministro Celso de Mello constou em seu voto que: *"É que, se tais Poderes do Estado agirem de modo irrazoável ou procederem com a clara intenção de neutralizar, comprometendo-a, a eficácia dos direitos sociais, econômicos e culturais, afetando, como decorrência causal de uma injustificável inércia estatal ou de um abusivo comportamento governamental, aquele núcleo intangível consubstanciador de um conjunto irredutível de condições mínimas necessárias a uma existência digna e essenciais à própria sobrevivência do indivíduo, aí, então, justificar-se-á, como precedentemente já enfatizado - e até mesmo por razões fundadas em um imperativo ético-jurídico -, a possibilidade de intervenção do Poder Judiciário, em ordem a viabilizar, a todos, o acesso aos bens cuja fruição lhes haja sido injustamente recusada pelo Estado".*

19. SLAIBI FILHO, Nagib. Direito Constitucional. 3 ed. Rio de Janeiro: Forense, 2009. p. 270.

20. NERY JR., Nelson; NERY, Rosa Maria. Código de processo civil comentado e legislação processual civil extravagante em vigor. 2002. p. 1.478.

21. "[...] Ficou demonstrada a violação, in casu, de preceitos fundamentais resultante de ato do Poder Público e a inexistência de outro meio eficaz para sanar a lesividade arguida pelo autor da ação, donde

Em todas as ações diretas a participação do Ministério Público é imprescindível, assim como, antes mesmo do aparecimento da figura no CPC/2015 como intervenção de terceiro, admitem a participação de *amici curiae*.

Por meio destas é que o controle de constitucionalidade se materializa no mundo jurídico e torna possível que o STF, enquanto guardião da Constituição, realize a análise da compatibilidade das leis e atos normativos em face daquela.

2.2. Da propositura ao julgamento

Não obstante a ADIN (genérica, por omissão e interventiva) e na ADECON tenham objetos e objetivos distintos, uma vez recebida a petição inicial o trâmite processual se desenvolve de forma similar. Em síntese, o relator pedirá informações da autoridade responsável pela lei ou ato normativo impugnado, que devem ser prestadas no prazo de 30 dias[22].

Em seguida, o Advogado-Geral da União será citado para defender o ato impugnado – na ADIN por omissão[23] e na ADECON[24] essa oitiva não é obrigatória, no primeiro caso porque não há ato a ser defendido e no segundo caso porque a divergência que fundamenta a ação é jurisprudencial, no prazo de 15 dias[25]. Sucessivamente, abre-se vista ao Procurador-Geral de Justiça para emissão de parecer. O relator poderá, ainda, admitir a participação de terceiros interessados na qualidade de *amicus curiae* e, se assim entender necessário, nomear peritos designar audiências públicas para viabilizar o exaurimento do contraditório[26].

Ouvidas as partes e interessados, o feito será encaminhado para julgamento no plenário do STF, em atenção à cláusula de reserva de plenário. Para tanto, é necessária a presença de, no mínimo, 8 ministros[27] que, nesta oportunidade farão a declaração de inconstitucionalidade ou de constitucionalidade – como dito, a ADIN e ADECON possuem natureza dúplice.

Na ADPF, recebida a inicial e analisado eventual pedido de liminar, o relator requisitará informações da autoridade responsável pelo ato questionado, no

---

se revelam preenchidos os pressupostos de cabimento da arguição de descumprimento de preceito fundamental [...]."(ADPF 413, Relator(a): Min. DIAS TOFFOLI, Tribunal Pleno, julgado em 06/06/2018, PROCESSO ELETRÔNICO DJe-123 DIVULG 20-06-2018 PUBLIC 21-06-2018).

22. Art. 6º, *caput* e parágrafo único, da Lei n. 9.868/99.

23. Art. 12-E, § 2º, da Lei n. 9.868/99.

24. Art. 19 da Lei n. 9.868/99.

25. Art.8º da Lei n. 9.868/99.

26. Art. 9º, § 1°, da Lei n. 9.868/99.

27. Art. 22 da Lei n. 9.868/99.

prazo de 10 dias[28]. Caso necessário, o relator ouvirá as partes que ensejaram a arguição, requisitará as informações pertinentes, poderá nomear peritos para emitir parecer técnico acerca do objeto da controvérsia e, ainda, designar audiência pública[29].

Para o julgamento, faz-se necessária a presença de, pelo menos, dois terços[30] dos ministros do STF e, embora a lei não preveja quorum para a prolação da decisão, caso haja, por consequência, a declaração de inconstitucionalidade do ato, é impreterível que os votos nesse sentido sejam o da maioria absoluta[31]. Julgada procedente a ação, as autoridades serão comunicadas acerca das condições e do modo de interpretar e aplicar o preceito fundamental até então violado[32] .

Em qualquer das ações diretas, não é cabível recurso diverso de embargos de declaração e não se admite ação rescisória[33]. Caso seja declarada a inconstitucionalidade, a norma é retirada do ordenamento jurídico, com os efeitos que serão abordados na sessão subsequente.

2.3. Os reflexos do julgamento pela inconstitucionalidade

Como dissemos, a ADIN e a ADECON possuem natureza dúplice, uma vez que julgada improcedente a ADIN declara-se a constitucionalidade da lei ou ato impugnado, ao passo que a improcedência da ADECON enseja na declaração de inconstitucionalidade, ainda que seus pedidos principais sejam, em ambos os casos pelo oposto. A ADPF, por outro lado, tem por objetivo suspender o ato violador de preceito fundamental, o que pode, por consequência, ensejar em uma declaração de inconstitucionalidade.

Não obstante às demais possibilidades de julgamento, para o cerne da questão aqui abordada, importa-nos tratar a respeito dos efeitos diretos e indiretos da declaração de inconstitucionalidade. Isso porque nesses casos é que a coisa julgada pode sofrer impactos e foi em relação a este ponto que o CPC/15 trouxe inovações quanto à inexigibilidade dos títulos judiciais fundados em lei ou ato normativo declarados inconstitucionais pelo STF, que até, então, gerava inúmeras controvérsias na jurisprudência e na doutrina.

Diretamente, tal declaração implica na nulidade absoluta da lei ou ato normativo (efeitos *ex-tunc*) e, com isso e qualquer efeito que estes possam ter gerado

---

28. Art. 6º da Lei n. 9.882/99.
29. Art, 6°, § 1º, da Lei n. 9.882/99.
30. Art. 8º da Lei n. 9.882/99.
31. MORAES, Alexandre de. Direito Constitucional. 28 ed. São Paulo: Atlas, 2012. p. 823.
32. Art. 10 da Lei n. 9.882/99.
33. Art. 26 da Lei n. 9.868/99 e art. 12 da Lei n. 9.882/99.

no plano fático, consequentemente, também é nulo. É possível que, por outro lado, tendo em vista razões de segurança jurídica ou de excepcional interesse social, o STF, por maioria de dois terços de seus membros, module os efeitos da decisão, limitando-os ou lhe atribuindo eficácia *ex-nunc*, isto é, a partir de seu trânsito em julgado ou de outro momento que venha a ser fixado[34].

Além disso, a declaração de inconstitucionalidade e, também a interpretação conforme a Constituição e a declaração parcial de inconstitucionalidade sem redução de texto, têm eficácia contra *erga omnes* e efeito vinculante[35]. Importante salientar que a vinculação na hipótese aludida não é apenas para a Corte, mas para os demais órgãos do Poder Judiciário e, também, para os órgãos da Administração e esta ocorre tanto em relação ao dispositivo, quando aos fundamentos da decisão – *ratio decidendi* – em razão da transcendência dos motivos determinantes[36].

Com a entrada em vigor do CPC/2015, as decisões proferidas pelo STF em controle concentrado de constitucionalidade ganharam o status de *brazilian precedents*[37]. Não obstante a força normativa já fosse incontestável, a lei processual reforça a necessidade da sua observância, ao dispor acerca de sua observância obrigatória[38] e ao deixar clara a nulidade das decisões que deixarem de observá-las[39].

3. A COISA JULGADA INCONSTITUCIONAL

A definição de coisa julgada é interligada à decisão realizada ao final da demanda, seja uma sentença – em 1º grau – ou um acórdão ou decisão unipessoal – em Tribunais. Uma vez decidida a questão cognitiva da demanda, sem a interposição ou cabimento de um recurso, ocorrendo o trânsito em julgado, há, consequencialmente, a formação da coisa julgada, da imutabilidade da decisão, sem poder decidir-se sobre aquele ponto novamente.

Diante da formação da coisa julgada, importa a diferenciação das espécies de decisões sobre uma demanda – em qualquer grau de jurisdição – quando formam a coisa julgada[40]. As decisões podem ter enfrentado *o mérito da demanda*

---

34. Art. 27 da Lei n. 9.868/99.

35. Art. 28, parágrafo único, da Lei n. 9.868/99.

36. SLAIBI FILHO, Nagib. Direito Constitucional. 3 ed. Rio de Janeiro: Forense, 2009.

37. Expressão empregada por Teresa Arruda Alvim Wambier em: ‹http://www.migalhas.com.br/dePeso/16,-MI203202,31047-Brazilian+precedentes›. Acesso em 24 jul. 2018.

38. Art. 927, CPC/15.

39. Art. 489, §1º, incisos V e VI, CPC/15.

40. "Coisa julgada é, pois, a estabilidade da sentença irrecorrível." CÂMARA, Freitas, A. (01/2017). *O Novo Processo Civil Brasileiro, 3ª edição*. [Minha Biblioteca]. Retirado de https://integrada.minhabiblioteca.com.br/#/books/9788597009941/.

ou, por algum vício processual, não ter alcançado tal estágio, o que importa em uma decisão sem julgamento do mérito, uma *decisão formal de encerramento da demanda*, mas sem enfrentamento da questão de existência da própria busca pelo Judiciário.

Ou seja, uma vez que não exista mais recurso ou que não se tenha exercido tal direito, a decisão proferida transita em julgado, tornando-se imutável, a *priori*.

No entanto, quando uma decisão transitada em julgado é fundamentada e calcada em determinada matéria, se esta mesma for julgada e declarada, posteriormente, como inconstitucional em controle de constitucionalidade – concreto ou abstrato – essa decisão, mesmo que já transitada em julgado, está eivada e atingida pela inconstitucionalidade.

Com isso, temos uma coisa julgada inconstitucional. Uma decisão que mesmo transitada em julgado atenta contra a constitucionalidade, contudo não foi percebida ou arguida tal inconstitucionalidade na demanda e, por isso, transitou em julgado com o resultado daquela fundamentação legal, utilizando uma norma que à época não tinha a declaração de inconstitucionalidade.

Importante mencionar que, embora o CPC/73 tivesse em seu bojo a previsão da inexigibilidade do título judicial decorrente da declaração de inconstitucionalidade (artigos 475-L, § 1° e 741, parágrafo único), sua redação era insuficiente e justificava as divergências doutrinárias e jurisprudenciais que haviam a respeito da temática.

A principal delas era se a declaração de inconstitucionalidade poderia ocorrer, também, em controle difuso ou apenas em controle concentrado. Os artigos 525, § 12 e 535, § 5°, solucionaram esse impasse ao estabelecer expressamente que a declaração pode ocorrer em qualquer das hipóteses de controle, o que amplia os efeitos da declaração de constitucionalidade em controle difuso que, até então, limitava-se as partes e agora pode ser utilizada como fundamento para o reconhecimento da inexigibilidade de títulos em ações diversas. O Fórum Permanente de Processualistas Civis, fazendo intepretação conforme o art. 97 da CF/88, estabeleceu, no enunciado 58, que esta decisão deve, no entanto, ser proferida pelo plenário do STF.

O CPC/15, não obstante às divergências jurisprudenciais e doutrinárias a respeito da coisa julgada inconstitucional, inclusive quanto à inconstitucionalidade do instituto, manteve sua previsão na lei processual, ampliou seu alcance e deixou claro o intuito do legislador em não permitir a perpetuação de obrigações decorrentes de instrumento normativo incompatível com a Carta Magna.

3.1. A relação da declaração de inconstitucionalidade com as decisões de mérito já proferidas

Uma vez realizado o controle de constitucionalidade de determinado dispositivo legal, com o resultado pela declaração da inconstitucionalidade, há o evidente impacto para todo o ordenamento jurídico sobre tal ponto.

A decisão pela inconstitucionalidade passa a ter efeitos pretéritos, seja no controle de constitucionalidade difuso, seja no controle de constitucionalidade concentrado. Quanto a este ponto, cabe ressaltar que a redação do CPC/73, como dito, deixava dúvidas a respeito da aplicação do instituto em caso de declaração de inconstitucionalidade no controle difuso. Parcela da doutrina entendia que a mera declaração incidental era suficiente para fundamentar a inexigibilidade do título[41], outros que apenas em controle concentrado esta seria possível e, ainda, haviam os que admitiam a declaração incidental desde que houvesse suspensão dos efeitos do instrumento normativo pelo Senado Federal, nos termos do art. 52, X, da CF/88.

O CPC/15, após muita discussão durante a votação do projeto, definiu expressamente que a declaração em controle difuso é suficiente para servir como fundamento na impugnação ao cumprimento de sentença e na ação rescisória, o que emprestou a esta forma de controle eficácia para além das partes do processo[42].

Partindo dessa premissa, para as demandas que ainda serão julgadas, aquelas que já estão em tramitação ou as que ainda serão intentadas, a norma que foi declarada inconstitucionalidade pelo STF, evidentemente, não deve ser utilizada, justamente por causa desse controle realizado pelo Tribunal Superior. Todavia, os casos em que a lei ou ato normativo declarado inconstitucional foi utilizado no exercício da jurisdição para resolução de casos postos à análise, constituiu-se, então, uma coisa julgada inconstitucional.

O momento da decisão proferida pelo STF em controle de constitucionalidade – abstrato ou concreto – sobre aquela norma determina o modo pelo qual a coisa julgada inconstitucional deve ser impugnada para ser retirada a sua eficácia e desconstituída sua validade.

---

41. O STJ, inclusive, havia proferido decisão nesse sentido, nos autos do REsp nº 825858 / MG (2006/0054792-4), oportunidade em que constou na ementa: "[...] Indispensável, em qualquer caso, que a inconstitucionalidade tenha sido reconhecida em precedente do STF, em controle concentrado ou difuso (independentemente de resolução do Senado), mediante (a) declaração de inconstitucionalidade com redução de texto (1ª parte do dispositivo), ou (b) mediante declaração de inconstitucionalidade parcial sem redução de texto ou, ainda, (c) mediante interpretação conforme a Constituição (2a parte). [...]".

42. NEVES, Daniel Amorim Assumpção. Novo Código de Processo Civil Comentado. 1ed. Salvador: JusPodivm, 2016.

Mediante a declaração da inconstitucionalidade da norma pelo STF, as eventuais decisões que forem impactadas por esse julgamento podem ser impugnadas pelas partes, com duas possibilidades: *via impugnação ao cumprimento de sentença; ou via ação rescisória.*

Discorremos sobre cada possibilidade.

3.1.1. As decisões ainda passíveis de trânsito em julgado: impugnação ao cumprimento

Se houver uma decisão do STF pela inconstitucionalidade da lei ou ato normativo que fundamenta a resolução de uma determinada lide e esta decisão for posterior à decisão do STF, o meio de utilização deve ser o recurso, justamente para que não se deixe transitar em julgado, uma vez que o precedente firmado – em controle concentrado ou difuso – serve de parâmetros de observância dos demais órgãos do Judiciário.

No entanto, caso haja o trânsito em julgado desta decisão, contendo em sua fundamentação um dispositivo de lei ou ato normativo declarado como inconstitucional pelo STF antes do referido trânsito em julgado, o meio correto do pedido de invalidade da decisão será no cumprimento de sentença, via impugnação do art. 525 (ou art. 535, caso seja contra a Fazenda Pública).

Se, portanto, uma decisão transitar em julgado com um conteúdo que já era declarado inconstitucional à época do seu trânsito em julgado e formação da coisa julgada, o executado deve arguir a inexigibilidade do título judicial, tendo em vista tal inconstitucionalidade.

Importante observar que somente será por esse caminho, caso na época do trânsito em julgado a matéria já seja reconhecidamente inconstitucional, o que demonstra que a continuidade ou manutenção daquele teor pelo próprio Judiciário incorre num equívoco judicial, devendo, portanto, ser objeto de alegação de impugnação ao cumprimento de sentença pelo título judicial executivo ser inexigível.

3.1.2. As decisões já transitadas em julgado: ação rescisória

Por outro lado, se a decisão do STF pela inconstitucionalidade da lei ou ato normativo que fundamenta a resolução de uma determinada lide for em momento temporal posterior a essa decisão e a formação da coisa julgada, não há mais que se falar em impugnação ao cumprimento de sentença e, sim, em ação rescisória para tal impugnação.

Ou seja, se houver uma decisão transitada em julgado com uma determinada matéria e, posteriormente, o STF declarar a lei ou ato normativo que funda aquela lide como inconstitucional, o meio cabível de impugnação será a ação rescisória.

Essa hipótese de ação rescisória não está elencada em qualquer dos incisos do art. 966, artigo no qual o ordenamento limita as possibilidades de cabimento da mesma demanda rescisória, todavia tal possibilidade contém previsão legal na dicção do art. 525, § 15 e, ainda, no tocante à Fazenda Pública, art. 535, § 8º.

Em ambos os dispositivos, ao versarem sobre a impugnação do cumprimento de sentença de uma decisão transitada em julgado, se determinada matéria constante da demanda, for julgada e declarada, posteriormente, como inconstitucional em controle de constitucionalidade – concreto ou abstrato – será passível de se intentar a ação rescisória, ou seja, um processo sobre determinada matéria, mesmo com o trânsito em julgado, pode ser revisto, desde que haja uma declaração de inconstitucionalidade do texto legal em que a decisão tenha como base de fundamentação.

A relação da inconstitucionalidade e da decisão transitada em julgado deve ser evidente, na qual, com a alteração realizada, via controle de constitucionalidade, pelo STF, contenha um impacto evidente no entendimento e resultado daquela decisão.

O intuito da inclusão da hipótese da ação rescisória pela coisa julgada inconstitucional está em retirar do ordenamento jurídico aquela decisão que mesmo transitada em julgado está eivada de vício, nesse caso, um vício pela inconstitucionalidade, ainda que esta somente seja visível em momento posterior. Com isso, a parte pode intentar a ação rescisória para anular a decisão, com base na devida inconstitucionalidade da norma que baseou a fundamentação da decisão. Optar por desfazer uma coisa julgada eivada de uma inconstitucionalidade demonstra a boa intenção do legislador.

3.1.2.1. A questão do prazo para a ação rescisória

O prazo decadencial de dois anos para a impugnação da coisa julgada inconstitucional via proposição de ação rescisória inicia-se com o trânsito em julgado da decisão da decretação da inconstitucionalidade via controle de constitucionalidade, sem um limite temporal imposto para a decisão objeto da ação que transitou em julgado.

Nesse viés, se houver uma ação transitada em julgado cinco anos atrás e o STF declarar a lei que a fundamentou inconstitucional, com trânsito em julgado desta última é que iniciar-se-á o prazo de dois anos para o intento da ação rescisória.

Não há, portanto, uma delimitação temporal máxima para que o STF realize o controle de constitucionalidade, somente há a delimitação do prazo para a proposição da ação rescisória: dois anos após o trânsito em julgado da decisão do STF que declara inconstitucional a lei ou ato normativo.

Essa opção legislativa acaba por ser uma eternidade[43] à mercê da decisão de controle de constitucionalidade. Um atentado à segurança jurídica esse excesso de abertura para o cabimento dessa demanda.

4. A MODULAÇÃO DE EFEITOS NO CONTROLE DE CONSTITUCIONALIDADE E O IMPACTO NA COISA JULGADA INCONSTITUCIONAL

Dada a realização do controle de constitucionalidade, concentrado ou difuso, e o STF declarar uma lei ou um ato como inconstitucional, os efeitos desta decisão serão ex tunc, isto é, com a retroatividade impactante da decisão até o momento do ingresso daquela lei ou ato no ordenamento jurídico brasileiro.

Dessa forma, essa decisão somente admite que há um defeito naquela norma, uma incompatibilidade desta com algum ponto da Constituição Federal e, por isso, o próprio ato normativo será declarado como nulo e, eventuais efeitos destes retroagirão até o início da vigência da norma.

E, numa relação com a coisa julgada inconstitucional, os efeitos da declaração de inconstitucionalidade de determinada norma impactam as decisões já existentes, ainda que transitadas em julgado, justamente por retroagirem até o início da vigência.

Conforme disposto na Lei n. 9.868/99, no art. 27 e na Lei n. 9.922/99, no art. 11, a possibilidade de modulação de efeitos para a declaração de inconstitucionalidade somente tem previsão no controle concentrado, com a especificação para a ação direta de inconstitucionalidade, a ação declaratória de constitucionalidade

---

43. Marinoni sustenta a intangibilidade dessa hipótese, justamente por atentar diretamente contra o princípio da segurança jurídica, o qual é primordial para estabilidade social: "Note-se, além disto, que a aceitação da retroatividade do pronunciamento do STF sobre as decisões proferidas pelos tribunais significa colocar coisa julgada sob condição ou em estado de provisoriedade, o que absolutamente incompatível com o conceito e com a razão de ser da coisa julgada. Ora, este estado de indefinição nega o fundamento que está à base da coisa julgada material, isto é, os princípios da segurança jurídica e da proteção da confiança." MARINONI, Luiz Guilherme. A intangibilidade da coisa julgada diante da decisão de inconstitucionalidade: impugnação rescisória e modulação de efeitos. Revista de Processo. vol. 251. ano 41. p. 275-307. São Paulo: Ed. RT, jan. 2016. p. 278.

e na arguição de descumprimento de preceito fundamental e, doutrinariamente, aceita-se na ação direta de inconstitucionalidade por omissão[44].

No controle de constitucionalidade difuso, no STF, por ser realizado via recurso extraordinário, com uma visão tradicionalista de que o resultado seria somente *inter partes*, não haveria motivos para que a modulação de efeitos fosse possível, dada a ausência de repercussão nas demais ações. Todavia, dois pontos são cruciais para o entendimento evolutivo de que a modulação de efeitos é possível no controle difuso: a inserção da repercussão geral como admissibilidade do recurso extraordinário; e a visão de um processo interligado aos precedentes judiciais.

Na primeira hipótese, a repercussão geral é uma admissibilidade específica do recurso extraordinário, que serve como filtro para que o STF escolha o que lhe compete julgar, com uma relevância maior do que o próprio processo[45]. Não importa para o julgamento do recurso extraordinário somente a existência de uma questão constitucional, mas, ainda, uma relevância daquela matéria para a sociedade[46]. Se um processo tem questão constitucional pertinente ao enquadramento ao cabimento recursal, mas não tem êxito na demonstração da repercussão geral, o recurso extraordinário, mesmo com enquadramento correto da supramencionada questão constitucional, não é julgado pela ausência de interesse daquela matéria jurídica, para além das partes.

Diante desse viés, com o impulsionamento do recurso extraordinário para uma importância além das partes, naturalmente que a visão de que a modulação dos efeitos das decisões que declarem a inconstitucionalidade de lei ou ato normativo passem a ter uma necessidade de incidência, ainda que não fosse prevista explicitamente na norma.

Outro ponto pertinente diante dessa evolução, está a valorização da atuação dos Tribunais, principalmente os superiores, para a formação dos precedentes judiciais no sistema processual brasileiro. Com a opção por uma visão de

---

44. AGRA, Walber de Moura. Curso de direito constitucional. Rio de Janeiro: Forense, 2007. p. 588.

45. "Por sua vez, a repercussão geral é instituto que possui o objetivo de possibilitar o não-conhecimento do mesmo recurso, caso possa não haver reflexo da referida decisão junto à sociedade. Logo, o antigo instituto buscava a inclusão, enquanto o atual justifica a exclusão, de feição bastante pragmática: uma alternativa ao congestionamento do STF." LAMY, Eduardo de Avelar. Repercussão geral no recurso extraordinário: a volta da argüição de relevância? In: Teresa Arruda Alvim Wambier; et al. (Org.). Reforma do Judiciário. 1ª ed. São Paulo: Ed. RT. Vol. I. 2005. p. 178.

46. De certa forma, agora a parte deve demonstrar que há relevância no seu recurso, o que, de modo antagônico, como sugere Maltez, deve comprovar que não é irrelevante: "acaba por se reduzir a uma argüição de irrelevância'. Isso porque a relevância é presumida e a irrelevância somente será reconhecida se neste sentido se manifestarem dois terços de seus membros" MALTEZ, Rafael Tocantins. Repercussão geral da questão constitucional. Recurso Especial e Extraordinário – repercussão geral e atualidades. Rogério Licastro Torres de Mello (coord.), São Paulo, Método, 2007. p. 194.

precedentes judiciais, quando uma decisão paradigmática forma uma norma jurídica abstrata possível de ser utilizada em casos futuros análogos, a modulação dos efeitos da decisão proferida em controle difuso de constitucionalidade passa a ser não só viável, como necessária, justamente pelo impacto que um julgamento de um recurso extraordinário detém para influenciar processos vindouros.

No entanto, o CPC/2015 vai além e influência na modulação dos efeitos em controle de constitucionalidade difuso, ao dispor, quando trata da coisa julgada inconstitucional, sobre a possibilidade, mediante os arts. 525, § 13 e 535, § 6°, que o STF quando deliberar em controle de constitucionalidade concentrado e difuso pode modular os efeitos no tempo, de modo a favorecer a segurança jurídica.

Há, portanto, uma mudança sobre a modulação dos efeitos da declaração de inconstitucionalidade, com a positivação de sua viabilidade para o controle difuso de constitucionalidade.

4.1. A segurança jurídica como base sistêmica

O controle de constitucionalidade é necessário para o exame devido sobre a compatibilização das leis e atos normativos com os ditames constitucionais.

No entanto, dada a possibilidade do impacto da declaração de inconstitucionalidade de uma lei ou ato normativo no sistema jurídico, é importante que se realize o exame da segurança jurídica de tal ato, de modo que há uma dualidade entre a necessidade da real análise sobre a constitucionalidade, sem a possibilidade de tergiversar-se sobre a declaração de inconstitucionalidade e o impacto que eventual declaração trará na sociedade e, principalmente, em processos que já foram julgados utilizando a lei ou ato normativo declarado eventualmente como inconstitucionais.

Desse modo, o STF não pode, ao cumprir seu mister constitucional, deixar de declarar uma lei ou ato normativo como inconstitucional somente pelo impacto que este possa trazer ao ordenamento jurídico. A visão cognitiva de que há uma incompatibilidade constitucional deve ser declarada.

Por outro lado, a segurança jurídica deve caminhar ao lado da análise cognitiva constitucional, com o estudo e previsão dos impactos que eventual declaração de inconstitucionalidade podem causar ao ordenamento jurídico, principalmente com decisões já proferidas anteriormente.

Da mesma forma que o STF deve cumprir o seu mister constitucional, deve primar para que a segurança jurídica seja mantida, com a segurança jurídica sendo a tônica mesmo com a necessidade de que a declaração de inconstitucionalidade seja resultado necessário.

A necessidade de verificação de uma modulação de efeitos está na confiança jurídica legítima e justificada da sociedade e dos jurisdicionados naquela lei ou ato normativo que detinha vigência e que impactou a sociedade. Se há uma declaração de inconstitucionalidade pelo STF, esta deve ser acompanhada da análise da necessidade, ou não, de uma modulação de efeitos, para um momento futuro, com uma prospecção da validade da declaração, sem ofender as questões anteriores consolidadas[47].

4.2. A possibilidade de modulação dos efeitos: o caráter prospectivo

Se a regra do efeito da declaração da inconstitucionalidade é o efeito *ex tunc*, com a retroação da nulidade para desde o momento da vigência da norma no ordenamento jurídico, impactando em todos os processos que foram julgados com base naquela lei ou ato normativo, a modulação de efeitos serve para a fixação de uma data ou modo de início dessa eficácia de modo diverso da regra.

Ou seja, a modulação de efeitos passa pela alteração da retroatividade para uma prospectividade, para que a decisão da declaração de inconstitucionalidade detenha uma eficácia para o futuro, para um momento diverso daquele que normalmente teria, como anteriormente explicitado.

Diante disso, a modulação de efeitos trabalha com a prospecção do que se decidir e essa prospectividade funciona de três maneiras: *em um momento retroativo diverso daquele da entrada da vigência da norma; a partir do momento em que a decisão declaratória da inconstitucionalidade se forma ou transita em julgado; ou na definição de uma data futura para que essa inconstitucionalidade passe a ter a eficácia.*

No *primeiro aspecto*, por mais que a decisão do STF continue a conter um efeito *ex tunc* e, portanto, retroativo, a modulação do efeito ocorreu no intuito de definir uma data que estaria compreendida entre a data da entrada em vigência da lei ou do ato normativo declarado inconstitucional e a data do julgamento.

Com isso, há uma modulação de efeito para que este seja diversa da normalidade, com o avanço do que seria para um momento futuro, ainda que seja *ex tunc*. Por mais que pareça estranho, ocorre uma prospecção, um avançar do

---

47. Quando Marinoni discorre sobre a modulação de efeitos para a superação de precedente, vale de igual maneira para a declaração de inconstitucionalidade. "Quando nada indica provável revogação de um precedente, e, assim, os jurisdicionados nele depositam a confiança justificada para pautar suas condutas, entende-se que, em nome da proteção da confiança, é possível revogar o precedente com efeitos puramente prospectivos (a partir do trânsito em julgado) ou mesmo com efeitos prospectivos a partir de certa data." MARINONI, Luís Guilherme. Eficácia temporal da revogação da jurisprudência consolidada dos tribunais superiores. Revista dos Tribunais. São Paulo, v.100, n. 906, abr. 2011. p. 255.

efeito no tempo, mesmo que não se ultrapasse a data do julgamento e somente se pense no futuro, mas modulou-se para avançar de modo diverso do que a regra, o que não deixa de ser um modo de modulação de efeitos dessa decisão.

Num *segundo aspecto*, há a possibilidade da modulação de efeitos dessa declaração de inconstitucionalidade quando o STF entender que não se pode permitir, pela segurança jurídica, a incidência do efeito retrospectivo, modula estes efeitos para que somente se inicie após ao julgamento declaratório da inconstitucionalidade.

Essa modulação tem significado como possibilidade de prospecção dos efeitos da decisão daquela data para o futuro, mantendo os efeitos daquela inconstitucionalidade da lei ou ato normativo mesmo que seja assim declarada e os efeitos dessa declaração somente valerão para os casos futuros, com uma evidente modulação de efeitos, permitida pela norma processual, como vimos.

O *terceiro aspecto* seria uma variação da modulação dos efeitos para a prospecção. Essa possibilidade existe quando se define, no momento declaração da inconstitucionalidade, a impossibilidade de efeito retrospectivo, mas, além disso, impede-se também o estabelecimento de um efeito puramente prospectivo, daquele momento em diante, com a visão necessária de que o entendimento ali fixado, somente terá validade de um ponto no futuro em diante.

O STF, ao realizar a modulação, estabelece uma data no futuro para a validade da declaração da inconstitucionalidade daquela lei ou ato normativo. A modulação de efeitos, nesse caso, ocorre na forma de não ter uma validade imediata, tampouco a partir dali, mas em ponto futuro, somente depois de determinado prazo ou data. A declaração foi julgada e realizada, contudo o instrumento normativo continua com a sua validade, mesmo nulo e inconstitucional, até a data determinada pelo colegiado.

Como é uma data futura, um momento posterior, o denominado será uma prospecção de um momento prospectivo, o que justifica o nome *prospective prospective*.

4.3. O impacto da modulação dos efeitos na coisa julgada inconstitucional

Diante da possibilidade da modulação dos efeitos da declaração de inconstitucionalidade, em qualquer das hipóteses do controle de constitucionalidade, há uma relação deste ponto com o cabimento das impugnações à coisa julgada inconstitucional.

Tanto o art. 525, § 13, quanto o art. 535, § 6º, determinam que o cabimento da impugnação ao cumprimento de sentença à coisa julgada inconstitucional para a visão de inexigibilidade do título ou o cabimento da ação rescisória para a desconstituição da dessa coisa julgada inconstitucional não serão possíveis se o STF modular os efeitos da decisão que declara a inconstitucionalidade daquela lei ou ato normativo.

Ou seja, a coisa julgada inconstitucional foi positivada e regulamentada pelo CPC/2015, com o intuito de que fosse conferida uma visão correta e adequada para essa situação jurídica, contudo, no mesmo código, se coloca a possibilidade de modulação de efeitos da decisão que torna a coisa julgada inconstitucional.

Dessa maneira, mesmo que haja uma declaração de inconstitucionalidade, se o STF modular os efeitos de sua decisão, a eventual existência de coisa julgada inconstitucional pode não ser passível de impugnação, em qualquer dos seus modos, pelo fato da validação daquela inconstitucionalidade pelo STF, ao menos temporalmente nos moldes que modular os efeitos.

A atuação do STF em controle de constitucionalidade – qualquer deles – passa a ganhar um impacto ainda maior do que o já existente, com a possibilidade natural de efeitos retrospectivos dessa decisão em dado controle, culminando na possibilidade autorizativa de cabimento da ação rescisória ou a impugnação da sentença contra a coisa julgada inconstitucional ou, se entender pertinente a modulação de efeitos, impacta na impossibilidade desses meios impugnativos da coisa julgada inconstitucional.

Se de um lado há o reconhecimento da coisa julgada inconstitucional, por outro, a modulação dos efeitos da decisão que declara inconstitucional lei ou ato normativo retira a possibilidade que o próprio CPC/2015 concede de impugnar a coisa julgada inconstitucional.

5. CONCLUSÃO

Por todo o estudo apresentado, os aspectos conclusivos da declaração de inconstitucionalidade impactados pelo CPC/2015 são pela positivação da modulação de efeitos no controle difuso de constitucionalidade, mediante o disposto nos arts. 525, § 13 e 535, § 6 e a existência de uma relação com essa modulação com a coisa julgada inconstitucional.

A coisa julgada inconstitucional consiste na existência de uma decisão transitada em julgado em que o fundamento desta é calcado em lei ou ato normativo que foi declarado pelo STF como inconstitucional. O CPC/2015 procurou melhorar a sistematização deste instituto e o modo de impugnação, com a possibilidade de intento da ação rescisória ou a impugnação ao cumprimento de sentença.

Todavia, mesmo diante de tais possibilidades de impugnabilidade, o próprio CPC/2015 imputa que se o STF entender pertinente, com base na necessidade de primar pela segurança jurídica, pode modular os efeitos da declaração da inconstitucionalidade, seja em controle concentrado, seja em difuso, o que retira a possibilidade de impugnação da coisa julgada inconstitucional.

Dessa maneira, com base na necessidade de segurança jurídica, uma coisa julgada inconstitucional pode continuar a produzir efeitos, sem a possibilidade de impugnação, caso seja realizado a modulação dos efeitos da declaração de inconstitucionalidade e nos moldes temporais desta.

6. REFERÊNCIAS BIBLIOGRÁFICAS

AGRA, Walber de Moura. Curso de direito constitucional. Rio de Janeiro: Forense, 2007.

CÂMARA, Freitas, A. (01/2017). *O Novo Processo Civil Brasileiro, 3ª edição.* [Minha Biblioteca]. Retirado de https://integrada.minhabiblioteca.com.br/#/books/9788597009941/

KLAUTAU FILHO, Paulo. A primeira decisão judicial sobre controle de constitucionalidade. Pará: Smith PRD, 2005.

LAMY, Eduardo de Avelar. Repercussão geral no recurso extraordinário: a volta da argüição de relevância? In: Teresa Arruda Alvim Wambier; et al. (Org.). Reforma do Judiciário. 1ª ed. São Paulo: Ed. RT. Vol. I. 2005.

MALTEZ, Rafael Tocantins. Repercussão geral da questão constitucional. Recurso Especial e Extraordinário – repercussão geral e atualidades. Rogério Licastro Torres de Mello (coord.), São Paulo, Método, 2007.

MARINONI, Luís Guilherme. Eficácia temporal da revogação da jurisprudência consolidada dos tribunais superiores. Revista dos Tribunais. São Paulo, v.100, n. 906, abr. 2011.

MARINONI, Luiz Guilherme. A intangibilidade da coisa julgada diante da decisão de inconstitucionalidade: impugnação rescisória e modulação de efeitos. *Revista de Processo.* vol. 251. ano 41. p. 275-307. São Paulo: Ed. RT, jan. 2016.

MORAES, Alexandre de. Direito Constitucional. 28 ed. São Paulo: Atlas, 2012.

NERY JR., Nelson; NERY, Rosa Maria. Código de processo civil comentado e legislação processual civil extravagante em vigor. 2002.

NEVES, Daniel Amorim Assumpção. Novo Código de Processo Civil Comentado. 1ed. Salvador: JusPodivm, 2016.

SLAIBI FILHO, Nagib. Direito Constitucional. 3 ed. Rio de Janeiro: Forense, 2009.

CAPÍTULO 14

O Novo Código de Processo Civil e a aproximação do controle concreto ao controle abstrato de constitucionalidade

Lianne Macedo Soares

SUMÁRIO: 1. INTRODUÇÃO; 2. BREVE HISTÓRICO DO CONTROLE DE CONSTITUCIONALIDADE BRASILEIRO; 3. MECANISMOS DE APROXIMAÇÃO DOS DOIS MODELOS DE CONTROLE ANTERIORES AO NOVO CÓDIGO DE PROCESSO CIVIL; 3.1. PODERES MONOCRÁTICOS DO RELATOR; 3.2. DISPENSA DE REEXAME NECESSÁRIO; 3.3. SÚMULA IMPEDITIVA DE RECURSOS; 3.4. REPERCUSSÃO GERAL; 3.5. SISTEMÁTICA DE JULGAMENTO DE RECURSOS REPETITIVOS; 3.6. SÚMULA VINCULANTE; 4. INOVAÇÕES DO CÓDIGO DE PROCESSO CIVIL DE 2015; 5. CONCLUSÃO; 6. REFERÊNCIAS

1. INTRODUÇÃO

O Novo Código de Processo Civil traz significativas mudanças ao funcionamento do Poder Judiciário e aos jurisdicionados. Certamente, um dos pontos marcantes nesse sentido está na força conferida pelo novo diploma legal aos precedentes judiciais. Nesse particular, o código introduz algumas novidades sensíveis que permitem concluir, em matéria de controle de constitucionalidade, que os efeitos do controle concreto – difuso, quando exercido pelo Supremo Tribunal Federal, caminham, continuamente, para a aproximação daqueles produzidos no controle abstrato – concentrado.

Quanto ao tema, sabe-se que o artigo 52, X, CRFB/88[1] exige a participação do Senado Federal para que a declaração de inconstitucionalidade proferida pelo Supremo Tribunal Federal, em controle concreto-difuso, produza efeitos erga omnes e vinculantes. Entretanto, constata-se a progressiva introdução, no ordenamento jurídico, de mecanismos que, na prática, geram efeitos muito semelhantes à resolução senatorial, sem a necessidade de participação da casa legislativa.

Este artigo pretende trazer um panorama acerca da aproximação que vem gradativamente ocorrendo entre os dois modelos de controle e analisar sob que prisma o Novo Código de Processo Civil contribui para esse movimento.

---

1. Constituição Federal de 1988.

2. BREVE HISTÓRICO DO CONTROLE DE CONSTITUCIONALIDADE BRASILEIRO

Como é sabido, o sistema jurídico brasileiro comporta duas modalidades de controle de constitucionalidade: o concreto – difuso, em que todos os Órgãos do Poder Judiciário são competentes para exercê-lo enquanto questão prejudicial de um caso concreto levado a juízo, e o abstrato-concentrado, em que apenas ao Supremo Tribunal Federal compete a análise da constitucionalidade de norma colocada como questão principal de um processo objetivo.

No primeiro caso, por restringir-se à solução da controvérsia, a decisão acerca da constitucionalidade da norma tem caráter incidental e possuem, tradicionalmente, efeitos *inter partes*. No segundo, a questão constitucional é o próprio objeto do processo, razão pela qual os efeitos da decisão são erga omnes e vinculantes em relação a todos os órgãos do Poder Judiciário e à Administração Pública (excetuado o Poder Legislativo, que, em sua função precípua de editar leis, sempre pode rever a matéria). Esse atual sistema híbrido, que não encontra paradigma em nenhum outro país do mundo, foi construído pouco a pouco.

Em sua origem, o controle de constitucionalidade brasileiro seguiu o modelo do judicial review norte-americano, em que é possível o seu exercício por qualquer órgão judicial, operando-se apenas diante de casos concretos, sem a possibilidade da análise em abstrato acerca da compatibilidade de lei ou ato normativo com a Constituição.

Esse modelo foi reproduzido na Constituição de 1891; porém, a ausência da fórmula do stare decisis (extração de uma norma vinculante a partir do precedente judicial.), própria do sistema de commom law, trouxe uma incômoda consequência: mesmo após inúmeros pronunciamentos pela inconstitucionalidade de lei ou ato normativo, proferidos em última instância pelo Supremo Tribunal Federal, a norma impugnada continuava dotada de eficácia para todos os demais membros da coletividade. Inexistia qualquer mecanismo apto a ampliar os efeitos da declaração de inconstitucionalidade, o que causava sérios problemas de isonomia e segurança jurídica.

Em 1965, a Emenda Constitucional nº 16 inaugurou o sistema de controle abstrato-concentrado na ordem jurídica brasileira, com a previsão da representação de inconstitucionalidade, de iniciativa privativa do Procurador Geral da República. Mas foi com a Constituição de 1988 que o modelo abstrato adquiriu especial relevo. A Carta atual pôs fim ao monopólio do Procurador Geral da República em relação à propositura de ação direta de inconstitucionalidade, ampliando significativamente o rol de legitimados. Além disso, aumentou os instrumentos de controle, introduzindo a ação direta de inconstitucionalidade por omissão e a arguição de descumprimento de preceito fundamental, que carecia de regulação por lei. Mais tarde, a EC n. 3/93 criou, também, a ação declaratória de constitucionalidade.

Assim, o momento atual é o da coexistência do controle concreto-difuso e do controle abstrato-concentrado. Neste, como já se disse, a decisão do Supremo Tribunal Federal possui efeitos *erga omnes* e, de imediato, obriga todos os demais órgãos do Poder Judiciário e a Administração Pública, o que se tem denominado efeito vinculante. Naquele, para que sejam geradas as mesmas consequências, segundo o artigo 52, X, CRFB/88[2], ainda se faz necessária a participação do Senado Federal, com a suspensão da norma por meio de resolução.

3. MECANISMOS DE APROXIMAÇÃO DOS DOIS MODELOS DE CONTROLE ANTERIORES AO NOVO CÓDIGO DE PROCESSO CIVIL

Conforme mencionado no tópico precedente, um exame de recentes normas de processo civil e de jurisdição constitucional permite a percepção de uma gradativa inserção, no direito positivo, de mecanismos aptos a conferir, em diferentes medidas, efeitos generalizantes às decisões do Supremo Tribunal Federal em controle concreto-difuso sem que, para isso, seja necessária a participação do Senado Federal. São expostos a seguir alguns destes mecanismos, anteriores ao Novo Código de Processo Civil.

3.1. Poderes monocráticos do relator

A primeira menção de destaque refere-se à Lei 9.756/98 que, alterando o caput do artigo 557 do CPC/1973[3] e nele introduzindo o §1º-A atribuiu ao relator de recursos nos tribunais o poder de lhes negar ou dar provimento, monocraticamente, de acordo com a consonância ou não da decisão recorrida com a jurisprudência consolidada do Supremo Tribunal Federal. Em interpretação conjunta com o artigo 481, parágrafo único, do CPC/1973[4], isto significou a possibilidade de que, diante de reiteradas decisões da Suprema Corte em incidente de inconstitucionalidade, a orientação fosse invocada pelo relator para deferir ou indeferir, de plano, o recurso intentado.

3.2. Dispensa de reexame necessário

Outra novidade foi trazida pela Lei 10.352/2001, que acresceu o §3º ao artigo 475, CPC/1973[5]. O caput do antigo dispositivo legal previa a regra do reexame ne-

---

2. Idem. Ibidem.

3. Código de Processo Civil de 1973.

4. Idem. Ibidem.

5. Idem. Ibidem.

cessário de sentenças contrárias à Fazenda Pública. Em alteração semelhante à da Lei 9.756/98, o parágrafo introduzido dispensou o reexame quando a decisão de primeiro grau de jurisdição estivesse em harmonia com a jurisprudência do plenário do Supremo Tribunal Federal. Logo, havendo decisões da Corte em controle concreto-difuso acerca da constitucionalidade de uma norma e tendo o juiz de primeira instância decidido no mesmo sentido, estaria justificada a dispensa do reexame em favor da Fazenda.

3.3. Súmula impeditiva de recursos

Mais adiante, a Lei 11.276/2006 introduziu outro instrumento pretensamente generalizante dos efeitos das decisões da Suprema Corte na via difusa, consistente na súmula impeditiva de recursos, cuja previsão passou a constar do artigo 518, §1º, CPC/1973[16]. Essa disposição legal previu a não recepção de recurso de apelação pelo juízo de primeiro grau quando a sentença estivesse em conformidade com súmula do Supremo Tribunal Federal. Por consequência, tratando a súmula de decisões da Corte em incidente de inconstitucionalidade, a aplicação do dispositivo processual proporcionou, em alguma medida, a generalização dos efeitos de tais julgados.

3.4. Repercussão geral

Antes mesmo da súmula impeditiva de recursos, a Emenda Constitucional nº 45/2004 já havia provocado alteração significativa nos restritos efeitos produzidos no controle concreto-difuso ao acrescentar, no ordenamento jurídico brasileiro, o §3º do artigo 102 da CRFB[6]. O dispositivo previu, como requisito para a admissibilidade dos recursos extraordinários, a repercussão geral. Regulamentado pelo artigo 543-A do CPC/1973[7] (acrescido pela Lei 11.418/2006), o novo instituto passou a exigir a apresentação, pela matéria objeto do recurso extraordinário, de relevância econômica, política, social ou jurídica, bem como a transcendência aos interesses subjetivos das partes.

Diante dessa evidente feição objetiva conferida pela repercussão geral ao recurso extraordinário, o artigo 543-A, §5º do CPC/1973[8] determinou a aplicação da decisão denegatória de repercussão geral a todos os recursos relativos à matéria idêntica, com sua automática inadmissão. Como consequência, a decisão relativa a um caso concreto específico passou a impactar diversos outros processos

---

6. Constituição Federal de 1988.

7. Código de Processo Civil.

8. Idem. Ibidem.

judiciais. Ainda, a possibilidade da participação de terceiros na análise da repercussão geral apenas confirmou o intuito generalizante do instituto (DEOCLECIANO; SOUZA, 2009).

3.5. Sistemática de julgamento de recursos repetitivos

Junto à regulamentação da repercussão geral, a Lei 11.418/2006 previu, ainda, um regramento especial para o julgamento de recursos relativos a uma mesma questão jurídica. Esse regramento foi incorporado ao CPC/1973 no artigo 543-B e parágrafos[9].

Denominada sistemática de julgamento de recursos repetitivos, a técnica consiste, em resumo, na escolha, pelo Presidente do Tribunal recorrido, de um ou mais recursos representativos da controvérsia. Enquanto os selecionados são objeto de análise pela Suprema Corte, os demais aguardam sobrestados na origem. Uma vez reconhecida a repercussão geral nos recursos paradigmas, é julgado o seu mérito.

Em seguida, os recursos sobrestados são apreciados pelos Tribunais, Turmas de Uniformização ou Turmas Recursais. De acordo com o CPC/1973, os órgãos responsáveis pela apreciação dos recursos sobrestados poderiam declará-los prejudicados ou retratar-se, de acordo com o teor da decisão proferida pelo Supremo Tribunal Federal. É, portanto, notável que o regramento estabelecido para os recursos repetitivos, cumulado ao requisito da repercussão geral, cumpriu papel de generalizar os efeitos de decisões incidentais proferidas pelo Supremo Tribunal Federal no âmbito de recursos extraordinários (MACEDO, 2011).

3.6. Súmula vinculante

Em relação aos diversos institutos acima citados, a novidade positivada mais relevante para fins de aproximação dos efeitos dos dois modelos de controle foi, sem dúvidas, a súmula vinculante. Trata-se de instrumento pelo qual a Suprema Corte sintetiza uma doutrina adotada em diversos julgados semelhantes, firmando orientação que, segundo expressa previsão constitucional, possui efeito vinculante em relação aos demais órgãos do Poder Judiciário e à Administração Pública.

Assim como a repercussão geral, a súmula vinculante foi criada pelo constituinte reformador, por meio da Emenda Constitucional nº 45/2004, que introduziu no texto constitucional o artigo 103-A e parágrafos. Os dispositivos exigem, para a

---

9. Idem. Ibidem.

aprovação do verbete: (i) quórum de dois terços dos Ministros do Supremo; (ii) reiteradas decisões, em um mesmo sentido, acerca da matéria constitucional e (iii) controvérsia relevante entre órgãos judiciários ou entre estes e a Administração Pública sobre a matéria sumulada.

Além disso, a disciplina constitucional estabelece que a aprovação da súmula, bem como a sua revisão e cancelamento, poderão ser provocados de ofício pelo Supremo Tribunal Federal – o que tem ocorrido na maior parte dos casos – ou pelos legitimados à propositura da ação direta de inconstitucionalidade. A Lei 11.417/2006, regulamentando o instituto, previu, ainda, a necessidade de audiência do Procurador Geral da República e a possibilidade da manifestação de amicus curiae, de modo a dar consistência ao debate travado previamente à aprovação do enunciado.

4. INOVAÇÕES DO CÓDIGO DE PROCESSO CIVIL DE 2015

O Novo Código de Processo Civil parece estar em sintonia com a tendência verificada até aqui de expansão dos efeitos das decisões do Supremo Tribunal Federal na via difusa.

O novo marco legal insere algumas alterações sensíveis quanto ao grau de vinculação do Poder Judiciário a determinadas decisões da Suprema Corte, o que impacta, por consequência, nos seus pronunciamentos em incidentes de inconstitucionalidade. Em primeiro lugar, destaca-se que a repercussão geral no recurso extraordinário passou a ser presumida quando este for interposto em face de decisão em incidente de demandas repetitivas (artigo 987, §1º) e de decisão que tenha reconhecido a inconstitucionalidade de tratado ou lei federal (artigo 1.035, §3º, III)[10]. Essa presunção reforça o caráter transcendental conferido pelo legislador a decisões em incidentes de inconstitucionalidade, justificando a eficácia expansiva, para além do caso concreto, da manifestação final do Supremo Tribunal Federal.

É, porém, o artigo 927 do novo diploma aquele que traz uma das novidades mais relevantes para o tema. Eis a sua redação:

> Art. 927
>
> Os juízes e os tribunais observarão:
>
> I – as decisões do Supremo Tribunal Federal em controle concentrado de constitucionalidade;
>
> II – os enunciados de súmula vinculante;

---

10. Novo Código de Processo Civil.

III – os acórdãos em incidente de assunção de competência ou de resolução de demandas repetitivas e em julgamento de recursos extraordinário e especial repetitivos;

IV – os enunciados das súmulas do Supremo Tribunal Federal em matéria constitucional e do Superior Tribunal de Justiça em matéria infraconstitucional;

V – a orientação do plenário ou do órgão especial aos quais estiverem vinculados (CÓDIGO PROCESSO CIVIL – CPC, 2015).

Esse dispositivo tem sido interpretado como fonte formal de vinculação do Poder Judiciário aos precedentes nele elencados. Veja-se que, ao determinar as decisões a serem seguidas por juízes e tribunais, o legislador utilizou-se do termo observarão. Disso decorreria a obrigatoriedade de que as decisões emanadas nas formas dos incisos do art. 927 sejam seguidas por todos os órgãos judiciais.

Alguns autores, porém, tais como Câmara (2015), tem interpretado que apenas os dois primeiros incisos acarretariam efetiva vinculação do Poder Judiciário (o que a própria Constituição prevê ao conferir, aos institutos ali mencionados, o denominado "efeito vinculante"); os demais não estabeleceriam nada senão uma recomendação.

Mas uma leitura sistemática do novo código parece não sustentar essa tese. Em verdade, todos os incisos do artigo 927 estabeleceram vinculação dos órgãos judiciais às decisões que elencam, ainda que em diferentes graus.

Ao considerar não fundamentada a sentença que, sem demonstrar a distinção ou a superação de entendimento, contrariar as decisões emanadas de acordo com o art. 927, o código processual institui nova hipótese de nulidade da decisão decorrente da falta de um de seus elementos essenciais.

No que se refere ao controle concreto-difuso, se o juiz proferir sentença contrária à decisão do Supremo Tribunal Federal emanada em julgamento de recursos repetitivos (art. 927, inciso III) ou constante de súmula de jurisprudência (artigo 927, inciso IV)[11], a sua decisão, a princípio, será nula (artigo 489, §1º, VI)[12]. Reconhecida a nulidade em recurso, os autos deverão retornar para que o juiz profira outra sentença. Só não haverá nulidade se for realizado o distinguishing ou demonstrada a superação do entendimento vinculante. Além disso, ainda que transitada em julgado, a sentença permanece passível de desconstituição por meio de ação rescisória (artigo 966, V e §5º)[13].

---

11. Idem. Ibidem.

12. Idem. Ibidem.

13. Idem. Ibidem.

Essas hipóteses de nulidade e rescisão da sentença não eram previstas no CPC/1973 e é diante de tais novidades que se afirma terem as súmulas de jurisprudência e as decisões em recursos repetitivos adquirido maior grau de vinculação no novo código processual. Decerto, a possível imputação de error in procedendo e de rescisão da sentença ao juiz que inobservar súmula ou decisão do Supremo Tribunal Federal em recurso repetitivo acarreta-lhe, para tanto, ônus argumentativo maior do que havia anteriormente, reduzindo ainda mais a amplitude do argumento fundado na independência funcional e no livre-convencimento.

Confirmando o maior grau de vinculação conferido pelo novo código às súmulas de jurisprudência e às teses firmadas em recursos repetitivos, acrescentam-se aos artigos supracitados outros dispositivos legais, quais sejam: artigo 332, I e II, que trazem as causas de improcedência liminar do pedido; artigo 496, §40, I e II, que dispõem sobre as causas de dispensa de remessa necessária; artigo 521, IV, que dispensa a caução no cumprimento provisório de sentença; artigo 932, IV, a e b e V, a e b, que estabelecem hipóteses de julgamento monocrático e artigo 955, parágrafo único, I e II, que possibilitam a resolução, de plano, de conflito de competência[14].

A conclusão é que, ao conferir forte grau de vinculação a tais decisões, o Novo Código de Processo Civil cria o ônus da boa fundamentação ao magistrado que queira externar posição divergente. Assim, restringe – se consideravelmente o argumento baseado na independência funcional e no livre – convencimento, pois a adoção de posição contrária não mais poderá sustentar – se em mera liberalidade do julgador, que estará jungido à observância de rígidos requisitos legais. Em suma: quanto maior o grau de vinculação atribuído pela lei à decisão judicial, mais agudo o ônus argumentativo do magistrado que pretender contrariá-la.

Há, ainda, outra alteração significativa promovida pelo Novo Código de Processo Civil no que diz respeito à eficácia generalizante das decisões do Supremo Tribunal Federal em controle concreto – difuso. Essa modificação está materializada nos artigos 525, §12 e 535, §5º, que dispõem sobre a inexigibilidade, em cumprimento de sentença, de título judicial baseado em norma declarada inconstitucional pelo Supremo Tribunal Federal[15].

O diploma processual anterior já previa essa regra, mas não fazia qualquer distinção quanto à via em que declarada a inconstitucionalidade. Isso gerou controvérsias na doutrina e na jurisprudência acerca da possibilidade da invocação, pelo executado, de precedente proferido em controle concreto-difuso, tendo em vista a sua tradicional eficácia limitada às partes do processo.

---

14. Idem. Ibidem.

15. Idem. Ibidem.

Em que pese às posições contrárias, permanecia majoritária a tese de que a decisão paradigma precisava ter sido proferida em ação direta, ou, ao menos, que a norma invocada tivesse sido suspensa por resolução senatorial. O novo código processual colocou uma pá de cal sobre a questão. Os dispositivos legais ora vigentes são expressos em permitir a utilização de precedentes formados em controle concreto-difuso.

Agora, não há dúvidas: a decisão do Supremo Tribunal Federal proferida em um caso concreto é capaz de ensejar a revisão de todos os julgados que tenham aplicado a norma impugnada, produzindo efeitos imediatos sobre a relativização da coisa julgada inconstitucional.

5. CONCLUSÃO

Conforme demonstrado, as disposições do Novo Código de Processo Civil atribuem significativo potencial vinculante a decisões do Supremo Tribunal Federal em controle concreto-difuso que sejam objeto de súmula de jurisprudência. O grau de vinculação revela-se ainda mais forte quando tais decisões forem emanadas no julgamento de recurso extraordinário repetitivo. Não há dúvidas de que essas opções legislativas intencionam racionalizar a jurisdição. No caso das súmulas, porém, algumas críticas devem ser tecidas à escolha do legislador.

Procurou-se demonstrar que, já há algum tempo, existe um crescente movimento de aproximação dos efeitos produzidos no controle concreto-difuso, exercido pelo Supremo Tribunal Federal, àqueles gerados no controle abstrato--concentrado. Isto se nota pela gradativa inserção, no ordenamento jurídico, de institutos que conferem, às decisões incidentais da Corte, eficácia expansiva para além do caso concreto. Ainda que o efeito vinculante dessas decisões possua diferentes intensidades, é inegável que o conjunto de instrumentos criados contribui para o desuso do expediente previsto no artigo 52, X, CRFB/88[16].

Em consonância com a tendência verificada, o Novo Código de Processo Civil trouxe algumas novidades que impactam no controle concreto – difuso exercido pelo Supremo Tribunal Federal. Como se viu, as principais referem-se (i) ao instituto da repercussão geral, (ii) às súmulas de jurisprudência, (iii) à sistemática de julgamento de recursos repetitivos e, ainda, (iv) à possibilidade de invocação de decisão em controle difuso para desconstituição de coisa julgada em execução.

Em relação à repercussão geral, estabeleceu-se presunção que antes não existia. Para as súmulas e decisões em julgamento de recursos repetitivos, foram

---

16. Constituição Federal de 1988.

previstas consequências jurídicas mais rigorosas caso contrariadas por decisão desacompanhada de fundamentos razoáveis. Instituiu-se, assim, o ônus da boa fundamentação aos órgãos judiciais, reduzindo-se, de outro lado, o argumento baseado na independência funcional e no livre-convencimento.

Além disso, a possibilidade de se invocar decisão proferida pelo Supremo Tribunal Federal na via difusa para fundamentar inexigibilidade de título judicial ampliou o impacto extraprocessual de tais pronunciamentos. Especialmente em relação às súmulas de jurisprudência, é importante que se reflita se quaisquer decisões em controle concreto-difuso, cuja orientação seja sumulada, devem ser passíveis de gerar a vinculação prevista no artigo 927, III e as consequências dos artigos 489, §1º, VI e 966, V e §5º. Isto porque, atualmente, a lei não atribui as mesmas cautelas democráticas a todas as decisões do Supremo Tribunal Federal. Igual consideração deve ser feita em relação à interpretação a ser conferida aos artigos 525, §12 e 535, §5º[17].

Quanto às preocupações de viés democrático, apontadas para rejeitar a equiparação ainda que promovida por intermédio de reforma constitucional, parece difícil sustentá-las diante da existência do modelo abstrato-concentrado com os contornos que lhe foram dados pela Constituição de 1988. Nesse sentido, talvez um melhor caminho para respondê-las seja direcionar as críticas ao modus operandi da nossa Suprema Corte, que muitas vezes revela-se problemático. Essa constatação, contudo, não se limita ao controle concreto-difuso, mas, envolve o exercício da jurisdição constitucional como um todo. Enquanto não enfrentada, problemas de ordem democrática continuarão presentes nas decisões do Supremo Tribunal Federal, mantidos ou não os efeitos limitados da via difusa de controle de constitucionalidade.

6. REFERÊNCIAS

BRASIL. **Lei nº 5.869, de 11 de janeiro de 1973.** Institui o Código de Processo Civil.

_____. **Constituição da República Federativa do Brasil de 1988.**

_____. **Lei nº 13.105, de 16 de março de 2015.** Novo Código de Processo Civil.

CÂMARA, Alexandre Freitas. **O novo processo civil brasileiro.** São Paulo: Atlas, 2015.

DEOCLECIANO, Pedro Rafael Malveira; SOUSA, José Péricles Pereira. A objetivação do controle difuso na ordem jurídica brasileira. **Revista Direitos Fundamentais & Democracia,** UniBrasil – Faculdades Integradas do Brasil, v. 6, 2009. Disponível

---

17. Novo Código de Processo Civil.

em <http://www.revistaeletronicardfd.unibrasil.com.br>. Acesso em 26 de abril de 2016.

MELLO, Patrícia Perrone Campos. **Precedentes – O desenvolvimento judicial do direito no constitucionalismo contemporâneo.** Rio de Janeiro: Renovar, 2008.

NEVES, Daniel Amorim Assumpção. **Novo Código de Processo Civil – Leis 13.105/2015 e 13.256/2016.** 3 ed. Rio de Janeiro: Forense, 2016.

WILLEMAN, Marianna Montebello. Controle de Constitucionalidade na Constituição da República de 1934: revisitando a origem do quórum qualificado e da atuação do Senado Federal no modelo concreto – difuso de judicial review. **Revista Brasileira de Direito Público,** v. 12, 2014.

CAPÍTULO 15

A superação de decisão declaratória de constitucionalidade pelo Supremo Tribunal Federal por meio da reclamação constitucional

Luiz Carlos de Assis Junior

SUMÁRIO: 1. INTRODUÇÃO; 2. O CONTROLE CONCENTRADO DE CONSTITUCIONALIDADE E A DECISÃO DE-CLARATÓRIA DE CONSTITUCIONALIDADE; 3. A RECLAMAÇÃO CONSTITUCIONAL: ORIGEM E CABIMENTO; 4. A RECLAMAÇÃO COMO INSTRUMENTO DE REVISÃO DA DECISÃO DECLARATÓRIA DE CONSTITUCIONALIDADE EM CONTROLE CONCENTRADO; 4.1. CLÁUSULA *REBUS SIC STANTIBUS* NA DECISÃO DECLARATÓRIA DE CONSTITU-CIONALIDADE; 4.2. O JULGAMENTO DA RECLAMAÇÃO 4374/PE; 4.3. A RECLAMAÇÃO COMO MEIO DE REVISÃO DA DECISAO DECLARATÓRIA DE CONSTITUCIONALIDADE EM CONTROLE CONCENTRADO DE CONSTITUCIONA-LIDADE; 5. CONCLUSÕES; 6. REFERÊNCIAS

1. INTRODUÇÃO

O presente artigo pretende investigar o seguinte problema: pode o Supremo Tribunal Federal (STF), no julgamento de reclamação constitucional, superar a de-cisão declaratória de constitucionalidade proferida em controle concentrado de constitucionalidade?

O STF é o órgão do poder judiciário brasileiro responsável pela guarda da Constituição e possui competência para realização do controle concentrado (abs-trato) de constitucionalidade. Esse controle é feito por meio das ações constitu-cionais, quais sejam: ADI (ação direta de inconstitucionalidade), ADC (ação direta de constitucionalidade), ADO (ação direta de inconstitucionalidade por omissão) e ADPF (ação por descumprimento de preceito fundamental).

Quando o STF declara a inconstitucionalidade de uma norma no exercício do controle concentrado de constitucionalidade, aquela norma é fulminada do orde-namento jurídico. Contudo, quando a constitucionalidade da norma é declarada, podem surgir problemas em relação aos efeitos da declaração da constituciona-lidade no tempo: seria aquela norma eternamente constitucional em função da coisa julgada? Estaria aquela declaração de constitucionalidade sujeita a revisão ou inconstitucionalidade superveniente?

301

É preciso, então, verificar se a coisa julgada que recai sobre a declaração de constitucionalidade pode ser revisada. Em caso positivo, saber por meio de qual instrumento o STF poderá revisar a declaração de constitucionalidade anteriormente declarada em controle concentrado.

A razão para se revisar uma decisão que declara a constitucionalidade da norma pode ter diferentes origens, tais como ordem social ou mesmo jurídicas. Diante disso, o presente artigo tem por objetivo demonstrar que o Supremo Tribunal Federal admite a superação de decisão declaratória de constitucionalidade proferida em controle concentrado e o faz por meio de reclamação constitucional.

Para o alcance deste objetivo, o artigo será desdobrado em três partes. Primeiro, serão analisados os principais aspectos da decisão declaratória de constitucionalidade no controle concentrado e da coisa julgada que recai sobre ela.

A segunda parte tratará da Reclamação com base no Código de Processo Civil de 2015 e na Constituição Federal, especialmente para delimitar seu objeto.

Por fim, a partir da análise do julgamento da Reclamação nº 4374, será demonstrado especificamente que o Supremo Tribunal Federal poderá realizar a superação de decisão declaratória de constitucionalidade no controle concentrado por meio do julgamento de Reclamação constitucional, embora esta se trate de um tipo de processo subjetivo.

2. O CONTROLE CONCENTRADO DE CONSTITUCIONALIDADE E A DECISÃO DECLARATÓRIA DE CONSTITUCIONALIDADE

O controle de constitucionalidade das normas é um mecanismo para garantia da higidez de determinado ordenamento jurídico. A Constituição[1] é a referência. Todas as normas jurídicas que compõem determinado ordenamento jurídico

---

1. A Constituição pode ser conceituada material ou formalmente. Em sentido formal, a Constituição "é o documento escrito e solene que positiva as normas jurídicas superiores da comunidade do Estado, elaboradas por um processo constituinte específico" [...] e compreender "todas as normas que forem tidas pelo poder constituinte originário ou de reforma como normas constitucionais, situadas no ápice da hierarquia das normas jurídicas". Materialmente, a Constituição é um composto de garantias fundamentais das pessoas perante o Poder Público e das pessoas perante seus próprios semelhantes, isto é, a Constituição é "o local para delinear normativamente também aspectos essenciais do contato das pessoas e grupos sociais entre si, e não apenas as suas conexões com os poderes públicos". A Constituição é constituída, portanto, de normas essenciais do Estado. MENDES, Gilmar Ferreira; BRANCO, Paulo Gustavo Gonet. **Curso de direito constitucional**. 12.ed. rev. e atual. São Paulo: Saraiva, 2017. p. 55-57.

encontram fundamento de validade na Constituição daquele ordenamento, razão pela qual a harmonia do sistema deve ser mantida a partir dela.

Desse modo, o controle de constitucionalidade consiste na verificação da compatibilidade de uma lei ou ato normativo com as normas constitucionais[2]. Essa verificação pode resultar na declaração da inconstitucionalidade ou da constitucionalidade da norma[3] verificada.

A constitucionalidade ou inconstitucionalidade são conceitos de relação entre a Constituição e a norma, sendo uma relação de caráter normativo e valorativo[4]. Para o exercício dessa valoração, deve haver um órgão[5] com incumbência de aplicar a respectiva consequência (que pode ser, por exemplo, de nulidade) sobre os atos incompatíveis com a Constituição.

Gilmar Mendes e Paulo Branco sintetizam os conceitos de ato constitucional e inconstitucional:

> Constitucional será o ato que não incorrer em sanção, por ter sido criado por autoridade constitucionalmente competente e sob a forma que a Constituição prescreve para a sua perfeita integração; inconstitucional será o ato que incorrer em sanção – de nulidade ou de anulabilidade – por desconformidade com o ordenamento constitucional[6].

Não basta que a norma objeto de referência seja tida por constitucional ou inconstitucional, sendo preciso que, em caso de inconstitucionalidade, haja

---

2. BARROSO, Luís Roberto. **O controle de constitucionalidade no direito brasileiro**: exposição sistemática da doutrina e análise crítica da jurisprudência. 7.ed. rev. e atual. São Paulo: Saraiva, 2016. p. 23.

3. Luís Roberto Barroso alerta que embora as leis sejam o exemplo mais típico de objeto de controle de constitucionalidade, também se incluem nessa categoria atos do próprio Executivo – medidas provisórias e certos atos administrativos – e do Judiciário – por exemplo, regimentos internos –, além de atos materialmente administrativos de todos os poderes e também das decisões judiciais que comportam recursos tendo por fundamento a contrariedade à Constituição. A exigência do estudo e sistematização do controle de constitucionalidade de normas decorre da sua maior complexidade. BARROSO, Luís Roberto. **O controle de constitucionalidade no direito brasileiro**: exposição sistemática da doutrina e análise crítica da jurisprudência. 7.ed. rev. e atual. São Paulo: Saraiva, 2016. p. 24

4. MENDES, Gilmar Ferreira; BRANCO, Paulo Gustavo Gonet. **Curso de direito constitucional**. 12.ed. rev. e atual. São Paulo: Saraiva, 2017. p. 1111.

5. Este órgão não é necessariamente jurisdicional. O controle de constitucionalidade conhecido como modelo francês, por exemplo, era realizado exclusivamente por um órgão político. No Brasil, o controle de constitucionalidade é predominantemente jurisdicional, embora haja também controle político realizado nas Casas Legislativas por meio de suas Comissões – especialmente a de Constituição e Justiça – e pelo próprio Poder Executivo por meio do veto ao projeto de lei com fundamento na inconstitucionalidade. MENDES, Gilmar Ferreira; BRANCO, Paulo Gustavo Gonet. **Curso de direito constitucional**. 12.ed. rev. e atual. São Paulo: Saraiva, 2017. p. 1115.

6. MENDES, Gilmar Ferreira; BRANCO, Paulo Gustavo Gonet. **Curso de direito constitucional**. 12.ed. rev. e atual. São Paulo: Saraiva, 2017. p. 1114.

alguma consequência, sob pena de a Constituição não se mostrar exigível, por exemplo, sua exclusão do sistema.

O controle de constitucionalidade jurisdicional poderá ser incidental[7] (difuso) ou principal (concentrado). O controle incidental (difuso) de constitucionalidade é realizado como uma questão prejudicial ao julgamento de um caso; aqui, o controle de constitucionalidade não é a questão principal, mas, sim, prejudicial ao julgamento do pedido; trata-se do chamado controle de constitucionalidade difuso exercido por qualquer órgão jurisdicional nos processos subjetivos[8].

No controle principal (concentrado) de constitucionalidade, a questão constitucional é "suscitada autonomamente em um processo ou ação principal, cujo objeto é a própria inconstitucionalidade da lei"[9]. Esse modelo de controle principal é também conhecido como controle concentrado ou abstrato de constitucionalidade, ou, ainda, modelo austríaco[10].

Para o presente trabalho, interessa o controle concentrado de constitucionalidade, cujo controle é realizado por um órgão jurisdicional superior ou Corte Constitucional. No Brasil, esta Corte é o Supremo Tribunal Federal, conforme art. 102 da Constituição Federal da República Federativa do Brasil[11].

---

7. O controle de constitucionalidade incidental é também conhecido como difuso ou modelo americano de controle de constitucionalidade. Este modelo foi alçado ao plano teórico por Alexander Hamilton por meio da publicação do artigo nº 78, em junho de 1788, em que apresentou apresenta a favor do controle da atividade legislativa pelo Judiciário, com o intuito de preservar a supremacia constitucional. Judicialmente, o primeiro caso no qual a Suprema Corte afirmou seu poder de exercer o controle de constitucionalidade, negando aplicação a leis que, de acordo com sua interpretação, fossem inconstitucionais, foi em *MARBURY VS. MADISON*, julgado em 1803, sob a presidência do Juiz Marshall. Cf. BARROSO, Luís Roberto. **O controle de constitucionalidade no direito brasileiro**: exposição sistemática da doutrina e análise crítica da jurisprudência. 7.ed. rev. e atual. São Paulo: Saraiva, 2016. p. 25-32; DIMOULIS, Dimitri; LUNARDI, Soraya. **Curso de processo constitucional**: controle de constitucionalidade e remédios constitucionais. 4.ed. rev., atual. e ampl. São Paulo: Atlas, 2016. p. 33-45.

8. MENDES, Gilmar Ferreira; BRANCO, Paulo Gustavo Gonet. **Curso de direito constitucional**. 12.ed. rev. e atual. São Paulo: Saraiva, 2017. p. 1115.

9. MENDES, Gilmar Ferreira; BRANCO, Paulo Gustavo Gonet. **Curso de direito constitucional**. 12.ed. rev. e atual. São Paulo: Saraiva, 2017. p. 1115.

10. O modelo austríaco parte da premissa de que apenas um órgão jurisdicional deve ter competência para a guarda da Constituição e sua interpretação e realização do controle de constitucionalidade das leis, que seria o Tribunal Constitucional. Esse sistema foi prefaciado por Geog Jellinek, em 1885, e implementado na Áustria sob influência de Hans Kelsen em 1920, com a Constituição Austríaca de 1920. O sistema austríaco de controle de constitucionalidade era caracterizado por abstração e objetividade, pois, o único objeto da ação seria verificar a constitucionalidade da lei, independentemente de sua aplicação em algum caso concreto, bem como pela restrição do número de legitimados para pedir a instauração do processo de controle de constitucionalidade. Se a lei fosse declarada inconstitucional, seria excluída do sistema legislativo e deixaria de produzir efeitos. DIMOULIS, Dimitri; LUNARDI, Soraya. **Curso de processo constitucional**: controle de constitucionalidade e remédios constitucionais. 4.ed. rev., atual. e ampl. São Paulo: Atlas, 2016. p. 46-50

11. Sublinhe-se que, no plano estadual, o Tribunal de Justiça é competente para realizar o controle concentrado de constitucionalidade tendo como paradigma a Constituição do Estado, por meio da instituição de

O marco do controle concentrado de Constitucionalidade no Brasil foi a representação interventiva, criada pela Constituição de 1934, mas a posição de destaque do controle de constitucionalidade no sistema ocorreu a partir de 1965, após a Emenda Constitucional nº 16, que introduziu a ação genérica de inconstitucionalidade[12].

No controle concentrado de constitucionalidade não há um litígio uma demanda concreta a ser solucionada por meio da aplicação do ordenamento jurídico. O objeto da ação é o pronunciamento sobre a própria norma, sobre sua (in)constitucionalidade. Na realização deste controle, a proteção recai sobre o próprio ordenamento jurídico ao afastar ou manter uma norma de acordo com sua compatibilidade com a Constituição. Além disso, "trata-se de um processo objetivo, sem partes, que não se presta à tutela de direitos subjetivos, de situações jurídicas individuais"[13] e com rol limitado de legitimados para a sua proposição[14].

O controle concentrado de constitucionalidade no Brasil, pelo STF, é fundado especialmente sobre quatro ações[15], a ação direta de inconstitucionalidade, a ação declaratória de constitucionalidade, a ação direta de inconstitucionalidade por omissão e a arguição de descumprimento de preceito fundamental.

Considerando o objetivo deste trabalho, importa a decisão declaratória de constitucionalidade. A decisão declaratória de constitucionalidade não decorre necessariamente da ação declaratória de constitucionalidade. Trata-se de decisão que pode advir da "controvérsia constitucional"[16] existente em qualquer controle abstrato de normas. Por isso, Gilmar Mendes e Paulo Branco entendem que a Emenda Constitucional n. 3/93, ao inserir a ADC no sistema de controle de constitucionalidade, não inovou. Apesar da tradicional fórmula do ataque à inconstitucionalidade da norma promulgada, o propósito seria, "desde logo, a

---

representação de inconstitucionalidade de leis ou atos normativos estaduais ou municipais em face da Constituição Estadual (art. 125, §2º, da CF)

12. BARROSO, Luís Roberto. **O controle de constitucionalidade no direito brasileiro**: exposição sistemática da doutrina e análise crítica da jurisprudência. 7.ed. rev. e atual. São Paulo: Saraiva, 2016. p. 191.

13. BARROSO, Luís Roberto. **O controle de constitucionalidade no direito brasileiro**: exposição sistemática da doutrina e análise crítica da jurisprudência. 7.ed. rev. e atual. São Paulo: Saraiva, 2016. p. 192.

14. O rol de legitimados para a propositura de ações objetivas está disposto no artigo 103 da Constituição da República Federativa do Brasil, de 1988.

15. Não está sendo considerada a Representação Interventiva, prevista no art. 36, III, da CF, "porque não é uma forma de controle de constitucionalidade abstrato", mas tem por objetivo "constatar o eventual desrespeito a requisitos constitucionais que autorizam medidas coercitivas de natureza executiva para restabelecer a normalidade constitucional". DIMOULIS, Dimitri; LUNARDI, Soraya. **Curso de processo constitucional**: controle de constitucionalidade e remédios constitucionais. 4.ed. rev., atual. e ampl. São Paulo: Atlas, 2016. p. 95.

16. MENDES, Gilmar Ferreira; BRANCO, Paulo Gustavo Gonet. **Curso de direito constitucional**. 12.ed. rev. e atual. São Paulo: Saraiva, 2017. p. 1284.

definição da controvérsia constitucional sobre leis novas". Em outros termos, tanto se poderia "instaurar o controle abstrato de normas, com o objetivo precípuo de ver declarada a inconstitucionalidade da lei ou ato normativo [como] postular, expressa ou tacitamente, a declaração de constitucionalidade da norma questionada".[17] Fala-se, assim, num em natureza dúplice do controle abstrato de normas.

Ainda sobre a natureza dúplice do controle abstrato de normas, Luís Roberto Barroso sublinha que no julgamento da Reclamação 1.880 AgR, esclareceu-se que a ação direta de inconstitucionalidade e a ação declaratória de constitucionalidade possuem a mesma natureza, objeto semelhante e caráter dúplice: "a improcedência da ação declaratória da constitucionalidade enseja a declaração da inconstitucionalidade da norma e vice-versa".[18]

Esse raciocínio levou à construção dos efeitos vinculantes da decisão no controle abstrato de constitucionalidade. O efeito vinculante foi inicialmente positivado a partir da Emenda Constitucional 3/93 apenas para decisão proferida em ADC, porém, sendo a ADC uma ADI "com sinal trocado"[19], não haveria razão para se falar em efeito vinculante restrito à decisão na ADC.

Esse entendimento só se consolidou depois da entrada em vigor da Lei 9.868/1999[20] e do julgamento da Reclamação 1880 AgR, quando se passou a entender que "todos aqueles que sejam prejudicados por decisão judicial ou administrativa que contrarie decisão do Supremo em ADC ou ADI podem acessar diretamente a Corte por meio de reclamação".[21] Portanto, o julgamento daquela Reclamação se irradiou e ampliou a legitimidade para sua utilização por qualquer pessoa e em qualquer hipótese de violação da decisão do STF em ADC ou ADI.

Em 2004, a Emenda Constitucional nº 45 confirmou, no texto constitucional, aquela transformação ao alterar a redação do §2º do art. 102 da Constituição,

---

17. MENDES, Gilmar Ferreira; BRANCO, Paulo Gustavo Gonet. **Curso de direito constitucional**. 12.ed. rev. e atual. São Paulo: Saraiva, 2017. p. 1284.

18. BARROSO, Luís Roberto. **O controle de constitucionalidade no direito brasileiro:** exposição sistemática da doutrina e análise crítica da jurisprudência. 7.ed. rev. e atual. São Paulo: Saraiva, 2016. p. 155.

19. XAVIER, Carlos Eduardo Rangel. **Reclamação constitucional e precedentes judiciais**. Dissertação de mestrado. Universidade Federal do Paraná, Curitiba, 2015. p. 45. Disponível em ‹http://acervodigital.ufpr.br/handle/1884/39151›. Acesso em 12.jan.2018.

20. O parágrafo único do artigo 28 da Lei 9.868/99 passou a prescrever expressamente que "A declaração de constitucionalidade ou de inconstitucionalidade, inclusive a interpretação conforme a Constituição e a declaração parcial de inconstitucionalidade sem redução de texto, têm eficácia contra todos e efeito vinculante em relação aos órgãos do Poder Judiciário e à Administração Pública federal, estadual e municipal". Inclusive, no julgamento da Reclamação 1880 AgR, esse dispositivo foi julgado constitucional.

21. XAVIER, Carlos Eduardo Rangel. **Reclamação constitucional e precedentes judiciais**. Dissertação de mestrado. Universidade Federal do Paraná, Curitiba, 2015. p. 45. Disponível em ‹http://acervodigital.ufpr.br/handle/1884/39151›. Acesso em 12.jan.2018.

que passou a dispor que "as decisões definitivas de mérito, proferidas pelo Supremo Tribunal Federal, nas ações diretas de inconstitucionalidade e nas ações declaratórias de constitucionalidade produzirão eficácia contra todos e efeito vinculante [...]".

A decisão que declara a inconstitucionalidade ou a constitucionalidade da norma é irrecorrível e, além disso, não rescindível. É o que se extrai do artigo 26 da Lei 9.868/99, ao dispor que "a decisão que declara a constitucionalidade ou a inconstitucionalidade da lei ou do ato normativo em ação direta ou em ação declaratória é irrecorrível, ressalvada a interposição de embargos declaratórios, não podendo, igualmente, ser objeto de ação rescisória".

Se a decisão for declaratória de inconstitucionalidade, a lei estará sendo declarada nula com eficácia *ex tunc*, ressalvada possibilidade de modulação dos seus efeitos, nos termos do art. 27[22] da Lei 9.868/99. Essa decisão poderá declarar a nulidade total, parcial, ou parcial sem redução de texto da norma paradigma[23].

Por outro lado, a declaração de constitucionalidade implica justamente na confirmação da constitucionalidade da norma – que nasce com presunção de constitucioanalidade – e sua permanência no sistema por decisão judicial transitada em julgado com coisa julgada material.

Eis que surge o problema de se saber se essa mesma norma pode ser acometida de inconstitucionalidade superveniente e por meio de qual instrumento o STF poderá revisar aquela decisão acobertada pela coisa julgada.

Considerando que este trabalho verifica a possibilidade de o STF fazer essa revisão da Reclamação, na sequência serão estudados os aspectos relevantes da Reclamação para este artigo e, depois, o uso da Reclamação para a revisão da decisão declaratória de constitucionalidade em controle concentrado.

3. A RECLAMAÇÃO CONSTITUCIONAL: ORIGEM E CABIMENTO

A Reclamação tem origens na jurisprudência do próprio Supremo Tribunal Federal. Em 1952, no julgamento da Reclamação 141[24], o Supremo Tribunal Federal

---

22. Art. 27. Ao declarar a inconstitucionalidade de lei ou ato normativo, e tendo em vista razões de segurança jurídica ou de excepcional interesse social, poderá o Supremo Tribunal Federal, por maioria de dois terços de seus membros, restringir os efeitos daquela declaração ou decidir que ela só tenha eficácia a partir de seu trânsito em julgado ou de outro momento que venha a ser fixado.

23. MENDES, Gilmar Ferreira; BRANCO, Paulo Gustavo Gonet. **Curso de direito constitucional**. 12.ed. rev. e atual. São Paulo: Saraiva, 2017. p. 1.406.

24. STF. Reclamação 141/SP. Tribunal Pleno. Rel. Min. ROCHA LAGOA. Julgamento 25/01/1952. Publicação DJ 17/04/1952. Disponível em ‹http://portal.stf.jus.br/›. Acesso em 28/12/2017.

consolidou o cabimento deste instrumento processual como meio de garantia do respeito às decisões do STF.

Aquela Reclamação teve um trâmite curioso. Como não havia previsão expressa do instrumento da Reclamação, a parte interpôs recurso extraordinário contra a decisão de juiz de primeiro grau que teria violado coisa julgada de decisão proferida pelo STF em processo no qual o recorrente havia sido parte. Foi negado conhecimento ao Recurso Extraordinário pela Segunda Turma do STF por falta de cabimento.

Não obstante, a própria Turma determinou a redistribuição do Recurso Extraordinário como Reclamação a ser julgada pelo Tribunal Pleno e consignou na ementa da decisão que "a alegação de ofensa de julgado do Supremo Tribunal Federal, pela justiça local, poderá ser examinada e resolvida por via de reclamação".

Distribuída com o número 141, o julgamento da Reclamação não foi unânime. O Ministro Hahnemann Guimarães apresentou voto divergente no qual externou seu entendimento de que a Reclamação era um remédio estranho ao regime processual então vigente e não possuía forma processual admissível. De fato, não possuía previsão legal.

Entre o não conhecimento com base na falta de forma processual e a admissão da Reclamação com base na teoria dos poderes implícitos, prevaleceu esta última tese a partir do voto do Relator Ministro Rocha Lagoa, que assim consignou:

> Vão seria o poder, outorgado a este Supremo Tribunal Federal, de julgar em recurso extraordinário as causas decididas em única ou última instância por outros tribunais e juízes se não fora possível fazer prevalecer seus próprios pronunciamentos, acaso desrespeitados pelas justiças locais.[25]

O julgamento da Reclamação 141 foi marcado por intenso debate. O Ministro Nelson Hungria entendeu não se tratar de recurso, mas de mera representação para que o STF pudesse fazer cumprir seus julgados e a chamou de "reclamação correcional", votando pelo seu conhecimento com base na teoria dos poderes implícitos, mas registrou sua falta de previsão tanto na legislação como no Regimento Interno do STF.

Por outro lado, o Ministro Orozimbo Nonato enfatizou a necessidade de se conhecer da Reclamação mesmo que a parte tenha dado o nome de *Recurso Extraordinário*, pois, a denominação não importa. O que importa, explicou o Ministro

---

25. STF. Reclamação 141/SP. Tribunal Pleno. Rel. Min. ROCHA LAGOA. Julgamento 25/01/1952. Publicação DJ 17/04/1952. Disponível em <http://portal.stf.jus.br/>. Acesso em 28/12/2017.

Orozimbo Nonato, é que havendo uma inobservância de um julgado do STF, a Reclamação deve ser admitida mesmo com denominação diversa.

Ao final, apesar das divergências quanto aos aspectos formais, com três votos contrários ao conhecimento da Reclamação, prevaleceu o entendimento de que é cabível a Reclamação com base nos poderes implícitos do STF para adotar providências para o exato e fiel cumprimento de suas decisões. O acórdão restou assim ementado:

> – A competência não expressa dos tribunais federais pode ser ampliada por construção constitucional. – Vão seria o poder, outorgado ao Supremo Tribunal Federal de julgar em recurso extraordinário as causas decididas por outros tribunais se lhe não fora possível fazer prevalecer seus próprios pronunciamentos, acaso desatendidas pelas justiças locais. – A criação dum remédio de direito para vindicar o cumprimento fiel de suas sentenças está na vocação do Supremo Tribunal Federal e na amplitude constitucional e natural de seus poderes. – Necessária e legítima é assim a admissão do processo de Reclamação, como o Supremo Tribunal Federal tem feito. – É de ser julgada procedente a Reclamação quando a justiça local deixa de atender a decisão do Supremo Tribunal Federal.[26]

O julgamento da Reclamação 141 possui valor histórico e marca a origem da Reclamação na jurisprudência do Supremo Tribunal Federal. Foi a partir dele que, em 1957, ainda sob a égide da Constituição de 1946, a Reclamação foi incluída no Regimento Interno do Supremo Tribunal Federal "com finalidade de salvaguardar a extensão e os efeitos dos julgados do STF"[27].

Permaneceu prevista apenas no Regimento Interno do STF até 1988, quando, então, a Reclamação ganhou *status* constitucional e atualmente está prevista nos artigos 102, I, *l*), (para o STF) e 105, I, *f*), (para o STJ) da Constituição da República Federativa do Brasil de 1988. Em 1990, a Reclamação passou a ser regulamentada na Lei 8.038/1990, em seus artigos 13 a 18.

Em 2015, o Novo Código de Processo Civil (Lei nº 13.105/2015), por meio do artigo 1.072, IV, revogou os artigos 13 a 18 da Lei 8.038/90. A Reclamação passou, assim, a ser regulada nos artigos 988 a 993 do CPC-2015 e pela Constituição[28],

---

26. STF. Reclamação 141/SP. Tribunal Pleno. Rel. Min. ROCHA LAGOA. Julgamento 25/01/1952. Publicação DJ 17/04/1952.

27. MAGALHÃES, Breno B. Considerações Acerca da Natureza Jurídica da Reclamação Constitucional. **Revista de Processo**, v. 210, p. 399-424, 2012. Disponível em ‹https://www.academia.edu/2111246/Considera%C3%A7%-C3%B5es_Acerca_da_Natureza_Jur%C3%ADdica_da_Reclama%C3%A7%C3%A3o_Constitucional›. Acesso em 28/12/2017.

28. Trata-se de um aspecto do processo constitucional, conforme explica Wilson Alves de Souza: do ponto de vista hierárquico, o mais relevante estatuto normativo é a constituição, impregnada de princípios

tendo havido ampliação do seu objeto e da competência para o seu conhecimento e julgamento.

Além das tradicionais hipóteses de cabimento da Reclamação para preservação de competência e garantia da autoridade das decisões, o artigo 988 do CPC-2015 passou a prever expressamente o cabimento da Reclamação para observância de enunciado de súmula vinculante[29] e de decisão do STF em controle concentrado de constitucionalidade[30]. Incluiu, também, o cabimento da Reclamação para garantia da observância de precedentes obrigatórios (art. 927 do CPC-2015) formados a partir do incidente de resolução de demandas repetitivas, do incidente de assunção competência (art. 988, IV) e do julgamento de recurso extraordinário com repercussão geral reconhecida ou de acórdão proferido em julgamento de recursos extraordinário ou especial repetitivos (art. 988, §5°, II).

A competência para recebimento e julgamento da Reclamação foi ampliada para que possa ser proposta perante qualquer Tribunal.

A competência de todos os Tribunais[31] para o recebimento e julgamento de Reclamações é reafirmada no §1° do art. 988 do CPC-2015, ao dispor que "a reclamação pode ser proposta perante qualquer tribunal". Trata-se de norma que está em consonância com a previsão do art. 988, IV, do CPC-2015, uma vez que o

---

(explícito ou implícitos), a partir, no que se refere ao direito processual, do princípio do processo devido em direito, alguns deles também caracterizados como garantias e direitos fundamentais, dentro os quais se insere o princípio do acesso à justiça. Segue-se o código de processo civil, principal estatuto regulamentador da constituição no que diz respeito ao processo em geral e ao processo civil em particular, outros códigos de processo e leis processuais extravagantes. Abaixo dessas leis surgem outros diplomas regulamentadores, a exemplo dos regimentos internos dos tribunais. Ao mesmo tempo a Constituição possui dispositivos prescrevendo competências de órgãos jurisdicionais, controle de constitucionalidade das leis e demais atos normativos do poder público, etc. Fala-se, na primeira hipótese, em Direito Constitucional Processual, e, na segunda hipótese, em Direito Processual Constitucional em sentido estrito. Os dois aspectos em conjunto envolvem o que se denomina de Direito Processual Constitucional em sentido amplo. SOUZA, Wilson Alves de. Acesso à Justiça. Salvador: Dois de Julho, 2011. p. 80

29. Essa hipótese de cabimento da Reclamação foi incluída na Constituição Federal pela Emenda Constitucional nº 45/2004, no artigo 103-A, §3°.

30. Embora o art. 988, III, do CPC-2015 tenha previsto o cabimento da Reclamação para garantir a observância de decisão do Supremo Tribunal Federal em controle concentrado de constitucionalidade, essa hipótese já era praticada no Supremo Tribunal Federal com base na previsão genérica de cabimento para garantia da observância da autoridade de suas decisões (art. 102, I, l), da CF).

31. Fredie Didier Jr. e Leonardo Carneiro da Cunha registram que antes do CPC-2015, parcela da doutrina defendia o cabimento da Reclamação restrita ao STF e ao STJ a partir de uma interpretação literal dos artigos 102 e 105 da Constituição Federal. Esse posicionamento está superado com o CPC-2015, admitindo-se atualmente a Reclamação em todo e qualquer Tribunal. DIDIER Jr., Fredie; CUNHA, Leonardo Carneiro da. Curso de direito processual civil: meios de impugnação às decisões judiciais e processo nos Tribunais. 14.ed. Salvador: JusPodivm, 2017, p. 606-607. O Tribunal de Justiça do Estado da Bahia, por exemplo, regulamentou a Reclamação nos artigos 248 a 253 do seu Regimento Interno após a promulgação do CPC-2015, disponível em <http://www5.tjba.jus.br/images/pdf/regimento_interno_atualizado_em_241017.pdf>. Acesso em 29-dez-2017.

incidente de resolução de demandas repetitivas ocorre nos Tribunais de Justiça e Regionais Federais, enquanto o incidente de assunção de competência também pode ocorrer nestes Tribunais ordinários.

Estas notas revelam que a Reclamação vem evoluindo como instrumento de tutela da ordem jurídica, estando diretamente relacionada com a ideia e desenvolvimento dos precedentes judiciais e dos processos de índole objetiva em sede de controle concentrado de constitucionalidade (ADI, ADO, ADC e ADPF) e de Súmula Vinculante.

A evolução da Reclamação está ganhando novos contornos na jurisprudência do Supremo Tribunal Federal, que vem admitindo este instrumento como verdadeiro mecanismo de tutela da própria ordem constitucional, conforme se passa a demonstrar.

4. A RECLAMAÇÃO COMO INSTRUMENTO DE REVISÃO DA DECISÃO DECLARATÓRIA DE CONSTITUCIONALIDADE EM CONTROLE CONCENTRADO

4.1. CLÁUSULA *REBUS SIC STANTIBUS* NA DECISÃO DECLARATÓRIA DE CONSTITUCIONALIDADE

O marco do problema que conduz este trabalho está possibilidade de revisão da decisão declaratória de constitucionalidade por meio da Reclamação. Tem-se o seguinte cenário: a norma é declarada constitucional, mas, por razões diversas, sua constitucionalidade é colocada em xeque em momento futuro.

Isso significa que a inconstitucionalidade da norma não será sempre originária, isto é, quando verificada desde a entrada em vigor da norma inconstitucional. A inconstitucionalidade poderá ser superveniente. Nesse caso, a norma acometida de inconstitucionalidade poderá ou não ter sido objeto de controle de constitucionalidade anteriormente.

Em 1994, no julgamento do HC 70514/RS, o Supremo Tribunal Federal deixou claro que a declaração de constitucionalidade de uma norma assentase em "uma circunstância de fato que se modifica no tempo"[32], como se a decisão fosse pautada numa cláusula *rebus sic stantibus* ("enquanto as coisas forem assim"). Naquele caso, decidiu-se que o prazo em dobro para a Defensoria Pública, que era previsto no §5º do art. 5º da Lei 1.060/50, era constitucional até que a Defensoria alcançasse organização e estrutura adequados, quando, então, a norma se tornaria inconstitucional.

---

32. MENDES, Gilmar Ferreira; BRANCO, Paulo Gustavo Gonet. **Curso de direito constitucional**. 12.ed. rev. e atual. São Paulo: Saraiva, 2017. p. 1420.

Enquanto a declaração de inconstitucionalidade, que retira completamente a norma do ordenamento jurídico, não poderá ser superada (porque a lei foi retirada do ordenamento), a declaração de constitucionalidade não encontra a mesma rigidez. A norma declarada constitucional num dado momento pode ter sua legitimidade revista posteriormente, total ou parcialmente[33].

Uma das formas pela qual isso ocorre é por meio de outra ação direta ou, como se está a verificar, por meio da Reclamação. Será analisado a seguir o julgamento da Reclamação 4374/PE, por meio da qual o STF reviu a decisão em ADI que declarou a constitucionalidade do §3º do art. 20 da Lei 8.742/93 (LOAS).

4.2. O JULGAMENTO DA RECLAMAÇÃO 4374/PE

Em 27 de agosto de 1998, o STF julgou improcedente a ADI 1232, que pedia a declaração de inconstitucionalidade do §3º[34] do art. 20 da Lei 8.742/93 (LOAS), ou seja, foi declarada a constitucionalidade deste dispositivo legal.

A ADI suscitava a inconstitucionalidade daquele dispositivo infraconstitucional tomando como parâmetro de controle o artigo 203, V[35], da Constituição Federal, segundo o qual o benefício assistencial seria devido àquele que atendesse às disposições da lei. Argumentou-se na ADI que a lei infraconstitucional limitava o alcance e o propósito do artigo 203, V, da Constituição Federal, uma vez que o *caput* do art. 203 dirigia a assistência social a quem dela necessitar, cuja necessidade seria comprovada no caso concreto.

O Relator da ADI 1232, Min. Ilmar Galvão, votou pela procedência parcial para reconhecer a constitucionalidade do dispositivo legal, mas pela

---

33. José Miguel Medina externou opinião no mesmo sentido ao comentar o julgamento improcedente da ADI 4.976. Explicou o autor que o julgamento daquela ADI significou a declaração de constitucionalidade dos dispositivos questionados da Lei 12.663/2012, a integral constitucionalidade de uma disposição não pode ser afirmada, porque "algum fundamento novo pode vir a ser suscitado no futuro — ou porque "descoberto" no sistema, ou porque o estado social e econômico, ou mesmo o sistema jurídico como um todo, sofreu alguma mudança". MEDINA, José Miguel Garcia. Julgamento de ADI ou ADC não impede nova análise de lei. Revista **Consultor Jurídico**, 12 de maio de 2014. Disponível em <https://www.conjur.com.br/2014-mai-12/processo-julgamento-adi-ou-adc-nao-impede-analise-lei>. Acesso em 12.jan.2018.

34. A redação do texto legal julgado pelo STF foi a seguinte: "§ 3º Considera-se incapaz de prover a manutenção da pessoa portadora de deficiência ou idosa a família cuja renda mensal *per capita* seja inferior a 1/4 (um quarto) do salário mínimo. A redação sofreu uma atualização em 2011 para adequar a referência às pessoas com deficiência, sem que tenha havido alteração substancial em relação àquela julgada pelo STF na ADI 1232, e passou a ser a seguinte: "§ 3º Considera-se incapaz de prover a manutenção da pessoa com deficiência ou idosa a família cuja renda mensal *per capita* seja inferior a 1/4 (um quarto) do salário--mínimo (Redação dada pela Lei nº 12.435, de 2011)".

35. Art. 203. A assistência social será prestada a quem dela necessitar, independentemente de contribuição à seguridade social, e tem por objetivos: [...] V - a garantia de um salário mínimo de benefício mensal à pessoa portadora de deficiência e ao idoso que comprovem não possuir meios de prover à própria manutenção ou de tê-la provida por sua família, conforme dispuser a lei.

inconstitucionalidade da interpretação que o tomasse como única hipótese de concessão do benefício de assistencial:

> A questão é de se saber se com a hipótese prevista pela norma é a única suscetível de caracterizar a situação de incapacidade econômica da família do portador de deficiência ou do idoso inválido. Revelando-se manifesta a impossibilidade da resposta positiva, que afastaria grande parte dos destinatários do benefício assistencial previsto na Constituição, outra alternativa não resta senão emprestar ao texto impugnado interpretação segundo a qual não limita ele os meios de prova da condição de miserabilidade da família do necessitado deficiente ou idoso.[36]

Prevaleceu, contudo, o voto divergente do Ministro Nelson Jobim, para quem "compete à lei dispor a forma da comprovação [e] não há interpretação conforme possível porque, mesmo que se interprete assim, não se trata de autonomia de direito algum, pois depende da existência da lei, da definição"[37].

Por essas razões, a ADI 1232/DF foi julgada improcedente, com a consequente confirmação de sua constitucionalidade por decisão transitada em julgado acobertada pela coisa julgada material.

Ocorre que, desde a data de julgamento da ADI1232, em 1998, aquele dispositivo passou por um "processo de inconstitucionalização"[38], que culminou no reconhecimento de sua inconstitucionalidade no julgamento da Reclamação 4374/PE, em 2013. Essa revisão de constitucionalidade ocorreu numa demanda subjetiva (INSS Vs. Idoso), embora julgada pelo mesmo órgão – Tribunal Pleno –, no controle difuso de constitucionalidade, enquanto que a declaração de constitucionalidade fora decidida em controle concentrado por ADI.

É importante frisar que a revisão de constitucionalidade de uma norma só será possível se ela foi declara constitucional[39], pois, se ela foi considerada inconstitucional em momento anterior isso acarretou sua exclusão do ordenamento jurídico.

Conforme visto anteriormente, o objeto da reclamação é garantir a autoridade das decisões dos Tribunais, sua competência e a observância dos precedentes

---

36. STF. Tribunal Pleno. ADI 1232/DF. Relator Min. Ilmar Galvão. Relator para Acórdão Min. Nelson Jogim. j. 27/08/1998. DJ 01-06-2001.

37. STF. Tribunal Pleno. ADI 1232/DF. Relator Min. Ilmar Galvão. Relator para Acórdão Min. Nelson Jogim. j. 27/08/1998. DJ 01-06-2001.

38. Termo utilizado pelo Relator, Min. Gilmar Mendes, no julgamento da Reclamação 4374/PE. STF. Tribunal Pleno. Rcl 4374/PE. Relator Min. Gilmar Mendes. j. 18/04/2013. DJ 03-09-2013.

39. Neste sentido, DIDIER JR., Fredie; MACÊDO, Lucas Buril de. Controle concentrado de constitucionalidade e revisão de coisa julgada: análise da reclamação nº 4.374/PE. **Revista Jurídica da Presidência**. Brasília, v.16, n. 110, out. 2014/jan. 2015.

obrigatórios. Não haveria, portanto, espaço processual na Reclamação para outra discussão, a não ser sobre ofensa ou não à autoridade da decisão do Tribunal. Não se poderia, na Reclamação, reformar a decisão cuja autoridade foi supostamente desrespeitada (decisão parâmetro): é o contrário, ou se reforma a decisão reclamada porque desconforme com a autoridade da decisão do Tribunal ou a mantém porque conforme; não se poderia mudar a decisão parâmetro para adequá-la à decisão reclamada.

Nesse sentido, as razões apresentadas pelo Ministro Teori Zavascki:

> O outro aspecto formal que há é justamente este: de saber se é cabível, em reclamação, fazer juízo sobre o acerto ou não das decisões tomadas como parâmetro. No meu entender, não cabe em reclamação, que só tem por objeto examinar se houve ou não ofensa à autoridade da decisão do Supremo, fazer juízo sobre as questões decididas, muito menos se presta a reformar ou confirmar o acerto ou não dessas decisões, até porque as partes, na relação de direito material, não estão representadas nessa reclamação. Então, se não se pode fazer juízo sobre o acerto ou desacerto, não se pode também, nesses limites, fazer juízo sobre a constitucionalidade ou não dos preceitos normativos aplicados. Se nós fizermos um juízo de constitucionalidade ou de inconstitucionalidade no âmbito da reclamação, estaremos, de certo modo, inaugurando uma nova espécie de controle abstrato de inconstitucionalidade.[40]

Durante o debate de julgamento, o Min. Marco Aurélio manifestou preocupação com a possibilidade de se rever no controle difuso uma decisão prolatada no processo objetivo: "me preocupa muito, em primeiro lugar, estarmos revendo, no âmbito do controle difuso, uma decisão – como se o instrumental que aqui chegou tivesse contornos de rescisória – prolatada em processo objetivo [...] por isso, não compreendo como se possa, no âmbito do controle difuso – repito –, rescindir o acórdão formalizado no processo objetivo."[41].

A análise do inteiro teor do julgamento permite perceber que houve uma objetivação daquela Reclamação. Reconheceu-se a inconstitucionalidade do §3º do art. 20 da Lei 8742/93, por maioria, vencido o Min. Teori Zavascki, e depois se propôs não conhecer da Reclamação. Em outras palavras, sem admissão da Reclamação, a questão objetiva seria decidida sem resolver a lide nela contida. Contudo, antes do término do julgamento, o Min. Marco Aurélio interveio e propôs se conhecesse da Reclamação para julga-la improcedente.

---

40. Trecho do voto do Min. Teori Zavascki. STF. Tribunal Pleno. Rcl 4374/PE. Relator Min. Gilmar Mendes. j. 18/04/2013. DJ 03-09-2013.

41. Exposição do Min. Marco Aurélio durante o debate de julgamento. STF. Tribunal Pleno. Rcl 4374/PE. Relator Min. Gilmar Mendes. j. 18/04/2013. DJ 03-09-2013.

O Relator Min. Gilmar Mendes expressou que poderia não conhecer da Reclamação em função da inconstitucionalidade que acabara de ser declarada: "Não, eu só o estou fazendo, tendo em vista que já declaramos a inconstitucionalidade do § 3º. Mas não tenho nenhuma dúvida de que, se fosse de julgar, seria julgar realmente improcedente a Reclamação [...]".

Ao final, o pronunciamento foi pelo conhecimento e julgamento improcedente da Reclamação, por maioria, resolvendo-se a lide. A declaração de inconstitucionalidade da norma – §3º do art. 20 da Lei 8.742/93 –, por sua vez, foi feita na fundamentação com expressa referência à revisão da conclusão (parte dispositiva) na ADI 1232. Houve superação do dispositivo do julgamento de uma ADIn em caráter prejudicial numa Reclamação.

4.3. A RECLAMAÇÃO COMO MEIO DE REVISÃO DA DECISAO DECLARATÓRIA DE CONSTITUCIONALIDADE EM CONTROLE CONCENTRADO DE CONSTITUCIO-NALIDADE

A Reclamação 4374 teve a importância de "ter avaliado de forma direta e expressa, a possibilidade de cognição acerca da superação da coisa julgada em reclamação, além de ter sinalizado que é possível fazer o mesmo em outros processos ou recursos"[42].

Essa competência do STF foi ressaltada pelo Relator Min. Gilmar Mendes no julgamento da Reclamação 4374:

> O STF, no exercício da competência geral de fiscalizar a compatibilidade formal e material de qualquer ato normativo com a Constituição, pode declarar a inconstitucionalidade, incidentalmente, de normas tidas como fundamento da decisão ou do ato que é impugnado na reclamação. Isso decorre da própria competência atribuída ao STF para exercer o denominado controle difuso da constitucionalidade das leis e dos atos normativos.[43]

A Reclamação foi destacada como um ambiente propício e *natural* para o surgimento da oportunidade para que o Supremo realize seu dever de guarda da Constituição, eis que "é juízo hermenêutico típico da reclamação – no "balançar de olhos" entre objeto e parâmetro da reclamação – que surgirá com maior nitidez a oportunidade para evolução interpretativa no controle de constitucionalidade"[44].

---

42. DIDIER JR., Fredie; MACÊDO, Lucas Buril de. Controle concentrado de constitucionalidade e revisão de coisa julgada: análise da reclamação nº 4.374/PE. **Revista Jurídica da Presidência**. Brasília, v.16, n. 110, out. 2014/jan. 2015, p. 577.

43. STF. Tribunal Pleno. Rcl 4374/PE. Relator Min. Gilmar Mendes. j. 18/04/2013. DJ 03-09-2013.

44. STF. Tribunal Pleno. Rcl 4374/PE. Relator Min. Gilmar Mendes. j. 18/04/2013. DJ 03-09-2013.

Então, o Supremo "poderá reapreciar e redefinir o conteúdo e o alcance de sua própria decisão", podendo, ainda, superar "total ou parcialmente a decisão-parâmetro da reclamação, se entender que, em virtude de evolução hermenêutica, tal decisão não se coaduna mais com a interpretação atual da Constituição"[45].

Isso coloca em questão o problema de se saber se pode haver combinação de controle difuso e concreto ou, ainda, o problema da revisão da decisão de controle concentrado no controle difuso e qual a extensão dos seus efeitos.

Desde a promulgação da Constituição de 1988, a jurisprudência do STF modificou-se substancialmente quanto à admissão da Reclamação: da admissibilidade profundamente restrita ao seu vasto cabimento por qualquer interessado até mesmo como meio de revisão de decisão em controle de constitucionalidade. A Reclamação 447/PE, de 1995, ilustra o tempo em que a Reclamação era admitida única e exclusivamente quando proposta por uma das partes do processo cuja decisão foi desrespeitada:

> [...] 1. Os julgamentos do S.T.F., nos Conflitos de Jurisdição e nos Recursos Extraordinários, referidos na Reclamação, tem eficácia apenas "inter partes", não "erga omnes", por encerrarem, apenas, controle difuso ("in concreto") de constitucionalidade. 2. E como a Reclamante não foi parte em tais processos, não pode se valer do art. 102, I, "l", da CF, nem do art. 156 do RISTF, para impedir a execução de outros julgados em que foi parte, e que sequer chegaram ao STF. 3. A decisão proferida pela Corte, no **julgamento de mérito de ação direta de inconstitucionalidade**, esta, sim, **tem eficacia "erga omnes"**, por envolver o controle concentrado ("in abstracto") de constitucionalidade, mas não comporta execução. **E para preservação de sua autoridade, nessa espécie de ação, o S.T.F. só excepcionalmente tem admitido Reclamações, e apenas a quem tenha atuado no respectivo processo**, não sendo esse o caso da Reclamante. 4. Reclamação conhecida, apenas em parte, e, nessa parte, julgada improcedente[46].[47]

Só em 1992, o STF passou a permitir que pessoa diversa das partes do processo originário pudesse propor Reclamação. A ampliação da legitimidade para

---

45. STF. Tribunal Pleno. Rcl 4374/PE. Relator Min. Gilmar Mendes. j. 18/04/2013. DJ 03-09-2013.

46. STF. Tribunal Pleno. Reclamação 447/PE. Relator Min. Sydney Sanches. j. 16/02/1995. DJ 31.03.

47. Carlos Eduardo Rangel Xavier tece comentário sobre essa decisão e explica que ela "afirma de forma expressa que nem mesmo da eficácia erga omnes, inerente ao controle abstrato, extrai-se, de acordo com o entendimento que se consolidou na Corte, a possibilidade de ajuizamento de reclamação". XAVIER, Carlos Eduardo Rangel. **Reclamação constitucional e precedentes judiciais**. Dissertação de mestrado. Universidade Federal do Paraná, Curitiba, 2015. p. 33. Disponível em <http://acervodigital.ufpr.br/handle/1884/39151>. Acesso em 12.jan.2018

Reclamação correu em relação às decisões proferidas em ADIn, quando se passou a permitir que pudesse ser proposta por qualquer "legitimado para o mesmo controle abstrato"[48] (art. 103 da CF), conforme decidido na Reclamação 397 MC-QO. Do julgamento dessa Reclamação, extrai-se que "a natureza eminentemente objetiva do controle normativo abstrato afasta o cabimento do instituto da reclamação por inobservância de decisão proferida em ação direta", porém, colocou-se "a questão da conveniência de que se atenue o rigor dessa vedação jurisprudencial, notadamente em face da *notória insubmissão de alguns Tribunais Judiciários às teses jurídicas consagradas nas decisões proferidas pelo Supremo* Tribunal Federal em ações diretas de inconstitucionalidade"[49].

Desde então, a legitimidade para a Reclamação – e seu próprio objeto – ampliou-se profundamente. Passou-se a permitir que "todos aqueles que sejam prejudicados por decisão judicial ou administrativa que contrarie decisão do Supremo em ADC ou ADI podem acessar diretamente a Corte por meio de reclamação"[50].

E, a partir da Reclamação 4374, passou-se a admitir também que a decisão proferida em controle concentrado de constitucionalidade (desde que declarando a constitucionalidade da lei) possa ser revista, absolutamente modificada, isto é, a Reclamação foi reconfigurada para permitir a revisão da própria decisão parâmetro.

No caso, a decisão parâmetro foi uma decisão proferida em processo objetivo (ação direta), e sua modificação ocorreu numa ação subjetiva (reclamação). Trata-se de objetivação da própria Reclamação, cujo julgamento supera a relação subjetiva, embora dela se valha para comprovar o *processo de inconstitucionalização* da norma.

O Relator da Rcl 4374, Ministro Gilmar Mendes, teceu considerações acerca de outros julgados pelo STF em que se valeu da própria Reclamação e de outros instrumentos processuais, como o Recurso Extraordinário e o Mandado de Segurança, para definir ou redefinir os lindes da própria decisão apontada como parâmetro da reclamação[51]. Os exemplos citados ilustram a possibilidade de o

---

48. XAVIER, Carlos Eduardo Rangel. **Reclamação constitucional e precedentes judiciais**. Dissertação de mestrado. Universidade Federal do Paraná, Curitiba, 2015. p. 34. Disponível em ‹http://acervodigital.ufpr.br/handle/1884/39151›. Acesso em 12.jan.2018.

49. Cumpre registrar que essa Reclamação não foi conhecida porque formulada por "estranhos ao rol taxativo do art. 103 da Constituição". STF. Tribunal Pleno. Reclamação 397 MC-QO. Rel. Ministro Celso de Mello. J. 25.11.1992. DJ 21.05.1993.

50. STF. Tribunal Pleno. Reclamação 1880 AgR/SP. Rel. Ministro Maurício Corrêa. J. 07.11.2002. DJ 19.03.2004.

51. O propósito deste artigo não comporta uma análise minuciosa de todos os casos citados pelo Ministro Relator, porém, não se poderia deixar de assinalar que, o que se nota a partir de sua leitura é que em

STF exercer atividade interpretativa e recriativa[52] da sua própria decisão, mas, diferentemente, na Reclamação 4374 houve uma completa superação da decisão parâmetro (a norma declarada constitucional em ação direta foi declarada inconstitucional em processo subjetivo), isto é, não se tratou de mera distinção (*distinguishing*), mas de superação.

Neste aspecto, não se nega a possibilidade de o STF superar a declaração de constitucionalidade que outrora realizou. Após a publicação da decisão, pode-se verificar uma mudança do conteúdo da Constituição ou da norma objeto do controle, bem como, uma mudança substancial das relações fáticas ou das concepções jurídicas dominantes. Se isso ocorrer, o Tribunal poderá se ocupar uma vez mais da aferição de sua legitimidade, afinal, o objetivo do controle de constitucionalidade é fazer com que se corresponda ao atual estágio de desenvolvimento do Direito Constitucional, correspondendo a uma ordem jurídica. Se isso não fosse admitido, as leis que tiveram sua constitucionalidade reconhecida ficariam excluídas do processo de desenvolvimento constitucional eternamente.

Trata-se da cláusula *rebus sic stantibus*53 implícita nas decisões judiciais:

---

nenhum dos casos citados houve completa aniquilação da decisão parâmetro, tal como ocorrido na Reclamação 4374/PE. Por exemplo, após o julgamento da ADI 3395 MC, na qual se decidiu que que a competência da Justiça do Trabalho prevista no art. 114, I, da Constituição não abrange o julgamento das causas instauradas entre o Poder Público e seus servidores, que lhes sejam vinculados por relação jurídico-estatutária, surgiram diversas Reclamações por meio das quais se definiu a extensão e alcance – interpretação da norma concreta – daquela decisão para abrange os contratos temporários porque também representam relação jurídico-estatutária (ex. Rcl 4904, Rcl-AgR 4489, Rcl-AgR 4054, todas disponíveis no sítio eletrônico do Supremo Tribunal Federal). O que aconteceu nesses casos foi interpretação da norma concreta decorrente da decisão em controle de constitucionalidade, mas não sua exclusão do sistema, tal como ocorrido no julgamento da Reclamação 4374.

52. Sobre a atividades exercidas pela Ciência do Direito, Humberto Ávila explica que "a atividade interpretativa envolve a descrição (reconhecimento, constatação, declaração ou asserção de significados), a reconstrução (reconstituição de significados), a decisão (escolha de um significado entre vários admitidos por um dispositivo) e a criação de significados (atribuição de significado além de dispositivos expressos, atribuição de significado a partir de dispositivos expressos, por argumentação dedutiva ou indutiva, utilização de teorias jurídicas que condicionam a interpretação, introdução de regras implícitas mediante concretização de princípios ou introdução de exceções a regras gerais). Essas atividades têm por objeto não apenas elementos textuais, mas também extratextuais, como atos, fatos costumes, finalidades e efeitos, que, em vez de fazer parte de outra Ciência, como a Economia ou as Finanças Públicas, compõem o objeto de interpretação da Ciência do Direito". ÁVILA, Humberto. Ciência do direito tributário e discussão crítica. Revista Direito Tributário Atual. n. 32, São Paulo: Dialética, 2014. p. 196.

53. Também reconhecendo a cláusula *rebus sic stantibus* na decisão judicial, Fredie Didier e Lucas Buril expõem que a relação entre as normas no controle de constitucionalidade "nada mais é do que uma relação continuada [...] que pode ser, e normalmente o é, alterada consoante estímulos externos" (modificações culturais, econômicas, sociais, tecnológicas ou jurídicas) que levam à alteração da situação constitucional da norma infraconstitucional. DIDIER JR., Fredie; MACÊDO, Lucas Buril de. Controle concentrado de constitucionalidade e revisão de coisa julgada: análise da reclamação nº 4.374/PE. **Revista Jurídica da Presidência**. Brasília, v.16, n. 110, out. 2014/jan. 2015, p. 581.

> As sentenças contêm implicitamente a cláusula rebus sic stantibus, de modo que as alterações posteriores que alterem a realidade normativa, bem como eventual modificação da orientação jurídica sobre a matéria, podem tornar inconstitucional norma anteriormente considerada legítima (inconstitucionalidade superveniente).[54]

Havendo substancial alteração – razões culturais, econômicas, sociais, tecnológicas ou jurídicas – daquele estado de coisas no qual a decisão de constitucionalidade foi proferida, estarão reunidos os pressupostos materiais para a conformação da norma com o atual estágio de desenvolvimento do Direito Constitucional, sem que isso represente violação da coisa julgada[55].

Reunidos os pressupostos, necessário verificar qual o meio adequado para a superação da declaração de constitucionalidade em controle concentrado e se a Reclamação é um deles.

Quando uma decisão sobre constitucionalidade é proferida no controle difuso, sua revisão é facilitada pela constante possibilidade de apreciação de questões semelhantes ou idênticas, como ocorrido no caso da prisão civil do depositário em sucessivos julgamentos de recursos extraordinários que desencadeou na edição da Súmula Vinculante nº 25: "é ilícita a prisão civil de depositário infiel, qualquer que seja a modalidade de depósito".

O mesmo não ocorre no controle concentrado de constitucionalidade, eis que sua revisão ficaria condicionada a uma nova ação direta a ser proposta por um dos legitimados para tanto. É improvável, porém, que isso ocorra. Enquanto isso, a questão chega à Corte Constitucional por meio do controle difuso de constitucionalidade, cujos processos subjetivos possuem os fatos que permitem perceber a existência ou não do *processo de inconstitucionalização* da norma.

Nas palavras do Relator na Reclamação 4374/PE, Min. Gilmar Mendes:

> A oportunidade de reapreciação das decisões tomadas em sede de controle abstrato de normas tende a surgir com mais naturalidade

---

54. Voto do Ministro Relator, Gilmar Mendes, na Reclamação 4374/PE. STF. Tribunal Pleno. Rcl 4374/PE. Relator Min. Gilmar Mendes. j. 18/04/2013. DJ 03-09-2013.

55. A coisa julgada recai sobre a decisão, e não sobre seus efeitos. Por se tratar de uma relação continuativa, a alteração do suporte fático altera a própria relação jurídica, de modo que essa nova relação jurídica não está acobertada pela coisa julgada de outrora. Assim, "modificando-se os fatos que dão ensejo à relação jurídica de trato continuado (e o próprio direito) e legitimam o pedido de uma tutela jurisdicional, tem-se a possibilidade de propositura de uma nova ação, com elementos distintos (nova causa de pedir/ novo pedido), a chamada ação de revisão. A coisa julgada não pode impedir a rediscussão do tema por fatos supervenientes ao trânsito em julgado". DIDIER JR., Fredie; MACÊDO, Lucas Buril de. Controle concentrado de constitucionalidade e revisão de coisa julgada: análise da reclamação nº 4.374/PE. **Revista Jurídica da Presidência**. Brasília, v.16, n. 110, out. 2014/jan. 2015, p. 581-582.

e de forma mais recorrente no âmbito das reclamações. É no juízo hermenêutico típico da reclamação – no "balançar de olhos" entre objeto e parâmetro da reclamação – que surgirá com maior nitidez a oportunidade para a evolução interpretativa no controle de constitucionalidade.[56]

Apesar das diferenças marcantes entre o controle difuso e o controle concentrado, o julgamento da Reclamação 4374 demonstrou que, para o STF, a superação e a redefinição do conteúdo de uma decisão anterior compõem o mesmo gênero e se diferenciam apenas em grau. Além disso, a jurisdição constitucional exercida no âmbito de uma Reclamação não é distinta da jurisdição constitucional exercida em uma ação direta, de modo que "eventual superação total, pelo STF, de uma decisão sua, específica, será apenas o resultado do pleno exercício de sua incumbência de guardião da Constituição"[57].

Essa situação peculiar é ínsita à ordem constitucional brasileira, que convive com o controle de constitucionalidade difuso e concentrado. O Supremo Tribunal Federal exerce ambas as espécies de controle de constitucionalidade, atuando, "simultaneamente, como Tribunal de revisão em última instância e como Corte Constitucional julgando processos objetivos".[58]

Esse sistema possui uma incongruência que sufoca a si próprio: a mesma Corte Suprema, no exercício da jurisdição constitucional por meio do seu Tribunal Pleno, profere decisões com eficácia contra todos e efeito vinculante nas ações objetivas, mas apenas com eficácia *inter partes* nas ações subjetivas.

Isso permite que instâncias inferiores continuem aplicando a norma anteriormente declarada inconstitucional pelo Supremo Tribunal Federal no controle difuso, que apenas poderia rever a decisão como Tribunal de revisão ou, sendo o caso, em sede de Reclamação. Para Dimitri Dimoulis e Soraya Lunardi "isso torna o processo judicial irracional: permite contradições, alonga os processos, prejudica os jurisdicionados que devem enfrentar uma *via crucis* e aumenta exponencialmente o volume de trabalho do STF"[59]

Diante desse problema, a partir de uma corrente evolutiva da jurisprudência do Supremo Tribunal Federal, surge a proposta de ampliação do uso da Reclamação – e qualquer outro procedimento em processo subjetivo – como instrumento

---

56.   STF. Tribunal Pleno. Rcl 4374/PE. Relator Min. Gilmar Mendes. j. 18/04/2013. DJ 03-09-2013.

57.   STF. Tribunal Pleno. Rcl 4374/PE. Relator Min. Gilmar Mendes. j. 18/04/2013. DJ 03-09-2013.

58.   DIMOULIS, Dimitri; LUNARDI, Soraya. **Curso de processo constitucional**: controle de constitucionalidade e remédios constitucionais. 4.ed. rev., atual. e ampl. São Paulo: Atlas, 2016. p. 304.

59.   DIMOULIS, Dimitri; LUNARDI, Soraya. **Curso de processo constitucional**: controle de constitucionalidade e remédios constitucionais. 4.ed. rev., atual. e ampl. São Paulo: Atlas, 2016. p. 304.

para a proteção da ordem constitucional como um todo. Conclui o Ministro Relator na Reclamação 4374 que "é plenamente possível entender que o Tribunal, por meio do julgamento desta reclamação, possa revisar a decisão na ADI 1.232 e exercer novo juízo sobre a constitucionalidade do § 3º do art. 20 da Lei no 8.742/1993 (Lei de Organização da Assistência Social – LOAS)".

O principal problema nesse aspecto reside, ainda, na extensão dos efeitos dessa decisão: seria *inter partes* ou *erga omnes*? No julgamento da Reclamação 4335[60], em 20.03.2014, o Relator, Ministro Gilmar Mendes, propôs expressamente a mutação constitucional para que se passasse a dar eficácia *erga omnes* a toda e qualquer decisão plenária de constitucionalidade do STF[61], independentemente de suspensão da eficácia da Lei pelo Senado Federal, o que não prevaleceu[62]. Expôs o Ministro Relator:

> De fato, é difícil admitir que a decisão proferida em ADIn ou ADC e na ADPF possa ser dotada de eficácia geral e a decisão proferida no âmbito do controle incidental – esta muito mais morosa porque em geral tomada após tramitação da questão por todas as instâncias – continue a ter eficácia restrita entre as partes. [...]

> Verifica-se que a recusa do Juiz de Direito da Vara de Execuções da Comarca de Rio Branco, no Estado do Acre, em conceder o benefício da progressão de regime, nos casos de crimes hediondos, desrespeita a *eficácia erga omnes que deve ser atribuída* à decisão deste Supremo Tribunal Federal, no HC 82.959, que declarou a inconstitucionalidade do artigo 2°, § 1°, da Lei n. 8.072/1990.[63] (grifo nosso)

Apesar da fundamentação, diante da atual configuração constitucional, a decisão de constitucionalidade pelo STF no controle difuso não possui eficácia *erga omnes*.

---

60. STF. Tribunal Pleno. Reclamação 4335/AC. Rel. Ministro Gilmar Mendes. j. 20.03.2014. DJe-208 DIVULG 21-10-2014 PUBLIC 22-10-2014.

61. Há um fato curioso no caso. O Relator pediu informações ao magistrado reclamado, que respondeu no sentido de que é "pacífico que, tratando-se de controle difuso de constitucionalidade, somente tem efeitos entre as partes. Para que venha a ter eficácia para todos é necessária a comunicação da Corte Suprema ao Senado Federal, que, a seu critério, pode suspender a execução, no todo ou em parte, de lei declarada inconstitucional por decisão definitiva do Supremo Tribunal Federal (art. 52, X, da CF)". Com base nisso, o magistrado informou que apenas poderia dar cumprimento à decisão do STF se o Senado Federal suspendesse a execução da lei declarada inconstitucional.

62. Cf. AMARAL JUNIOR, José Levi Mello do. Suspensão de norma inconstitucional está em pleno uso pelo Senado Federal. Revista **Consultor Jurídico**, 31 de maio de 2014. Disponível em ‹https://www.conjur.com.br/2014-mai-31/suspensao-norma-inconstitucional-pleno-uso-senado-federal›. Acesso em 14.jan.2018.

63. STF. Tribunal Pleno. Reclamação 4335/AC. Rel. Ministro Gilmar Mendes. j. 20.03.2014. DJe-208 DIVULG 21-10-2014 PUBLIC 22-10-2014.

Eventual declaração de inconstitucionalidade da norma no bojo de uma Reclamação continuará tendo efeitos *inter partes, mesmo que se trate da superação de uma decisão declaratória de constitucionalidade em ação objetiva.*

Embora seja possível concluir pela possibilidade de revisão de decisão declaratória de constitucionalidade proferida em controle concentrado no exercício do controle difuso, sua eficácia *erga omnes* dependerá da suspensão da eficácia da lei pelo Senado Federal, nos termos do art. 54, X, da Constituição Federal. Já sua exclusão do ordenamento dependerá do controle concentrado.

A alteração desse cenário para o controle difuso de constitucionalidade pelo Supremo Tribunal Federal dependeria de uma alteração constitucional – e acredita-se que isso seja necessário para conformar as incongruências decorrentes dos diferentes efeitos do controle de constitucionalidade difuso e concentrado pela mesma Corte Constitucional.

Enquanto essa alteração não se opera, uma das formas de contornar o problema seria a edição de súmula vinculante. Percebendo o STF a reunião dos requisitos para sua edição a partir de ações subjetivas, poderá editar a súmula vinculante que terá, então, efeito vinculante em relação aos demais órgãos do Poder Judiciário e à administração pública direta e indireta.

5. CONCLUSÕES

Ao final, foi possível concluir que:

1. A ordem constitucional brasileira possui duas formas de controle de constitucionalidade, o modelo difuso e concentrado. O Supremo Tribunal Federal exerce ambas as espécies de controle de constitucionalidade, atuando, simultaneamente, como Tribunal de revisão em última instância e como Corte Constitucional julgando processos objetivos.

2. Essa dualidade tem-se mostrado um problema para a autoridade das decisões do STF no controle difuso de constitucionalidade, pois, neste caso decisão da Corte Suprema tem apenas eficácia *inter partes.*

3. Percebido este problema, a partir de uma corrente evolutiva da jurisprudência do Supremo Tribunal Federal, surge a proposta de ampliação do uso da Reclamação – e qualquer outro procedimento em processo subjetivo – como instrumento para a proteção da ordem constitucional como um todo.

4. A partir do julgamento da Reclamação 4374, foi possível perceber que a proposta do Ministro Relator era de que seria possível concluir que o Tribunal Constitucional, por meio do julgamento de uma reclamação, poderá revisar ou

superar a decisão declaratória de constitucionalidade no controle concentrado, exercendo novo juízo sobre a constitucionalidade anteriormente declarada.

5. Verificou-se, porém, que eventual declaração de inconstitucionalidade da norma no bojo de uma Reclamação continuará tendo efeitos *inter partes*, mesmo que se trate da superação de uma decisão declaratória de constitucionalidade proferida em ação objetiva. A eficácia *erga omnes* da declaração de inconstitucionalidade no controle difuso dependerá da suspensão da eficácia da lei pelo Senado Federal, nos termos do art. 54, X, da Constituição Federal.

6. A alteração desse cenário para o controle difuso de constitucionalidade pelo Supremo Tribunal Federal dependeria de uma alteração constitucional – e acredita-se que isso seja necessário para conformar as incongruências decorrentes dos diferentes efeitos do controle de constitucionalidade difuso e concentrado pela mesma Corte Constitucional.

7. Enquanto essa alteração não é realizada, uma das formas de contornar o problema seria a edição de súmula vinculante. Percebendo o STF a reunião dos requisitos para sua edição a partir de ações subjetivas, poderá editar a súmula vinculante que terá, então, efeito vinculante em relação aos demais órgãos do Poder Judiciário e à administração pública direta e indireta.

6. REFERÊNCIAS

ÁVILA, Humberto. Ciência do direito tributário e discussão crítica. Revista Direito Tributário Atual. n. 32, São Paulo: Dialética, 2014.

AMARAL JUNIOR, José Levi Mello do. Suspensão de norma inconstitucional está em pleno uso pelo Senado Federal. Revista **Consultor Jurídico**, 31 de maio de 2014. Disponível em ‹https://www.conjur.com.br/2014-mai-31/suspensao-norma-inconstitucional-pleno-uso-senado-federal›. Acesso em 14.jan.2018.

BARROSO, Luís Roberto. **O controle de constitucionalidade no direito brasileiro**: exposição sistemática da doutrina e análise crítica da jurisprudência. 7.ed. rev. e atual. São Paulo: Saraiva, 2016.

DIDIER Jr., Fredie; CUNHA, Leonardo Carneiro da. Curso de direito processual civil: meios de impugnação às decisões judiciais e processo nos Tribunais. 14.ed. Salvador: JusPodivm, 2017.

_____; MACÊDO, Lucas Buril de. Controle concentrado de constitucionalidade e revisão de coisa julgada: análise da reclamação nº 4.374/PE. **Revista Jurídica da Presidência**. Brasília, v.16, n. 110, out. 2014/jan. 2015.

DIMOULIS, Dimitri; LUNARDI, Soraya. **Curso de processo constitucional**: controle de constitucionalidade e remédios constitucionais. 4.ed. rev., atual. e ampl. São Paulo: Atlas, 2016.

MAGALHÃES, Breno B. Considerações Acerca da Natureza Jurídica da Reclamação Constitucional. **Revista de Processo**, v. 210, p. 399-424, 2012. Disponível em ‹https://www.academia.edu/2111246/Considera%C3%A7%C3%B5es_Acerca_da_ Natureza_Jur%C3%ADdica_da_Reclama%C3%A7%C3%A3o_Constitucional›. Acesso em 28/12/2017.

MEDINA, José Miguel Garcia. Julgamento de ADI ou ADC não impede nova análise de lei. Revista **Consultor Jurídico**, 12 de maio de 2014. Disponível em ‹https://www.conjur.com.br/2014-mai-12/processo-julgamento-adi-ou-adc-nao-impe-de-analise-lei›. Acesso em 12.jan.2018.

MENDES, Gilmar Ferreira; BRANCO, Paulo Gustavo Gonet. **Curso de direito constitucional**. 12.ed. rev. e atual. São Paulo: Saraiva, 2017.

SOUZA, Wilson Alves de. **Acesso à Justiça**. Salvador: Dois de Julho, 2011.

SUPREMO TRIBUNAL FEDERAL. Tribunal Pleno. ADI 1232/DF. Relator Min. Ilmar Galvão. Relator para Acórdão Min. Nelson Jogim. j. 27/08/1998. DJ 01-06-2001

_____. Tribunal Pleno. Reclamação 141/SP. Rel. Min. ROCHA LAGOA. Julgamento 25/01/1952. Publicação DJ 17/04/1952. Disponível em ‹http://portal.stf.jus.br/›. Acesso em 28/12/2017.

_____. Tribunal Pleno. Reclamação 397 MC-QO. Rel. Ministro Celso de Mello. J. 25.11.1992. DJ 21.05.1993.

_____. Tribunal Pleno. Reclamação 1880 AgR/SP. Rel. Ministro Maurício Corrêa. J. 07.11.2002. DJ 19.03.2004.

_____. Tribunal Pleno. Reclamação 4335/AC. Rel. Ministro Gilmar Mendes. j. 20.03.2014. DJe-208 DIVULG 21-10-2014 PUBLIC 22-10-2014.

_____. Tribunal Pleno. Rcl 4374/PE. Relator Min. Gilmar Mendes. j. 18/04/2013. DJ 03-09-2013.

XAVIER, Carlos Eduardo Rangel. **Reclamação constitucional e precedentes judiciais**. Dissertação de mestrado. Universidade Federal do Paraná, Curitiba, 2015. p. 45. Disponível em ‹http://acervodigital.ufpr.br/handle/1884/39151›. Acesso em 12.jan.2018.

CAPÍTULO 16

Repercussões do CPC na cooperação do *amicus curiae* no processo de controle concentrado de constitucionalidade em matérias tributárias

Marcelo Signorini Prado de Almeida

SUMÁRIO: 1. INTRODUÇÃO; 2. CONTROLE CONCENTRADO DE CONSTITUCIONALIDADE NAS RELAÇÕES TRIBU-
TÁRIAS; 2.1. CONTROLE CONCENTRADO E REPERCUSSÕES NO CÓDIGO DE PROCESSO CIVIL; 2.2. CÓDIGO DE
PROCESSO CIVIL E A TEORIA DA FORÇA NORMATIVA DA CONSTITUIÇÃO NO CONTROLE DE CONSTITUCIONALI-
DADE DAS NORMAS; 3. DECISÕES JUDICIAIS DE CONTROLE DE CONSTITUCIONALIDADE E LIMITES DE INTERFE-
RÊNCIA DOS ARGUMENTOS CONSEQUENCIALISTAS NAS LIDES TRIBUTÁRIAS; 4. PRINCÍPIO DA COOPERAÇÃO:
IMPORTÂNCIA DOS TERCEIROS INTERESSADOS E *AMICUS CURIAE*; 4.1. O DEVER DE COLABORAÇÃO; 4.2. A
FIGURA DO *AMICUS CURIAE*: FISCAL E COLABORADOR NO CONTROLE CONCENTRADO; 5. POSSIBILIDADE DA
COLABORAÇÃO E ATUAÇÃO DE TERCEIROS EM PROCESSOS TRIBUTÁRIOS: ANÁLISE DAS ADI 5881, ADI 5886 E
ADI 5890; 6. CONCLUSÃO; 7. BIBLIOGRAFIA

1. INTRODUÇÃO

A Constituição Federal se posiciona no sistema jurídico como norma superior
às demais, demandando que o próprio sistema se regule de forma a evitar que
normas sem fundamento de validade se oponham ao texto constitucional.

O controle de constitucionalidade aplicado no sistema jurídico brasileiro
possui características singulares, com especial atenção a conjugação do sistema
concreto dos Estados Unidos com o sistema concentrado praticado nos países
europeus continentais.

Com o passar dos anos e experiências acumuladas nas diversas decisões é
possível que o sistema de controle de constitucionalidade brasileiro tenha-se de-
purado e se aperfeiçoado nas regras procedimentais, sofrendo influência direta
após a vinda do Código de Processo Civil.

As novas legislações passam a ter papel fundamental na atualização e adequação à realidade social brasileira, tornando o processo de controle das normas

mais dinâmico e moderno. Neste sentido, uma das bandeiras levantadas pelo Código de Processo Civil foi a necessidade de tonar o processo mais participativo e equilibrado entre as partes.

De fato, os sistemas processuais mais atuais buscam a cooperação das partes uníssona com a atuação do julgador, de forma a melhor legitimar e dinamizar os resultados, respeitando o devido processo legal, buscando agilizar a sistemática processual e com isso reduzir passivos judiciais. Com isso há uma maior eficiência na prestação jurisdicional estatal sem desprezar as disposições constitucionais de forma a auxiliar o julgador a construir uma realidade jurídica mais próxima do evento e da sociedade, com a imparcialidade que se espera de um Estado Democrático de Direito, em plena aplicação da força normativa da Constituição.

O impacto do Código de Processo Civil sobre esta figura é digno de destaque, especialmente nos casos de controle de constitucionalidade. Veja que no sistema de concorrência já existe, há tempos, destaque para que *amicus curiae* auxilie na solução dos litígios.

Desta forma, busca-se com este artigo a análise da importância dass figuras do *amicus curiae* e dos terceiros interessados diante dos novos valores trazidos pelo Código de Processo Civil, especialmente no que tange às relações tributárias, temas em que o julgador nem sempre é feliz em desconsiderar os argumentos financeiro-consequencialistas em detrimento dos institutos jurídicos, desconsiderando por completo a participação de terceiros que não figuram originariamente como parte na relação jurídica processual.

2. CONTROLE CONCENTRADO DE CONSTITUCIONALIDADE NAS RELAÇÕES TRIBUTÁRIAS

2.1. Controle concentrado e repercussões no Código de Processo Civil

O Estado moderno tem se caracterizado pela organização normativa escrita, em que o documento magno é representado pelas Constituições, especialmente após a Revolução Francesa e a independência dos Estados Unidos[1], revelando a soberania constituinte do povo, ou seja, seus representantes se reúnem em uma assembleia para criar uma norma juridicamente superior que irá orientar toda ordem política, com os valores ali expressos.

Porém, o Estado constitucional se revela dependente, especialmente a partir da metade do século XX, do controle da Justiça constitucional diante das

---

1. Cf. GOMES CANOTILHO, José Joaquim. *Direito constitucional e teoria da constituição.* 7. ed., 16. reimpr. Coimbra: Almedina, 2003, pp. 65 – 72.

dificuldades da representação política, até então baluarte da Democracia. Não que o sistema esteja falido e que a tripartição de poderes deve ser desconsiderada, mas melhor equilibrada para que os abusos sejam tolhidos[2]. De outro lado, não é aceitável que o parlamento seja esquecido e deixado de lado como mecanismo ultrapassado de representação popular.

A representação política já não é elemento suficientemente forte para sustentar a representatividade do interesse do povo, demandando maior representação no processo de decisão das normas inseridas no sistema jurídico. A sociedade participa na tomada das decisões e a democracia que até então se apresentava como mera representação passa a ser participativa.

Com isso a complexidade das relações e a interferência de critérios não jurídicos, tendendo a maior importância econômica ganha força, fazendo com que o Poder Judiciário se torne peça elementar no equilíbrio e harmonia das relações, dentro de uma lógica processual atual e moderna. Por tal razão o Código de Processo Civil é essencial para que a democracia e o texto constitucional sejam eficientes e aplicados em seu melhor desempenho.

De fato, a aplicação de normas atuais é necessária para que a ordem jurídica fundamental da sociedade seja cumprida em seus exatos termos, revelando como instrumento aplicador dos fundamentos constitucionais. É cediço que o texto constitucional, apesar de extenso, não é suficiente para abordar todas as relações jurídicas, especialmente a processual e as normas infraconstitucionais devem encontrar fundamento da validade na norma superior.

A existência de um processo de controle de constitucionalidade forte, moderno e estável é fundamental para que todo sistema jurídico seja aplicado de forma eficiente e alcance a legitimidade que se espera em um Estado Democrático de Direito.

Por isso, as repercussões do Código de Processo são as de atualizar e modernizar os mecanismos de aplicação do texto constitucional, especialmente no controle concentrado de constitucionalidade, dando maior eficiência e legitimidade social nas decisões da Corte Suprema em busca da maior força normativa da Constituição Federal, conforme a seguir exposto.

---

2.   Em crítica bem fundamentada, Dalmo de Abreu Dallari assim defende: "os três Poderes que compõe o aparato governamental dos Estados contemporâneos, sejam ou não definidos como poderes, estão inadequados para a realidade social e política do nosso tempo. Isso pode ser facilmente explicado pelo fato de que eles foram concebidos no século dezoito, para realidades diferentes, quando, entre outras coisas, imaginava-se o *Estado mínimo*, pouco solicitado, mesmo porque só uma pequena parte das populações tinha a garantia de seus direitos e a possibilidade de exigir que eles fossem respeitados." (DALLARI, Dalmo de Abreu. *O poder dos juízes*. São Paulo: Saraiva, 1996, p. 1.)

2.2. Código de Processo Civil e a teoria da força normativa da Constituição no controle de constitucionalidade das normas

A teoria da força normativa da Constituição vem ganhando muito espaço nas discussões doutrinárias brasileiras, influenciada especialmente com a obra de Konrad Hesse em referência à "vontade do texto constitucional", ou *Wille zur Verfassung*. Sua teoria contraria Ferdinand Lassalle, rebatendo a teoria defendida por este autor na conferência em 1862 sobre a essência da Constituição.

Ferdinand Lassalle defendia que a Constituição não passaria de um "pedaço de papel", em referência à frase dita por Frederico Guilherme IV, rei da Prússia, que em seu contexto histórico se posicionava contra a promulgação da Constituição de 1848. Nesta época, as monarquias absolutistas, compostas pelo rei e sua aristocracia, compunham denominada Câmara Alta, que comandavam o exército e assim coagiam os camponeses e a burguesia. Ou seja, o rei e a nobreza faziam parte da Constituição pela força que detinham.

Diversamente, Konhad Hesse[3], sem levar em conta este contexto histórico em que vivia Lassalle, entendia que a Constituição deveria ser entendida como algo a mais do que um simples representação da força dominante, mas como norma superior a todas as outras em um sistema jurídico. Em outros termos, para Hesse, há influência do mundo real, em especial os aspectos políticos e sociais, mas, a Constituição possui uma vontade e somente terá uma força ativa se a realidade e o texto constitucional estiverem próximos; quanto maior a proximidade, maior sua força normativa.

Muito se discute qual teoria seria a mais adequada ao nosso ordenamento, mas, considerando o momento histórico diverso, não podemos colocar em embate as duas teorias; a Constituição da República deve ser cumprida na sua essência, independente de se atribuir maior credibilidade à teoria de Hesse ou Lassalle, sob pena que prejudicar a essencialidade de diversos institutos.

Nestes termos, para a Constituição ser uma norma superior deve estar presente na mente dos componentes do Estado e orientar suas condutas, transformando e cumprindo a real "vontade constitucional", seja pelo controle das normas no sistema jurídico, seja na construção de Estado Democrático de Direito. Ou seja, uma Constituição não tem força normativa de forma automática, mas se

---

3. Afirma o referido autor: "A Constituição não configura, portanto, apenas expressão de um ser, mas também de um dever ser; ela significa mais do que o simples reflexo das condições fáticas de sua vigência, particularmente as forças sociais e políticas. Graças a pretensão de eficácia, a Constituição procura imprimir ordem e conformação à realidade social e, ao mesmo tempo, determinante em relação a ela, não se pode definir como fundamental nem a pura normatividade, nem a simples eficácia das condições sócio-políticas e econômicas". E continua: "A Constituição adquire força normativa na medida em que logra realizar essa pretensão de eficácia" (HESSE, Konrad. *A força normativa da constituição: Die normative Kraft der Verfassung*. Gilmar Ferreira Mendes (trad.). Porto Alegre: Sérgio Antonio Fabris Editor, 1991. pp. 15 e 16).

constrói com todo ordenamento e atos da sociedade jurisdicionada, sendo que a vontade constitucional de participação e ampla defesa é essencial, aproximando-se da realidade da sociedade.

Não existem fatos jurídicos puros ou fatos econômicos puros, mas cortes de linguagem, como meio de aproximação cognoscitiva, no qual o direito constrói sua realidade, seu objeto, suas categorias e unidades de significação, fazendo referência a um evento passado que não importa em sua completude para o direito, cuja curva assintótica defendida pelos semióticos[4] transparece a melhor descrição.

Hoje, na sociedade democrática de Direito em que vivemos a Constituição também será um mero pedaço de papel se a Carta Magna não detiver força normativa, pois na ausência de uma norma geral cumprida por todos quem ditará as regras será a força dominante, defendendo seus próprios interesses, assim como na época de Lassalle.

Neste sentido é que Häberle defende a teoria da sociedade aberta de intérpretes[5], cuja figura do *amicus curiae* ocupa importância ímpar para que a realidade e necessidades da sociedade sejam trazidas aos julgadores, como verdadeira democracia constitucional[6], não apenas a mera interpretação fria do texto, respeitando apenas os interesses dominantes e consequências financeiras.

Nesse ínterim, afigura relevante o controle efetivo das normas que estão dentro do sistema jurídico, dentro de um processo eficiente para concluir se a norma está cumprindo a vontade da Constituição, aproximando o texto constitucional da realidade e assim outorgando-lhe força normativa, harmonização e a tão almejada uniformização das decisões.

---

4. Sobre o tema, o Professor Paulo de Barros Carvalho assim leciona: "Na sua inteireza constitutiva, na sua integralidade existencial, o objeto dinâmico é intangível: sempre haverá aspectos sobre os quais um signo poderá ocupar-se, de tal modo que por mais que se fale e se escreva a respeito de um simples objeto que está a nossa frente, nunca esgotaremos essa possibilidade. Os semióticos representam esse asserto com a chamada "curva assintótica", em que se vê, claramente, que a linha dos signos jamais encosta na coordenada dos objetos" (CARVALHO, Paulo de Barros. *Direito Tributário*: Fundamentos Jurídicos da Incidência Tributária. 9. ed. São Paulo: Saraiva, 2014. p. 148).

5. Cf. HÄBERLE, Peter. *Hermenêutica Constitucional*: a sociedade aberta dos intérpretes da Constituição: contribuição para intepretação pluralista e 'procedimental' da Constituição. Gilmar Ferreira Mendes (trad.) Porto Alegre: Sérgio Antonio Fabris Editor, 1997).

6. Nos ensinamentos de Luiz Guilherme Marinoni: "Democracia quer significar, acima de tudo, participação. A participação no poder é da essência da democracia. E essa participação que legitima o exercício do poder. A participação no poder se dá de forma direta e indireta e em vários níveis. (...) O fundamento de legitimidade do processo jurisdicional não poderia ser diferente. O exercício do poder estatal através do processo jurisdicional há de ser legítimo, mas a legitimidade do exercício do poder somente pode ser conferida pela abertura à participação. Ora, se o processo jurisdicional deve refletir o Estado Democrático de Direito a idéia básica do processo deve ser a de garantir aos interessados uma participação efetiva no procedimento que vai levar à edição da decisão" (MARINONI, Luiz Guilherme. *Novas linhas do processo civil*. 2; ed. rev. e ampl. São Paulo: Malheiros, 1996, pp. 145-146).

3. DECISÕES JUDICIAIS DE CONTROLE DE CONSTITUCIONALIDADE E LIMITES DE INTERFERÊNCIA DOS ARGUMENTOS CONSEQUENCIALISTAS NAS LIDES TRIBUTÁRIAS

Vimos que a Democracia representativa demonstrou falhas fazendo com que a democracia representativa ganhou espaço nos últimos tempos. Assim, a atuação do Poder Judiciário dentro de um processo eficiente se tornou uma necessidade, especialmente para por em prática o controle efetivo de constitucionalidade, garantindo a sedimentação da força normativa da Constituição.

Porém, especialmente nas relações jurídicas tributárias o Poder Público se utiliza de argumentos econômicos como consequência do julgamento. Muito se confunde do que seja uma mera utilização de dado econômico para aplicação da norma jurídica, ou melhor, interpretação jurídica com base em argumento econômico no âmbito de Direito Tributário, como meio autônomo[7]. Não há uma intepretação econômica propriamente dita[8], mas verdadeira interpretação jurídica baseada em dados econômicos submetidos à membrana jurídica que filtram os dados de modo a se adequar ao meio e linguagem jurídicas.

Vale lembrar que a denominada interpretação econômica tem origem no direito tributário alemão, com Enno Becker, na RAO, ou *reichsabgabenordnung*, de 1919, em que no processo de interpretação das leis tributárias deve-se levar em consideração o seu objetivo, significado econômico e as relações desenvolvidas. Referida disposição se repete na lei de adaptação tributária em 1934 e influencia sistema jurídico francês, italiano, português, espanhol e até mesmo o argentino, que por influência de Dino Jarach positivou a interpretação econômica, por meio da Ley n° 11.683/78, que prevê, já em seu artigo 1°, que a intepretação de leis impositivas atenderá a sua finalidade e significação econômica, recorrendo aos conceitos normas e termos e direito privado no caso de impossibilidade de busca do sentido literal ou por seu espírito.

Vê-se, claramente, que o dado econômico é essencial e não se confunde necessariamente com a incidência da economia no âmbito tributário, mas um dado para ser interpretado sob às normatizações.

---

7.   Ruy Barbosa Nogueira, em relação ao Direito Tributário, sintetiza: "Assim, o Direito Tributário, que possui princípios e institutos próprios, constitui hoje, sem dúvida, um sistema ou um ramo científico autônomo, quer pela forma ou método, como pelo conteúdo. Com o conhecimento dos princípios, institutos e sistemática do Direito Tributário, já o hermeneuta possuirá os elementos científicos dêsse ramo, mas precisará ainda do conhecimento dos aspectos de relação com as demais ciências e apreender a técnica tributária". (NOGUEIRA, Ruy Barbosa. *Da interpretação e da aplicação das leis tributárias*. São Paulo: Revista dos Tribunais, 1965, p.5)

8.   Alfredo Augusto Becker, com sua peculiar linguagem crítica defende: "A doutrina da Interpretação do Direito Tributário, segundo a realidade econômica, é filha do maior equívoco que tem impedido o Direito Tributário de evoluir como ciência jurídica. Esta doutrina, inconscientemente, nega a utilidade do direito, porquanto destrói precisamente o que há de jurídico dentro do Direito Tributário". (BECKER, Alfredo Augusto. *Teoria geral do direito tributário*. 5. ed. São Paulo: Noeses, 2010.p. 138).

Assim como o *amicus curiae*, as finalidades econômicas devem ser levadas em consideração pelo intérprete para auxiliar na difícil tarefa de interpretação da lei positivada às relações jurídicas, principalmente quando se trata de controle de constitucionalidade em abstrato. A interpretação jurídica não é suficiente para solucionar o caso concreto, é mais um elemento para o processo de valoração no processo interpretativo, com o auxílio de pessoas que independente do interesse jurídico direto na causa te, alguma proximidade que possa auxiliar na compreensão de diversos dados argumentativos trazidos aos autos.

Parece-nos ultrapassado para a realidade de um Estado Democrático de direito é a intepretação das leis tributárias tidas como *"in dubio pro fiscum"* ou quiçá *"in dubio contra fiscum"* com base em dados econômicos. É necessária a simples e real atividade de intepretação em obediência a rígida aplicação das normas tributárias[9]. Não é possível que estas máximas sejam aplicadas por simples regra do sujeito que ocupa determinada posição na relação jurídica.

Por isso para que seja garantido o devido equilíbrio é essencial que as partes respeitem o dever de colaboração de forma leal, suficiente para auxiliar de forma positiva o desenvolvimento do processo, não tentar influenciar a decisão dos Ministros, especialmente utilizando argumentos não jurídicos de consequência financeira em tempos de crise. Além disso, é elementar que haja busca por auxiliares da corte e terceiros interessados para clarear a melhor posição jurídica na solução da lide. Neste ponto as modernas posições processuais podem ser a saída esperada para um julgamento tendente a cumprir a força normativa da Constituição.

4. PRINCÍPIO DA COOPERAÇÃO: IMPORTÂNCIA DOS TERCEIROS INTERESSADOS E *AMICUS CURIAE*

4.1. O dever de colaboração

O Código de Processo Civil de 2015 trouxe em mais de um momento mecanismos que incentivam, ou quiçá até obrigam, que qualquer pessoa que tenha algum elemento eficiente, capaz de auxiliar na decisão judicial tem o dever de trazê-lo aos autos.

---

9. Ezio Vanoni com propriedade explica: "A nenhum cidadão pode ser exigido que se pague mais do que deve segundo as leis vigentes, nem mesmo se se considera que a importância que ele, legitimamente, se recusa a contribuir, deva ser cobrada de outros". E continua: "Em tempos mais recentes, tanto a aplicação preconcebida a favor do contribuinte, como a favor do fisco, verificam-se inadmissíveis". (VANONI, Ezio. *Natureza e interpretação das leis tributárias*. Rubens Gomes de Sousa (trad.), Rio de Janeiro: Financeiras, 1932, pp. 45-46).

Por mais que para alguns denominam um princípio da cooperação, a expressão "princípio" possui vários aspectos, mas, seguindo a ideia do latim, é um som que projeta a intenção de pressuposto, origem, partida de algo. Diante da linguagem jurídica é um enunciado lógico do ordenamento ou sistema, que encontra coordenação com disposições normativas, com força e abrangências maiores do que uma norma explicitamente constitucional, ou seja, é uma norma com alto valor axiológico, que, no caso, impõe um dever a todos os envolvidos no processo[10].

Veja que a título de exemplo os artigos 378[11] e 380[12] do Código de Processo Civil dispõem que ninguém pode se eximir do dever de colaborar com o Poder Judiciário para o descobrimento da verdade, sendo que no artigo 77, inciso I[13] impõe, frise-se, um dever das partes, de seus procuradores e de qualquer outra pessoa que de qualquer forma participem do processo expor os fatos em juízo conforme a verdade.

Diante destas disposições legais nos parece possível afirmar que há um verdadeiro dever de colaboração envolvendo qualquer das pessoas envolvidas no processo, ainda que indireta e pontualmente, com consequente punição pelo Poder Judiciário[14], objetivando a melhor solução da lide. Na mesma linha da Democracia participativa, o Estado no exercício da jurisdição demanda auxílio da sociedade para que a maior proximidade com a realidade seja possível, ou seja, se há o desejo de que a linguagem jurídica, construída pela autoridade constitucionalmente competente, se aproxime da realidade fática é preciso que a decisão seja suficientemente eficiente, sendo que qualquer pessoa, física ou jurídica, que tenha meios para esta adequação seja chamada a colaborar no monopólio jurisdicional do Estado.

O terceiro tem o dever de informar ao juiz os fatos que tem conhecimento e exibir qualquer item necessário ao deslinde do caso, ressalvadas, obviamente, as hipóteses de exclusão, como, por exemplo, em razão de sigilo profissional.

---

10. Com maior propriedade, Geraldo Ataliba define: "Os princípios são linhas mestras, os grandes nortes, as diretrizes magnas do sistema jurídico. Apontam os rumos a serem seguidos por toda a sociedade e obrigatoriamente perseguidos pelos órgãos do governo (poderes constituídos)." (ATALIBA, Geraldo. *República e Constituição*. 2. ed. São Paulo: Editora Revista dos Tribunais, 2001, p. 34).

11. Art. 378. Ninguém se exime do dever de colaborar com o Poder Judiciário para o descobrimento da verdade.

12. Art. 380. Incumbe ao terceiro, em relação a qualquer causa:
    I - informar ao juiz os fatos e as circunstâncias de que tenha conhecimento;
    II - exibir coisa ou documento que esteja em seu poder.

13. Art. 77. Além de outros previstos neste Código, são deveres das partes, de seus procuradores e de todos aqueles que de qualquer forma participem do processo:
    I - expor os fatos em juízo conforme a verdade.

14. Art. 380, Parágrafo único. Poderá o juiz, em caso de descumprimento, determinar, além da imposição de multa, outras medidas indutivas, coercitivas, mandamentais ou sub-rogatórias.

Entendemos que este dever é geral, podendo alcançar o próprio Poder Público, ainda que não tenha interesse jurídico na causa.

Importante se dizer também que apesar do terceiro ter este dever de colaboração e que com o Código de Processo Civil de 2015 ter sedimentado tal necessidade, há de se oportunizar o contraditório a quem não queira ou não seja possível auxiliar. Deste modo, é possível que o terceiro demonstre ao julgador que sua presença no processo é irrelevante e que ao contrário do que se imagina, o terceiro ou entidade pode prejudicar o andamento e solução do caso.

De fato, a oportunidade de contraditório é caráter constitucional e essencial para a legitimação do processo, ainda mais no controle de constitucionalidade. A obrigação de participação deve ser ponderada para não ter efeito contrário ao desejado. Por tal razão, imaginamos que seja prudente a oitiva deste terceiro ainda que de forma informal antes da decisão de trazê-lo ao processo.

4.2. A figura do *amicus* curiae: fiscal e colaborador no controle concentrado

A figura do *amicus curiae* tem suas origens na *common law*, consequência do sistema de precedentes exercido, efetivando o contraditório e ampla defesa e abrindo caminho para a intervenção social, já que a decisão pode gerar um precedente aplicado repetidamente para outros inúmeros processos futuros.

Muito se discute a origem do *amicus curiae*, citando inclusive origens e figuras semelhantes no direito romano. De qualquer sorte, o direito inglês tem utilizações do *amicus curiae* desde o século XVII, influenciando o direito dos Estados Unidos.

O sistema jurídico brasileiro em diversas oportunidades reconhece a importância de terceiros na elucidação dos fatos. É o caso da possibilidade de intervenção nos processos da Comissão de Valores Mobiliários (art. 31, Lei 6.385/76, incluído pela Lei nº 6.616/78); do Instituto Nacional de Propriedade Industrial – INPI nas ações de nulidade de patente (artigo 57, da Lei 9.279/96) ou perante o Conselho Administrativo de Defesa Econômica – CADE em que se discute o Sistema Brasileiro de Defesa da Concorrência (artigo 50, da Lei 12.529/11)[15].

É certo que no processo da ação direta de inconstitucionalidade e constitucionalidade a Lei 9.868/99[16] e até mesmo o Regimento Interno do Supremo

---

15. A título de exemplo, o CADE admitiu que a Associação de Comércio Exterior do Brasil (AEB) fosse habilitada como terceira interessada apta a intervir no processo administrativo nº 08700.004633/2015-04 para investigar suposto cartel na manipulação de taxas de câmbio envolvendo o real e moedas estrangeiras.

16. Lei 9.868/99, Art. 7º Não se admitirá intervenção de terceiros no processo de ação direta de inconstitucionalidade;
    Art. 18. Não se admitirá intervenção de terceiros no processo de ação declaratória de constitucionalidade.

Tribunal Federal[17] inadmitem a intervenção de terceiros. Tal vedação, porém, não se encontra na Lei 9.882/99 que regulamenta a Arguição de Descumprimento de Dever Fundamental[18].

Porém, a própria Lei 9.868/99[19] admite que diante da relevância da matéria e a representatividade a manifestação de outros órgãos ou entidades, situação equivalente no incidente de arguição de inconstitucionalidade (art. 950, §3º, CPC) e no controle difuso (art. 1.035, §4º, CPC) e expresso no artigo 138, admitindo que o juiz ou o relator, diante da relevância na solução da matéria, da especificidade do tema ou da repercussão social pode, inclusive de ofício, solicitar ou admitir a participação de pessoa, órgão ou entidade.

São, portanto, os requisitos previstos no Código de Processo Civil que haja (i) relevância da matéria; (ii) especificidade do tema objeto da demanda; ou (iii) repercussão social da controvérsia. Veja que são requisitos alternativos[20], mesmo pela razão da proximidade conceitual de cada um deles. Obviamente a relevância da matéria é ponto crucial para que a opinião daquela pessoa seja considerada para convencer as outras sobre o controle de constitucionalidade, cabendo ao julgador, independente da concordância das partes[21], analisar a relevância de sua participação e escolha do melhor sujeito para adequada cooperação.

Diante desta disposição legal, o *amicus curiae* é plenamente admitido[22] no processo de controle constitucional concentrado, podendo auxiliar a Corte na elucidação dos fatos, limitando-se a manifestação permitida ou requisitada pelo relator em pleno exercício do dever de colaboração impactando pelo Código de Processo Civil, que vem reforçar o dever dos jurisdicionados em auxiliar o juízo. O próprio Supremo Tribunal Federal já teve oportunidade de se manifestar na ADPF 187/DF reconhecendo a necessidade do *amicus curiae* participar de forma mais ativa e não como simples espectador formal no processo de fiscalização

---

17. RISTF, art. 169, §2º: § 2º Não se admitirá assistência a qualquer das partes.

18. Por esta razão, o RISTF regulamenta inclusive a sustentação oral nos casos de intervenção de terceiros no processo de controle concentrado: Art. 131, § 3º Admitida a intervenção de terceiros no processo de controle concentrado de constitucionalidade, fica-lhes facultado produzir sustentação oral, aplicando-se, quando for o caso, a regra do § 2º do art. 132 deste Regimento.

19. Art. 7º, § 2º O relator, considerando a relevância da matéria e a representatividade dos postulantes, poderá, por despacho irrecorrível, admitir, observado o prazo fixado no parágrafo anterior, a manifestação de outros órgãos ou entidades.

20. No sentido o Enunciado FPPC 395: "Os requisitos objetivos exigidos para a intervenção do *amicus curiae* são alternativos".

21. Enunciado n.º 127 do FPPC: A representatividade adequada exigida do *amicus curiae* não pressupõe a concordância unânime daqueles a quem representa.

22. Cf. MEIRELLES, Hely Lopes. *Mandado de Segurança*: ação popular, ação civil pública, mandado de injunção, habeas data, ação direta de inconstitucionalidade. 30 ed.atual. por Arnoldo Wald e Gilmar Ferreira Mendes. São Paulo: Malheiros, 2007, p. 336.

abstrata de constitucionalidade, abrindo a possiblidade de fazer sustentações orais, propostas de requisição de informações adicionais, designação de perito ou convocação de audiências públicas.

É evidente que caracteriza por ser uma figura estranha ao processo, não ocupando a posição de autor ou réu. Neste aspecto o artigo 138, §1o, do Código de Processo Civil esclarece que apesar de ser possível admitir o *amicus curiae* não é possível que este atue alterando a competência ou o autorize interposição de recursos, salvo embargos de declaração e nos casos de incidente de resolução de demandas repetitivas[23].

Não atua para beneficiar um indivíduo do processo, assim como o assistente, mas ao interesse geral na solução da lide, ou seja, um verdadeiro interesse pela Justiça, atuando em uma perspectiva metaindividual pela melhor solução da atividade jurisdicional, como mecanismo de aplicação da própria Constituição na rápida e precisa solução dos casos de controle de constitucionalidade. Não que o Ministério Público Federal não seja competente no exercício de sua função, mas a participação de outras pessoas em matérias de alta complexidade só tem a acrescentar na qualidade da decisão de controle de constitucionalidade[24].

Deve se dar especial atenção à denominada representatividade adequada, que não se confunde com o interesse jurídico. Antes mesmo do Código de Processo Civil a jurisprudência já exigia que o terceiro comprovasse a relevância de sua participação no processo[25]. Tal imposição visa resguardar o interesse institucional, afastando questões subjetivas daquele que está no processo com o intuito de auxiliar a melhor solução e não se beneficiar, ao menos de forma direta, já que em se tratando de controle de constitucionalidade concentrado em matéria tributária dificilmente se encontrará um contribuinte ou uma entidade que possa auxiliar o juízo que não se beneficie de forma indireta ou distante daquela decisão. Não há, portanto, necessidade de demonstrar um interesse jurídico na

---

23. Interessante anotação do Enunciado no 460 do FPPC: "microssistema de aplicação e formação dos precedentes deverá respeitar as técnicas de ampliação do contraditório para amadurecimento da tese, como a realização de audiências públicas prévias e participação de *amicus curiae*".

24. Cássio Scarpinella Bueno ensina: "Em um Estado Constitucional e Democrático como o brasileiro, parece demasiado entender que apenas uma instituição – e nisso não vai nenhuma crítica a quem quer que seja – possa querer se desincumbir a contento de atuar pela ordem jurídica em juízo. Esta tutela é e deve ser multifacetada. Todos aqueles que ostentem a qualidade de *amicus curiae*, destarte, devem ser equiparados a 'fiscais da ordem jurídica'" (SCARPINELLA BUENO, Cássio. *Manual de direito processual civil*. São Paulo: Saraiva, 2015, p. 161).

25. Antonio do Passo Cabral assim defende: "Apesar de não ter que demonstrar o interesse jurídico, o *amicus curiae* deveria comprovar ter alguma proximidade com os interesses materiais em causa, demonstrando uma condição subjetiva que o autorize a falar no processo em favor de todos os sujeitos que possam ser potencialmente atingidos" (CABRAL, Antonio do Passo. Art. 138. In: STRECK, Lenio Luiz; NUNES, Dierle; CUNHA, Leonardo Carneiro da (orgs.). *Comentários ao Código de Processo Civil*. São Paulo: Saraiva, 2016, p. 213).

causa, mas pelo contrário, deverá demonstrar sua pertinência na participação da solução da questão.

O fato é que com o advento do Código de Processo Civil esta figura se torna mais sedimentada no sistema jurídico, viabilizando uma maior estabilidade, qualidade e adequação às demandas cada vez mais complexas, ainda mais quando se trata de ações de controle de constitucionalidade de relações tributárias. não só como cooperador, mas como fiscal da ordem jurídica constitucional.

A razão de sua participação no processo aprimora a decisão da Corte, de forma a reduzir substancialmente a complexidade das relações e permitindo que os julgadores tenham acesso a informações complementares que de modo ordinário não estariam acessíveis, na forma que coopera ativamente com a prestação jurisdicional. Por isso que é denominado "amigo da Corte" ou mesmo "colaborador da Corte", apesar de que tais expressões não nos parecem muito felizes, já que ele não é amigo ou colaborador do juiz ou mesmo da Corte, mas sim um auxiliar da prestação da atividade jurisdicional. Portanto, figura como colaborador do Poder Judiciário, da atividade jurisdicional ou da própria Constituição Federal, garantindo a sua força normativa no controle de constitucionalidade.

Desta forma, no processo de controle de constitucionalidade, especialmente nas causas tributárias, os contribuintes e entidades representativas são de elementar importância na colaboração para elucidação dos fatos de forma imparcial e despretensiosa do simples aumento de arrecadação. Os Ministros devem buscar não só ouvir a parte legitimada na propositura da ação, mas ouvir outras entidades e contribuintes para que a elucidação dos fatos seja efetiva, sem apegos ao critério de arrecadação.

5. POSSIBILIDADE DA COLABORAÇÃO E ATUAÇÃO DE TERCEIROS EM PROCESSOS TRIBUTÁRIOS: ANÁLISE DAS ADI 5881, ADI 5886 E ADI 5890

O poder público possui uma série de prerrogativas e instrumentos para cobrar débitos tributários, narrando de forma nem sempre imparcial os acontecimentos e aplicando a lei de forma a preservar o objetivo de arrecadação, ainda mais em tempos de crise. De outro lado, diante da morosidade legislativa e judiciária, atrelada à ineficiência arrecadatória, faz com que o fisco crie elementos novos para melhorar o ato de cobrança tributária.

Por tal razão não é raro encontrar normas tributárias que ultrapassam os limites constitucionais de modo a aumentar a arrecadação sem se preocupar com o sistema jurídico e os limites constitucionais.

Dentro destas "inovações" está o artigo 20-B, da Lei nº 10.522/2010 com redação da Lei nº 13.606/2018, que prevê a denominada averbação pré-executória.

Com isso, a Procuradoria da Fazenda Nacional pode notificar o contribuinte para, em até cinco dias, efetuar o pagamento do valor atualizado monetariamente, acrescido de juros, multa e demais encargos nela indicados, sob pena de averbar a certidão de dívida ativa nos órgãos de registro de bens, tornando-os indisponíveis, além das comunicações aos serviços de proteção ao crédito.

A Procuradoria da Fazenda Nacional já se manifestou no sentido de que estes mecanismos visam reduzir a litigiosidade, de forma a racionalizar a atuação de cobrança com o objetivo final de melhoria da arrecadação. Na visão do fisco, o direito constitucional de propriedade estaria garantido, já que a expropriação ainda depende de ordem judicial, ressaltando que a alienação de bens antes da fase judicial de devedores com a dívida ativa já inscrita causaram prejuízos superiores a cinquenta bilhões de reais, prejudicando a União e terceiros de boa-fé.

Importante se notar que o artigo 185 e 185 – A[26] do Código Tributário Nacional elencam hipóteses específicas de fraude à execução e de indisponibilidade de bens. Neste aspecto a Fazenda Nacional já teve oportunidade de rebater os dispositivos legais alegando que a morosidade da Justiça prejudica a "eficiência no processo de recuperação do crédito público, que se pretende eliminar daqui para a frente"[27].

Aparentemente vê-se que a força normativa da nossa Constituição Federal está sendo reduzida a mero argumento consequencialista sem análise aprofundada da lesão a direito fundamental da propriedade, ponto em que o *amicus*

---

26. Art. 185. Presume-se fraudulenta a alienação ou oneração de bens ou rendas, ou seu começo, por sujeito passivo em débito para com a Fazenda Pública, por crédito tributário regularmente inscrito como dívida ativa.

    Parágrafo único. O disposto neste artigo não se aplica na hipótese de terem sido reservados, pelo devedor, bens ou rendas suficientes ao total pagamento da dívida inscrita.

    Art. 185-A. Na hipótese de o devedor tributário, devidamente citado, não pagar nem apresentar bens à penhora no prazo legal e não forem encontrados bens penhoráveis, o juiz determinará a indisponibilidade de seus bens e direitos, comunicando a decisão, preferencialmente por meio eletrônico, aos órgãos e entidades que promovem registros de transferência de bens, especialmente ao registro público de imóveis e às autoridades supervisoras do mercado bancário e do mercado de capitais, a fim de que, no âmbito de suas atribuições, façam cumprir a ordem judicial.

    § 1º A indisponibilidade de que trata o caput deste artigo limitar-se-á ao valor total exigível, devendo o juiz determinar o imediato levantamento da indisponibilidade dos bens ou valores que excederem esse limite.

    § 2º Os órgãos e entidades aos quais se fizer a comunicação de que trata o caput deste artigo enviarão imediatamente ao juízo a relação discriminada dos bens e direitos cuja indisponibilidade houverem promovido.

27. Cf. PGFN passa a contar com novas medidas para fortalecimento da recuperação do crédito público e preservação de terceiros de boa-fé. Disponível em: ‹http://www.pgfn.fazenda.gov.br/noticias/2018/pgfn--passa-a-contar-com-novas-medidas-para-fortalecimento-da-recuperacao-do-credito-publico-e-preserva-cao-de-terceiros-de-boa-fe›. Acesso em 26 julho 2018.

curiae seria peça fundamental para que na análise da constitucionalidade da norma os Ministros não estejam limitados aos argumentos das partes.

Com a repercussão da medida, regulamentada por mera portaria da Procuradoria da Fazenda Nacional (portaria PGFN nº 33/2018), houve interposição de ao menos três Ações Diretas de Inconstitucionalidade.

O Partido Socialista Brasileiro (PSB) ajuizou a Ação Direta de Inconstitucionalidade (ADI) 5881, questionando a possibilidade de a Fazenda Pública agir de modo unilateral no bloqueio de bens, sem manifestação do Poder Judiciário. Com isso a norma questionada ofenderia a reserva de lei complementar, devido processo legal, reserva de jurisdição, contraditório e ampla defesa, direito de propriedade, livre iniciativa e da isonomia, expondo a risco a atividade econômica, especialmente as pequenas e médias empresas.

Na ADI 5886 a Associação Brasileira de Atacadistas e Distribuidores de Produtos Industrializados (Abad) questiona o artigo 20-B a razoabilidade e proporcionalidade da norma ao permitir que ocorra a indisponibilidade de bens e direitos sem decisão judicial, por mero ato administrativo, ofendendo o devido processo legal, a ampla defesa e o contraditório, impedindo que haja análise do mérito ou possibilidade de suspensão da medida diante das hipóteses de suspensão da exigibilidade do crédito tributário, além da ofensa à reserva de lei complementar para dispor sobre procedimento de lançamento e cobrança de créditos tributários pela Fazenda Pública. Enfatiza que a classe que representa poderia comprometer toda estrutura e planejamento dos atacadistas, inviabilizado sua operação.

Por sua vez, a Confederação da Agricultura e Pecuária do Brasil (CNA) ajuizou a ADI 5890 questiona a decretação administrativa da indisponibilidade de bens dos contribuintes, sem autorização judicial, sendo que qualquer alteração neste sentido deveria vir por meio de lei complementar, além de violar a separação dos poderes, isonomia, proporcionalidade, razoabilidade, devido processo legal, contraditório e da ampla defesa e o direito fundamental à propriedade.

Vê-se que não é tema tranquilo e irá demandar especial atenção, relacionando desde o pequeno empresário até grandes atacadistas, em diversos setores da economia. Não é recomendável que se tome decisões com base somente na eficiência e aumento da arrecadação, mas ouça a possibilidade e eficiência na medida a ser imposta. Neste aspecto entidades, técnicos e estudiosos do direito da propriedade que melhor conhecem o mercado e os impactos desta decisão sejam chamados aos autos das Ações Diretas de Inconstitucionalidade para que tomem uma decisão mais precisa e com maior legitimidade do que a simples alegação fazendária de ampliação da arrecadação e que tal medida irá beneficiar compradores de boa-fé.

A futura decisão irá envolver tema delicado de limitação de direito fundamental, envolvendo discussões de conformação, concretização ou efetivamente uma restrição ao direito. Questões essas que não podem envolver meros números ou argumentos de queda de arrecadação. Deve, sim, existir elementos concretos que podem ser construídos a partir do auxílio de diversas entidades de modo a ponderar a melhor forma no exercício da propriedade privada e os direitos a ela inerentes.

Sabemos que em relação ao direito de propriedade não há um conceito constitucional exato de propriedade e hipóteses de sua violação, devendo envolver inclusive a perspectiva de função social. Diante deste conceito dinâmico e extenso que pode ser submetido à relativização[28], se faz necessária a correta interpretação diante de tantos valores envolvidos com consequências ímpares.

Diversos questionamentos podem ser levantados sem que terceiros demonstrem interesse direto no mérito, auxiliando os julgadores a aprofundar a análise da constitucionalidade e não da eficiência da medida imposta. Chegar ao conceito de núcleo essencial deste direito de forma precisa é um desafio que pode se tornar menos penoso com participação da sociedade e de mais fiscais da ordem jurídica, respeitando os argumentos jurídicos e a força normativa da Constituição.

6. CONCLUSÃO

Conforme visto, a Constituição Federal precisa de força normativa para que reafirme sua posição de superioridade hierárquica. De outro lado, vemos que a democracia, fielmente defendida pela magna carta denominada Constituição cidadã passa por modificações, deixando de lado aquilo que a doutrina denomina democracia participativa. Com isso, a sociedade deixa de ser uma mera coadjuvante e torna mais ativa, auxiliando nas decisões mais importantes dentro de um verdadeiro Estado Democrático de Direito.

O processo civil torna-se peça chave nesta neodemocracia, com uma constitucionalização processual e tributária. Para isto, a uniformização jurisprudencial, com precisão e legitimidade é fundamental, sendo que a existência do *amicus curiae* se torna a real participação popular na concretização do controle de constitucionalidade, ainda mais quando se trata de controle abstrato, com efeito *erga omnes*.

Na medida em que o Código de Processo Civil de 2015 traz elementos de regulamentação mais abertos desta figura acaba por ser instrumento de exercício

---

28. Cf. MENDES, Gilmar Ferreira. *Direitos fundamentais e controle de constitucionalidade*: Estudos de Direito Constitucional. 3. ed. rev e ampl. São Paulo: Saraiva, 2006, p.20.

democrático da sociedade no controle das normas constitucionais, em pleno exercício de sua força normativa, ainda mais quando se trata de temas tributários, que é a base de um sistema de arrecadação para financiamento das atividades estatais, sem que este seja o elemento determinante para a decisão de ofensa ou não ao texto constitucional.

De fato, a medida que a sociedade evolui as relações se tornam mais complexas demandando uma maior participação processual daqueles que possuem conhecimento adequado para melhor solução das decisões, dando maior legitimidade às discussões e acórdãos de controle de constitucionalidade.

Assim, os argumentos consequencialistas estão na contramão das disposições constitucionais e processuais, considerando que a mera análise financeira não leva em conta os efeitos das decisões e seu interesse geral. O amadurecimento das teses tributárias é uma grande necessidade, ainda mais quando se trata de questionamentos de cobrança de tributos inconstitucionais.

O instrumento de participação é peça chave para que se alcance o verdadeiro sentido jurídico da decisão, aproximando a interpretação jurídica da realidade social. Por isso é de se afirmar que o *amicus curiae* é figura atual e importante para as decisões, especialmente quando se tratar de normas tributárias, representando um amigo da sociedade e seu interesse geral, desapegado das amarras dos cálculos de arrecadação.

Portanto, com o advento do Código de Processo Civil de 2015 o controle constitucional tem a tendência de se tornar mais forte e determinante se os julgadores utilizarem com fidelidade a figura do *amicus curiae*, especialmente para ultrapassar as barreiras de complexidade que as ações de cunho tributário trazem em uma sociedade cada vez mais complexa, tonando os temais mais maduros e precisos, alcançando a segurança jurídica e legitimidade das decisões em um verdadeiro Estado Democrático de Direito.

7. BIBLIOGRAFIA

ATALIBA, Geraldo. *República e Constituição*. 2. ed. São Paulo: Editora Revista dos Tribunais, 2001.

BECKER, Alfredo Augusto. *Teoria geral do direito tributário*. 5. ed. São Paulo: Noeses, 2010.

CABRAL, Antonio do Passo. Art. 138. In: STRECK, Lenio Luiz; NUNES, Dierle; CUNHA, Leonardo Carneiro da (orgs.). *Comentários ao Código de Processo Civil*. São Paulo: Saraiva, 2016.

CARVALHO, Paulo de Barros. *Direito Tributário*: Fundamentos Jurídicos da Incidência Tributária. 9. ed. São Paulo: Saraiva, 2014.

DALLARI, Dalmo de Abreu. *O poder dos juízes*. São Paulo: Saraiva, 1996.

FALCON Y TELLA, Ramón. Interpretación económica e seguridad jurídica. *Revista de Direito Tributário*, n. 65, pp. 7-15. São Paulo: Malheiros, jul./set. 1995.

GOMES CANOTILHO, José Joaquim. *Direito constitucional e teoria da constituição*. 7. ed., 16. reimpr. Coimbra: Almedina, 2003.

HÄBERLE, Peter. *Hermenêutica Constitucional*: a sociedade aberta dos intérpretes da Constituição: contribuição para intepretação pluralista e 'procedimental' da Constituição. Gilmar Ferreira Mendes (trad.) Porto Alegre: Sérgio Antonio Fabris Editor, 1997.

HESSE, Konrad. *A força normativa da constituição: Die normative Kraft der Verfassung*. Gilmar Ferreira Mendes (trad.). Porto Alegre: Sérgio Antonio Fabris Editor, 1991.

NOGUEIRA, Ruy Barbosa. *Da interpretação e da aplicação das leis tributárias*. São Paulo: Revista dos Tribunais.

MARTINS, Ives Gandra da Silva; MENDES, Gilmar Ferreira. *Controle concentrado de constitucionalidade*: comentários à lei n. 9.868, de 10-11-1999. São Paulo: Saraiva, 2001.

MEDINA, Damares. *Amicus Curiae*. Amigo da Corte ou Amigo da Parte? São Paulo: Saraiva, 2010.

MEDINA, José Miguel Garcia. *Direito Processual Civil Moderno*. São Paulo: Revista dos Tribunais, 2015.

MELLO, José Eduardo Soares de. *Processo tributário administrativo e judicial*: atualizado pelo Código de Processo Civil de 2015. 4. ed. São Paulo: Quartier Latin, 2015.

MENDES, Gilmar Ferreira. *Controle de constitucionalidade*: Aspectos jurídicos e políticos. São Paulo: Saraiva, 1990.

_____. *Direitos fundamentais e controle de constitucionalidade*: Estudos de Direito Constitucional. 3. ed. rev e ampl. São Paulo: Saraiva, 2006.

MEIRELLES, Hely Lopes. *Mandado de Segurança*: ação popular, ação civil pública, mandado de injunção, habeas data, ação direta de inconstitucionalidade. 30 ed.atual. por Arnoldo Wald e Gilmar Ferreira Mendes. São Paulo: Malheiros, 2007.

MORAES. Alexandre. *Jurisdição constitucional e tribunais constitucionais*: Garantia suprema da Constituição. São Paulo: Atlas, 2000.

SCARPINELLA BUENO, Cássio. *Amicus curiae no direito brasileiro*: um terceiro enigmático. 3. ed. São Paulo: Saraiva, 2012

_____. *Manual de direito processual civil*. São Paulo: Saraiva, 2015.

STRECK, Lenio Luiz; NUNES, Dierle; CUNHA, Leonardo (orgs.). *Comentários ao Código de Processo Civil*. São Paulo: Saraiva, 2016.

TEIXEIRA, Andreson Vichinkeski Teixiera; ROCHA, Cristiny Mroczkoski. A reformulação do Amicus Curiae no Novo CPC: integração normativa ou derrogação

parcial da Lei nº 9.868/99? *Revista de Processo – Repro*, n. 268, pp. 291-318. São Paulo: Revista dos Tribunais, junho, 2017.

VANONI, Ezio. *Natureza e interpretação das leis tributárias*. Rubens Gomes de Sousa (trad.), Rio de Janeiro: Financeiras, 1932.

CAPÍTULO 17

O que significa "decisão do Supremo Tribunal Federal em controle concentrado de constitucionalidade"?

Murilo Teixeira Avelino

SUMÁRIO: 1. DIGRESSÕES INTRODUTÓRIAS; 1.1. *RATIO DECIDENDI*; 1.2. *STARE DECISIS*; 2. PRIMEIRA PARTE DO PROBLEMA – EFICÁCIA VINCULANTE DA FUNDAMENTAÇÃO EM ADI; 3. SEGUNDA PARTE DO PROBLEMA – INADMISSIBILIDADE DO MANEJO DE RECLAMAÇÃO POR DESRESPEITO À *RATIO DECIDENDI* DAS AÇÕES DE CONTROLE CONCENTRADO; 4. ALGUMAS NOTAS SOBRE O SISTEMA DE PRECEDENTES CONSAGRADO NO CPC; 5. (IN)CONCLUSÕES – O QUE SIGNIFICA "DECISÃO DO SUPREMO TRIBUNAL FEDERAL EM CONTROLE CONCEN-TRADO DE CONSTITUCIONALIDADE"?; 6. UMA PROPOSTA DE INTERPRETAÇÃO; 7. REFERÊNCIAS

1. DIGRESSÕES INTRODUTÓRIAS

O novo CPC consagra a força dos precedentes em nosso sistema. Apesar da opinião corrente de que estamos inseridos na tradição do *civil law*, o nosso orde-namento jurídico, já há algum tempo, reconhece pontualmente eficácia jurídica e vinculação aos precedentes. Conforme anota Leonardo Carneiro da Cunha,

> "Costuma-se dizer que os precedentes seriam institutos próprios dos ordenamentos de *common law*. Não é verdade. Os precedentes existem em todos os sistemas; se há decisão judicial, há preceden-te. (...) A referência ao precedente não é mais uma característica peculiar dos ordenamentos de *common law*, estando presente em quase todos os sistemas, também de *civil law*"[1]

O que varia, em cada sistema jurídico analisado, é o seu regime jurídico, pois haverá precedente onde houver jurisdição.

Antes do advento do novo CPC, reconhecia-se a importância dos precedentes judiciais. Já podíamos tratar do sistema de julgamento das causas repetitivas no STJ e da Repercussão Geral no STF, a introdução do polêmico artigo 285-A no

---

1. CUNHA, Leonardo Carneiro da. O processo Civil no Estado Constitucional e os fundamentos do projeto do novo Código de Processo Civil. *Repro*, São Paulo: RT, v. 209, 2013. pp. 355-356. No mesmo sentido: MACÊDO, Lucas Buril de. *Precedentes judiciais e o direito processual civil*. Salvador: JusPodivm, 2016. p. 78.

CPC/73 (atual art. 332), a possibilidade de criação de súmulas vinculantes (art. 103-A da CRFB), além do efeito vinculante e *erga omnes* das decisões proferidas pelo STF no controle concentrado de constitucionalidade.

Boa parte do estudo do tema *precedentes judiciais* exige conhecimentos doutrinários. O CPC trata diretamente o instituto apenas nos arts. 926 a 928, onde regula a formação dos *precedentes obrigatórios* e o *microssistema de julgamento de causas repetitivas*, conquanto diversas referências estejam espraiadas por todo o código.

O tema possui ligação umbilical com a necessidade de proteção das expectativas que surgem a partir da atuação dos tribunais. A garantia constitucional da *segurança jurídica* (art. 5°, *caput*) respeita não só à atuação do Legislativo, mas também do Judiciário, que desempenha atividade criadora de direito através das decisões.

O *direito fundamental à segurança jurídica no processo* é elemento indissociável da ideia de processo cooperativo e de formalismo-valorativo. O ambiente de diálogo que o processo proporciona, implica necessariamente a valorização da *previsibilidade da atuação judicial*. "O direito à segurança jurídica no processo constitui direito à *certeza*, à *estabilidade*, à *confiabilidade* e à *efetividade* das situações jurídicas processuais. Ainda, a segurança jurídica determina não só *segurança no processo*, mas também *segurança pelo processo*"[2].

A *segurança jurídica* garante previsibilidade e estabilidade das relações, permitindo aos jurisdicionados que conheçam as soluções construídas pelo Judiciário para os conflitos vindouros. Tem por corolário, nesse sentido, *a proteção da confiança*. Ora, no momento em que o sujeito se depara com uma *lide* (=pretensão resistida), a *jurisprudência uniforme* permite conhecer desde logo a possível solução que será adotada caso leve o problema à solução jurisdicional.

Por outro lado, o *princípio da igualdade* garante que situações semelhantes receberão solução semelhante. Assim, a *jurisprudência uniforme* dará tratamento isonômico aos casos análogos que se lhes apresentem. A estruturação de um sistema de precedentes, pois, é fundamentada, dentre outros, nos *princípios da segurança jurídica, da proteção da confiança e da isonomia*[3].

"O precedente nada mais é do que uma decisão judicial, que tem relação de anterioridade a outras, servindo-lhes de premissa"[4]. O *precedente* é a

---

2.   SARLET, Ingo; MARINONI, Luiz Guilherme; MITIDIERO, Daniel. *Curso de Direito Constitucional.* São Paulo: RT, 2012. p. 671.

3.   Um estudo aprofundado a respeito dos fundamentos constitucionais da obrigatoriedade dos precedentes, analisando os princípios constitucionais mencionados está em MACÊDO, Lucas Buril de. *Ob. cit.* pp. 93-130.

4.   CUNHA, Leonardo Carneiro da. *Ob. Cit.* p. 356.

decisão de um caso concreto que apresenta em seu núcleo uma norma jurídica formada através de um processo indutivo, apta à utilização em casos análogos posteriores.

Cruz e Tucci, em passagem clássica, ensina: "(...) todo precedente é composto de duas partes distintas: *a)* as circunstâncias de fato que embasam a controvérsia; e *b)* a tese ou o princípio jurídico assentado na motivação (*ratio decidendi*) do provimento decisório"[5]. Pode-se dizer que o *precedente* é formado por dois elementos: i) o contexto fático no qual foi proferida a decisão; ii) os fundamentos jurídicos que levaram à decisão.

De observar, então, que o precedente em si, como decisão jurídica, não tem como elemento necessário a atribuição de efeito vinculante. O fato de trazer uma *tese ou norma jurídica* construída a partir da análise do caso concreto, não significa que deva ser obrigatoriamente observado em casos análogos futuros. Esta *observância obrigatória no futuro* é o que se chama de *stare decisis*, instituto característico – conquanto não exclusivo – do *common law*[6].

Não obstante, não se pode deixar de reconhecer que apesar de muitas vezes se falar em *efeito vinculante* do precedente, em verdade se está a referir ao efeito vinculante de sua *ratio decidendi*, ou seja, da tese ou fundamento jurídico aplicado na decisão.

O *precedente* não é, contudo, toda e qualquer *decisão*. Só é precedente a decisão judicial que firma o posicionamento a respeito de determinada questão de direito ali discutida, construindo uma *norma geral* a ser aplicada em casos semelhantes.

Atente-se: decisão somente sobre matéria de *fato* não é precedente, assim como a decisão que se resume a (re)aplicar precedente, também não é. "Em suma, é possível dizer que o precedente é a primeira decisão que elabora a tese jurídica ou é a decisão que definitivamente a delineia, deixando-a cristalina"[7].

1.1. *Ratio decidendi*

A decisão judicial é um texto jurídico. De sua interpretação resultam ao menos duas normas, uma individual, outra geral. A *norma individual* regula o caso

---

5. TUCCI, Rogério Cruz e. *Precedentes Judiciais como fonte do direito*. São Paulo: RT, 2004. p. 12.

6. "Realmente, todos os sistemas jurídicos, independentemente da tradição jurídica incutida em suas bases, possuem precedentes. Questão diversa é a autoridade ou eficácia que é atribuída aos precedentes judiciais em cada sistema: muito embora o precedente judicial esteja presente em todos os sistemas jurídicos, o *valor* que possui é variável de acordo com o sistema jurídico". MACÊDO, Lucas Buril de. *Ob. cit.* p. 78.

7. MARINONI, Luiz Guilherme. *Precedentes Obrigatórios*. São Paulo: RT, 2010. p. 218.

concreto submetido ao julgador e se situa no dispositivo da sentença. Já a *norma geral* é produzida pela jurisdição através de um processo indutivo. A partir de um problema concreto surge uma solução aplicável a uma generalidade de casos futuros semelhantes. Surge um precedente.

Não obstante a referência seja à *eficácia persuasiva do precedente*, esse caráter é da sua razão de decidir ou *ratio decidendi* ou, como preferem os saxônicos, a *holding*. Trata-se da tese jurídica consignada na decisão, presente na fundamentação (mas com ela inconfundível), com base na qual se decide o caso em análise[8]. A *ratio decidendi* se identifica não com a decisão do caso concreto (não está contida no dispositivo), mas com as razões jurídicas que a fundamentaram. Conforma, assim, uma tese jurídica geral, capaz de desprender-se do incidente para servir de *padrão decisório* para casos futuros semelhantes.

Quando se diz que o precedente é norma jurídica, deve-se compreender o seguinte: a *norma jurídica geral do caso concreto* é um dos elementos do procedente, em complemento às questões de fato que embasaram o entendimento. É a *ratio decidendi* a norma propriamente dita, pois a *norma jurídica* está nas razões de decidir.

Por decorrer da solução de um caso concreto, identificando as razões de decidir o conflito, o precedente possui natureza de *norma-regra*[9]. A *regra geral do caso concreto* que conforma a *ratio decidendi*, é aplicável por um processo

---

8.   "O precedente pode ser identificado com a *ratio decidendi* de um caso ou de uma questão jurídica – também conhecido como *holding* do caso. A *ratio decidendi* constitui uma *generalização das razões* adotadas como *passo necessário e suficientes* para decidir um *caso* ou as *questões* de um caso pelo juiz. Em uma linguagem própria da tradição romano-canônica, poderíamos dizer que a *ratio decidendi* deve ser formulada por *abstrações realizadas a partir da fundamentação* da decisão judicial. É preciso perceber, contudo, que *ratio decidendi* não é sinônimo de *fundamentação* – nem, tampouco, de *raciocínio judiciário*. A fundamentação – e o raciocínio judiciário que nela tem lugar – diz com o *caso particular*. A *ratio decidendi* refere-se à *unidade do direito*. Nada obstante a *ratio* é formada com material recolhido na fundamentação". MITIDIERO, Daniel. Fundamentação e precedente – Dois discursos a partir da decisão judicial. *Repro*, São Paulo: RT, v. 206, 2012. pp. 71-72.

9.   Sem desconhecer o debate, conforme anota Thomas da Rosa Bustamante: "Aliás, o que justifica a remissão a um precedente judicial é justamente a relativa determinação das normas jurídicas adscritas que são paulatinamente produzidas pela jurisprudência. Raramente se verá, portanto, a hipótese de o aplicador do Direito se referir apenas a um princípio que tenha sido enunciado na argumentação que decide um caso anterior, pois em todo caso judicial está presente ao menos uma norma universal do tipo 'regra' que conjugue os fatos do caso com determinado tipo de consequência normativa. A técnica do precedente judicial só é importante porque através dela é possível reduzir o grau de indeterminação que é característico dos princípios jurídicos, de sorte que normalmente a *ratio decidendi* deve se revestir de um caráter de 'regra'. (...)

Não há problema em aceitarmos o método silogístico de identificação da *ratio decidendi* com a ressalva da hipótese excepcional de esta ser um princípio, não uma regra. (...)

Portanto, vale a seguinte diretiva: normas jurisprudenciais adscritas do tipo 'regra' têm um peso ou vinculatividade maior que as do tipo 'princípio'". BUSTAMANTE, Thomas da Rosa de. *Teoria do Precedente judicial: a justificação e a aplicação de regras jurisprudenciais*. São Paulo: Noeses, 2012. pp. 351-353.

de subsunção[10]: incidirá, no futuro, quando o seu suporte fático for novamente preenchido.

1.2. *Stare decisis*

Como afirmamos anteriormente, o precedente não possui necessariamente efeito vinculante. A obrigatoriedade do precedente para casos futuros e análogos se chama de *stare decisis*, instituto característico, conquanto não exclusivo, do *common law*.

O *stare decisis* não se confunde com o próprio precedente. É, em verdade, uma eficácia jurídica ou autoridade do precedente, decorrente da regulação que o sistema jurídico lhe dê. O ordenamento impõe aos juízes a vinculação às decisões anteriormente proferidas quando se deparem com novos casos análogos ao anteriormente decidido.

A origem da expressão é latina, e sua forma original era a seguinte: *stare decisis et non quieta movere*, ou seja, mantenha-se o que já se decidiu e não se altere o já estabelecido. Assim, associa-se à ideia de segurança na aplicação dos precedentes, de proteção da confiança dos sujeitos que se submetem a um sistema jurídico que reconhece eficácia prospectiva às decisões.

Há, na doutrina de língua inglesa, certa divergência quanto ao alcance da vinculação dos precedentes proporcionada pelo *stare decisis*. Há aqueles que defendem uma vinculação meramente horizontal (a própria Corte, no futuro, estaria vinculada a seus julgados); outros, todavia, entendem por uma vinculação vertical e horizontal (atingindo não somente o próprio órgão de onde se exarou o precedente, mas também os demais órgãos inferiores que a ele se submetem)[11].

---

10. Mais uma vez, como anota o autor: "O procedimento denominado 'subsunção' pode (...) ser entendido num sentido mais amplo, partindo-se do caráter axiológico e teleológico da ordem jurídica. (...) A subsunção, ato que aplica regras jurídicas a partir da verificação dos fatos compreendidos pelo problema jurídico e de sua correspondência com a hipótese de incidência de uma regra jurídica que a abarque 'não é, de modo algum, apenas do tipo lógico-formal, antes surgindo, numa parte essencial, ainda que frequentemente não explícita, numa ordenação valorativa' [idem:34 (Canaris 1996)]. (...)
A denominada *subsunção* não significa que a construção da decisão consiste unicamente em uma premissa maior (a norma), uma premissa menor (a descrição dos fatos) e uma conclusão (o julgamento). (...) Como se nota, há, nesse procedimento, espaço para constantes ponderações, as quais 'são integradas num esquema dedutivo', sendo que o juiz só subsume os fatos numa norma depois de superados os problemas interpretativos suscitados por ela. A subsunção deve ser entendida num sentido mais amplo que o usual, e creio que Alexy assim o faz". *Idem. ib idem.* pp. 346-347.

11. "O caso típico de aplicação do precedente se dá quando a sua direção é vertical, ou seja, quando o juiz sucessivo, que deve decidir um caso idêntico ou similar, encontra-se sob um grau inferior na hierarquia judiciária. (...). A este turno, autoridade e respeito se relacionam à posição do órgão: quanto mais elevado é o grau da corte que emite o precedente, mais respeitáveis são as suas decisões. Por assim dizer, a força

Apesar da discussão, prepondera o entendimento de que o termo *stare decisis* se refere a uma eficácia vinculante do precedente em uma perspectiva tanto vertical quanto horizontal, ainda que não absoluta[12].

Mesmo originário dos sistemas do *common law*, o *stare decisis* pode ser associado a qualquer sistema de direito que reconheça força obrigatória a seus precedentes. É o que ocorre hoje, no Brasil, mormente pela previsão do art. 927 do CPC. Ravi Peixoto, no mesmo sentido, entende "que o 927 tenta inaugurar o *stare decisis* no direito processual brasileiro, mediante o estabelecimento de uma vinculação vertical de precedentes".[13]

2. PRIMEIRA PARTE DO PROBLEMA – EFICÁCIA VINCULANTE DA FUNDAMENTAÇÃO EM ADI

O Supremo Tribunal Federal, por muito tempo, posicionou-se no sentido de não reconhecer eficácia vinculante e *erga omnes* à *ratio decidendi* nas ações de controle concentrado de constitucionalidade. Para a corte, o devido respeito ao precedente se referia ao objeto tanto quanto decidido, ou seja, ao dispositivo da decisão.

Em recente julgado (datado de 29/11/2017 e publicada no informativo n° 886) parece ter havido uma virada de cento e oitenta graus na compreensão. Deu-se no julgamento das ADIs n° 3406/RJ e n° 3470/RJ, ambas tendo por objeto a inconstitucionalidade da lei n° 3.579/2001 do Estado do Rio de Janeiro, que proíbe a extração, comercialização e utilização do abseto/amianto em todo território do Estado.

Na oportunidade, o Plenário decidiu por julgar improcedente o pedido, com fundamento na inconstitucionalidade do art. 2° da lei federal n° 9.055/95, que regulava – para permitir – a utilização restrita do produto.

Trocando em miúdos, entendeu-se que a lei estadual era constitucional ao proibir totalmente a extração, comercialização e utilização do amianto. A razão de decidir foi a inconstitucionalidade da lei federal permissiva. Ora, se a lei federal que *permite* é inconstitucional – e, portanto, deve-se excluir da ordem jurídica

---

do precedente desce de alto a baixo: as verdadeiras "cortes do precedente" são as cortes superiores, cujas decisões se impõem a todos os órgãos judiciários de grau inferior; depois vêm as cortes de apelação, e assim segue descendo na escala judiciária.(...) Fala-se, todavia, também de precedente horizontal, para indicar a força persuasiva que um precedente pode ter em relação aos órgãos judiciários que pertencem ao mesmo grau daquele que pronunciou a primeira decisão". TARUFFO, Michele. Precedente e Jurisprudência. *Repro*, São Paulo: RT, v. 199, 2011.

12. "Entretanto, não há mais precedentes obrigatórios absolutos nos sistemas jurídicos de *common law* e muito menos nos de *civil law*". MACÊDO, Lucas Buril de. *Ob. cit.* p. 81.

13. PEIXOTO, Ravi. Art. 927. ALMEIDA RIBEIRO, Sérgio Luiz de. *Et al* (corrds). *Novo Código de Processo Civil Comentado – tomo III – arts. 771 a 1072*. São Paulo: Lualri Editora, 2017. p. 233.

– a *competência plena* estadual, bem exercida para proibir totalmente, não afronta qualquer preceito constitucional relativo à competência para legislar sobre a matéria.

A norma estadual, por ser suplementar em regra, não pode regular o tema de maneira diversa da lei federal. Excluída da ordem jurídica a norma geral (lei federal) permissiva, a proibição imposta pela lei estadual reflete regular exercício da previsão constante no art. 24, §§ 1° a 3°, da Constituição da República (=competência plena). Assim, a legislação estadual representa um avanço na proteção ao meio ambiente, alinhada com a diretriz constitucional e legal.

Decidiu-se – no dispositivo – pela constitucionalidade da lei n° 3.579/2001 do Estado do Rio de Janeiro. Até aí, nada de novo.

A virada jurisprudencial teve por plano de fundo o debate a respeito do fundamento da decisão: a inconstitucionalidade, reconhecida incidentalmente (=como *ratio decidendi*), do art. 2° da lei federal n° 9.055/95. Deu-se, no caso concreto, eficácia vinculante e *erga omnes* à razão de decidir. Anote-se que o preceito em questão já havia sido declarado inconstitucional incidentalmente na ADI 3937/SP sem, contudo, qualquer eficácia obrigatória.

A Corte passou a seguir a compreensão do Ministro Gilmar Mendes quanto à *transcendência dos motivos determinantes*. Na oportunidade, o Ministro mencionou o art. 535, §5° (de mesma redação do art. 525, §12) do CPC[14], *in verbis*:

> § 5° Para efeito do disposto no inciso III do caput deste artigo, considera-se também inexigível a obrigação reconhecida em título executivo judicial fundado em lei ou ato normativo considerado inconstitucional pelo Supremo Tribunal Federal, ou fundado em aplicação ou interpretação da lei ou do ato normativo tido pelo Supremo Tribunal Federal como incompatível com a Constituição Federal, em controle de constitucionalidade concentrado ou difuso.

O legislador entendeu por bem considerar inexigível a obrigação fundada em lei ou ato normativo considerado inconstitucional (art. 525, III e art. 535, III, ambos do CPC). A partir da redação do novo CPC, se o STF considera inconstitucional uma norma ou profere decisão de interpretação conforme a Constituição, com efeitos vinculantes, em controle difuso ou concentrado, a obrigação que nela encontre fundamento é considerada inexigível.

---

14. Ao trazer à tona o art. 525, §5°, do CPC, o Ministro Gilmar Mendes denota a compreensão de que o legislador reconhece eficácia obrigatória à *ratio decidendi*. Na oportunidade, mencionou também sua posição pessoal pela *mutação constitucional* do art. 52, X da CR. Para ele, a *atuação do Senado teria o condão de apenas intensificar a publicidade* da declaração de inconstitucionalidade feita pelo STF em sede de controle difuso. Apesar de o tema não possuir relação com o objeto da causa, foi bastante debatido entre os Ministros.

O controle *difuso* de constitucionalidade é aquele realizado fora das competências de Corte Constitucional. Em outros termos, é aquele que não decide definitivamente a respeito de expurgar uma norma jurídica do ordenamento. Em sede de *controle difuso de constitucionalidade* as *inconstitucionalidades* somente podem ser decididas incidentalmente.

No julgamento das ADIs n° n° 3406/RJ e n° 3470/RJ o Supremo Tribunal Federal, pois, exerceu dupla função: i) atuou como Corte Constitucional, em controle concentrado e abstrato, entendendo constitucional a lei do Estado do Rio de Janeiro; ii) atuou como órgão do Judiciário, em controle difuso e incidental, entendendo inconstitucional a lei federal.

A Corte reconheceu a eficácia da coisa julgada (=a lei estadual é constitucional – objeto da ação) e da obrigatoriedade do precedente (=o julgamento pela inconstitucionalidade da lei federal, na fundamentação, é vinculante). Atribuiu-se eficácia vinculante à *ratio decidendi*.

É preciso abrir um parêntese para que se compreenda a afirmação: há uma íntima e tênue associação entre *ratio decidendi* e *motivos determinantes*. Talvez o Supremo Tribunal Federal não haja percebido e, por isso, a mera leitura do julgado não o esclareça. Nos valemos da doutrina para explicar:

> A *"transcendência dos motivos determinantes"* implica afirmar que os motivos determinantes de uma decisão, isto é, sua fundamentação possui eficácia vinculantes para os demais órgãos jurisdicionais.
>
> O conceito de *ratio decidendi* (ou a norma jurídica abstrata e genérica) praticamente coincide com os *motivos determinantes*. Na verdade, o conceito de *ratio decidendi* é mais sofisticado e bem elaborado que o de *"motivos determinantes de uma decisão"*. Existem peculiaridades que podem aproximá-los. O conceito de *ratio decidendi* é próprio da doutrina do *stare decisis* do direito anglo-saxão, ao passo que o de *"motivos determinantes"* é fruto do direito romano-germânico.[15]

Em outras palavras, em sede de controle concentrado (ADI), o Supremo declarou a constitucionalidade da lei fluminense (em abstrato) e a inconstitucionalidade da lei federal (incidentalmente), reconhecendo que o tanto quanto consignado como razão de decidir possuía eficácia de precedente obrigatório.

O voto foi seguido pelo Ministro Celso de Melo, que afirmou a expansão dos poderes de atuação do Supremo na jurisdição constitucional. A Ministra Carmem Lúcia reconheceu a inovação jurisprudencial: a eficácia vinculante não seria apenas

---

15. AZEVEDO, Gustavo. *Reclamação Constitucional no Direito Processual Civil.* No prelo, página 65, gentilmente cedida pelo autor.

do tanto quanto decidido a respeito do objeto da ADI, mas também no que tange à própria matéria decidida, às razões jurídicas fundamentais da decisão.

O Ministro Edson Fachin consignou que a nova compreensão tem o condão de evitar a repetição de demandas com mesmo fundamento jurídico, ou seja, todas as leis estaduais de conteúdo normativo semelhante à lei do rio de janeiro (também proibitivas do uso do amianto) também devem ser consideradas constitucionais. Por outro lado, qualquer norma permissiva deve ser considerada inconstitucional, assim como o foi, na fundamentação, o art. 2° da lei federal n° 9.055/95.

O mesmo entendimento foi aplicado no julgamento das ADIs n° 3356/PE e n° 3357/RS; além da ADPF n° 109/SP.

3. SEGUNDA PARTE DO PROBLEMA – INADMISSIBILIDADE DO MANEJO DE RECLAMAÇÃO POR DESRESPEITO À *RATIO DECIDENDI* DAS AÇÕES DE CONTROLE CONCENTRADO

Historicamente, o Supremo Tribunal Federal rejeita a ideia de *transcendência dos motivos determinantes* no controle concentrado de constitucionalidade. A Corte, nesse sentido, é refratária ao manejo de reclamação em face de decisões que afrontam as *razões de decidir* dos acórdãos proferidos em sede de controle concentrado. Mesmo em decisões tomadas já sob a égide do novo CPC, o tribunal vem mantendo esta compreensão. Veja-se, onde grifamos:

> EMENTA: AGRAVO REGIMENTAL EM RECLAMAÇÃO. EXTINÇÃO DE CONTRATO DE TRABALHO DE EMPREGADO DE AUTARQUIA PÚBLICA EM DECORRÊNCIA DE APOSENTADORIA VOLUNTÁRIA. ALEGADA AFRONTA AO JULGAMENTO DA ADI 1.770. AUSÊNCIA DE PERTINÊNCIA TEMÁTICA ESTRITA. AGRAVO REGIMENTAL AO QUAL SE NEGA PROVIMENTO. 1. A jurisprudência do Supremo Tribunal Federal assentou a ser *incabível reclamação que trate de situação que não guarda relação de estrita pertinência com o parâmetro de controle ou quando fundada na teoria da transcendência dos motivos determinantes de acórdão com efeito vinculante.* 2. (...) 3. Agravo regimental a que se nega provimento. (Rcl. 7672 – AgR. Relator Ministro Edson Fachin, Primeira Turma. DJE 18/08/2016)

No mesmo sentido, diversos outros julgados. Por exemplo: Rcl. 8168, (Relatora Ministra Ellen Gracie, Pleno; DJE 29/02/2016); Rcl 2412 – AgR (Relator Ministro Roberto Barroso, Primeira Turma; DJE 01/02/2018). Assim, ao menos no que refere à admissibilidade da reclamação como instrumento de respeito às decisões proferidas pelo Supremo Tribunal Federal, mantem-se a compreensão de que apenas o desrespeito ao dispositivo, ou seja, ao objeto da decisão, conforme previsto na lei n° 9868/99, é que justificaria o manejo do remédio constitucional.

Em julgado proferido no dia 12/09/2017 – apenas dois meses antes do julgamento das ADIs n° 3406/RJ e n° 3470/RJ – o STF reafirmou tal posicionamento na Rcl n° 22012/RS (Segunda Turma, Relator Ministro Dias Toffoli). Acertou-se a impossibilidade de utilização da reclamação com fundamento na *transcendência dos motivos determinantes*, rejeitando seu manejo para controlar o desrespeito à *ratio decidendi* dos julgamentos em controle concentrado de constitucionalidade. Em trecho do voto do Ministro Ricardo Lewandowski: "(...) o Plenário desta Corte manifestou-se contrariamente à chamada "transcendência" ou "efeitos irradiantes" dos motivos determinantes das decisões proferidas em controle abstrato de normas (...)". Citou, em seguida, o julgamento proferido na Rcl n° 3014/SP, de Relatoria do Ministro Ayres Britto.

Conclui-se, pois, que para efeitos de manejo de reclamação, a jurisprudência do STF não se reconhece eficácia vinculante aos fundamentos da decisão proferida em sede de controle concentrado e abstrato de constitucionalidade.

4. ALGUMAS NOTAS SOBRE O SISTEMA DE PRECEDENTES CONSAGRADO NO CPC

O art. 927 do CPC consagra expressamente precedentes *vinculantes* ou *obrigatórios* em nosso sistema. O legislador fixa um *rol* de técnicas para a definição de teses que devem ser observados pelos juízes e tribunais.

> Os precedentes obrigatórios são aqueles que geram o dever de observância da norma neles contida para os julgadores subsequentes, devendo aplica-las sob pena de incorrer em erro quanto à aplicação do direito (...). A obrigação de seguir o precedente é, destarte, espécie da obrigação de julgar conforme o Direito, e, nesse ponto, em nada difere da obrigação de aplicar a lei.[16]

Deve-se compreender, desde logo, que a obrigatoriedade na aplicação de um precedente se refere aos fundamentos determinantes da decisão, ou seja, à *ratio decidendi*. O efeito vinculante implica a necessária observância pelos demais órgãos judiciais das razões que levaram o tribunal superior a decidir daquela forma. Não se trata de vinculação ao dispositivo, que atinge somente os titulares da relação jurídica, mas sim às razões de decidir do tribunal, à norma geral do caso concreto por ele construída, ao precedente.

É exatamente nesse sentido o Enunciado n° 170 do FPPC: "As decisões e precedentes previstos nos incisos do *caput* do art. 927 são vinculantes aos órgãos jurisdicionais a eles submetidos".

---

16. MACÊDO, Lucas Buril de. *Ob. cit.* p. 79.

A eficácia *vinculante* ou a *obrigatoriedade*, pois, desempenha o mesmo papel do *stare decisis*: trata-se de *eficácia jurídica do precedente*, decorrente da regulação que o sistema jurídico lhe oferece. Em nosso sistema, temos o art. 927 do CPC.

Especialmente relacionado à *primeira parte do problema* anteriormente apontada, o inciso I do art. 927 dispõe, onde grifamos:

> Art. 927. Os juízes e os tribunais observarão:
>
> I – *as decisões do Supremo Tribunal Federal em controle concentrado de constitucionalidade*; (...)

Em acréscimo, o inciso III do art. 927 menciona técnicas de formação de precedentes vinculantes previstas no novo CPC. Consagra-se um microssistema de formação concentrada de precedentes obrigatórios. Este microssistema é composto pelo incidente de resolução de demandas repetitivas, pelos recursos especial e extraordinário repetitivos (que formam, somente eles, um microssistema de resolução de causas repetitivas) e também pelo incidente de assunção de competência.

Há, da mesma forma, o inciso V, que consagra a eficácia vinculante das decisões proferidas pelo plenário do Tribunal.

Nesse sentido, pois, tanto as decisões proferidas pelo STF em sede de controle concentrado de constitucionalidade quanto em sede de Recurso Extraordinário repetitivo, quanto todas aquelas proferidas pelo seu plenário, possuem eficácia obrigatória.

Sigamos.

Quanto à *segunda parte do problema*, o art. 988, III, do CPC é de suma importância. Aqui são dispostas as hipóteses de manejo da reclamação.

A reclamação é um instrumento processual apto a fazer valer a autoridade das decisões judiciais e proteger o exercício da competência dos tribunais. Trata-se de um mecanismo que a ordem jurídica oferece para manter a higidez do sistema de precedentes obrigatórios. "A reclamação consiste, portanto, num dos elementos do sistema de precedentes obrigatórios"[17].

Pela primeira vez o legislador tratou do assunto no CPC, que recebe regulação nos arts. 988 a 993. Antes, a reclamação era regulada pela lei nº 8.038/90 em seis artigos, que foram revogados pelo CPC (art. 1072, IV).

O código, todavia, parece *não* ter posto nota definitiva a uma grande polêmica: a natureza jurídica da reclamação.

---

17. AZEVEDO, Gustavo. *Reclamação...* página 158.

A doutrina tende a compreendê-la como uma *ação originária dos tribunais*[18]. *Há diversas características que justificam a posição: i) possui partes, causa de pedir e pedido;* ii) depende da provocação de uma das partes do processo originário ou do Ministério Público; iii) provoca a cassação da decisão impugnada sem necessidade de o órgão inferior se manifestar; iv) exige capacidade postulatória; v) a decisão proferida em seu bojo faz coisa julgada material; vi) admite a concessão de tutela provisória ao longo do procedimento; vii) está prevista dentre as ações de competência originária do STF (art. 102, I, CRFB) e do STJ (art. 105, I, CRFB); viii) impõe o pagamento de custas e honorários advocatícios ao sucumbente.

A reclamação, nesse sentido, é uma *demanda de fundamentação vinculada*[19]. Ou seja, o seu manejo deve sempre ser baseado em uma das hipóteses de cabimento trazidas pelo art. 988 ou pela Constituição, sob pena de inadmissibilidade do pleito. Trata-se de rol, em tese, taxativo.

Resta clara a função da reclamação em preservar a competência dos tribunais e garantir o respeito às questões julgadas e precedentes firmados em caráter obrigatório. Especialmente em seu inciso III, o art. 988 dispõe, onde grifamos:

> Art. 988. Caberá reclamação da parte interessada ou do Ministério Público para: (...)

---

18. A doutrina se ocupa em afastar a reclamação de diversos outros institutos. Vejamos, resumidamente: i) A reclamação **não é** correição parcial pois esta é uma medida administrativa para apurar tumultos na administração do foro; não admite a *cassação* de uma decisão judicial, enquanto a reclamação admite; e enquanto a correição pode se realizar de ofício, a reclamação exige provocação da parte interessada.

    ii) A reclamação **não é** recurso, pois este atinge a decisão impugnada nos mesmos autos em que ela foi proferida, enquanto a reclamação atinge a decisão em autos diversos; o recurso serve à reforma ou anulação da decisão, a reclamação provoca a sua *cassação* ou a *avocação dos autos* pelo tribunal cuja competência ou autoridade se pretende garantir; não há previsão legislativa que trate a reclamação como recurso, o que seria necessário em virtude do *princípio da taxatividade dos recursos*; os recursos possuem prazo para manejo, a reclamação não.

    iii) A reclamação **não é** um incidente processual, pois este gera uma *alteração* ou *modificação* no curso de um procedimento que já existe, enquanto a reclamação gera um procedimento novo; o incidente *sempre* exige a existência de um processo judicial prévio, enquanto a reclamação pode ser proposta face ao descumprimento administrativo de entendimento vinculante, ou seja, sem processo judicial prévio.

    iv) A reclamação **não é** mero exercício do direito constitucional de petição (art. 5°, XXXIV, CRFB), apesar do entendimento proferido nesse sentido pelo STF, no julgamento da ADIn n° 2.212-1/CE, *pois este não serve à apresentação de demanda ou exercício de pretensão, exatamente o que se dá na reclamação; o exercício do direito de petição não exige o contraditório, enquanto a reclamação lhe impõe; o exercício do direito de petição não proporciona a formação de um procedimento em que há partes, causa de pedir e pedido, da forma como se dá com a reclamação; a resposta negativa ao exercício do direito de petição não permite o manejo de recursos, que são permitidos face ao julgamento da reclamação; não há falar em coisa julgada no exercício do direito de petição, enquanto incide na reclamação; o direito de petição pode ser exercido por qualquer pessoa, a reclamação exige capacidade postulatória.* (DIDIER JR., Fredie; CUNHA, Leonardo Carneiro da. *Curso de Direito Processual Civil – vol. 2.* Salvador: JusPodivm, 2016. p. 532-536)

19. AZEVEDO, Gustavo. Art. 988. ALMEIDA RIBEIRO, Sérgio Luiz de. *Et al* (corrds). *Novo Código de Processo Civil Comentado – tomo III – arts. 771 a 1072.* São Paulo: Lualri Editora, 2017. p. 330.

III – garantir a observância de enunciado de súmula vinculante e de *decisão do Supremo Tribunal Federal em controle concentrado de constitucionalidade*; (...)

Editado um enunciado de súmula vinculante pelo Plenário do STF ou proferida decisão definitiva em sede de controle concentrado de constitucionalidade (decisão que também possui efeitos vinculantes), subordinam-se todas as autoridades judiciárias. No caso de seu descumprimento, a parte pode ajuizar reclamação diretamente ao STF.

5. (IN)CONCLUSÕES – O QUE SIGNIFICA "DECISÃO DO SUPREMO TRIBUNAL FEDERAL EM CONTROLE CONCENTRADO DE CONSTITUCIONALIDADE"?

As decisões comentadas em nossos *problemas* demonstram uma flagrante incoerência do Supremo Tribunal Federal no manejo dos precedentes. Ora, a *ratio decidendi* dos julgamentos proferidos em sede de controle concentrado de constitucionalidade possui ou não eficácia vinculante?

Tem-se desrespeito fundamental ao sistema de precedentes consagrado no CPC. O legislador de 2015 impôs aos tribunais o dever de a uniformizar sua jurisprudência, eliminando a divergência de entendimentos. Tal exigência decorre eminentemente das razões de segurança jurídica e isonomia. A segurança jurídica garante previsibilidade e estabilidade das relações, permitindo aos jurisdicionados que conheçam as soluções construídas pelo Judiciário para os conflitos vindouros. Por outro lado, o princípio da igualdade garante que situações semelhantes receberão solução semelhante. Assim, a *jurisprudência uniforme* dará tratamento isonômico aos casos análogos que se lhes apresentem, subsumindo-se a mesma regra do precedente anterior aos casos futuros informados pelo mesmo suporte fático.

Este dever de uniformização da jurisprudência pelos tribunais está inscrito no *caput* do art. 926 do CPC. A jurisprudência uniforme, nesse sentido, deve ser mantida estável, íntegra e coerente.

A *estabilidade* se relaciona com a longevidade dos entendimentos. As técnicas de superação de precedentes devem ser aplicadas com parcimônia e mediante profunda fundamentação. A jurisprudência *estável* não é imutável, mas sim coerente com o contexto fático que embasou a construção da regra. A *estabilidade* protege a manutenção do *status quo*, impondo um ônus argumentativo maior para a superação do precedente e reduzido para a sua aplicação (=princípio da *inércia argumentativa*). *Afastar* ou *superar* o precedente impõe uma fundamentação mais robusta que sua aplicação.

Ainda, conforme anota o Enunciado n° 316 do FPPC: "A estabilidade da jurisprudência do tribunal depende também da observância de seus próprios precedentes, inclusive por seus órgãos fracionários". Em complemento, o Enunciado n° 453 do mesmo fórum: "A estabilidade a que se refere o *caput* do art. 926 consiste no dever de os tribunais observarem os próprios precedentes".

A *integridade* se relaciona com a *unidade do Direito* e diz respeito à argumentação jurídica necessária à formação do precedente. Não basta apenas firmar a jurisprudência, é necessário que o faça de maneira racional, enfrentando e delimitando todo o contexto fático relevante e justificando as razões pelas quais o caso merece a solução que lhe é dada. Não se admite uma argumentação arbitrária, que fuja do complexo normativo na qual a decisão está inserida, ou seja, deve-se decidir de acordo com o Direito (=como Ordem Jurídica).

Por fim, a *coerência* possui íntima ligação com o princípio da isonomia e com a aplicação do *distinguishing*. Os precedentes não são formados de maneira estanque, mas inseridos em uma ordem jurídica complexa e dinâmica. Por isso, a interpretação do Direito deve ser feita, do ponto de vista lógico, levando em considerações a inserção daquela *norma de jurisprudência* em um sistema complexo. O tribunal deve se preocupar, pois, em delimitar detalhadamente a circunstâncias que justificam a aplicação da mesma norma (=isonomia), mantendo-a em consonância com situações deversas em que deverá ceder face a incidência de outras normas legais ou jurisprudenciais. Evita-se, assim, a contradição entre posições firmadas jurisprudencialmente.

A *coerência* se relaciona intimamente com o dever de *autorreferência*. Como anotado no Enunciado n° 454 do FPPC: "Uma das dimensões da coerência a que se refere o *caput* do art. 926 consiste em os tribunais não ignorarem seus próprios precedentes (dever de autorreferência)".

É muito difícil afastar a *integridade* da *coerência*, especialmente tendo em vista que "os magistrados devem se pautar no princípio da integridade na prestação jurisdicional, segundo o qual, o direito deve ser visto como um todo coerente e estruturado"[20]. Da exigência de *coerência* e *integridade* decorrem dois outros deveres: de consistência e de autorreferência.

A *consistência* encontra inspiração no processo de fundamentação e construção do precedente. Perceba-se o seguinte: formar uma regra a partir da origem jurisprudencial implica reconhecer na *fundamentação das decisões judiciais* um poder *criativo*. Os tribunais criam normas jurídicas gerais. Estas *normas*

---

20. BARBOSA, Estefânia Maria de Queiroz Barboza. O Direito como Integridade e os Precedentes Judiciais. *In:* OMMATI, José Emílio Medauar (coord). *Ronald Dworking e o direito brasileiro*. Rio de Janeiro, Lumen Juris, 2016. p. 215.

gerais do caso concreto não estão no *dispositivo* da decisão, mas sim em sua fundamentação.

A *autorreferência* impõe que os tribunais dialoguem com seus próprios precedentes. Quando do julgamento de uma causa futura, já havendo decisão anterior sobre caso análogo, o tribunal deve se *referir* ao precedente, seja para aplica-lo, seja para afastá-lo fundamentadamente. O tribunal tem o dever de respeitar a sua jurisprudência, dialogando com ela mesmo que para superá-la, pois,

> Caso contrário, cair-se-ia em uma esquizofrenia irracional e de extrema prejudicialidade para o Estado de Direito. Esse prejuízo vem sendo sofrido pelo Direito brasileiro, onde são comuns as viradas jurisprudenciais feitas mediante uma total reconstrução da norma jurídica que vinha sendo aplicada sem qualquer referência à prática do passado. Essa forma de agir retira a confiabilidade do judiciário e reduz a legitimidade do Direito como prática de ordenação social.[21]

Quanto ao ponto, o que se percebe é um claro desrespeito, pelo Supremo Tribunal Federal, ao art. 926 do CPC e aos deveres dele decorrentes.

A parte final da redação do art. 927, I e do art. 988, III, são bastante semelhantes. Não há qualquer razão de ordem hermenêutica para se compreender que os preceitos merecem interpretação diversa no que refere ao conteúdo normativo de *"decisão do Supremo Tribunal Federal em controle concentrado de constitucionalidade"*.

A grande questão que se põe é que os nossos *problemas um e dois* oferecem interpretações bastante diversas a respeito de qual ou quais elementos da decisão em sede de controle concentrado de constitucionalidade teriam eficácia vinculante e possibilidade de controle através do manejo da reclamação.

As posições firmadas pelo Supremo Tribunal Federal são inconciliáveis. São inconciliáveis não por rejeitarem a reclamação como técnica de controle da aplicação do precedente, mas por consagrarem interpretações contrárias entre si de dois dispositivos de redação quase idêntica.

Explique-se: não há, abstratamente, problemas em reconhecer um precedente como vinculante, negando-lhe certo instrumento de preservação. O problema

---

21. MACÊDO, Lucas Buril de. *Ob. cit.* p. 205. E segue o autor: "Portanto, a autorreferência é muito importante para a segurança jurídica e é a mais importante contribuição da teoria dos precedentes para o Direito brasileiro, justamente por fornecer um incremento da racionalidade na atuação do Judiciário, aumentando sua legitimidade. Esse requisito do *stare decisis*, de extrema relevância, torna a prática mais comprometida com a coerência no discurso jurisdicional, por meio da criação de uma espécie de linha sequencial de decisões".

é, diante do mesmo texto, inserido em um mesmo contexto, extrair conteúdos normativos contrários entre si.

Nada a fazer, apresentado o problema, senão rogar para que a Suprema Corte fixe um entendimento coerente. Não há, por enquanto, como conhecer a posição do tribunal a respeito do se deve compreender por "decisão do Supremo Tribunal Federal em controle concentrado de inconstitucionalidade".

6. UMA PROPOSTA DE INTERPRETAÇÃO

Resta trazer algumas notas sobre a forma que enxergamos a situação.

A um, as decisões proferidas em sede de ADIn, ADC, ADO e ADPF possuem eficácia vinculante e *erga omnes*. Deve-se, pois, respeitar a coisa julgada produzida nas ações de controle concentrado e abstrato de constitucionalidade.

O art. 927, I, todavia, não se refere ao dispositivo da decisão, mas sim à *ratio decidendi*. Em outras palavras, não se trata de *respeito à coisa julgada*, mas sim de eficácia do precedente. Os motivos determinantes ou a *ratio decidendi* da decisão tomada em sede de controle concentrado de constitucionalidade são obrigatórios a todos os juízes e tribunais, submetidos ao STF em matéria constitucional[22].

Nesse sentido, o Enunciado n° 168 do FPPC: "Os fundamentos determinantes do julgamento de ação de controle concentrado de constitucionalidade realizado pelo STF caracterizam a *ratio decidendi* do precedente e possuem efeito vinculante para todos os órgãos jurisdicionais".

A dois, a interpretação do inciso II do art. 988 nos faz compreender que *"decisão do Supremo Tribunal Federal em controle concentrado de constitucionalidade"* significa respeito ao procedente.

No inciso II encontramos a previsão de cabimento da reclamação com o escopo de garantir a autoridade das decisões do tribunal. Sempre que um órgão

---

22. Lucas Buril anota, com precisão: "Por tudo isso, falar em precedentes vinculante nas ações concentradas de constitucionalidade para abordar a vinculação dos jurisdicionados à constitucionalidade ou inconstitucionalidade reconhecida é extremamente inapropriado. A norma pdo precedente, como principal fruto do precedente judicial obrigatório, como se viu, é construída a partir das *razões de decidir*, essencialmente a partir da fundamentação da decisão, e não de seu dispositivo.

   No controle concentrado, portanto, o precedente obrigatório servirá para determinar as *razões para a inconstitucionalidade das leis, especialmente mediante a construção ou determinação de normas inconstitucionais*. Realmente, o que vincula como precedente judicial é a *ratio* da constitucionalidade ou inconstitucionalidade decretada pelo STF. É o que se reconheceu como insuficiente ou suficiente para estar de acordo com determinada norma constitucional". MACÊDO, Lucas Buril de. *Ob. cit.* p. 374. No mesmo sentido: PEIXOTO, Ravi. Art. 927. ALMEIDA RIBEIRO, Sérgio Luiz de. *Et al* (corrds). *Novo Código de Processo Civil Comentado – tomo III – arts. 771 a 1072*. São Paulo: Lualri Editora, 2017. p. 235.

a quo desrespeitar o comando (=*dispositivo*) de uma decisão proferida por um tribunal, haverá necessidade do manejo de uma *reclamação* para garantir o seu cumprimento.

Ora, confundir *"decisão do Supremo Tribunal Federal em controle concentrado de constitucionalidade"* com eficácia vinculante do dispositivo da decisão, daria aos preceitos inscritos nos incisos II e III o mesmo conteúdo normativo. Não haveria, pois, razão de ser na última previsão.

Nos parece, por isso, que a intenção é proteger qualquer decisão obrigatória proferida pelo tribunal, *seja a solução dada a um caso concreto, seja a formação de um precedente* em sede de controle concentrado de constitucionalidade. Deve-se respeitar, assim, a coisa julgada (inciso II do art. 988) e a eficácia vinculante do precedente (inciso III do art. 988). Caberá o manejo de reclamação em ambos os casos[23].

É no mesmo sentido a doutrina:

> A decisão de (in)constitucionalidade, em virtude dos seus efeitos gerais e obrigatórios, naturalmente se aplica a casos futuros. O problema é que, ao se considerar apenas a parte dispositiva da decisão e, assim, a específica norma questionada, simplesmente se retira da decisão de inconstitucionalidade a força de precedente. (...) Ora, a decisão de inconstitucionalidade apenas constituirá precedente, no sentido de regra judicial que outorga estabilidade à ordem jurídica e segurança jurídica aos cidadãos, quando for considerada a partir de sua *ratio decidendi* ou, em outra terminologia, dos seus 'motivos determinantes'.[24]

A *coisa julgada* protege os titulares da relação jurídica discutida[25] contra qualquer insegurança advinda da relativização daquilo que foi decidido no caso concreto, influenciando em sua esfera jurídica. Assim, a coisa julgada impede que se rediscuta o que já foi decidido, o que já foi negado ou concedido.

---

23. Nesse sentido: "O que precisa ficar claro é a reclamação [no caso do inciso III] destina-se a garantir a tese jurídica, isto é, a *ratio decidendi* – norma jurídica genérica e abstrata – contida no acórdão. Não é o dispositivo que se busca assegurar; nessa hipótese, a reclamação seria cabível com base no inciso II, do art. 988, por afronta à autoridade de julgado". AZEVEDO, Gustavo. Art. 988... p. 341. No mesmo sentido: MACÊDO, Lucas Buril de. *Ob. cit.* pp. 374-376.

24. MARINONI, Luiz Guilherme. *Elaboração dos conceitos de* ratio decidendi *(fundamentos determinantes da decisão) e obter dictum no direito brasileiro*. In: MARINONI, Luiz Guilherme (org.). *A força dos precedentes.* Salvador: JusPodivm, 2012. p. 604.

25. Temos o cuidado de não afirmar que *a coisa julgada protege as partes.* É que há *coisa julgada erga omnes,* como ocorre nas ações de controle concentrado de constitucionalidade e também no processo coletivo. Por isso, preferimos utilizar uma expressão ampla, considerando que a coisa julgada alcança todos os titulares da relação jurídica discutida em juízo, como se dá nas ações coletivas propostas pelo MP, por exemplo. A respeito do tema, reforçando esta diferença, MINAMI, M. Y.; PEIXOTO, Ravi. Da questão prejudicial incidental constitucional no STF e o novo regime de coisa julgada. *Repro,* São Paulo: RT, v. 263, 2017.

A eficácia obrigatória do precedente, doutra forma, se refere aos fundamentos determinantes da decisão. O efeito vinculante implica a necessária observância pelos demais órgãos judiciais e pela administração pública das razões que levaram o tribunal superior a decidir daquela forma. Não se trata de "vinculação ao dispositivo", eis que o respeito ao que foi decidido decorre da coisa julgada, não do efeito vinculante, de forma que este é completamente dispensável para que se respeite aquele[26]. O *efeito vinculante* implica a obediência às razões de decidir do tribunal, à norma geral do caso concreto.

Em outra obra, Marinoni reforça o posicionamento antes citado:

> Para que norma similar possa ser abrangida por precedente oriundo de decisão de (in)constitucionalidade, é preciso identificar a sua *ratio decidendi* ou, o que é o mesmo, atribuir sua eficácia vinculante aos motivos determinantes. Se não for assim, em caso de decisão de inconstitucionalidade não haverá sequer razão para falar em precedente. Só há sentido em pensar em *ratio decidendi* ou em precedente obrigatório quando se almeja abarcar casos similares e não os casos já julgados, uma vez que estes, como é óbvio, já estão protegidos pela autoridade da coisa julgada material. *O verdadeiro valor do precedente seja qual for ele – não está na parte dispositiva da decisão, mas na essência das razões apresentadas para justificá-la*[27].

Diz-se, por isso mesmo, que adotar a tese restritiva – somente para reconhecer o *efeito vinculante* ao dispositivo das ações de controle de constitucionalidade – é o mesmo que tratar da própria coisa julgada material, ou seja, não seria de qualquer serventia, pois o respeito ao comando contido no dispositivo já decorre deste fenômeno.

A eficácia *vinculante*, pode-se dizer, desempenha o mesmo papel do *stare decisis* e não da coisa julgada. É que a coisa julgada atribui significado ao comando da decisão, enquanto o efeito vinculante o faz em relação a fundamentação, a *ratio decidendi*.

A reclamação, pois, tem o seu espectro bastante ampliado com o novo código, servindo tanto para fazer valer as decisões do Supremo, ou seja, o seu

---

26. No mesmo sentido e trazendo outros elementos de diferenciação: MINAMI, M. Y.; PEIXOTO, Ravi. *Ob. cit.*

27. MARINONI, Luiz Guilherme. *Precedentes...* p. 259. Em acréscimo, anota-se em outro trecho: "Na verdade, a eficácia obrigatória dos precedentes é, em termos mais exatos, a eficácia obrigatória da *ratio decidendi*. Daí a razão óbvia pela qual a eficácia vinculante não pode se limitar ao dispositivo da decisão. Só há sentido em falar em eficácia vinculante quando se pretende dar estabilidade e força obrigatória à *ratio decidendi*. Afinal, é a sua aplicação uniforme – e não o respeito exclusivo à parte dispositiva – que garante a previsibilidade e a igualdade de tratamento perante a jurisdição, dando-se efetividade ao postulado de que casos semelhantes devem ser tratados de igual modo" (p. 318).

dispositivo e a coisa julgada decorrente dele, quanto para fazer valer o precedente firmado na mesma situação (a *ratio decidendi*, conforme o art. 927, I)[28].

A três, como dissemos, a reclamação é admissível nas hipóteses do art. 988, caput. Todavia, no julgamento da Rcl. 4.373/PE (Relator Ministro Sepúlveda Pertence, DJe 19/12/2006), o STF entendeu possível a revisão de decisão proferida em sede de controle de constitucionalidade através de reclamação[29]. Em seu voto, o Ministro Gilmar Mendes

> (...) conclui que é viável a reinterpretação da decisão tomada em sede de controle concentrado; além disso, o Tribunal supera a sua própria decisão, tudo no processo de reclamação. Essa possibilidade, segundo fundamenta, decorre do juízo hermenêutico inerente à interpretação constitucional e à leitura das normas infraconstitucionais à luz da Constituição.[30]

Ora, se a reclamação serve à reinterpretação da decisão proferida em sede de ADI, a tutela jurisdicional oferecida em ambas as demandas, em tais hipóteses, se aproxima.

A Corte suprema admite a reclamação como *técnica de revisão de precedente*, desde que fundamentadamente se imponha a alteração da compreensão original. Não serve, atente-se, à desconstituição da coisa julgada, pois somente as ações de controle concentrado de constitucionalidade são aptas a excluir da ordem jurídica uma norma em abstrato. A reclamação, face a sua natureza de remédio constitucional, não tem esta eficácia. Admitir que a reclamação sirva para reinterpretar o dispositivo implica permitir, via transversa, funcionar como instrumento de controle abstrato, o que não nos parece possível. Resta apenas uma interpretação coerente: entender que a reinterpretação é da *ratio decidendi*, e não da própria exclusão ou manutenção na ordem jurídica da decisão objeto do controle abstrato anterior. A reclamação serve à *reinterpretação* dos fundamentos jurídicos firmados anteriormente. Em outras palavras, serve para reescrever o precedente.

Por último e não menos relevante, é importante observar o §4° do art. 988, onde há previsão de que as hipóteses do inciso III compreendem a aplicação indevida da tese jurídica e sua não aplicação aos casos que a ela correspondam.

---

28. No mesmo sentido: PEIXOTO, Ravi. Art. 927... p. 236.

29. Caso semelhante se deu no julgamento da Rcl. 1987-0 em face do decidido na ADI 1662. Uma análise da questão está em BARBOSA, Estefânia Maria de Queiroz Barboza. O Direito como Integridade e os Precedentes Judiciais. *In*: OMMATI, José Emílio Medauar (coord). *Ronald Dworking e o direito brasileiro*. Rio de Janeiro, Lumen Juris, 2016.

30. DIDIER JR., Fredie; BURIL, Lucas. Controle concentrado de constitucionalidade e revisão de coisa julgada: análise da reclamação no 4.374/PE. *Revista Jurídica da Presidência da República – vol. 16, n° 110*. Brasília: Centro de Estudos Jurídicos da Presidência, 2014. p. 576.

Significa o seguinte: o desrespeito a precedente vinculante justifica o manejo da reclamação também quando a decisão impugnada (i) *aplica indevidamente o precedente* ou (ii) *deixa de aplica-la quando deveria*. Em outros termos, o desrespeito comissivo ou omissivo da razão de decidir admite a reclamação. *Não é outro o posicionamento doutrinário. Conforme anota Gustavo Azevedo:*

> Num acórdão prolatado em controle concentrado de constitucionalidade, há duas normas jurídicas. Uma norma jurídica concreta, contida no dispositivo, que julga a constitucionalidade do ato normativo objeto da ação, acobertada pela coisa julgada *erga omnes*. Outra norma jurídica abstrata e genérica, extraída da fundamentação da decisão, consistente na *ratio decidendi* do acórdão. Em caso de inobservância da primeira norma, concreta, cabe reclamação por afronta à autoridade de julgado (art. 988, II); em caso de inobservância da segunda norma, abstrata e genérica, cabe reclamação por violação de precedente (art. 988, II, §4°)[31].

Nessas reclamações será possível debater a respeito de eventual *distinguishing* entre o precedente e o caso decidido, proporcionando oportunidade, inclusive, de se reinterpretar os fundamentos e a decisão paradigma.

É, a uma primeira vista, como pensamos e *melhor* solução para os *problemas* apresentados.

7. REFERÊNCIAS

AZEVEDO, Gustavo. Art. 988. ALMEIDA RIBEIRO, Sérgio Luiz de. *Et al* (corrds). *Novo Código de Processo Civil Comentado – tomo III – arts. 771 a 1072*. São Paulo: Lualri Editora, 2017. p. 330.

AZEVEDO, Gustavo. *Reclamação Constitucional no Direito Processual Civil*. No prelo

BARBOSA, Estefânia Maria de Queiroz Barboza. O Direito como Integridade e os Precedentes Judiciais. *In*: OMMATI, José Emílio Medauar (coord). *Ronald Dworking e o direito brasileiro*. Rio de Janeiro, Lumen Juris, 2016.

BUSTAMANTE, Thomas da Rosa de. *Teoria do Precedente judicial: a justificação e a aplicação de regras jurisprudenciais*. São Paulo: Noeses, 2012.

CUNHA, Leonardo Carneiro da. O processo Civil no Estado Constitucional e os fundamentos do projeto do novo Código de Processo Civil. *Repro*, São Paulo: RT, v. 209, 2013.

---

31. AZEVEDO, Gustavo. Art. 988... p. 341.

DIDIER JR., Fredie; BURIL, Lucas. Controle concentrado de constitucionalidade e revisão de coisa julgada: análise da reclamação no 4.374/PE. *Revista Jurídica da Presidência da República – vol. 16, n° 110.* Brasília: Centro de Estudos Jurídicos da Presidência, 2014.

DIDIER JR., Fredie; CUNHA, Leonardo Carneiro da. *Curso de Direito Processual Civil – vol. 2.* Salvador: JusPodivm, 2016.

MACÊDO, Lucas Buril de. *Precedentes judiciais e o direito processual civil.* Salvador: JusPodivm, 2016.

MARINONI, Luiz Guilherme. *Precedentes Obrigatórios.* São Paulo: RT, 2010. p. 218.

MARINONI, Luiz Guilherme. *Elaboração dos conceitos de* ratio decidendi *(fundamentos determinantes da decisão) e obter dictum no direito brasileiro.* In: MARINONI, Luiz Guilherme (org.). *A força dos precedentes.* Salvador: JusPodivm, 2012.

MINAMI, M. Y.; PEIXOTO, Ravi. Da questão prejudicial incidental constitucional no STF e o novo regime de coisa julgada. *Repro,* São Paulo: RT, v. 263, 2017.

MITIDIERO, Daniel. Fundamentação e precedente – Dois discursos a partir da decisão judicial. *Repro,* São Paulo: RT, v. 206, 2012.

PEIXOTO, Ravi. Art. 927. ALMEIDA RIBEIRO, Sérgio Luiz de. Et al (corrds). *Novo Código de Processo Civil Comentado – tomo III – arts. 771 a 1072.* São Paulo: Lualri Editora, 2017.

SARLET, Ingo; MARINONI, Luiz Guilherme; MITIDIERO, Daniel. *Curso de Direito Constitucional.* São Paulo: RT, 2012.

TARUFFO, Michele. Precedente e Jurisprudência. *Repro,* São Paulo: RT, v. 199, 2011.

TUCCI, Rogério Cruz e. *Precedentes Judiciais como fonte do direito.* São Paulo: RT, 2004.